SERVIÇO SOCIAL DO COMÉRCIO
Administração Regional
no Estado de São Paulo

Presidente do Conselho Regional
Abram Szajman
Diretor Regional
Danilo Santos de Miranda

Conselho Editorial
Áurea Leszczynski Vieira Gonçalves
Rosana Paulo da Cunha
Marta Raquel Colabone
Jackson Andrade de Matos

Edições Sesc São Paulo
Gerente Iã Paulo Ribeiro
Gerente Adjunto Francis Manzoni
Editorial Clívia Ramiro
Assistente: Maria Elaine Andreoti
Produção Gráfica Fabio Pinotti
Assistente: Ricardo Kawazu

FUNDAÇÃO PERSEU ABRAMO
Instituída pelo Diretório Nacional
do Partido dos Trabalhadores
em maio de 1996.

Diretoria
Paulo Okamotto (presidente)
Vívian Farias (vice-presidenta)
Alberto Cantalice, Artur Henrique,
Carlos Henrique Árabe, Elen
Coutinho, Jorge Bittar, Naiara Raiol,
Valter Pomar, Virgílio Guimarães

Conselho editorial
Albino Rubim, Alice Ruiz,
André Singer, Clarisse Paradis,
Conceição Evaristo, Dainis
Karepovs, Emir Sader, Hamilton
Pereira, Laís Abramo, Luiz Dulci,
Macaé Evaristo, Marcio Meira,
Maria Rita Kehl, Marisa Midori,
Rita Sipahi, Silvio Almeida, Tassia
Rabelo, Valter Silvério

Diretor da editora
Carlos Henrique Árabe

Coordenador editorial
Rogério Chaves

Assistentes editoriais
Raquel Costa
Vilma Bokany

CELINA DIAS AZEVEDO
ORGANIZAÇÃO

COLABORAÇÃO
VILMA BOKANY
ROSÂNGELA BARBALACCO

VELHICES

PERSPECTIVAS E CENÁRIO ATUAL NA PESQUISA IDOSOS NO BRASIL

© Todos os autores, 2023
© Edições Sesc São Paulo, 2023
© Fundação Perseu Abramo
Todos os direitos reservados

Preparação Maria Claudia Andreoti
Revisão Angélica Ramacciotti
Capa, projeto gráfico e diagramação TUUT

Dados Internacionais de Catalogação na Publicação (CIP)

V543	Velhices: perspectivas e cenário atual na pesquisa idosos no Brasil / Organização: Celina Dias Azevedo. – São Paulo: Edições Sesc São Paulo; Fundação Perseu Abramo, 2023. – 392 p. il.: tabs. grafs.
	ISBN Edições Sesc: 978-85-9493-278-5
	ISBN Fundação Perseu Abramo: 978-65-5626-095-2
	1. Idosos no Brasil. 2. Velhice. 3. Velhices. 4. envelhecimento. 5. Assistência a idosos. 6. Marginalidade social. 7. Pesquisa. I. Título. II. Azevedo, Celina Dias.
	CDD 362.6

Ficha catalográfica elaborada por Maria Delcina Feitosa CRB/8-6187

Edições Sesc São Paulo
Rua Serra da Bocaina, 570 – 11º andar
03174-000 – São Paulo SP Brasil
Tel.: 55 11 2607-9400
edicoes@sescsp.org.br
sescsp.org.br/edicoes
 /edicoessescsp

Fundação Perseu Abramo
Rua Francisco Cruz, 234
– Vila Mariana
04117-091 São Paulo – SP
Fone: (11) 5571 4299
www.fpabramo.org.br

8	**O ENVELHECER NOS DIFERENTES BRASIS EM PERSPECTIVA** Danilo Santos de Miranda Paulo Okamotto	64	**LAZER E ENVELHECIMENTO SATISFATÓRIO** Regiane C. Galante
12	**PREÂMBULOS E CONSIDERAÇÕES** Celina Dias Azevedo	82	**SE ALGUÉM PERGUNTAR POR MIM, DIZ QUE FUI POR AÍ: ENSAIO SOBRE UMA EDUCAÇÃO QUE (DES)INQUIETA** Cinthia Lucia de Oliveira Siqueira Lisa Valéria Torres
28	**"A DOR DA GENTE NÃO SAI NO JORNAL": A RETÓRICA NEOLIBERAL EM NOTÍCIAS SOBRE VACINAÇÃO DE IDOSOS CONTRA COVID-19** Valmir Moratelli Tatiana Siciliano	104	**O ENVELHECER NA MULTIPLICIDADE DOS "BRASIS": ASPECTOS RELACIONADOS À SAÚDE** Tatiane Bahia do Vale Silva Everaldo Pinheiro da Mota Júnior João Paulo Menezes Lima
46	**ENVELHECIMENTO E FAMÍLIA** Solange Maria Teixeira		

- 120 **RENDA, CONSUMO E APOSENTADORIA**
  Marcio Pochmann

- 138 **AS MONOCULTURAS DO TEMPO: UMA CONVERSA SOBRE ETARISMO**
  Geni Núñez

- 150 **ENVELHECER E MORRER HOJE NO BRASIL**
  Gustavo Assano

- 164 **DIREITOS E POLÍTICAS PÚBLICAS: CONSIDERAÇÕES SOBRE A REALIDADE VIVENCIADA POR PESSOAS IDOSAS NO BRASIL**
  Sálvea de Oliveira Campelo e Paiva
  Vanessa Paloma de Lima Silva

- 182 **FEMINIZAÇÃO DA VELHICE: DESIGUALDADES DE GÊNERO E SEUS IMPACTOS NO PROCESSO DE ENVELHECIMENTO**
  Naylana Paixão

- 192 **RACISMO NO BRASIL: A CONDIÇÃO DIFERENCIADA DE ENVELHECER DOS/AS TRABALHADORES/AS NEGROS/AS**
  Tereza Martins

- 214 **AS ILPIS E O IMAGINÁRIO DE VELHAS E VELHOS**
  Michelle Ferret

234 DE VOLTA PARA O FUTURO: REFLEXÕES INTEMPESTIVAS SOBRE ENVELHECIMENTO E GERONTOLOGIA
Theophilos Rifiotis

256 POR QUE ESTUDAR O ENVELHECIMENTO NO BRASIL?
Vilma Bokany
Rachel Moreno

272 SELEÇÃO DE GRÁFICOS

386 SOBRE AUTORAS E AUTORES

O ENVELHECER NOS DIFERENTES BRASIS EM PERSPECTIVA

DANILO SANTOS DE MIRANDA
Diretor do Sesc São Paulo

PAULO OKAMOTTO
Presidente da Fundação Perseu Abramo

Em 2023, o programa Trabalho Social com Pessoas Idosas, iniciado no Sesc São Paulo, completa 60 anos. Desde seu início, a ação da instituição sempre se manteve em diálogo com a sociedade. O olhar precursor aliado ao contato permanente com o público, bem como com pesquisadores da área, permitiu o acúmulo de experiências e conhecimentos sobre o envelhecimento.

A Fundação Perseu Abramo (FPA), ao longo de sua atuação, vem realizando projetos de caráter político e cultural, entre eles pesquisas importantes, como *Mulheres brasileiras e gênero no espaço público e privado* – que gerou um livro homônimo coeditado com as Edições Sesc SP (2013) – e *Idosos no Brasil: vivências, desafios e expectativas na terceira idade*, com edições em 2006 e 2020, também uma parceria entre as instituições. Dada a relevância do assunto e a abrangência da coleta de dados em todo o território nacional, ambas as edições se consolidaram como fonte de referência para pesquisadores e interessados na questão dos idosos.

Segundo o Censo Demográfico 2022, a proporção de pessoas idosas aumentou, enquanto a de crianças e jovens diminuiu. É um desafio para a sociedade, seja no campo dos cuidados imediatos à população que envelhece, seja na construção de políticas públicas dedicadas a elas, com foco nas questões da saúde (física e mental), acolhimento familiar e uso adequado de centros de convivência especializados, com projetos de cultura, lazer e esportes dedicados ao segmento.

Assim, de modo a adensar os debates acerca dos aspectos que caracterizam a velhice no Brasil, publicamos a coletânea **Velhices: perspectivas e cenário atual na pesquisa Idosos no Brasil**. Os ensaios comentam aspectos fundamentais da realidade mapeada na segunda edição da pesquisa e têm por intuito oferecer conhecimentos que contribuam para pensar os desafios contemporâneos do envelhecimento, considerando a diversidade cultural e social brasileira.

Cientes da importância de visibilizar as questões do envelhecimento e de que é preciso compreender a realidade presente a fim de antecipar realidades futuras, o Sesc São Paulo e a Fundação Perseu Abramo (FPA) entendem as pesquisas – e as publicações delas originadas – como fundamentais para desenvolver estudos e sistematizar reflexões e práticas que possibilitem propostas e um diálogo contínuo com as pessoas idosas e delas com pessoas de outras faixas etárias.

Embora a pesquisa tenha ocorrido antes da pandemia de covid-19, que levou à morte milhares de pessoas idosas em todo o mundo, o impacto dessa doença foi abordado no artigo de abertura do volume. A pandemia chamou a atenção para as desigualdades que acometem o processo de envelhecimento da população brasileira, suscitando a necessidade de garantir ações que assegurem os direitos da pessoa idosa.

Ao publicar esta obra, reiteramos um compromisso longevo com a valorização da qualidade de vida e com o bem-estar de pessoas de todas as idades. Com essas iniciativas, buscamos incentivar a autonomia e o protagonismo das pessoas idosas na sociedade, de forma a instigar repercussões significativas em âmbito público. Compreender e reconhecer seus anseios, necessidades e potencialidades nos posiciona a favor do respeito pela diversidade. Alinhados em torno de valores como esse, podemos coletivamente reforçar as bases daquilo que desejamos partilhar com as gerações atuais e futuras.

PREÂMBULOS E CONSIDERAÇÕES

CELINA DIAS AZEVEDO

> Há casos em que a velhice dá,
> não uma eterna juventude mas,
> ao contrário, uma soberana liberdade.
>
> G. DELEUZE E F. GUATTARI

> Minha descoberta mais consistente
> depois de fazer 65 anos:
> não posso perder tempo fazendo o que não quero.
>
> JAP GAMBARDELLA[1]

Em 2006[2] teve lugar a primeira edição da pesquisa *Idosos no Brasil: vivências, desafios e expectativas na terceira idade*, que buscou apreender o imaginário social sobre o envelhecimento entre a população urbana do país. Naquele momento, a relevância da investigação já evidenciava-se na expressiva proporção de pessoas idosas – acima de 60 anos – entre os habitantes: 9,07%[3] (que representa perto de 17 milhões de pessoas), com a perspectiva de chegar a quase 20% (cerca de 41 milhões), em 2030. Uma das intenções era que o levantamento de dados contribuísse com as discussões sobre as políticas públicas voltadas ao atendimento de velhas e velhos, grupo populacional em crescimento acelerado.

---

1   Personagem vivida por Toni Servillo no filme *A grande beleza*. Dir. Paolo Sorrentino. Itália/França. 2013.

2   A coleta de dados aconteceu entre os dias 1 e 23 de abril daquele ano. Vale observar que, antecedendo a investigação, foram realizadas diversas oficinas de sensibilização para a temática do envelhecimento voltadas aos entrevistadores e supervisores, que estariam em campo na coleta de dados.

3   IBGE. *Séries histórica e estatísticas*. Disponível em: https://seriesestatisticas.ibge.gov.br/series.aspx?no=10&op=0&vcodigo=POP305&t=revisao-2008-projecao-populacao-grupos-especiais. Acesso em: 03 nov 2022.

No ano seguinte, em 2007, somou-se a outras formas de *publicização*[4] dos dados a edição de uma coletânea[5]. Ali, Neri (2007, p.20), organizadora da edição, afirmava que "[a pesquisa] tem potencial para funcionar como um marco para as políticas e as práticas sociais em relação ao idoso no Brasil". A comunicação e a circulação da produção científica foram, e ainda são, elementos essenciais na idealização desta colaboração entre Sesc-SP e FPA.

Passados mais de 10 anos, entre 2019 e início de 2020[6], com objetivo de atualizar os dados e entender as atuais demandas das pessoas idosas, o Sesc-SP e a FPA organizam uma segunda edição da investigação e, também, outra coletânea com novas análises.

Assim, com objetivo de compartilhar reflexões e leituras, reiterando o entendimento de disseminar amplamente os resultados, construir diálogos com especialistas, pesquisadoras e pesquisadores e, especialmente, trazer essas referências a público, apresentamos a coletânea *Velhices: perspectivas e cenário atual na pesquisa Idosos no Brasil*.

Os textos a seguir, que ora apresentamos, não se limitam a reproduzir os dados encontrados nas duas edições da pesquisa *Idosos no Brasil* (2006 e 2020), pelo contrário, procuram construir leituras à procura do que está abaixo da superfície. Amparamo-nos na ideia de construir uma obra múltipla, a partir de alguns temas tratados na pesquisa, com objetivo de ampliar a leitura dos dados mas, também, criar espaço para o exercício de um *olhar crítico* sobre o cenário descortinado e possível de ser explorado. Um *olhar complexo*[7] e, porque não, algumas vezes poético sobre o envelhecer no Brasil, na contemporaneidade.

---

[4] Assim que foram finalizadas a coleta e tratamento dos dados, Sesc-SP e FPA colocaram à disposição do público a pesquisa em seus Portais, na internet, além de organizarem encontros – seminários, palestras – para disseminação dos resultados. Uma sessão para apresentação junto ao Conselho Nacional da Pessoa Idosa (CNDI) teve lugar em Brasília, com técnicos de ambas as entidades expondo a pesquisa.

[5] Publicada em 2007 com o mesmo nome – *Idosos no Brasil: vivências, desafios e expectativas na terceira idade* –, a coletânea foi organizada pela professora Anita Liberalesso Neri, uma coedição das instituições parceiras.

[6] A coleta de dados foi finalizada em fevereiro de 2020.

[7] Aqui o termo faz alusão ao pensamento complexo de Edgar Morin (1921). O sentido de "tecer, entrelaçar" está presente na etimologia da palavra, e, para Morin, o pensamento complexo carrega a ideia de uma visão plural do mundo em permanente desconstrução e reconstrução, em constante diálogo.

Outro objetivo diz respeito à abordagem, e aqui vale apontar para a busca por pluralidade entre autoras/es convidadas/os que pudessem contribuir com olhares e discursos diversos sobre os dados. Tal empenho justifica-se não só pela necessidade de mostrar diferentes pensares mas, também, a legitimar uma investigação que tem como cenário *o Brasil e sua diversidade*.

Longe de querer limitar a riqueza dos estudos contidos nesta publicação, confinando-os em caixinhas classificatórias, o que poderia ser obstáculo a uma leitura desprendida, apresentamos a seguir alguns princípios que conduziram a busca por autoras e autores para comporem esta coletânea, a partir de suas produções. O pluralismo, no entrelaçamento de campos como serviço social, antropologia, filosofia, psicologia, história, educação física, oferece a difusão de distintas visões e o diálogo entre elas se impõe como forma imperiosa, no exame dos dados da pesquisa.

Em gerontologia costumamos nos referir a velhices em vez de velhice, no singular, para denotar o quanto o envelhecimento é um processo individual e sujeito a questões para além do biológico. Dessa maneira quer-se reforçar, também, a ideia de que não existe "modelo" que deva ser seguido para um "bom" envelhecer. Mas há outros aspectos a ser considerados, pesquisas já comprovaram que a cor da pele de quem envelhece é responsável por diferenças em como brancas/brancos e negras/negros chegam e vivem sua velhice. Raça/cor estão diretamente relacionadas a desigualdades no processo de envelhecimento e são consequência do racismo e da iniquidade. Estendendo essa referência, a *interseccionalidade*[8] nos auxilia a apreender o papel do gênero na vulnerabilidade da mulher velha negra, sabendo que a categoria gênero não é somente socialmente construída mas, também, historicamente localizada.

---

[8] "É uma ferramenta teórica e metodológica usada para pensar a inseparabilidade estrutural do racismo, capitalismo e cisheteropatriarcado, e as articulações decorrentes daí, que imbricadas repetidas vezes colocam as mulheres negras mais expostas e vulneráveis aos trânsitos destas estruturas", em *O que é Interseccionalidade?*. Disponível em https://www.geledes.org.br/o-que-e-interseccionalidade/. Acesso em: 10 nov. 2022.

Diante de uma sociedade baseada no privilégio da branquitude[9] e que insiste em pautar-se por uma cultura escravagista, a trajetória de uma pessoa negra é pontuada pela desigualdade – desde seu nascimento, passando pela vida adulta e chegando à velhice – manifesta no seu acesso ao sistema de saúde, à educação, a empregos qualificados.

São muitas as barreiras postas e, dessa forma, a vivência do processo de envelhecimento será impactado por elas. Nesta publicação, *gênero e raça* ganham destaque nos artigos, como forma de visibilizar a discussão e pensarmos em formas de enfrentamento dessas desigualdades gestadas historicamente.

Ainda como forma de alcançar a ideia de "velhices", algumas das análises apresentadas têm como base o conceito da *totalidade social* como caminho de reflexão que conduz os estudos sobre o envelhecimento humano, inserindo-o no movimento histórico das relações sociais de produção e reprodução capitalista e na centralidade do trabalho como definidor do ser social.

Os textos contemplam a diversidade – na escrita e no contexto – para, quem sabe, arrebatar leitoras/es diversas/os, para além de estudiosas/os do tema, expondo duas possíveis funções a serem exercidas pela obra: levar a leitora, o leitor a uma reflexão à luz dos dados apresentados e, em segundo lugar, evidenciar os aspectos distintos e diversos do envelhecimento quando pesquisadoras e pesquisadores procuram revelar em um esforço crítico, o que nos contam os dados sobre a heterogeneidade e desigualdades no modo de envelhecer.

Com o aumento da expectativa de vida, fala-se mais da velhice, que se tornou objeto de estudos e estatísticas. O envelhecimento populacional causa preocupações na economia, provoca discussões em torno da saúde, da seguridade, do cuidado, sobretudo com as pessoas idosas. O olhar lançado para o envelhecer percebe-o como complexo e multifacetado, e tal processo deve contemplar o ser, o fluxo da vida.

O final do século XIX e a primeira metade do século XX gestaram a ultravalorização da juventude, conforme aponta Jon Savage (2009, p. 11), quando os jovens se transformaram "num grupo etário específico com rituais, direitos e exigências próprios". Ainda, segundo o autor, a forma como a juventude é

---

[9] "O pertencimento étnico-racial de branque, a posição de superioridade racial ocupada por este grupo, a forma como pessoas brancas se comportam e perpetuam o racismo mantendo privilégios sociais, econômicos, políticos e subjetivos é chamado de branquitude", em *Guia sobre a branquitude*. Disponível em: https://educadiversidade.unesp.br/guia-de-reconhecimento-sobre-a-branquitude/#Branques_e_branquitudes. Acesso: 02 dez. 2022.

vista no Ocidente tomou o mundo, a partir da segunda metade do século XX, e esse grupo passou a ser o centro das atenções o que "reforçou na juventude a ideia de si mesma como algo importante", que acabou por impulsionar o idadismo como componente naturalizado da cultura ocidental.

Embora o século XXI possa ser apontado como o "século dos idosos", foi no decorrer do século XX que a expectativa de vida do ser humano foi ampliada:

> [...] o aumento da esperança de vida ao nascer da população mundial cresceu continuamente no século XX [...] o grande salto ocorreu nos anos 1900, quando a vida média dos habitantes do Planeta mais que dobrou em um século, chegando a 66,3 anos no ano 2000 [...] No ano de 2019, a esperança de vida ao nascer do mundo chegou a 72,6 anos. (ALVES, 2021)

A velhice foi introduzida como pauta preferencial nos discursos e ações do Estado, das universidades, da mídia, das instituições do terceiro setor[10]. A pesquisa *Idosos no Brasil: vivências, desafios e expectativas na terceira idade* é resultado da parceria do Serviço Social do Comércio (Sesc) e da Fundação Perseu Abramo (FPA), apoiados na necessidade de contribuir para a compreensão da velhice e do processo de envelhecimento.

> Daí, pois, como já se disse, exigir a primeira leitura paciência, fundada em certeza de que, na segunda, muita coisa, ou tudo, se entenderá sob luz inteiramente outra.
>
> SCHOPENHAUER

---

[10] "Terceiro Setor é o nome que se adotou para designar as instituições que não pertencem ao setor público e nem ao setor privado, estariam num *terceiro* setor, que corresponde ao campo da sociedade civil organizada [...] exercem uma atividade de interesse social – ou seja, trabalham em causas humanitárias, prestam serviços filantrópicos ou realizam atividades que promovem a cidadania e a inclusão social". O Sesc-SP e a FPA encontram-se nessa esfera da sociedade. Disponível em: https://fundacoes.mppr.mp.br/modules/conteudo/conteudo.php?conteudo=118#. Acesso: 16 out. 2022.

Ao final do período de coleta de dados da segunda edição da pesquisa *Idosos no Brasil*, o país de 2020 deparava-se com a decretação da pandemia e estava sob o governo de Jair Bolsonaro[11]. Como presidente, foi Bolsonaro quem comandou as medidas para garantia de proteção e cuidados de saúde da população[12]. Diante do número de vítimas no país e da disseminação da infecção com mutações do vírus, as medidas de proteção contra a doença estenderam-se, também, para os anos de 2021 e 2022[13].

A covid-19 não foi abordada na segunda edição da pesquisa *Idosos no Brasil: vivências, desafios e expectativas na terceira idade*, uma vez que a coleta de dados foi finalizada nas semanas anteriores à decretação da pandemia[14] pela OMS em março de 2020, antes, portanto, de todas e todos estarmos submetidos às determinações para prevenir e reduzir a propagação da doença, ao período de distanciamento/isolamento social.

No entanto, já sabemos de alguns impactos sociais, culturais, econômicos resultantes desse período e esta publicação não poderia abster-se de incluir reflexões acerca desse acontecimento, marco na história da humanidade e, especialmente, uma análise acerca da repercussão sobre a vida das pessoas idosas no país.

Dessa forma, abrindo a leitura da coletânea, encontramos um retrato do Brasil nesse período e o olhar lançado às velhas e velhos, no artigo de Valmir Moratelli e Tatiana Siciliano, "A dor da gente não sai nos jornais". Com objetivo de compreender os impactos significativos da pandemia sobre a vida da população idosa, autor e autora analisaram reportagens do jornal *O Globo* (de janeiro de 2021 até janeiro de 2022). Ao destacar discursos de

---

[11] Jair Messias Bolsonaro eleito 38º. presidente do Brasil pelo Partido Social Liberal, de 2019 a 2022.

[12] Como consequência o Brasil está entre os países do mundo com mais mortes pela covid, mais de 689 mil vidas perdidas até novembro de 2022. Disponível em https://github.com/CSSEGISandData/covid-19. Acesso: 18 dez. 2022.

[13] A expectativa era, à época, que a OMS procedesse a nova avaliação no final de 2022 sobre a possibilidade de decretar o fim da emergência da pandemia. Apesar disso, em maio de 2022, o presidente Jair Bolsonaro revogou o decreto que instituiu o Comitê de Coordenação Nacional para Enfrentamento da Pandemia da covid-19. Ao todo, 23 decretos de combate à pandemia foram revogados. *Governo federal revoga decretos de enfrentamento à pandemia*. Disponível em: https://www12.senado.leg.br/noticias/materias/2022/05/23/governo-federal-revoga-decretos-de-enfrentamento-a-pandemia. Acesso: 13 out. 2022.

[14] A coleta de dados da pesquisa foi finalizada em fevereiro de 2020 e a covid-19 foi caracterizada como pandemia pela OMS no dia 11 de março de 2020. *Histórico da pandemia de covid-19*. Disponível em: https://www.paho.org/pt/covid19/historico-da-pandemia-covid-19. Acesso: 10 out. 2022.

figuras públicas – autoridades do governo, artistas, celebridades – carregados de preconceitos e estereótipos, percebemos como foram reforçados a naturalização de uma ordem social e um imaginário em que velhos e velhas são invisibilizados e desqualificados.

A pandemia escancarou o preconceito naturalizado no país e isso precisa ser discutido publicamente. Algumas vezes sob o disfarce do humor, a forte presença do idadismo/etarismo/ageísmo[15] em material amplamente divulgado atua de forma depreciativa com intuito de ridicularizar e infantilizar a velhice. Conforme Valmir e Tatiana, "os periódicos fornecem 'capital simbólico fundamental para os meios de comunicação'" e a dinâmica da circulação de informações mostra como mesmo o discurso do cuidado permite, na verdade, entrever a imposição de valores uniformes – fragilidade, vulnerabilidade e fraqueza – a um grupo tão diverso.

Para explorar essa ideologia dominante na sociedade, a partir de alguns temas presentes em *Idosos no Brasil: vivências, desafios e expectativas na terceira idade*, questões conduziram as análises de pesquisadoras e pesquisadores: De que forma as estruturas familiares são determinantes para o acolhimento, cuidado e inserção das pessoas idosas na constituição familiar?; A ideia de que o trabalho tem sido um valor a ser preservado mesmo na velhice, uma visão neoliberal do mundo que deve ser revista?; O racismo estrutural manifesta-se em situações sistemáticas de desvantagens para pessoas idosas pretas, que dados traduzem essas condições?; E a saúde da pessoa idosa no Brasil, seu acesso a cuidados, a um atendimento digno?; Que elementos presentes historicamente na opressão à mulher são determinantes no processo de envelhecimento e acabam por acarretar uma velhice feminina marcada pela pauperização, a responsabilidade pelo cuidado com os outros, a solidão, a vitimização pela violência. Como a interseção: mulher+velha+preta repercute no processo de envelhecimento?; Para além da educação formal que outros interesses e demandas de saberes de velhas e velhos são revelados?; Como as evidências e os mecanismos de produção das relações sociais oprimem e/ou atuam na coerção da sexualidade do ser que envelhece e como descolonizar os corações envelhecidos para viver o amor com liberdade?; Qual é a perspectiva da morte que pode

---

15 Termos sinônimos, referem-se ao preconceito em relação à idade e surgem quando são usados para categorizar e dividir as pessoas de maneira a causar prejuízos, desvantagens e injustiças. *Relatório mundial sobre o idadismo: resumo executivo*. Disponível em: https://www.who.int/pt/publications/i/item/9789240020504. Acesso: 10 nov. 2022.

nos auxiliar na sua compreensão e que indica caminhos para aprender a conviver melhor com nossa própria finitude?; Quais as demandas da população acima de 60 anos e os desafios colocados à sociedade deste século XXI para garantia de seus direitos?; Sobre os hábitos e práticas culturais, como garantir o exercício do direito fundamental do lazer em si?; O imaginário coloca as Instituição de Longa Permanência para Idosos (ILPIS) como local de tristeza e abandono. Quais alternativas apresentam-se a esse cenário no acolhimento das pessoas idosas?

> Que vamos fazer com os velhos, se já não está aí a morte para lhes cortar o excesso de veleidades macróbias?
>
> JOSÉ SARAMAGO

Na atual edição de *Velhices*, Solange Teixeira aborda as relações familiares em "Envelhecimento e família: análises dos dados da pesquisa Perseu Abramo/Sesc-SP de 2020". Ao cotejar dados das primeira e segunda edições da pesquisa, ao mesmo tempo em que dialoga com dados do Projeto SABE[16], a autora situa velhas e velhos em um contexto amplo e discorre sobre como o capitalismo, a partir de "consequências estruturais e dinâmicas da interação de dois ou mais eixos de subordinação", atua sobre o indivíduo impactando em seu processo de envelhecimento. Sobre os modelos de família, contextualiza-os como elementos "não naturais", mas, sim, histórico-culturais e, em uma abordagem essencial nesta publicação, demonstra como nossas estruturas sociais – racistas, patriarcais – impactam no envelhecimento de trabalhadoras e trabalhadores e a necessidade de fomento a políticas públicas com ações de cuidado para com esses indivíduos.

Ao expressivo número de mulheres no grupo populacional de pessoas idosas associa-se o termo "feminização da velhice". Naylana Paixão, em seu artigo "Feminização da velhice: desigualdades de gênero e seus impactos no processo de envelhecimento", analisa a equação mulher + velha + preta

---

[16] O projeto Saúde, bem-estar e envelhecimento (SABE) foi coordenado pela Organização Pan-Americana de Saúde com o objetivo de coletar informações sobre as condições de vida dos idosos (60 anos e mais) residentes em áreas urbanas de metrópoles de sete países da América Latina e Caribe – entre elas, o Município de São Paulo – e avaliar diferenciais de coorte, gênero e socioeconômicos com relação ao estado de saúde, acesso e utilização de cuidados de saúde. Disponível em: http://hygeia3.fsp.usp.br/sabe/index.php. Acesso: 16 nov. 2022.

com intuito de entender sua repercussão no processo de envelhecimento. A autora dá destaque às raízes históricas que colocam as mulheres idosas em posição de desigualdade e que, no entanto, ainda são pouco discutidas, principalmente pela naturalização dessas desigualdades.

Em "Renda, consumo e aposentadoria", Marcio Pochmann aponta para o desafio de desconstrução da ideia do "envelhecimento como sendo colapso da juventude". Por meio de um detalhado histórico da atuação do Estado com as pessoas idosas – previdência social, direitos civis –, defende a "urgente necessidade" de políticas públicas em novas bases, uma vez que a privatização de cuidados e serviços atende a uma parcela restrita desse grupo populacional. Para o autor, a superação de preconceitos e estereótipos passa pela perspectiva de uma vida em sociedade como um processo contínuo de transições etárias e ao combate contra a caracterização do atendimento a esse segmento social envelhecido nos sistemas de saúde e de proteção social, como fardo e problema fiscal permanente.

Tereza Martins debruçou-se sobre o tema da negritude e envelhecimento, no artigo "Racismo no Brasil: a condição diferenciada de envelhecer dos/as trabalhadores/as negros/as". A autora se propôs a tratar do envelhecimento partindo de uma análise sobre as condições do envelhecimento de homens e mulheres negros/as no Brasil, determinadas pelo racismo no mercado de trabalho. Ao examinar como o racismo estrutural construiu um "lugar do negro" no mercado de trabalho, passa a examinar como as condições diferenciadas de seu envelhecimento são pontos de partida para se pensar como as desigualdades foram construídas pelo racismo. Como enfrentamento propõe a desconstrução das "seletividades" para se pensar em políticas sociais universais.

A questão da saúde foi tema de Tatiane Bahia, João Paulo Menezes Lima e Everaldo Pinheiro da Mota Júnior em "O envelhecer na multiplicidade dos Brasis: aspectos relacionados à saúde da pesquisa Idosos do Brasil". Neste artigo, autora e autores chamam atenção para os dados da pesquisa que mostram peculiaridades nos recortes das regiões do país e quanto ao gênero, raça e cor no acesso à saúde. Os *Brasis* do título do artigo é referência às populações tradicionais, do campo, da floresta e das águas, e a análise chama atenção para a necessidade de considerar as singularidades dessas comunidades no que diz respeito aos aspectos em saúde em seu envelhecer. Ressaltam a importância do fomento em pesquisa sobre o envelhecimento que abordem a complexidade do envelhecimento desses *Brasis*.

"'Se alguém perguntar por mim, diz que fui por aí' – ensaio sobre uma educação que (des)inquieta" analisa o tema da educação. Velhas e os velhos fazem parte de um grupo que possui grau de escolaridade menor que o restante da população adulta e, também neste quesito, a variável raça/cor carrega um significativo déficit. No entanto, distante de prescrições e proposições, de apontar modelos, Cinthia Siqueira e Lisa Torres propõem o "educar na velhice como um convite à desinquietação". Em oposição à ideia da "atividade" como ordenamento para o envelhecer, a proposta das autoras é que se mergulhe na "vida (que) suplica sentido [...] Para além de educar a velhice, acreditamos ser urgente se educar a ela".

Geni Núñez toma o etarismo como chave para discutir sobre o amor, em seu ensaio. Refletindo sobre práticas de cuidado, de vínculos e relações afetivas para "além da matriz europeia, cristã e colonial", a autora apresenta o colonialismo como fator de compartimentalização e empobrecimento da vida, como tem chamado: *sistema de monocultura da existência e do pensamento*. "As monoculturas do tempo: uma conversa sobre etarismo" relaciona alguns binarismos – branquitude/racismo; civilização/selvagem; vida/morte; pessoas jovens/pessoas velhas – que atuam na manutenção de um determinado modo de vida e passam a produzir, tema da abordagem, o etarismo contra a sexualidade de pessoas velhas lesando, também, as pessoas jovens que são afetadas por essa lógica. A monocultura só existe pela negação da diversidade e como forma de enfrentamento a esse "tempo colonial", a autora lança um convite ao leitor e à leitora: para abrirmos espaço "para uma ética que faça sentido para nós".

"Envelhecer e morrer hoje no Brasil" tem como base os dados que apuram as preocupações individuais com a morte. Ao abordar o tema, Gustavo Assano desenvolve sua análise a partir da imagem da velhice sob o neoliberalismo a que chama de "desumanização dos idosos". Para o autor, no nosso sistema econômico, o trabalho transformou-se na "única razão para viver" confinando a vida a uma lógica em que não haveria lugar no mundo para quem não produz para o capital. Velhos e velhas, diante dessa lógica, tornar-se-iam "descartáveis".

Em "Direitos e políticas públicas: considerações sobre a realidade vivenciada por pessoas idosas no Brasil", a análise de Sálvea de Oliveira C. e Paiva e Vanessa P. L. Silva se constrói sob a perspectiva da *totalidade social*, conforme ressaltado pelas autoras. A contradição entre "capital *vs* trabalho" contamina as políticas sociais e exige um enfrentamento com base na desconstrução dos ideais do neoliberalismo. Pobreza, exclusão e desigualdade condicionam o envelhecimento e há que se compreender a importância das lutas por direitos e políticas sociais – produto das lutas e movimentos sociais – de proteção à velhice de trabalhadores e trabalhadoras na sociedade contemporânea à luz das políticas social e econômica.

Regiane C. Galante, em seu texto "Lazer e envelhecimento satisfatório" dialoga com uma ideia cristalizada na sociedade, do lazer como algo "obrigatório" na aposentadoria. Embora esteja claro que há uma diversidade de situações, há que se pensar na aposentadoria como um tempo em potencial para o envolvimento em fazeres e experiências. Para a autora, o lazer pode ser uma possibilidade de resistência à lógica da produção capitalista, opondo-se à ideia do envelhecer/aposentar-se como um problema, e propõe um entendimento ampliado do lazer, como experiência de cada indivíduo. Apoia-se no conceito de "satisfação pessoal" em que o termo *satisfatório* refere-se, justamente, ao que é experimentado, a algo que faz sentido e traz significado. Sabendo que o preenchimento do tempo livre depende de hábitos, condições de saúde, a análise reforça a necessidade de romper-se com a lógica produtiva para garantir o exercício do direito do lazer.

As ILPIs são temas de diversas pesquisas, por tratar-se de uma das únicas alternativas de acolhimento a pessoas idosas que, por diversas razões, não podem/desejam permanecer residindo em seus lares e precisam ser institucionalizados. Michelle Ferret, em seu texto "As ILPIs e o imaginário de velhas e velhos", transita entre os dados da pesquisa e a escuta do cotidiano desses espaços. A autora trata do imaginário sobre essas organizações, inclusive sobre o tabu que as cercam como lugar de tristeza e abandono, mas sem perder de vista a importância e necessidade, diante do aumento da população de pessoas idosas e dos novos arranjos familiares, da exigência de planejamento e organização de novas formas de moradia.

Para finalização da coletânea, dois textos que não abordam exatamente os temas propostos na investigação, mas atuam na formulação de diálogos e os complementam em suas análises: "De volta para o futuro: reflexões intempestivas sobre envelhecimento e gerontologia", no qual Theophilos Rifiotis articula questões éticas, teóricas e políticas sobre o campo do envelhecimento; e "Por que estudar o envelhecimento no Brasil?", no qual Vilma Bokany e Rachel Moreno apresentam a metodologia da pesquisa.

O artigo de Theophilos, mesmo sem combinar ou ter contato com as/os outras/os autoras e autores, acaba por construir em seu texto uma urdidura dos fios estendidos por elas e eles. Partindo de reflexões anteriores[17] quando, entre outras questões, aponta para algumas práticas que ocupam-se das pessoas idosas como objeto de assistência e não como um sujeito social, neste texto apresenta-se como um "narrador que procura participar do debate público sobre o envelhecimento" e chama atenção para a "colonização" de nosso pensamento e de como a *diversidade* poderia enriquecer os olhares sobre o envelhecimento. Ressalta, ainda, a importância da construção de saberes fundados no diálogo e na interseccionalidade e do respeito à pluralidade dos modos de vida como forma de "enfrentarmos os desafios cotidianos decorrentes do aumento da longevidade e do envelhecimento".

Vilma e Rachel apresentam a descrição da metodologia, os objetivos da pesquisa, seu planejamento e desenvolvem considerações sobre a "importância e o porquê estudar o envelhecimento no Brasil", ou seja, além de justificar, corroboram a pertinência das investigações nesse campo. As autoras, com base em alguns dados selecionados, discorrem sobre *as coisas boas e ruins do envelhecimento*, identificando, por exemplo, os altos índices de idadismo; sobre a "violência contra a pessoa idosa", cujos dados aparentemente mostram decréscimo sobre essa situação, observam que poderia indicar um possível êxito das campanhas pelos direitos e respeito às pessoas idosas, que ganharam força na última década. A pandemia da covid-19, que irrompeu pouco depois do final da coleta de dados da pesquisa, passa por análise das autoras.

Após a realização da pesquisa e a perspectiva da produção de conhecimento fundamentada na leitura dos dados, representada por esta publicação, resta reconhecer e dar visibilidade à realidade social de velhas e velhos e propor ações concretas com vistas à sua transformação. Realidade social refletida na dificuldade, que já apontava Simone de Beauvoir (1990) no clássico *A velhice*, em se abordar a questão do idoso, uma vez que a velhice (ainda) é tema que carrega muitos incômodos. Com o aumento da expectativa de vida e a estruturação de políticas se consolidando para lidar com as demandas sociais, fala-se mais da velhice, que continua sendo interpretada como algo

---

[17] *O idoso e a sociedade moderna: desafios da gerontologia*, Disponível em: https://periodicos.sbu.unicamp.br/ojs/index.php/proposic/article/view/8643583/11104. Acesso: 18 dez. 2022.

negativo[18] e carregada de simplificações. Conforme ressalta Silvana Tótora (2006, p.37):

> Em uma cultura que valoriza os excessos de prazeres e o culto da felicidade como ausência de sofrimentos, doença e dor, ser velho é privação. Se o tempo se consome em um movimento linear e a morte é algo que se quer exorcizar, ser velho assume um estatuto negativo [e envelhecer] um mal reservado àqueles que não seguiram uma prescrição correta de vida.

Vivemos mergulhados em contradições, na busca pela longevidade e com medo de envelhecer; entre a exigência da economia na formação de velhas e velhos consumidores[19] e o capital que as/os colocam no lugar de inúteis. No tempo em que o trabalho assumiu a centralidade da vida, como "única razão para viver" devemos nos comprometer a conhecer a sociedade como totalidade.

> Tal como os indivíduos manifestam sua vida assim são eles. O que eles são coincide, portanto, com sua produção [...] O que os indivíduos são, portanto, depende das condições materiais de sua produção [...] ela pressupõe um intercâmbio [...] dos

---

[18] Apenas a título de ilustração e com intuito de reafirmar a importância de perceber-se a ideologia que, muitas vezes, esconde-se nas iniciativas, travestidas de boas intenções, de incentivo e/ou prescrições para o bem envelhecer, por exemplo, o estímulo ao uso de jogos digitais por velhas e velhos. Reproduzimos aqui o proposto como "Uma academia para o cérebro. O game Brain Age ("Idade do cérebro", em português), da Nintendo, *tem uma proposta inovadora*: determina a idade da mente do jogador e lança desafios de raciocínio lógico (entre os quais o sudoku) *para rejuvenescer o cérebro*. Quando ligado pela primeira vez, o jogo pedirá para que se faça alguns testes que, dependendo do desempenho da pessoa, determinarão a idade de seu cérebro. *Essa idade nada tem a ver com a idade cronológica, sendo a mínima 20 e a máxima 80. Quanto mais jovem, melhor. O grande objetivo é alcançar a cobiçada idade de 20 anos.* Para isso, Brain Age conta com um acervo de nove minigames, a maioria é habilitada à medida que se vão vencendo etapas." Disponível em: https://www.ipea.gov.br/desafios/index.php?option=com_content&view=article&id=1143:reportagens-materias&Itemid=39. Acesso: 05 jan. 2023. (Grifos nossos). Deixo a interpretação desse discurso às leitoras e aos leitores.

[19] Sobre essa questão, vale uma leitura e reflexão sobre esta matéria: *Economia prateada: a ascensão dos consumidores 60+*. Disponível em: https://vocesa.abril.com.br/economia/economia-prateada-a-ascensao-dos-consumidores-60/. Acesso: 05 jan. 2023.

> indivíduos uns com os outros. A forma desse intercâmbio é, por sua vez, condicionada pela produção. (MARX & ENGELS, 1977, p. 27)

Vale lembrar que os dados estudados referem-se a um recorte temporal e retratam um dado período histórico. A articulação entre fundamentos teóricos, experiências empíricas, a análise dos discursos, pode desvelar um outro olhar sobre o envelhecimento e a velhice, um olhar sobre a vida como um fluxo pleno de possibilidades de experimentação e criação, já que, como afirma o poeta:

> A coisa mais moderna que existe nessa vida é envelhecer [...]
> Não quero morrer pois quero ver como será que deve ser envelhecer [...]
> Pois ser eternamente adolescente
> nada é mais demodé.
>
> ARNALDO ANTUNES

Acesse aqui a pesquisa completa
Idosos no Brasil – 2ª. Edição –
O que mudou nos últimos 14 anos?

REFERÊNCIAS

ALVES, José Eustáquio Diniz. *Esperança de vida diante da emergência sanitária e climática*. Disponível em: https://cee.fiocruz.br/?q=esperanca-de-vida-diante-da-emergencia-sanitaria-e-climatica. Acesso: 02 nov. 2022.

BEAUVOIR, Simone. *A velhice*. Rio de Janeiro, Nova Fronteira, 1990.

DELEUZE, Gilles; GUATTARI, Félix. *O que é filosofia*. Trad. Bento Prado Jr e Alberto Alonso Muñoz. 3ª. ed., São Paulo, Ed. 34, 2010.

MARX, Karl; ENGELS, Friedrich. *A ideologia alemã* (I – Feuerbach). Trad. José Carlos Bruni e Marco Aurélio Nogueira. s.l.p., Editorial Grijalbo, 1977. Disponível em: https://edisciplinas.usp.br/pluginfile.php/347607/mod_resource/content/1/Texto%202%20-%20Marx%20%20Engels.%20A%20ideologia%20alemã%2C%20parte%20A%2C%20p.%2021-77%20%28A%20ideologia%20em%20geral%29.pdf. Acesso: 10 out. 2022.

NERI, Anita Liberalesso (org.). *Idosos no Brasil: desafios e expectativas na terceira idade*. São Paulo, Coedição Editora Fundação Perseu Abramo/Edições Sesc SP, 2007.

SAVAGE, Jon. *A criação da juventude*: como o conceito de *teenage* revolucionou o século XX. Trad. Talita M. Rodrigues. Rio de Janeiro, Rocco, 2009.

TÓTORA, Silvana. "Ética da vida e do envelhecimento". In: CÔRTE, B.; MERCADANTE, E., ARCURI, I. (orgs). *O envelhecimento e velhice*: um guia para a vida. Vol. II. São Paulo, Vetor, 2006.

"A DOR DA GENTE NÃO SAI NO JORNAL"

A RETÓRICA NEOLIBERAL EM NOTÍCIAS SOBRE VACINAÇÃO DE IDOSOS CONTRA COVID-19

VALMIR MORATELLI

TATIANA SICILIANO

> Ninguém notou
> Ninguém morou na dor que era o seu mal
> A dor da gente não sai no jornal.
>
> CHICO BUARQUE, "NOTÍCIA DE JORNAL"

"Não é o coronavírus que mata os velhinhos, essas pessoas já estão debilitadas"[1]. O presidente Jair Bolsonaro, em março de 2020 – com então 65 anos, prestes a completar 66 – assim tentou minimizar o alerta da pandemia, contrário às orientações da Organização Mundial de Saúde (OMS) e de líderes de nações que já estavam com sistemas de saúde em colapso. A consequência por se subestimar o impacto da covid-19 (ou novo coronavírus ou Sars-CoV-2) se revela pelos números de vítimas fatais atualizados diariamente[2]. O apelo médico para que se mantivesse isolamento social tinha como objetivo evitar propagação do vírus em grande escala, a fim de não sobrecarregar o historicamente frágil sistema de saúde no Brasil.

Já nos primeiros meses de pandemia, os desafios da saúde pública e consequências econômicas da covid-19 evidenciaram a exposição a que os idosos[3] são submetidos na política neoliberal. A pandemia, além de reforçar sua fragilidade na cena pública, incluindo-os como "grupo de risco"[4], trouxe o debate de sua importância para o sustento dos lares e de suas aspirações como grupo heterogêneo.

Faz-se lembrar que o termo "grupo de risco", de origem médica, surgiu no final dos anos 1980 para designar possíveis vítimas da epidemia de HIV/AIDS. Inicialmente, o Centro de Controle de Doenças dos EUA definiu como pertencentes ao grupo os gays, hemofílicos, haitianos e usuários de drogas. A socióloga Simone Dourado (2020, p. 156) lembra que a nomenclatura foi criticada por vários pesquisadores, pontuando as "dificuldades de operar com esse termo para falar sobre processos em curso no avanço do vírus HIV, que

---

1 Mais em: https://revistaforum.com.br/coronavirus/bolsonaro-insulta-italianos-que-respondem-fascista-sexista-homofobico-e-alem-disso-vulgar/. Revista *Fórum*. Publicada em 19 mar. 2020.

2 O Brasil ultrapassou a marca de 650 mil mortes em março de 2022.

3 Para fins metodológicos, consideramos idoso o indivíduo a partir dos 60 anos – como o Instituto Brasileiro de Geografia e Estatística (IBGE), seguindo diretrizes da OMS. Em 2020, o IBGE contabilizara 32 milhões de idosos, com previsão de aumentar para 67 milhões em 30 anos.

4 São considerados grupo de risco, além dos idosos: portadores de doenças crônicas (diabetes e hipertensão, asma, doença pulmonar obstrutiva crônica), fumantes, gestantes, puérperas.

pode ser transmitido pelo sangue, sêmen, secreção vaginal e leite materno". Em correlação contemporânea a isso, recorda-se que, diante de uma série de incertezas da população sobre a eficácia da vacina, Bolsonaro associou a vacinação contra covid-19 a um risco de se desenvolver AIDS[5]. Essa relação, que não existe, foi feita em uma transmissão nas redes sociais em 2021.

Além do descrédito na ciência, isso acontece em meio a um perigoso retorno da imagem de que o idoso é o velho que pode ser descartado, um ser improdutivo, um peso para o estado, a sociedade e as famílias (DOURADO, 2020). Recorre-se ao conceito de "estigma", trabalhado por Erving Goffman ([1963] 2008), para problematizar essas classificações. O sociólogo canadense explica que desde a Grécia Antiga se busca conhecimento de recursos visuais para se referir a sinais corporais com os quais se evidenciam diferenciações. Goffman (2008, p. 6-8) utiliza estigma em referência a "atributo profundamente depreciativo", o que origina "vários tipos de discriminações, através das quais efetivamente, e muitas vezes sem pensar, reduzimos suas chances de vida: construímos uma teoria do estigma". Isso explica níveis de inferioridade imputados a outrem.

Neste artigo, o objetivo é compreender como a pandemia que assolaria o mundo desde 2020 provoca repercussões significativas à população idosa, em especial a brasileira. Se por um lado a emergência sanitária expôs a importância de um sistema de saúde universal, por outro descortinou o desafio de se compreender como a gerontofobia – aqui também chamada de etarismo – se consolida no discurso público, naturalizando uma ordem social que desqualifica e invisibiliza os idosos. Como metodologia, analisa-se as reportagens publicadas pelo jornal carioca *O Globo* no período de janeiro de 2021, mês em que se inicia a vacinação do primeiro grupo de idosos no país, até janeiro de 2022, quando se inicia a vacinação em crianças.

A escolha do jornal é baseada nos dados da Comscore, referência na análise do tráfego de conteúdo na internet, que mostram o site de *O Globo* na liderança de visitas únicas em 2021, com média de 27,6 milhões acessos por mês[6]. Além disso, reforça-se a compreensão de um jornal como "um

---

5   Mais em: https://g1.globo.com/politica/noticia/2022/03/03/pf-quer-cooperacao-internacional-em-inquerito-que-apura-mentira-de-bolsonaro-ao-relacionar-vacina-contra-covid-a-aids.ghtml. Site *G1*. Publicado em 3 mar. 2022.

6   A *Folha de S.Paulo* teve média de 22,5 milhões, e *O Estado de S. Paulo*, 10,7 milhões. Mais em: https://oglobo.globo.com/politica/o-globo-encerra-2021-como-maior-jornal-do-pais-25328320. Publicado em 22 dez. 2021.

espaço de sociabilidade", nas palavras da historiadora Tania de Luca, como "empreendimentos que reúnem um conjunto de indivíduos, o que os torna projetos coletivos por agregarem pessoas em torno de ideias, crenças e valores" (2005, p. 140). Além de aglutinar opiniões, os periódicos fornecem "capital simbólico fundamental para os meios de comunicação", pois, conforme Marialva Barbosa (2010, p. 29), transformam o presente em "passado memorável", atuando como "testemunha ocular da história" e, assim, se constroem "como produtores da própria história", capazes de produzir sentidos que transcendem sua existência material.

No intervalo de um ano, já com o afrouxamento do distanciamento social imposto pela necessidade de proteção contra contaminação pela covid-19, as pessoas idosas foram alvo de discussões públicas sobre a necessidade de gastos com sua vacinação, além da prioridade na campanha de imunização nacional. Neste recorte, pretende-se expor como o discurso neoliberal vigente reforça valores calcados em produtividade de mercado.

Sob a égide da sociedade capitalista moderna, "a formação dos indivíduos pode ser pensada de modo associado à reprodução social como a reposição das relações de produção, que são ao mesmo tempo relações de dominação política e de exploração econômica" (PINHO, 2005, p. 137). Geógrafo e pesquisador de economia urbana, o britânico Jamie Peck (2010) orienta para pensarmos, inicialmente, o neoliberalismo como condição histórica, antes de constatá-lo como realidade. Se desde a implantação dos modelos de privatizações, nos anos 1990, o país pôs na prática o fascínio pela gestão privada, há de se compreender o projeto vindouro a partir da gestão bolsonarista [2019-2022], cuja base reacionária relativiza a democracia e os direitos humanos, estabelecendo o Estado conservador no viés ideológico-religioso, mas ultraliberal na gestão social.

Busca-se, assim, inserir o trabalho numa perspectiva interdisciplinar, que possa render desdobramentos para futuras pesquisas, articulando interfaces entre estudos de jornalismo, representações sociais e gerontologia.

GOVERNAMENTABILIDADE

A relação de proximidade entre velhos e doentes é recorrente há séculos. Em *O processo civilizador*, Norbert Elias (1994, p. 106) relata que, no fim do reinado de Luis XV, em 1774 – em meio a um anseio de reforma e intensificado como sinal externo das mudanças sociais, o conceito de "civilização" passa pelas alterações de comportamento aplicado a numerosas funções corporais. Elias cita como exemplo um trabalho anônimo, *La Civilite honete* [sic] *pour les enfants* [supostamente de 1780], no qual se diz:

> Em seguida, ele colocará o guardanapo sobre o corpo,
> o pão à esquerda e a faca à direita, a fim de cortar a carne
> sem despedaçá-la [...] arrancar pedaços de carne é considerado
> hábito rústico e cortá-la, evidentemente, maneira urbana.
> Ele também tomará cuidado para não pôr a faca na boca.
> Não deve deixar as mãos em cima do prato... nem pôr
> os cotovelos sobre ele, porque isto só é feito pelos velhos
> e pelos doentes. (ELIAS, 1994, p.107)

Entender o indivíduo velho como doente é, portanto, uma prática anterior ao capitalismo. Mas é com a Revolução Industrial e o advento de novas formas de produção, no século seguinte, que as hierarquias sociais são estabelecidas de acordo com o que cada grupo pode oferecer para a manutenção de um sistema calcado no lucro e acúmulo de riquezas. O indivíduo velho foi, em diversas sociedades e em diferentes momentos, subjugado e depreciado. Mas ao se tornar uma categoria homogeneizada na Modernidade, a velhice passa a ser alvo de controle, ou ainda um depositório de tudo que é descartável nos moldes atuais de produção.

Conforme Marx e Engels, no *Manifesto do Partido Comunista*, original de 1848 (2005, s/p), numa crítica à Modernidade, "tudo o que era sólido desmancha no ar, tudo o que era sagrado é profanado, e as pessoas são finalmente forçadas a encarar friamente sua posição social e suas relações mútuas". Os projetos, ações coletivas e a coordenação entre as políticas de vida conduzidas por ações de coletividades humanas dão lugar agora à exacerbação de um individualismo calcado no lucro particular e na obtenção de garantias privadas.

A exacerbação e aprofundamento desse sistema ao longo de todo o século passado levaria o Ocidente a um modelo que atualmente concentra riqueza em grandes grupos empresariais de atuação multinacional, superiores à gestão hegemônica do Estado. Recorrendo a Gilles Lipovetsky (2004), em sociedades de modernidade tardia, ou em países de industrialização recente, o incentivo cada vez maior para que a iniciativa privada aja como regente social numa falsa sensação de liberdade mingua os sistemas sociais à medida que o indivíduo já não é inserido na lógica de existência.

> A época ultramoderna vê desenvolver-se o domínio técnico sobre o espaço-tempo, mas declinarem as forças interiores do indivíduo. Quanto menos as normas coletivas nos regem nos detalhes, mais o indivíduo se mostra tendencialmente fraco e desestabilizado. Quanto mais o indivíduo é cambiante, mais surgem manifestações de esgotamentos e "panes" subjetivas. (LIPOVETSKY, 2004, p. 84)

É este sistema que não admitiria facilmente os apelos sanitários para o *lockdown* – confinamento, em tradução livre. Antes de 2020, a economia brasileira já vinha apresentando tímido crescimento. O Produto Interno Bruto (PIB) cresceu 1,1% em 2019, primeiro ano do governo Bolsonaro, segundo o IBGE. Com a pandemia, a economia no país acompanhou o ritmo planetário de desaceleração. Logo seriam sentidas as consequências econômicas da ruptura abrupta de livre circulação de pessoas: desemprego em curva ascendente, menor arrecadação de impostos, queda na receita das empresas.

Para pensarmos a construção identitária da categoria "idoso" no contexto da pandemia, faz-se necessário trazer algumas falas de pessoas públicas e autoridades políticas do período em questão. Declaração atribuída a Solange Vieira, então superintendente da Superintendência de Seguros Privados (SUSEP), aliada do então ministro da Economia, Paulo Guedes – na época com 70 anos – durante reunião de equipe em maio de 2020, dá a entender uma defesa da morte de idosos pela covid-19. A seu ver, seria positiva para diminuir gastos de previdência social: "É bom que as mortes se concentrem entre os idosos. Isso vai melhorar nosso desempenho econômico, reduzirá nosso déficit previdenciário".

Ainda nas primeiras semanas de março de 2020, o empresário e apresentador de TV Roberto Justus, então com 64 anos, teve um áudio vazado na internet, no qual conversava com amigos num grupo de whatsapp. Dizia:

---

7   Mais em: https://economia.estadao.com.br/noticias/geral,morte-de-idosos-por-covid-19-melhora-contas-da-previdencia-teria-dito-chefe-da-susep,70003317874. *O Estado de S. Paulo*. Publicada em 28 maio 2020.

> Quem entende um pouco de estatística, que parece que não é o seu caso, vai perceber que é irrisório. E dos que morrem, dos velhinhos, só 10 a 15% deles morrem [...]. Na favela não vai matar ninguém. Vai matar só velhinho e gente doente. [...] Então, assim, isso não é grave. Grave é o que vai acontecer com o mundo agora, com uma recessão nunca antes vista na História.[8]

No mesmo período, Júnior Durski, empresário curitibano do ramo de restaurantes, então com 56 anos, publicou vídeo nas redes sociais afirmando que o Brasil não poderia parar por causa do novo coronavírus: "Não podemos (parar) por conta de 5 mil ou 7 mil pessoas. [...] Não pode simplesmente os infectologistas decidirem que todo mudo tem que parar, independente das consequências gravíssimas que vai ter na economia"[9].

Conforme os exemplos acima, apoiados pelo que dissera o presidente da República mais de uma vez, os idosos não deveriam ser alvo de preocupação da sociedade. Na lógica racional do lucro capitalista, minimiza-se morte de idosos em detrimento das consequências de se abster de atividades econômicas e da circulação de bens e pessoas. Tais declarações, que exacerbam a impiedade de um sistema calcado na concentração do lucro, reforçam o estigma de que idoso é um ser frágil e em declínio físico e mental, incapacitado de atividades individuais, desprovido de propósitos sociopolíticos e, assim, desmerecedor de assistência em momento de fragilidade econômica e grave crise global. Contudo, é curioso notar que muitos dos "donos do poder" que propagam o discurso sobre a improdutividade dos velhos e, por isso, sua "inutilidade social", ou estejam próximos a faixa etária considerada idosa pela OMS ou já tenham ultrapassado, alguns há bastante tempo, a marca dos 60 anos. Por que os velhos são alvo de preconceito por pessoas da mesma faixa etária? Os velhos, nesse caso, de quem detém o poder são os outros, os frágeis, os renegados, os descartáveis. Falar deles é tentar esconder sua própria condição de incerteza. Quando saírem do jogo político, como serão

---

[8] Transcrição do áudio em: https://kogut.oglobo.globo.com/noticias-da-tv/noticia/2020/03/marcos-mion-se-pronuncia-sobre-polemica-de-audio-de-roberto-justus-sobre-coronavirus-alguem-vacilou-muito-e-nao-assumiu-eu-nao-vazei-nada.html. *O Globo*. Publicada em 24 mar. 2020.

[9] Mais em: https://www1.folha.uol.com.br/mercado/2020/03/consequencias-economicas-serao-maiores-do-que-5-ou-7-mil-que-vao-morrer-diz-dono-do-madero.shtml. *Folha de S.Paulo*. Publicada em 23 mar. 2020.

denominados pelos outros que vierem a ocupar tais posições? Questões que tornam tais pronunciamentos sociologicamente importantes para serem discutidos.

Michel Foucault (2008) cita o termo "governamentabilidade" para explicar a habilidade neoliberal em controlar ação das pessoas num processo de disciplinarização social. O ato de governar é entendido em duas esferas: "no campo macroestrutural e no campo das subjetividades" (FONSECA e SILVA, 2020, p. 62). No primeiro, o neoliberalismo se apodera do aparato político de Estado, para garantir manutenção das hierarquias vigentes. No segundo, a alteração se dá na mudança de pensamento do indivíduo, que agora se posiciona na condição de empreendedor de si mesmo, na ideia de cuidar de própria governança. E os que assim não conseguem são rotulados como improdutivos e, portanto, descartáveis, não importando a sua contribuição afetiva para a coesão social ou mesmo financeira no passado.

O peso de decisão política dada ao mercado vigora com entusiasmo, quebrando laços de humanismo que, por ventura, ainda resistiam. Em *É hora de mudarmos de via*, o sociólogo francês Edgar Morin (2020) lembra que "o humanismo trazia em si a ideia de progresso e era trazido por ela [...]. [Essa ideia] chegou a propagar-se no mundo, apesar dos terríveis desmentidos dos totalitarismos e das guerras mundiais do século XX" (2020, p. 90). Entretanto, os retrocessos nacionalistas, o recrudescimento de vários tipos de preconceito (como racismo, xenofobia, etarismo) e a "primazia do interesse econômico promoveram uma crise neste modelo de pensamento" (2020, p. 42). Morin enumera, entre vários fatores, que o "desenvolvimento das produções, das trocas e das comunicações provocou a mercantilização generalizada [...], destruindo assim numerosos tecidos de convivialidade" (2020, p. 73).

ECONOMICAMENTE ATIVOS

Com base nos dados disponíveis na segunda edição da pesquisa *Idosos no Brasil: vivências, desafios e expectativas na terceira idade*[10], realizada em 2020, uma parceria entre Sesc-SP e Fundação Perseu Abramo, constata-se que, do total de 2369 entrevistas com idosos (a partir de 60 anos), a maioria afirma que se chega à velhice "após os 50 anos" (91%), outros 67% por "falta de saúde

---

[10] Dados disponibilizados pela Fundação Perseu Abramo em: https://fpabramo.org.br/publicacoes/wp-content/uploads/sites/5/2020/08/Pesquisa-Idosos-II-Completa-v2.pdf. Acesso em: 25 fev. 2022.

ou surgimento de debilidades físicas", 30% "quando começa a depender de outros física e emocionalmente", 20% "quando começa a se sentir indisposto para as atividades", 9% "por exclusão no mercado de trabalho", 7% "por começar a viver do passado", 5% por "desânimo emocional ou tristeza".

O interessante é que mesmo com os sentimentos de dependência e menos vigor físico e emocional, quase 7 em cada 10 (68%) dos idosos entrevistados se declaram responsáveis pelo domicílio, sendo que 80% deles são homens. Esses dados são interessantes para reforçar a importância econômica e ativa dessa parcela populacional, negligenciada no contexto contemporâneo, conforme já exposto. Outro estudo, do Instituto de Pesquisa Econômica Aplicada (IPEA), mostra que em 20,6% dos 71 milhões de domicílios brasileiros os recursos de idosos representam uma média de 90,1% do orçamento familiar (gráfico 1). Isso significa quase 15 milhões de lares dependentes de idosos, onde residem 30,6 milhões de pessoas, sendo 2,1 milhões de crianças e adolescentes.

GRÁFICO 1: PARTICIPAÇÃO DE IDOSOS NA RENDA FAMILIAR

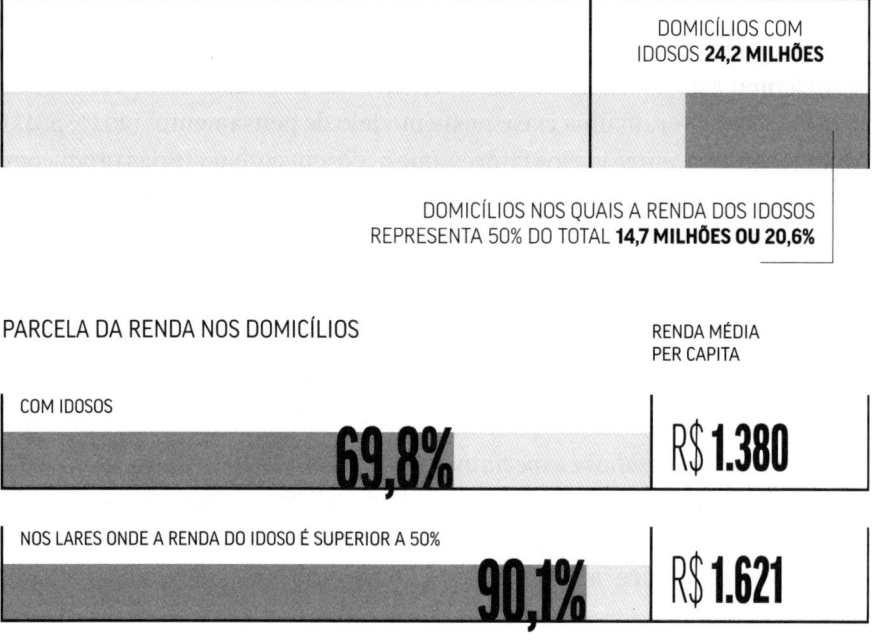

Fonte: Pesquisa Nacional por Amostra de Domicílios (PNAD).
Reprodução da arte de *O Globo*, publicado em 25/05/2020.

Retomando a discussão inicial, o corpo envelhecido atuante nas decisões públicas é uma possibilidade de resposta a um sistema que só admite agilidade e destreza como valores da juventude. Pensar o futuro não pode ser o extremo oposto de se cuidar do passado no tempo presente. Dessa forma, cabe ao progresso a resolução de pendências, como ele também é culpabilizado pela desordem em diferentes esferas.

O desapontamento com o futuro já aparece no século XXI como sinônimo de nossa era. As mudanças climáticas e devastação de biomas, a acentuação de desigualdades, o avanço tecnológico em áreas tradicionais, a falta de maior incentivo ao consumo consciente, o poderio do capital especulativo, a precarização do trabalho, a desvalorização dos mais velhos, entre outros, são parte da arbitrariedade do tempo presente, em nome de benfeitorias a serem usufruídas em um incerto futuro.

Nesta condição, a antropóloga Guida Debert (1998, p. 253) propõe diálogo da gerontologia com diferentes campos das ciências de saúde e sociais, ao indagar "como conciliar a reinvenção da velhice bem-sucedida com a facticidade do declínio biológico e do espectro terrificante do prelúdio da morte social". Pensar uma velhice que seja oposta a esse paradigma desumano é uma forma de combater o etarismo na prática, porém é preciso ir além. A visão sobre os idosos passa por uma reinterpretação de sua utilidade, pois, neste pensamento capital, para existir é preciso ser útil.

A começar pela interpretação de aposentadoria, entendida muitas vezes como um "fardo social", já que os idosos nada produzem na lógica neoliberal, logo são alvos consequentes do argumento que contraria o exercício prático desse grupo estigmatizado. Sabe-se que a previdência social foi sofrendo mudanças constitucionais ao longo de diferentes governos. A mais recente foi aprovada em fevereiro de 2019, no governo Jair Bolsonaro [2019-2022]. Entre outros pontos, estabelece idade mínima para se aposentar de 65 anos aos homens e 62 anos às mulheres, equivalendo à média de países desenvolvidos e em processo de envelhecimento anterior ao nosso.

Novamente com dados da pesquisa *Idosos no Brasil*, percebe-se como a questão econômica corrobora a possibilidade de se entender a velhice numa categoria de poder econômico. Dos entrevistados, 95% dos idosos têm alguma fonte de renda, sendo: 33% aposentadoria por idade; 24% recebem aposentadoria por tempo de serviço; 17% por trabalho remunerado; e 10% pensão por morte. Sua rejeição, portanto, não está na insuficiência de renda, mas no estigma social perpetuado para hierarquizá-lo.

A pandemia de covid-19 apenas realça a visão distorcida de que pessoas mais velhas não teriam utilidade, logo podem ser descartadas ou abandonadas à própria sorte – como demonstrado nos depoimentos já citados. Esta explanação de números é necessária para contra-argumentar o que se costuma sugerir dos grupos de idosos, de que são grupos economicamente desprezíveis para o mercado.

Na prática, a sociedade tende a repetir modelos preconcebidos de uma representação focada numa vulnerabilidade e homogeneidade da velhice. Como forma de averiguação, traremos a seguir um estudo de caso no qual se pesquisa as narrativas midiáticas durante a pandemia de covid-19.

ESTUDO DE CASO

Antes do período de análise aqui em questão, no primeiro ano da pandemia portanto, as reportagens já davam o teor que seria utilizado quanto aos idosos nos meses subsequentes. Ainda sem vacinação no país, quando os casos de óbitos eram alarmantes, O Globo noticiou: "Vacina de Oxford oferece esperança para idosos, aponta novo estudo" (26/10/2020); "O luto dos cuidadores de idosos: como enfrentar a despedida sem culpa e as fases do doloroso processo" (11/11/2020); e "Prefeito eleito, Eduardo Paes apela para que idosos não saiam às ruas" (13/12/2020). Em diferentes meses, foi possível perceber como os idosos eram tidos como único foco da doença, segundo as reportagens, expondo sua vulnerabilidade, sobretudo carecendo de cuidados e atenção redobrada. Portanto, seriam eles o alvo de uma possível e esperançosa vacina.

É importante frisar, mais uma vez, que, além dos idosos, foram classificados como "grupos de risco" da pandemia os portadores de doenças crônicas (como diabetes e hipertensão, asma, doença pulmonar obstrutiva crônica), fumantes, gestantes, puérperas e obesos. Desses, apenas uma única matéria de O Globo ponderou outro grupo como de "risco" além dos idosos: "Obesidade é fator de risco tão importante quanto ser idoso para agravamento e morte pela doença" (17/09/2020). No aspecto político, do mesmo período, destacamos: "Contra OMS, grupo de cientistas pede isolamento só para idosos", uma reportagem sobre um manifesto que defendia que jovens devessem ser liberados de *lockdown* para a "vida normal", forçando imunidade de rebanho; documento foi assinado em centro de pesquisa econômica liberal nos Estados Unidos, ainda sob gestão de Donald Trump, com o qual o presidente brasileiro era alinhado ideologicamente.

Foi feito um levantamento de matérias publicadas no jornal *O Globo* entre janeiro de 2021 e janeiro de 2022, utilizando como palavras-chave de pesquisa na ferramenta de buscas "idoso", "covid" e "pandemia". Dessa busca, foram analisadas cerca de 4 mil reportagens. Do total, em 78 constam os três termos citados.

A primeira matéria do recorte aqui proposto foi publicada em 07 de janeiro de 2021, com o título "Idosos veem prioridade na ordem da imunização no Rio como luz no fim do túnel". E a última foi de 18 de janeiro de 2022, com o título "Um ano depois, primeiras vacinadas do Rio festejam avanço da campanha: 'Gratidão porque chegou a hora dos meus netos'". Percebe-se o tom de desespero dado à primeira chamada, com o termo "luz no fim do túnel", como um ato de esperança diante de um cenário negligenciado e até então sem perspectivas, com tantos atrasos para o começo da vacinação no país. Nesta matéria, foi trazido o depoimento das irmãs Cleusa, de 79 anos, e Edinha, de 80 anos, sobre "como tem sido a espera pelo início da vacinação contra covid-19". Já na reportagem mais recente, com o primeiro aniversário da aplicação das doses na cidade do Rio, "as primeiras imunizadas contam as mudanças experimentadas" em suas vidas, além de festejarem pela possibilidade de estender a proteção aos netos.

Em posse das 78 reportagens analisadas contendo as palavras "idoso", "covid" e "pandemia", percebemos a periodicidade em que mais apareceram (gráfico 2). Constam os meses de março, abril e agosto de 2021 como os de maior incidência, tendo ao todo 13, 11 e 12 publicações respectivamente. Outubro de 2021 foi o único mês em que não se constatou nenhuma publicação com os termos, e os dois meses posteriores tiveram os menores índices: novembro, uma matéria; e dezembro, duas. Em janeiro de 2022, o número de matérias volta a subir para quatro.

GRÁFICO 2: ANÁLISE DE REPORTAGENS

IDOSOS EM REPORTAGENS DE O GLOBO (Nº DE MATÉRIAS)

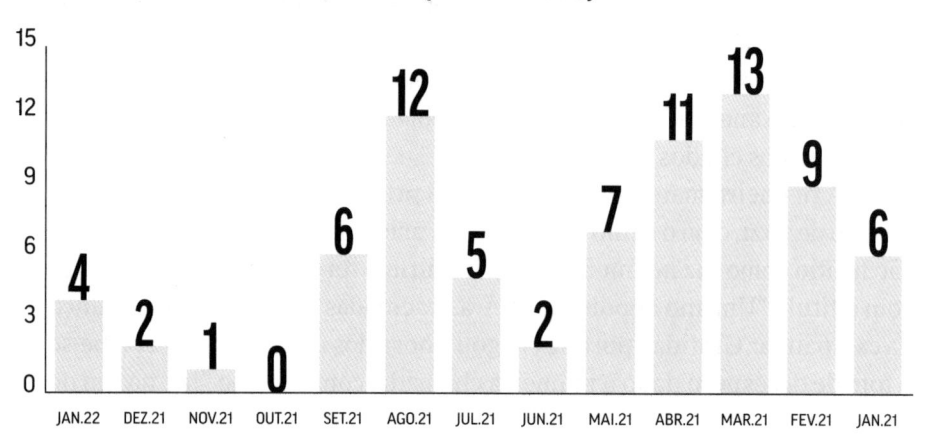

JAN.22	DEZ.21	NOV.21	OUT.21	SET.21	AGO.21	JUL.21	JUN.21	MAI.21	ABR.21	MAR.21	FEV.21	JAN.21
4	2	1	0	6	12	5	2	7	11	13	9	6

Fonte: Gráfico elaborado a partir do jornal *O Globo*.

O início da vacinação em idosos no país ocorreu em 17 de janeiro de 2021. Percebe-se, desse modo, uma ascensão de publicações nos primeiros três meses do ano. Conforme a vacinação avança de acordo com as faixas etárias, o número de publicações tende a cair, voltando a se elevar de forma substancial em agosto daquele ano. Isso pode ser explicado pelo número crescente de novos casos de infectados, além da discussão sobre a necessidade de uma terceira dose da vacina aos idosos, antes mesmo que se começasse a aplicação em grupos de adolescentes. Entre as matérias, constam: "Idosos devem todos ser vacinados contra covid-19 antes de adolescentes no Brasil, alertam cientistas" (05/08/2021); "Com mortes de idosos em alta, número de internações de maiores de 80 anos chega ao maior patamar da pandemia no Rio, estima Fiocruz" (14/08/2021); e "Vacinar idosos com terceira dose ou seguir com adolescentes? Próximos passos da vacinação dividem especialistas" (20/08/2021).

Se toda a construção de vulnerabilidade dos indivíduos velhos, logo indefesos e propensos à morte, é baseada em dados numéricos de internação e óbitos da primeira onda de pandemia, por que então precisaria ser cogitada uma vacinação de adolescentes anterior aos idosos? A hipótese é a de que estaria aqui mais uma explícita demonstração de como o descarte de idosos é cogitado na naturalidade do debate público, isso porque essa simples ponderação já suscita questionamento acerca do cuidado e da valorização de pessoas mais velhas. As reportagens também chamam a atenção para números ainda altos na ocasião para idosos sem as duas doses da vacina naquele mês: "No grupo de 60 a 65 anos, taxa é de 39%, e entre cinquentenários é de 86%" (05/08/2021).

O bom resultado da vacinação é constatado pela escassez de matérias entre outubro e dezembro. Já em 28/09 foi noticiado: "Ministério da Saúde anuncia dose de reforço da vacina para pessoas acima de 60 anos" e, quase dois meses depois, "Levantamento mostra queda na idade média dos internados no Rio por covid-19 após doses de reforço em idosos" (16/11/2021). Os efeitos positivos da terceira dose da vacina se explicam, nesta análise jornalística, na ausência ou escassez das reportagens, visto que o foco noticioso está no sentido alarmante da crise pandêmica, quando há maiores registros de óbitos e atraso na vacinação.

Em matéria publicada no dia 04/02/2021, há uma defesa de que pessoas próximas ao convívio de idosos sejam imunizadas imediatamente: "FIOCRUZ defende inclusão de pessoas que cuidam de idosos na fila da vacinação". A matéria levanta dados de que quase 40% dos familiares e cuidadores sofrem de doenças crônicas que são riscos para o contágio pelo vírus. Outra reportagem chama a atenção para a queda de expectativa de vida do brasileiro, fazendo o país retornar ao índice observado em 2013, um dos efeitos do alto número de mortes: "Pandemia fez brasileiro perder quase 2 anos na expectativa de vida ao nascer, mostra estudo da Universidade Harvard" (10/04/2021).

Está numa matéria do dia 5 de fevereiro de 2021 a demonstração de estereótipos que constroem e perpetuam a ideia de que a velhice não condiz com valores modernos – ligados à tecnologia, por exemplo. Diz a chamada: "Vacina boa é para ser compartilhada: idosos viram os mais novos '*influencers*' no Rio". E no texto, consta: "Mesmo longe da vida virtual, eles ganharam o protagonismo das redes sociais no início da campanha de imunização". A matéria realça a quantidade de postagens em redes sociais de pessoas idosas se vacinando, mas reforça que estas não condizem com o espaço agora ocupado por elas. É uma temática que estaria no lugar errado, o que reforça o etarismo disfarçado no pensamento que perpetua o distanciamento entre idosos e tecnologia.

É a partir de abril de 2021, portanto quando se percebe a desaceleração de publicações, conforme gráfico anterior, que se constata o chamado rejuvenescimento da pandemia – o número de internações e óbitos se concentra na população anterior à idosa, na faixa entre 40-60 anos. Há então matérias como "Rejuvenescimento da pandemia avança no Brasil, aponta FIOCRUZ" (23/04/2021); "Pesquisador alerta: 'É um mito que a covid-19 só é grave entre idosos'" (16/04/2021) e "Idosos já não são maioria nos leitos para covid-19 da cidade do Rio" (12/06/2021). Esta última tem como subtítulo a explicação de que, por causa da vacinação, segmento da população mais vulnerável ao vírus corresponde a 37,1% do total de internações pela doença em junho. Ou seja, por mais que traga a informação de que os idosos já não são os mais afetados pela pandemia, frisa que esse grupo é o mais vulnerável ao vírus. A construção como grupo de vulnerabilidade se reforça mesmo quando a vacinação entre eles está acelerada e o número de casos em baixa.

Em 12/06/2021, uma matéria traz como chamada "Jovens profissionais de saúde iniciam a carreira no '*front*' da pandemia", num relato de histórias de médicos iniciantes na carreira. O texto cita "cerca de 24 mil médicos recém-formados", mas em nenhum momento traz a idade média desses profissionais. É a comprovação discursiva de que a juventude ("jovens profissionais") atuam na linha de frente do combate à covid-19, a favor da ajuda aos mais idosos, esses sempre postos como vítimas passivas da realidade. Não há qualquer menção a médicos idosos que trabalham incessantemente na linha de frente.

Antes da aplicação da terceira dose, uma matéria em tom alarmista noticia: "Mortes em UTIs de covid-19 caem 89%, mas internação de idosos volta a subir, e médicos temem nova sobrecarga". Observa-se como a internação de idosos é uma preocupação para a sobrecarga em hospitais, que podem não ter leitos para outras doenças.

Ao se associar "idoso", "covid" e "pandemia" nos textos jornalísticos, esta pesquisa chega a alguns apontamentos: (i) o idoso é tido como uma categoria generalizada, sem distinção de cor, gênero e classe social; (ii) a velhice é um estágio que precisa de atenção redobrada, o que apenas reforça o caráter de vulnerabilidade empregado a ela; (iii) a fragilidade do idoso está sustentada pela retórica da perda, pela proximidade com a morte e, por fim, pela inutilidade no sistema neoliberal.

Não há qualquer distinção, entre as matérias do recorte proposto, a este grupo chamado de "idosos". Não se questiona quem são, como vivem, de onde se fala quando há aumento/diminuição de óbitos. "Idoso" é uma categoria fixa e consolidada no discurso midiático, para organizar noções que remetam a um só alvo central das pautas acerca da covid-19.

Essa fragilidade é encontrada no teor das reportagens, mas sobretudo num processo de homogeneização da categoria etária. A organização da campanha vacinal por faixas etárias possibilita entender como o fator da idade é determinante para se estigmatizar num grupamento hierárquico os sujeitos mais ou menos dispostos a enfrentar as adversidades pandêmicas. Num primeiro momento, o discurso pode ser de cuidado e zelo, mas também permite uma leitura dos valores impostos a esse grupo, ainda que tão diverso: fragilidade, vulnerabilidade e fraqueza.

> Nesta reflexão sobre o envelhecimento em cenário devastador trazido pela pandemia, observa-se, por fim, a tentativa de estabelecer um discurso que tende a fazer uso de duas estratégias: a que mobiliza uma crítica à percepção da velhice; e a que diz respeito ao reforço de normas de comportamento associadas à idade, tendo em vista diferentes faixas etárias subsumidas na categorização tão amorfa quanto imprecisa da velhice. Ou seja, tudo que é denominado como velho precisa ser combatido. Característica inclusive do *ethos* moderno, na qual – como sublinha o crítico literário mexicano Octavio Paz em *Os filhos do barro* – vivemos uma tradição de ruptura, onde o passado é sempre suplantado pela ideia de futuro e o novo preferível ao antigo. Ou seja, tudo se torna "prematuramente envelhecido" (PAZ, 1984, p. 22).

CONSIDERAÇÕES FINAIS

Na vida social, qualquer interação é estabelecida por predefinição de hierarquias, funções e expectativas entre envolvidos. Cada interação social se estabelece de acordo com expectativas estabelecidas entre si, de maneira consciente ou não. Aos idosos não é permitida uma interação participativa de forma ativa na tomada de decisões, pois não lhes cabe lugar na produtividade neoliberal. Dos processos que constroem o sujeito envelhecido no Brasil, há intensificação de práticas efetivadas pelas políticas públicas desde a redemocratização. Entretanto, o cenário pandêmico iniciado em março de 2020 evidenciou a prática do etarismo no discurso público.

As condições sociais contemporâneas não asseguram lugar de direito ao idoso; mas o diminuem, provocando invisibilidade ao alocá-lo de imediato num estágio ultrapassado. Este artigo analisou a construção dessa ideia de "idoso" em reportagens publicadas no período de janeiro de 2021 a janeiro de 2022 no jornal *O Globo*. Como algumas constatações, evidencia-se que as classificações forçam uma homogeneidade aparente, mas na verdade excludentes; além da manutenção de uma narrativa que expõe a vulnerabilidade como característica primordial desse grupo social.

A epígrafe que abre o presente texto, trecho de uma letra de Chico Buarque que também empresta verso ao título, ajuda a elucidar a discussão proposta. Por mais que a mídia tenha papel necessário no estímulo à vacinação e no combate a *fakenews* contrárias à ciência, ela não dá conta de acolher toda a diversidade que compreende o envelhecimento humano. Não traz a dor do envelhecimento em uma cultura em que a velhice é valorada como negativa e o novo sempre celebrado. Por fim, e não menos necessária constatação, ao tardar o combate à pandemia, a gestão federal reforçou a naturalização do etarismo. "A dor da gente não sai no jornal".

REFERÊNCIAS

BARBOSA, Marialva. "Múltiplas formas de contar uma história". Revista *Alceu*. v. 10, n.2, p. 25-40, jan./jun. 2010. Disponível em: http://revistaalceu-acervo.com.puc-rio.br/media/Alceu20_Barbosa.pdf. Acesso: 06 nov. 2022.

DE LUCA, Tania Regina. "História dos, nos e por meio dos periódicos". In: PINSKY, Carla Bassanezi [org.]. *Fontes Históricas*. São Paulo: Contexto, 2005.

DEBERT, Guita Grin. "Pressupostos da Reflexão Antropológica Sobre a Velhice". In: DEBERT, Guita Grin. *Antropologia e Velhice* – Textos Didáticos, n.19, IFCH, 1998. Disponível em: http://www.mirelaberger.com.br/mirela/download/td13-guita.pdf. Acesso: 06 nov. 2022.

DOURADO. Simone Pereira da Costa. "A pandemia de covid-19 e a conversão dos idosos em grupos de risco". *Cadernos de Campo*, vol.29, USP. São Paulo: 2020. Disponível em: https://www.revistas.usp.br/cadernosdecampo/article/view/169970. Acesso: 06 nov. 2022.

ELIAS, Norbert. *O processo civilizador*. Rio de Janeiro: Jorge Zahar, [1939] 1994.

FONSECA, André Dioney; SILVA, Silvio Lucas Alves da. "O neoliberalismo em tempos de pandemia: o governo Bolsonaro no contexto de crise da covid-19. *Revista Ágora*, St. Cruz Sul, v.22, n.2, p. 58-75, jul.-dez., 2020. Disponível em: https://online.unisc.br/seer/index.php/agora/article/view/15461. Acesso: 06 nov. 2022.

FOUCAULT, Michel. *O nascimento da biopolítica*. São Paulo: Martins Fontes, 2008.
GOFFMAN, Erving. *Estigma*. Notas sobre a manipulação da identidade deteriorada. 4ª ed. Rio de Janeiro: Editora LTC, [1963] 2008.
LIPOVETSKY, Gilles. *Os tempos hipermodernos*. São Paulo: Barcarolla, 2004.
MARX, Karl; ENGELS, Friedrich. *Manifesto do Partido Comunista*. Osvaldo Coggiola [org.], 4ª edição. São Paulo: Boitempo, [1848] 2005.
MORIN, Edgar. *É hora de mudarmos de via*. As lições do coronavírus. Rio de Janeiro: Editora Bertrand Brasil, 2020.
PAZ, Octavio. *Os filhos do barro*. Trad. de Olga Savary. Rio de Janeiro: Nova Fronteira, 1984.
PECK, Jamie. *Constructions of neoliberal reason*. Reino Unido: University of Oxford, 2010.
PINHO, Osmundo. "Etnografias do Brau: corpo masculinidade e raça na reafricanização em Salvador". *Estudos Feministas*, 13(1): 127-145, 2005. Disponível em: https://www.scielo.br/j/ref/a/w7bBdcwdb9Twn3HDyPrD8bM/?format=pdf&lang=pt. Acesso: 06 nov. 2022.

ENVELHECIMENTO E FAMÍLIA

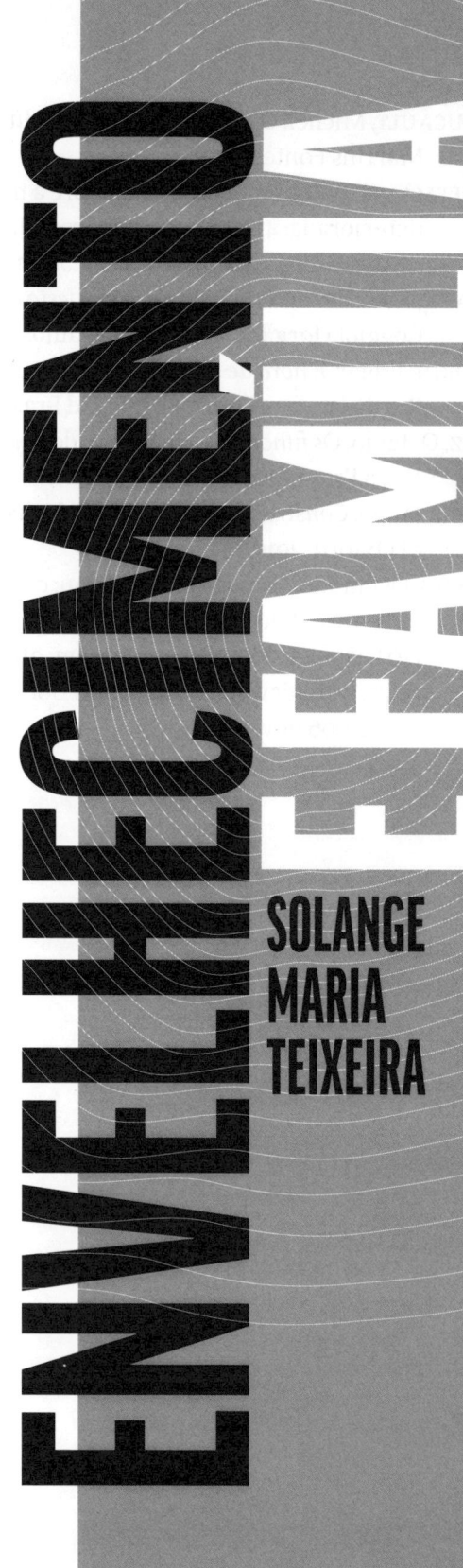

SOLANGE MARIA TEIXEIRA

A gerontologia internacional é uma das responsáveis pela difusão da ideia de que o melhor lugar para envelhecer é em família, em propagar o pacto intergeracional como saída para atendimento das necessidades das pessoas idosas, da assistência e dos cuidados das políticas públicas em domicílio e em parceria com as famílias, como forma de evitar a institucionalização e garantir qualidade de vida na velhice.

Esses ideais quase sempre mascararam que a família é contraditória e ambígua; que uma parte considerável de pessoas idosas não tem o suporte familiar próximo para contar; que as famílias estão em processo acelerado de mudanças e que a luta por sobrevivência domina seu tempo de existência; que as políticas sociais têm traços familistas que sobrecarregam as mulheres e as famílias, principalmente na periferia do sistema capitalista.

Essas constatações nos levam a problematizar: quais mudanças podem ser observadas na família contemporânea, especialmente nas famílias de ou com idosos/as? Qual o lugar das relações familiares nas fontes de apoio para os/as idosos/as brasileiros/as? O que o estado civil, a quantidade de membros familiares no domicílio, as pessoas mais próximas, o acolhimento familiar e as ajudas recebidas nos dizem sobre a capacidade de suporte das famílias aos/às idosos/as?

Para responder a essas problematizações, o texto utilizou os dados da pesquisa *Idosos no Brasil: vivências, desafios e expectativas na terceira idade*, realizada em parceria entre o Serviço Social do Comércio de São Paulo (Sesc-SP) e a Fundação Perseu Abramo (FPA), em 2020, e que se fundamentou numa revisão de literatura sobre envelhecimento, velhice e família. Nessa perspectiva, o objetivo do capítulo é analisar, a partir dos dados empíricos da referida pesquisa, as mudanças na família, especialmente a de idosos/as e com idosos/as e o lugar das relações familiares no envelhecimento e na velhice dos brasileiros.

O capítulo está organizado em três seções fundamentais: a primeira, que faz uma discussão sobre envelhecimento e velhice na perspectiva interseccional e dialética; a segunda, que discute família como uma construção histórico-social marcada por contradições e ambiguidades; e a última seção, que trabalha com os dados da pesquisa da Fundação Perseu Abramo e do Sesc-SP, de 2020.

ENVELHECIMENTO HUMANO E AS DIFERENTES VELHICES: PROCESSO BIOPSICOSSOCIAL MARCADO POR HETEROGENEIDADES E HOMOGENEIDADES

Como destaca Beauvoir (1990, p. 17), "a velhice não é um fato estático; é o resultado e o prolongamento de um processo". Enquanto etapa da vida, parte do ciclo vital, ela é o período que condensa, expressa e torna visíveis os efeitos de um processo mais longo, que atravessa a existência humana.

O envelhecimento é um processo biopsicossocial dinâmico, gradativo, acumulativo, histórico-social. É da "natureza" social dos homens e não meramente um fenômeno natural como se essas características biológicas não fossem afetadas pelas condições psicossociais, macrossociais e culturais de cada época histórica e tipo de sociedade. Basta ver que os cortes etários que definem os diferentes momentos do ciclo de vida são construções sociais e que este ciclo é vivido de formas diferenciadas pelos indivíduos. Concordamos com Beauvoir quando diz:

> Ela é um *fenômeno biológico*: o organismo do homem idoso apresenta certas singularidades. A velhice acarreta, ainda, consequências *psicológicas*: certos comportamentos são considerados, com razão, como característicos da idade avançada. Como todas as situações humanas, ela tem *dimensão existencial*: modifica a relação do indivíduo com o tempo e, portanto, sua relação com o mundo e com a própria história. Por outro lado, o homem não vive nunca em estado natural; na sua velhice, como qualquer outra idade, *seu estatuto lhe é imposto pela sociedade à qual pertence*. O que torna a questão complexa é a estreita interdependência desses diferentes pontos de vista. (BEAUVOIR, 1990, p.15, grifos nossos)

Todavia, a forma como a gerontologia social se desenvolveu, enquanto campo científico hegemônico, tem aproximações com a geriatria, com os referenciais positivistas e biomédicos, o que, na maioria das vezes, isolou os elementos do fenômeno do envelhecimento e hipervalorizou as dimensões biológica, fisiológica do processo, naturalizando um fenômeno determinado socialmente.

> A gerontologia desenvolveu-se em três planos: biológico, psicológico e social. Em todos esses domínios ela é fiel a um mesmo *posicionamento positivista*; não se trata de explicar por que os fenômenos se produzem, mas descrever sinteticamente, com maior exatidão possível, suas manifestações. (BEAUVOIR, 1990, p. 32, grifos nossos)

Porém, entre essas mediações determinantes do processo do envelhecimento (biológico, psicológico e social), há interdependência, imbricamentos, circularidade e dialética que o torna um fenômeno *sui generis*, formando uma totalidade que não é resultado da junção ou soma de partes. Logo, "não basta, portanto, descrever de maneira analítica os diversos aspectos da velhice: cada um deles reage sobre os outros e é afetado por eles; é no movimento indefinido desta circularidade que é preciso apreendê-la" (BEAUVOIR, 1990, p. 16).

O homem não vive em estado natural, mas, ao contrário, é sempre um ser social, que constrói suas condições de existências e reprodução social. Envelhecer, nessas circunstâncias, implica considerar não apenas como contexto ou pano de fundo a realidade social em que se vive, constrói, reproduz e, portanto, em que se envelhece.

A influência dos fatores socioeconômicos e socioculturais indica os limites da gerontologia tradicional, quando esta define biologicamente a senescência individual, pois, como destaca Beauvoir (1990, p. 47), "a involução senil de um homem produz-se sempre no seio de uma sociedade; ela depende estreitamente da natureza dessa sociedade e do lugar que nele ocupa o indivíduo em questão".

Concordamos ainda com a autora quando nos diz: "se a velhice, enquanto destino biológico, é uma realidade que transcende a história, não é menos verdade que este destino é vivido de maneira variável segundo o contexto social" (1990, p. 16). Essas vivências variadas ocorrem entre diferentes sociedades, e também dentro de uma mesma sociedade.

Segundo Haddad (2017), a produção do conhecimento sobre o envelhecimento e a velhice na perspectiva positivista é também ideológica, ao propagar uma visão de mundo que mascara a realidade concreta. Ao popularizarem uma visão generalizante que mascara a velhice trágica da classe trabalhadora, apagam e invisibilizam os efeitos deletérios do envelhecimento de quem só possui sua força de trabalho. É comum, segundo a autora, "a velhice ser considerada independente das condições materiais de existência dos seus protagonistas, possuindo, portanto, suas representações, o caráter de pseudoconcreticidade" (2017, p. 85).

A vida em sociedade e na sociedade capitalista é estruturada por relações sociais que têm peso de relações de produção pela sua capacidade de determinação das formas de existência – classe, gênero e raça/etnia –, que não apenas são demarcadoras de diferenças sociais, mas se transformam em reprodução de desigualdades, de hierarquias e assimetrias de poder, em que se somam a exploração com as diferentes formas de opressões, gerando imbricações em que é maior a incidência de desigualdades sociais, o que Safiotti (2004) denomina de nós simbióticos.

Beauvoir (1990) já destacava uma das mediações fundamentais, o lugar dos indivíduos nas estruturas produtivas que cria as classes sociais. Assim, destacou: "Tanto ao longo da história como hoje em dia, a luta de classes determina a maneira pela qual um homem é surpreendido pela velhice; um abismo separa o velho escravo e o velho eupátrida, um antigo operário que vive de pensão miserável e um Onassis" (p. 16). A maneira como os homens envelhecem tem a marca de classe, o que interdita visões homogeneizantes, generalistas, ainda que ancoradas na biologia.

Teixeira (2021) aponta que a vivência de classe também é diferenciada no interior de cada classe fundamental e antagônica, composta por frações de classes. Naquele artigo, a autora analisa as diferenças dentro da classe trabalhadora, apontando maiores desigualdades no envelhecimento dos trabalhadores que compõem o excedente de força de trabalho, que vivem da informalidade, dos bicos, na pobreza relativa ou absoluta que incidem de formas variadas no envelhecimento intraclasse. Mas a autora destaca ainda que as classes têm sexo, sexualidade, cor da pele, origem étnica decorrente das inserções socioculturais das pessoas.

Nas sociedades capitalistas, o envelhecimento e a velhice não podem estar dissociados das estruturas socioculturais e socioeconômicas que geram diferenças nas formas de envelhecer. Mas essas heterogeneidades nas formas de envelhecer devem superar o singularismo, a pseudoconcreticidade, como se cada forma de envelhecer e da velhice fossem únicos, ancorados em trajetórias de vida, comportamento e hábitos, comuns nas visões gerontológicas comportamentalistas. Assim, os demarcadores estruturais também promovem homogeneidades, porque há relações do envelhecimento singular e individual com a totalidade dos modos de envelhecer e a totalidade social da formação daquela sociedade.

As estruturas geradoras de opressões, de subalternidades, são o capitalismo, o patriarcado moderno e o racismo estrutural. Nessa perspectiva, os estudos interseccionais, ou parte considerável deles, são importantes para desvendar a aparência singular do fenômeno envelhecimento nas sociedades burguesas.

Essa perspectiva interseccional é compreendida por Crenshaw (2002, p. 180) como interseccionalidade que se refere a "uma conceituação problema que busca capturar as consequências estruturais e dinâmicas da interação de dois ou mais eixos de subordinação". Essas intersecções, mais do que se somarem, se atravessam, formando os nós.

A divisão sexual do trabalho, o patriarcado, a dualidade entre o público e o privado produzem o gênero. Mas este também é vivido de forma variada entre as mulheres, tanto por sua posição de classe, mas também de raça e etnia. Assim, não se pode falar de mulheres no sentido abstrato, mas de mulheres reais, como "mulheres trabalhadoras", "mulheres negras", "mulheres imigrantes", "mulheres velhas, negras e trabalhadoras ou donas de casa", diferenças que desnudam e põem em xeque os privilégios e as hierarquias.

Concordamos com Biroli (2018, p. 14, grifos da autora) quando afirma: "ela [divisão sexual do trabalho] é determinante da posição desigual de mulheres e homens, mas seu efeito só poderá ser compreendido se levarmos em conta que ela *produz o gênero* – no entanto, o produz de modos diferenciados, em conjunto com outras variáveis", ou seja, com outras mediações determinantes, como classe e raça.

Para Biroli e Miguel (2018, p. 41), "a convergência entre essas variáveis estabelece uma pirâmide na qual a base é formada por mulheres negras, com o posicionamento em sequência de homens negros, mulheres brancas e, por fim, no topo, homens brancos". Com base nessa premissa, Teixeira (2022) afirma que renda, escolaridade, postos de trabalho, condição de saúde, mas também a inserção nos espaços, o respeito, os contatos são diferenciados por essa pirâmide. As classes, o gênero e a raça/etnia não incidem da mesma forma sobre todos os indivíduos sociais.

A divisão sexual do trabalho se imbrica com a divisão racial do trabalho, como denuncia Gonzalez (2020, p. 34), decorrente do racismo enquanto construção ideológica e conjunto de práticas, que "denota sua eficácia estrutural na medida em que estabelece uma divisão racial do trabalho e é compartilhado por todas as formações socioeconômicas capitalistas e multirraciais contemporâneas", promovendo subalternizações e opressões cruzadas, difundindo formas de vidas estigmatizadas e utilizadas pelo capitalismo para superexploração ou para excluir pessoas dos acessos aos bens e serviços produzidos socialmente. Essas condições objetivas e subjetivas de vida incidirão no processo do envelhecimento, interagindo e se imbricando com os determinantes biológicos e psicológicos.

As velhices são diferenciadas, inclusive se elas são vividas com boa saúde ou não, em contexto familiar ou não, com apoios formais das políticas públicas e/ou informais da família, vizinhança e amigos, sendo essas variáveis condicionadas pelas diferenças de classe, gênero e raça/etnia.

FAMÍLIA E RELAÇÕES FAMILIARES: AMBIGUIDADES E CONTRADIÇÕES

Adentrar no universo da família implica superar as visões do senso comum e de parte da ciência, que a naturaliza, e desvendar ou trazer à tona sua "natureza" social. Como destaca Bruschini (1993, p. 50), "o primeiro passo para estudar a família deve ser o de dissolver sua aparência de naturalidade, percebendo-a como criação humana mutável".

Para Teixeira (2016, p. 30), "a família não é uma instituição natural, mas social e histórica, podendo assumir configurações diversificadas em sociedades ou no interior de uma mesma sociedade, conforme as classes e grupos sociais heterogêneos". Como os estudos de Engels (2002) demonstraram, o matriarcado e o patriarcado deram origem a diferentes tipos de família, cuja mediação fundamental foi a propriedade privada. A família moderna passou por novas mudanças com a sociedade burguesa, que comportou modelos tomados como ideais, determinados pelas novas relações sociais, e outros decorrentes das diferenças de classes, gênero e raça. Essas outras formas de vida familiar foram por muito tempo invisibilizadas, consideradas desestruturadas e estigmatizadas.

Sobre essa determinação social da família, destacam Adorno e Horkheimer (1987, p. 213): "a família não apenas depende da realidade social em suas sucessivas concretizações históricas, como também é socialmente mediatizada até suas estruturas mais íntimas". Como destaca Teixeira (2016, p. 30), qualquer análise que considere a família desconectada de uma perspectiva de totalidade das formações econômico-sociais concretas e do seu caráter histórico, é mera abstração a-histórica e não supera a visão imediata do seu modo de aparecer na sociedade.

Segundo a definição de Biroli (2018, p. 91), a "família toma forma em instituições, normas, valores e práticas cotidianas. Sua realidade não é da ordem do espontâneo, mas, sim, dos processos sociais, da interação entre o institucional, simbólico e o material". E essa interação nos diferentes estágios do capitalismo a transforma em um espaço de ambiguidades e de contradições, porque instituições como a família, por exemplo, geram, mantêm e reproduzem a ordem, ao difundir valores, ideologias, normas e modos de vidas atravessados pelas hierarquias e assimetrias, especialmente, as de gênero.

Mas a família é espaço de movimento, de práticas que também criam resistências, instituem o diferente da norma, fazendo-a conviver com as diferenças, torna-se reduto contra o mundo externo, gera sentimento de pertencimento, convivência grupal. Logo, uma instituição social contraditória e ambivalente. De um lado, como destaca Biroli (2018, p. 91), "o universo das relações familiares é feito de afetos, cuidado e apoio", de outro lado, "de exploração do trabalho, do exercício da autoridade e da violência".

No aspecto da violência, destaca:

> A violência doméstica afeta, sobretudo, as pessoas mais vulneráveis nos agrupamentos familiares: mulheres – por razões socioeconômicas e pela construção simbólica do feminino como subordinado ao masculino; crianças e idosos – pela maior fragilidade e dependência que essas fases da vida implicam. (BIROLI, 2018, p. 91)

Isso porque as desigualdades de gênero são reproduzidas pelas famílias, que não atuam desconectadas da realidade social e cultural de determinada época histórica e sociedade, como destacado anteriormente, apesar de não serem apenas espaço de conformismo. Elas são analisadas em conexão também com o Estado, as políticas públicas, as leis que atuam normativamente, produzindo as desigualdades ou minimizando-as.

Os ideais normativos dos papéis sexistas, da maternidade, de cuidadoras e administradoras do lar, sensíveis, frágeis, serviram historicamente para controlar e domesticar, manter as mulheres no mundo privado, explorar seu trabalho gratuito na reprodução social. Mas, como destaca Biroli (2018, p. 100), "não existe posição nem vivência comum entre todas as mulheres". As mulheres negras não vivenciam a proteção e o tratamento especial nos ideais de domesticidade e nos estereótipos da fragilidade, como mostram os estudos sobre escravidão no Brasil, e a composição da população negra livre como classe trabalhadora, da realidade de trabalhos fora de casa e no lar dessas mulheres negras e de periferia para garantir sobrevivência do grupo familiar.

O trabalho doméstico e de cuidados familiares, na reprodução social, ainda é definido como atribuição de mulheres na família, ainda que elas também trabalhem fora de casa, sobrecarregando-as e restringindo sua participação em outras esferas da vida, enquanto libera os homens dessas responsabilidades, podendo dedicar-se integralmente ao trabalho remunerado e pago. Por isso, segundo Biroli (2018), se transforma em fator de vulnerabilidade para as mulheres, de empobrecimento, dependência econômica dos companheiros, de não denúncia dos maus tratos e das violências sofridos pelos seus filhos, dentre outras.

As mulheres pobres, negras e de periferias enfrentam inúmeros desafios para criar seus filhos e contam com estratégias de superação e solidariedade da rede familiar, de vizinhança e amigos, muitas delas sem companheiros, como chefes de famílias que constituem o que Biroli (2018, p. 110) denomina de "matriarcado da miséria", que "é feito de exclusão, racismo, sexismo e, apesar disso, de resistências no cotidiano e na ação política coletiva".

Evidentemente que a família é espaço de pertencimento, logo, de inclusão social, de apoios, autoajudas, afetos, solidariedade. Quando o indivíduo é excluído das relações de trabalho e ainda tem a família, ele pode ter uma âncora, uma fonte de apoio, quando ele não tem mais laços de família, a exclusão é ainda maior, ele está na situação de risco social. Mas as visões idílicas, romantizadas das famílias podem ocultar formas de dominação e opressão, como a violência e o autoritarismo machista, sobre os mais vulneráveis, geralmente mulheres, crianças e pessoas idosas.

A sociedade capitalista passou por inúmeros processos de normatização das relações conjugais, sexuais e afetivas, para criar a família ideal – a nuclear, heterossexual e com filhos –, e o Estado moderno é agente direto nessa construção com os profissionais especialistas em família. Essa normatização foi e é historicamente desvantajosa para as mulheres, por se ancorar em opressões de gênero, relações assimétricas de poder – desiguais e violentas – em que a mulher está em desvantagem.

Porém as famílias estão em constante processo de mudanças, gradativamente incorporadas pelas leis e políticas públicas. No Brasil, essas mudanças apontam para a diminuição das famílias do tipo nuclear tradicional, do casal heterossexual com filhos, que ainda é predominante, mas convive com outros tipos de organizações familiares. Por exemplo, o Censo de 2010 já apontava o crescimento das famílias monoparentais (em 2000, 13,1%; e, em 2010, 14%); dos domicílios unipessoais (em 2000, com 9,2%, atingindo, em 2010, 12,1%); dos casais sem filhos (em 2000 com 13%; em 2010, 17,7%); e das famílias recombinadas (2010 com 16,3%)¹ (IBGE/CENSO, 2012).

Dados do Observatório Nacional da Família, do governo federal, apontam também mudanças no tamanho dos grupos familiares. Em 2018, o tamanho médio das famílias chegou a 3 membros; em 2008, eram 3,3; em 2002, 3,62. Isso expressa as alterações nas taxas de fecundidade. Conforme dados do Observatório das Famílias, a taxa de fecundidade no Brasil decaiu de 6,28 para 1,87 em 50 anos (1960 a 2010) e deve chegar ao patamar de 1,5 em 2030. Essas médias escondem as diferenças, segundo Biroli (2018), de 2003 a 2013, os 20% mais pobres da população ainda mantinham taxas elevadas de fecundidade, mas também em queda, a mudança foi de 2,73 para 2,01.

A inserção da mulher no mercado de trabalho, o aumento da sua escolaridade e casamentos mais tardios são apontados como determinantes das mudanças. Mulheres com mais de oito anos de estudo têm, em média, metade do número de filhos das que têm até três anos de estudo, segundo Observatório Nacional da Família.

Como destaca Saraceno (1992, p. 210), "as famílias realmente existentes não são de modo nenhum homogêneas entre si no que diz respeito a recursos, fase do ciclo de vida, mas também modelos culturais e organizativos". Não se trata de um bloco homogêneo e necessariamente harmonioso, porque as

---

1 Em relação aos tipos de composição familiar, podemos citar: família nuclear, incluindo duas gerações, com filhos biológicos; famílias extensas, incluindo três ou quatro gerações; famílias adotivas temporárias; famílias adotivas (que podem ser birraciais ou multiculturais); casais; famílias monoparentais; casais homossexuais com ou sem crianças; famílias reconstituídas depois do divórcio; várias pessoas vivendo juntas, sem laços legais, mas com forte compromisso mútuo (SZYMANSKI, 2002).

relações entre seus membros são assimétricas, conservam diferenciações de gênero e gerações e são hierarquizadas.

Em relação à predominância do tipo de família, na fase do ciclo da vida em que essa é composta por idosos/as, muitos trabalhos acadêmicos reforçaram a tese dos "ninhos vazios" – termo utilizado para referir-se à família de idosos que vivem sozinhos ou em casal, com a saída dos filhos de casa para constituírem novas famílias. Essas famílias são representadas por um casal de idosos, sendo que esses ou não tiveram filhos ou, se os têm, não vivem com eles.

Os estudos de Camaraño e Ghouri (2003) caracterizam as famílias de idosos em dois grupos: *família de idosos* – é aquela em que o idoso é o chefe do domicílio; e *família com idosos* – aquela em que os idosos moram na condição de parentes do chefe ou do cônjuge da família. Os autores rediscutem as teses de dependência dos idosos em relação às gerações mais novas e reforçam a ideia de interdependência. Assim, comprovam que houve uma diminuição, no período de 1981 a 1999, nas famílias 'com idosos' e um crescimento da família 'de idosos' e desses como chefe do domicílio.

Não obstante os conflitos, a família é única em seu papel no desenvolvimento da sociabilidade, da afetividade e do bem-estar físico e psíquico dos indivíduos, sobretudo durante os períodos da infância, da adolescência e da velhice (PRADO, 1981). Por essa razão, contrapomo-nos à institucionalização como modelo hegemônico de resposta às refrações da questão social que atravessam as velhices da classe trabalhadora e defendemos um modelo de políticas públicas que ofereça assistência e cuidados sob a perspectiva do direito à convivência familiar e comunitária da pessoa idosa, cuidados em domicílios e serviços diurnos para atendê-los e para suas famílias.

Mas o que os estudos da pesquisa *Idosos no Brasil: vivências, desafios e expectativas na terceira idade*, idealizada e realizada pela parceria FPA e Sesc-SP, apontam acerca das relações familiares dos idosos/as entrevistados?

RELAÇÕES FAMILIARES DE IDOSOS NO BRASIL

A pesquisa de opinião pública da parceria Sesc-SP e FPA, realizada em 2020, entrevistou 4.144 pessoas em diferentes municípios brasileiros, sendo: 2.369 idosos (60 anos e mais) e 1.775 não idosos (16 a 59 anos).

A pesquisa apontou as mudanças na composição das famílias brasileiras: elas estão menores, a média da quantidade de moradores por domicílio foi de 3,5 pessoas; dentre os que moram sozinhos foi de 8%, mas, entre as pessoas idosas, o percentual foi de 17%. Os dados agregados indicam que essas taxas são maiores entre idosos do sexo masculino e pretos, chegando a 21%. Os domicílios com duas pessoas são maiores para os homens idosos brancos (37%), do que os pretos (26%), os com três pessoas também são maiores entre os idosos brancos (20%) do que os pretos (18%); os com quatro pessoas, entretanto, são maiores entre os idosos pretos (21%) do que os brancos (13%).

O crescimento dos percentuais de pessoas idosas sozinhas está relacionado à etapa do ciclo de vida das famílias e das pessoas na velhice, sendo comum a saída dos filhos de casa para composição de novos núcleos familiares e a morte do/a cônjuge. O acesso à renda, via política pública, tem permitido que essas pessoas se mantenham em suas casas e vivam com certa autonomia e independência. Mas o percentual de homens idosos negros sozinhos tem implicações sociais, especialmente pelas características familistas das políticas sociais brasileiras, o que pode significar desproteção social quando precisarem de assistência e cuidados. Esse dado é preocupante, em termos de arranjos de proteção social, especialmente porque o percentual de homens idosos solteiros pretos é de 14%, enquanto o total da amostra é de apenas 9%; e dos idosos brancos de 7%. Entre as mulheres idosas, a taxa é de 11%.

Estudos denominados Saúde e Bem-Estar e Envelhecimento (SABE), com dados colhidos em 2000, 2006 e 2010 com idosos/as do município de São Paulo, também apontaram resultados similares, ou seja, maior proporção de solteiros entre os pretos idosos do sexo masculino, maior proporção dos que não tiveram filhos, dos divorciados ou viúvos, o que Silva *et al.* (2018) denominam de maior condição de vulnerabilidade no que concerne à rede de apoio social, pois cônjuges e filhos são as maiores e essenciais figuras no apoio às necessidades das pessoas idosas e que os solteiros ficam em desvantagens.

Os autores destacam que as pesquisas que conseguem incluir as informações de gênero e raça (cor) têm ajudado muito nos desvelamentos das desigualdades sociais que demarcam o envelhecer das pessoas e apontam que a população negra (pretos e pardos) tem piores indicadores de escolaridade, inserções nos piores postos de trabalho, menor acesso aos bens e serviços sociais e menores expectativas de vida, logo, atuam diretamente sobre a sua longevidade e qualidade de vida ao envelhecer.

Esses dados agregados têm sido instrumentos para comprovar as teses da heterogeneidade das formas de envelhecer e das aproximações entre diferentes grupos de pessoas idosas que a ideia de população idosa como um todo esconde, pois as velhices são atravessadas por diferenças de classe, gênero e raça/etnia.

A pesquisa também apontou que a maioria da amostra tem a situação conjugal de casados (52%), aqui a desigualdade de gênero é gritante, pois 67% dos homens idosos brancos e 60% dos homens idosos pretos são casados, porém apenas 40% entre as mulheres brancas estão nessa condição e com taxas menores estão as mulheres idosas pretas (32%). A situação de viuvez também é maior entre as mulheres: 40% entre as mulheres idosas brancas e 52% entre as idosas pretas. Homens idosos brancos e pretos são, respectivamente, 18% e 14%.

Assim, as mulheres vivem mais, por terem expectativa de vida maior que os homens, mas vivem essa etapa na viuvez, pois ainda é comum os homens conseguirem se casar novamente ou ter uma nova companheira mesmo na velhice (69% dos homens idosos moram com cônjuge), situação interditada para a maioria das mulheres, por serem consideradas assexuais, desinteressantes e velhas demais para novos relacionamentos. O ageísmo ou etarismo tem maior incidência sobre as pessoas idosas do sexo feminino. Um indicador dessa diferença de percepção são os cabelos brancos, considerados um "charme" para os homens e um desleixo para as mulheres[2].

Sobre composição familiar e pessoas residentes no domicílio, 52% são maridos/esposas ou companheiros/companheiras ou filhos/as, sendo maior a incidência de mulheres idosas que moram com netos (31%), e, para os homens idosos, o parente é geralmente a esposa ou companheira (69%). Nesses modelos familiares, geralmente a pessoa idosa é a principal responsável pelo domicílio, mas considerando as diferenças de gênero associadas à trajetória de vida das mulheres, especialmente acesso ao trabalho estável e formal, à escola, à formação profissional e aos traços patriarcais e sexistas, como os papéis normativos de homem provedor e de mulher cuidadora, essas são chefes do seu domicílio em apenas 40%, contra 63% dos homens idosos.

---

[2] Vale ressaltar que esta questão está sendo alterada na contemporaneidade, não por respeito a todas as idades ou um olhar diferenciado para o envelhecer, mas por uma apropriação do neoliberalismo de um marcador do envelhecer transformando-o em mercadoria. O capitalismo reestruturado, financeiro e neoliberal torna o envelhecimento e velhice um nicho de mercado, da promessa da eterna juventude e do envelhecimento saudável, trata-se de uma pseudovalorização, na medida que responsabiliza os sujeitos pelo seu envelhecimento, especialmente, por não deter seus efeitos mais nefastos, por não retardá-los, por não viver um tempo livre com atividades e independência, mascarando as diferentes velhices postas pelas condições de vida e trabalho da pessoas negando-as por expressões como melhor idade, terceira idade, dentre outras.

Entre as pessoas mais próximas da família, com quem podem contar no seu cotidiano, para 60% dos homens idosos é a esposa/companheira; para as mulheres, o cônjuge é apenas 28%, devido ao alto percentual de solteiras, viúvas, separadas/desquitadas. Para 42% das mulheres idosas pretas, essa pessoa é o/a filho/a; para as mulheres idosas brancas, 35%; e, para os homens, em apenas 14% essa pessoa é um/a filho/filha.

Essas composições familiares dizem muito sobre a capacidade de troca, de apoios mútuos, das fontes de ajudas e cuidados com quem os idosos/as podem contar ou não. Em relação ao sentimento de família, de acolhimento, amparo, eles variam quanto ao nível de escolaridade e de renda. Em geral, 79% dos idosos/as entrevistados/as se sentem acolhidos pelas suas famílias. Esses percentuais são maiores entre os que têm escolaridade de nível superior (para 87% desses) e entre os que têm renda entre 2 e 5 salários mínimos (para 86% desses), mas 21% deles se sentem mais ou menos acolhidos, têm queixas sobre esse acolhimento, ou são pouco acolhidos e/ou se sentem um fardo para a família.

As razões para a maioria se sentir acolhida são de ordem afetuosa, destacada por 55% dos entrevistados, como sentimentos de carinho, amor, atenção, cuidados, preocupação com a saúde, dentre outros. Outros 43% ressaltaram também harmonia e união na família; 11% destacaram respeito. Os de 'mais ou menos' a 'pouco' acolhidos destacaram como razões exatamente a falta de união e harmonia e o desrespeito. Esses dados apontam que a família não pode ser visualizada como necessariamente harmoniosa, numa perspectiva idílica, sem conflitos, mágoas e desavenças; que essas famílias são ambíguas e contraditórias, mas que podem ser fonte de suporte e amor, como aponta a maioria dos entrevistados.

O lugar que a pessoa idosa ocupa na família, sua participação nas decisões coletivas do grupo, visitas que faz ou recebe, lugar dos encontros com amigos, diz muitos das relações interpessoais construídas, mas também das determinações sociais e do lugar que pessoas idosas ocupam na sociedade capitalista. Os dados da pesquisa FPA/Sesc-SP, em 2006, apontaram que apenas 39% dos idosos/as entrevistados/as são sempre ouvidos/as ou convidados/as a dar opinião nos assuntos familiares, recebiam visitas esporadicamente e a maioria dos encontros ou visitas eram em sua própria casa, o que significa a reprodução das visões e representações dominantes sobre a velhice.

Considerando que as relações familiares são importantes nas fontes disponíveis de apoio, de ajuda, essas também vêm acompanhando as mudanças nos modelos de famílias e modos de viver na sociedade contemporânea. Com o aumento de idosos/as que vivem sozinhos ou apenas o casal (ninho vazio), dos estados de viuvez, da redução da quantidade de pessoas no domicílio, que varia conforme o gênero e a raça, diminuem também as fontes de ajuda e suporte com que os idosos/as podem contar. A comparação entre a pesquisa realizada em 2006 e a de 2020 denota redução geral nas fontes de atendimento de necessidades das pessoas idosas, desde as tarefas domésticas – lavar, cozinhar etc. – a ir ao médico, tomar remédios, manter-se financeiramente, resolver problemas em bancos, documentos e em órgãos públicos, dentre outras. Em muitas dessas ajudas, a queda foi em quase 30%, conforme demonstra o gráfico a seguir:

GRÁFICO 1: FONTES DE APOIO ENTRE OS/AS IDOSOS/AS EM 2006 E 2020

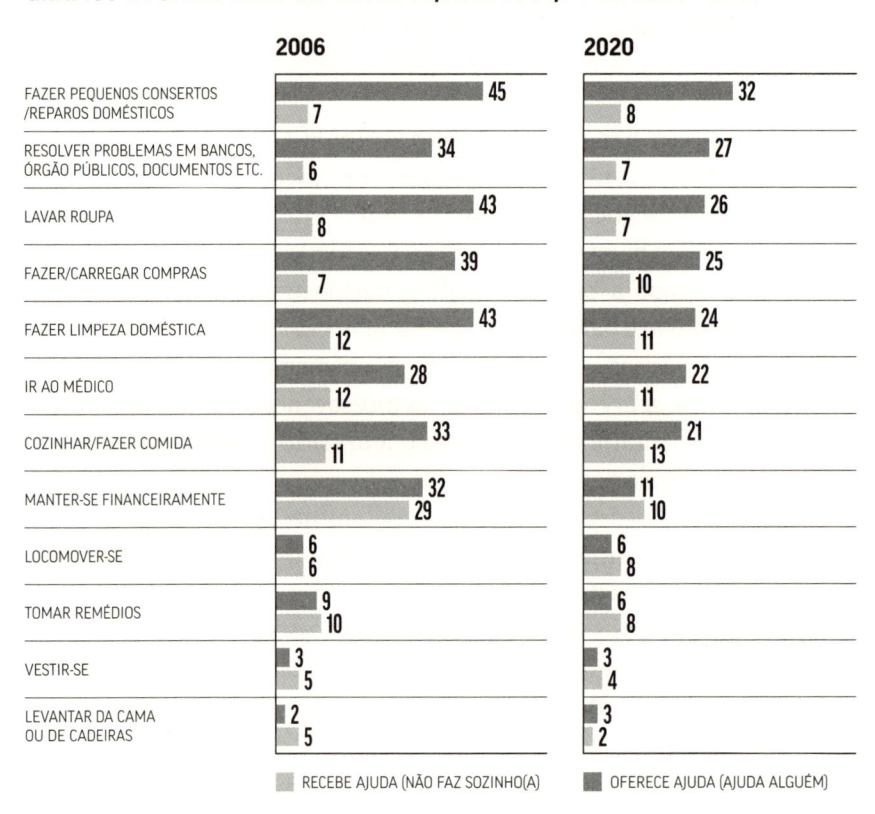

	2006		2020	
	Oferece ajuda	Recebe ajuda	Oferece ajuda	Recebe ajuda
FAZER PEQUENOS CONSERTOS/REPAROS DOMÉSTICOS	45	7	32	8
RESOLVER PROBLEMAS EM BANCOS, ÓRGÃO PÚBLICOS, DOCUMENTOS ETC.	34	6	27	7
LAVAR ROUPA	43	8	26	7
FAZER/CARREGAR COMPRAS	39	7	25	10
FAZER LIMPEZA DOMÉSTICA	43	12	24	11
IR AO MÉDICO	28	12	22	11
COZINHAR/FAZER COMIDA	33	11	21	13
MANTER-SE FINANCEIRAMENTE	32	29	11	10
LOCOMOVER-SE	6	6	6	8
TOMAR REMÉDIOS	9	10	6	8
VESTIR-SE	3	5	3	4
LEVANTAR DA CAMA OU DE CADEIRAS	2	5	3	2

■ RECEBE AJUDA (NÃO FAZ SOZINHO(A))   ■ OFERECE AJUDA (AJUDA ALGUÉM)

Fonte: Pesquisas FPA/Sesc-SP de 2006 e 2020.

Isso pode estar relacionado não apenas à quantidade de membros familiares no domicílio, mas às necessidades de sobrevivência dos mais jovens, à inserção das mulheres no mundo do trabalho e à falta de cuidadores/as em tempo integral, além de laços intergeracionais mais fluidos e com pouca reciprocidade, o que aponta para a necessidade de políticas públicas protetivas e inclusivas, seja para os/as idosos/as independentes ou para os/as dependentes de cuidados, em seus domicílios ou unidades públicas de atendimento diurno ou noturno.

CONSIDERAÇÕES FINAIS

O envelhecimento, as velhices e as famílias são fenômenos sociais que sofrem determinações da estrutura social de determinado tipo de sociedade. O tratamento generalizante, independentemente das variações postas pelos determinantes socioeconômicos e socioculturais, ou sua individualização excessiva, desconectada das estruturas que geram vivências comuns (capitalismo, patriarcado e racismo), incorrem em erros metodológicos na apreensão dos fenômenos na sua totalidade, como no caso do envelhecimento.

Entretanto, o mesmo se pode dizer da família, pois a anistoricidade abstrata com que vem sendo tratada e abordada leva a representações idealizadas e estigmatizadoras de outros modelos fora do ideal. A família real é contraditória, o que não significa que não seja fonte de apoio, de ajudas, de amor incondicional, de reciprocidades. Por outro lado, ela pode ser também violadora de direitos dos mais vulneráveis (mulheres, crianças e idosos) e promotora de situações que não favoreçam ao envelhecimento ou à velhice com qualidade de vida.

Os dados da pesquisa analisados neste capítulo apontaram que há uma parte considerável de idosos/as, geralmente negros/as, que têm menor possibilidade de contar com os apoios das redes informais, por serem viúvos/as, solteiros/as, separados/as e que essas diferenças têm marcas de gênero e raça (cor), e que mesmo os/as casados/as e com filhos têm contado cada vez menos com as fontes de apoio das famílias, o que está relacionado às mudanças demográficas, familiares e no mundo do trabalho.

Todavia, a maioria se sente acolhida por sua família, e destaca motivos, desde afetivos até instrumentais, nas ajudas que necessita, embora um número considerável de idosos/as apontem a desarmonia, os conflitos e a falta de respeito como entrave nesse acolhimento, o que comprova a tese das contradições e ambiguidades da família e a necessidade de políticas públicas de suporte nos domicílios, com prioridade para os que não contam com suporte familiar e, para os que contam com este suporte, uma política para apoiar os familiares, com serviços e benefícios.

REFERÊNCIAS

ADORNO, T. W.; HORKHEIMER, M. "Sociologia da família". In: CANAVACCI, M. [org.]. *Dialética da família*: gênese, estrutura e dinâmica de uma instituição repressiva. São Paulo: Brasiliense, 1987.

BEAUVOIR, S. de. *A velhice*. Trad. de Maria Helena Franco Monteiro. Rio de Janeiro: Nova Fronteira, 1990.

BIROLI, F. *Gênero e desigualdades*: limites da democracia no Brasil. São Paulo: Boitempo, 2018.

BIROLI, R; MIGUEL, L. "Gênero, raça, classe: opressões cruzadas e convergências na produção das desigualdades". *Mediações*, Londrina, v. 20, n. 2, p. 27-55, jul./dez. 2015.

BRASIL. *Observatório Nacional da Família*. Ministério da Mulher, da Família e dos Direitos Humanos. Disponível em: https://www.gov.br/mdh/pt-br/navegue-por-temas/observatorio-nacional-da-familia. Acesso em: 10 mar. 2022.

BRUSCHINI, C. "Teoria crítica da família". In: AZEVEDO, M. A.; GUERRA, V. N. de A. [org.]. *Infância e violência doméstica*: fronteiras do conhecimento. São Paulo: Cortez, 1993.

CAMARANO, M. A.; GHOURI, S. K. *Família de idosos*: Ninhos vazios? 2003. Disponível em: www.ipea.gov.br. Acesso em: 8 jan. 2007.

CRENSHAW, K. "Documento para o encontro de especialistas em aspectos da discriminação racial relativa ao gênero". *Estudos Feministas*, Santa Catarina: Florianópolis, v. 7, n. 12, p. 171-188, jan. 2002. Disponível em: https://www.scielo.br/pdf/ref/v10n1/11636.pdf. Acesso em: 21 fev. 2021.

ENGELS, F. *A origem da família, da propriedade privada e do Estado*. São Paulo: Centauro, 2002.

GONZALEZ, L. "Cultura, etnicidade e trabalho: Efeitos linguísticos e políticos da exploração da mulher". In: RIOS, F.; LIMA, M. [org.]. *Por um feminismo afro-latino-americano*. Rio de Janeiro: Zahar, 2020.

HADDAD, E. G. de M. *A ideologia da velhice*. 2. ed. São Paulo: Cortez, 2017.

IBGE. *Censo 2010*. Rio de Janeiro, 2012.

PRADO, D. *O que é família*. São Paulo: Brasiliense, 1981. (Coleção primeiros passos, 50).

SAFFIOTI, H. *Gênero, patriarcado, violência*. São Paulo: Fundação Perseu Abramo, 2004.

SARACENO, C. *Sociologia da Família*. Lisboa: Estampa, 1992.

SILVA, A. da. "Iniquidades raciais e envelhecimento: análise da coorte 2010 do Estudo Saúde, Bem-Estar e Envelhecimento (SABE)". *Rev. Bras. Epidemiologia*, v. 21, n. 2, p. 1-14, 2018.

SZYMANSKI, H. "Viver em família como experiência de cuidado mútuo: desafio de um mundo em mudanças". *Serviço Social e Sociedade*, São Paulo, Cortez, n. 71, p. 9-25, 2002.

TEIXEIRA, S. M. *Mulheres idosas e o acesso a direitos sociais no contexto da pandemia*. Teresina, 2022. Mimeo.

_____. "Envelhecimento em contexto de superexploração e contrarreformas". *Serviço Social e Sociedade*, São Paulo, n. 142, p. 447-466, set./dez. 2021.

_____. *A família na política de assistência social*: concepções e as tendências do trabalho social com famílias nos CRAS de Teresina. 2. ed. Teresina: EdUFPI, 2016.

LAZER E ENVELHECIMENTO SATISFATÓRIO

REGIANE C. GALANTE

> Quando eu me aposentar
> Quando eu chegar
> A hora de descansar
> Que está sempre pra chegar
> Quanto falta pra acabar?
> O que vai saciar?
> O que vai completar?
>
> O TERNO, "QUANDO EU ME APOSENTAR"

Das inúmeras crenças que circundam a questão do envelhecimento, uma delas é a ideia de que depois de cumprirmos nossa vida laboral[1] nos sobrará tempo para usufruirmos de tudo aquilo que sempre desejamos, na *tão sonhada aposentadoria*[2].

Por outro lado, e talvez na contramão dessa ideia, ronda também o envelhecimento o estereótipo da deterioração ou perda de capacidades físicas e cognitivas (CUENCA CABEZA, 2018; SOUZA, 2010; STOPPA; TRIGO; ISAYAMA, 2017), condição que limitaria o mesmo usufruto do tempo e do "fazer coisas" que até então não seriam possíveis por estarmos ocupados com o trabalho e outras tantas obrigações.

Ou seja, um paradoxo se pensarmos que justamente quando poderíamos nos permitir experiências outras de vida – incluindo o lazer – porque nos sobrará tempo, já não teremos condição para isso, porque nos faltará saúde. Ainda, e quando se trata da realidade socioeconômica que envolve o imenso contingente de idosas e idosos no nosso país, parece que nos faltará também dinheiro.

Tais afirmações são corroboradas pela pesquisa *Idosos no Brasil: vivências, desafios e expectativas na terceira idade*, realizada pela Fundação Perseu

---

[1] Refiro-me aqui ao tempo que nos dedicamos ao trabalho profissional ao longo da vida, independentemente da carreira, da formalidade ou não do regime de contratação, ou da legislação vigente.

[2] A expressão *tão sonhada aposentadoria* é muito usada para falar sobre a aposentadoria no Brasil, justamente por muitos considerarem o período em questão uma recompensa após anos de trabalho e contribuição ao sistema previdenciário oficial. Atualmente, considerando a legislação vigente, têm o direito de se aposentar e receber rendimentos provindos do Instituto Nacional de Seguridade Social (INSS): homens com mais de 65 anos de idade e 35 anos de contribuição previdenciária; mulheres com mais de 60 anos de idade e 30 anos de contribuição, salvo exceções e enquadramentos específicos. Contudo, vale ressaltar que há, no Brasil, um sem número de trabalhadores informais, que não irão usufruir do chamado "benefício" da aposentadoria remunerada pelo INSS.

Abramo (FPA) em parceria com o Sesc-SP, que aponta que 18% das idosas e idosos no Brasil não fazem o que gostariam quando têm algum tempo livre[3] alegando não terem saúde suficiente; e 37% das idosas e idosos entrevistados dizem ser impedidos de realizar o que gostariam por falta de dinheiro.

Com o intuito de refletir sobre essas e outras questões, e problematizá-las, é que escrevo este texto, à luz dos dados trazidos pela referida pesquisa.

Longe de propor uma "receita" para dizer o que as idosas e idosos no Brasil devem ou não fazer no seu tempo de lazer após a aposentadoria[4], o presente capítulo apresenta alguns conceitos, questionamentos e, claro, os dados da pesquisa realizada, a partir do olhar e da compreensão desta pesquisadora[5] sobre os temas aqui envolvidos.

Assim, espero contribuir com a análise das relações entre lazer e envelhecimento na realidade brasileira, trazidas pela pesquisa, apontando ao final para o campo do lazer como possibilidade de resistência a uma certa lógica

---

3 Cabe aqui uma breve reflexão sobre o chamado "tempo livre", frequentemente associado ao lazer. É bastante comum a aproximação entre tempo livre e lazer considerando tais conceitos semelhantes e sempre ligados às atividades e ocupações às quais, por livre escolha, nos dedicamos após cumprirmos nossas obrigações. Porém, os inúmeros autores e autoras que estudam a temática, tanto no Brasil quanto no exterior, concordam com Marcellino (1987, p. 29) quando este estudioso afirma que o tempo livre não é "livre" de fato, ou seja, "tempo algum pode ser considerado livre de coações ou normas de conduta social", assim como o lazer não necessariamente deve ser atrelado a uma ação-atividade, conforme veremos ao longo deste artigo.

4 Em linha com a ideia de *vida laboral*, descrita na nota 1, e para contextualizar quem são os sujeitos desta pesquisa e, portanto, deste texto, quando apresento os termos *idosas/idosos* e *aposentadas/aposentados*, "genericamente" me refiro àquelas pessoas com mais de 60 anos e que param de trabalhar formalmente – considerando o que se entende por trabalho profissional e remunerado – e passam a viver ou do salário proveniente da aposentadoria formal do INSS ou outras organizações previdenciárias, ou de rendimentos/recursos advindos de outras fontes que não o salário/remuneração mensal advindo do trabalho.

5 Este "olhar" é constituído a partir da minha trajetória nos campos acadêmicos da Educação, da Educação Física e do Lazer, concomitante à minha trajetória profissional no Serviço Social do Comércio – Sesc-SP, ao longo dos últimos 25 anos. Em todo esse tempo, tenho pesquisado a atuação e as contribuições da Instituição tanto na produção teórica sobre lazer no Brasil quanto suas ações neste campo. Importante ressaltar a influência da produção gerada pelo Sesc e a participação da instituição na produção de conhecimento sobre lazer no Brasil, inclusive pela contratação da consultoria do sociólogo francês Joffre Dumazedier nas décadas de 1970 e 1980, e na difusão do pensamento deste importante pesquisador, cujas publicações influenciaram sobremaneira a constituição do campo do lazer no país. Além disso, não poderia deixar de apontar minha proximidade com o Trabalho Social com Idosos, programa pioneiro da Instituição, também altamente reconhecido nos campos da Gerontologia e do Serviço Social, iniciado em 1963, e cujos objetivos já vislumbravam, naquela época, a oferta de opções de lazer para pessoas idosas que, em consonância com a missão institucional, visavam ao desenvolvimento pessoal e à melhoria da qualidade de vida desta população.

de rendimento e produtividade, imposta a todas e todos nós, e que resulta na ideia de que envelhecer e se aposentar é algo ruim ou torna-se um problema, por não sermos mais produtivos do ponto de vista dessa mesma lógica.

De fato, entendendo o lazer como "tempo/espaço de vivências lúdicas, de expressão do indivíduo, de realização de vontades, de ser humano que idealiza, constrói e se desenvolve plenamente [...] durante o desenvolvimento de suas experiências de lazer" (GALANTE, 2006, p. 19), quero acreditar que a aposentadoria é sim um tempo em potencial para o envolvimento em fazeres e experiências outras para, como diria Manuel Cuenca Cabeza (2018, p. 33), alcançarmos o *tão sonhado*[6] "envelhecimento satisfatório"[7], contrapondo os estereótipos que envolvem tanto o lazer quanto o envelhecimento na sociedade brasileira.

DO QUE FALAMOS QUANDO FALAMOS DE LAZER E ENVELHECIMENTO

> Cristo pregou a preguiça no seu Sermão na Montanha: "Contemplai o crescimento dos lírios dos campos, eles não trabalham nem fiam e, todavia, digo-vos, Salomão, em toda a sua glória, não se vestiu com maior brilho"[8].
>
> Jeová, o Deus barbudo e rebarbativo, deu aos seus adoradores o exemplo supremo da preguiça ideal; depois de seis dias de trabalho, repousou para a eternidade.
>
> PAUL LAFARGUE, PRISÃO DE SAINTE-PÉLAGIE

---

[6] Brinco aqui com a mesma expressão da nota anterior vinculando-a ao conceito de envelhecimento proposto pelo professor Manuel Cuenca Cabeza, da Universidade de Deusto, segundo o qual envelhecer satisfatoriamente significaria conseguir realizar atividades em sintonia com necessidades, desejos e capacidades.

[7] Segundo o autor, "o termo satisfatório refere-se ao bem-estar que experimentamos quando fazemos algo com sentido e significado" (CUENCA CABEZA, 2018, p. 33).

[8] Evangelho segundo São Mateus, cap. IV.

Assim como acontece com o envelhecimento, estereótipos negativos rondam também a questão do lazer na nossa sociedade. A cultura na qual fomos criadas e criados é orientada para o trabalho, não somente enquanto fonte de renda e, portanto, do sustento próprio e às vezes de outrem, mas também como condição para a obtenção da chamada *dignidade humana*.

Como provoca e tenta contrapor Paul Lafargue no seu *Direito à preguiça* (1999), inúmeras máximas por nós aprendidas derivam dos valores e da moral pautados na tradição judaico-cristã, e nos são repassadas de geração em geração, criando esse preconceito quase que inconsciente em relação ao lazer (e na mesma medida ao tempo livre e ao ócio) ao associá-lo ao pecado, pois aprendemos que "primeiro vem a obrigação, depois a diversão", que "o trabalho dignifica o homem", que "cabeça vazia é igreja do Diabo", reforçando essa centralidade do trabalho em nossa vida desde sempre. Como nos aponta Cuenca Cabeza,

> Para a maioria das pessoas da minha geração, o trabalho não foi só uma maneira de ganhar a vida; foi muito mais. Nossos pais nos ensinaram que trabalhar era um dos valores mais importantes que podíamos ter, que dava sentido a nossa existência. (2018, p.19).

Sendo assim, embora o lazer seja um direito garantido pela Declaração Universal dos Direitos Humanos no seu artigo 24º (ORGANIZAÇÃO DAS NAÇÕES UNIDAS, 2020), e também na Constituição Brasileira de 1988 no seu artigo 6º (BRASIL, 1988), o entendimento de que o tempo do não trabalho é menos importante por não se tratar de um tempo produtivo[9] contribui para que o releguemos a simples passatempo ou, pior, para acharmos que o descanso e o divertimento não devem fazer parte do nosso dia a dia, inclusive porque aprendemos também que "tempo é dinheiro".

> O fator temporal passa por metamorfoses significativas, iniciadas no momento em que o homem resolve medir o tempo

---

[9] A noção de produtividade a que me refiro aqui aponta para a lógica capitalista pós-industrial, na qual o indivíduo que tem valor é aquele que produz algo a partir do seu trabalho, contribuindo assim para o "desenvolvimento" e o progresso de sua nação.

> cotidiano e quantificar o tempo social na sociedade industrial, chegando à comercialização do próprio tempo, que se torna uma mercadoria e passa a ter valor econômico. (AQUINO e MARTINS, 2007, p. 481)

Essa ideia surge a partir da instauração do capitalismo enquanto sistema econômico e se intensifica após a Revolução Industrial, na Europa do século XVIII, e o estabelecimento do trabalho assalariado no sistema fabril.

Ocorre que o conceito de lazer, tal qual o conhecemos e temos adotado no Brasil, nasce também com a Revolução Industrial, quando o tempo passa a ser dividido entre o tempo de trabalho nas fábricas e o tempo do não trabalho, depois traduzido como tempo de lazer e descanso (mas que deveria ser utilizado para a recuperação das forças antes do retorno ao trabalho).

Desta forma, por não ser algo que necessariamente trazia recompensas materiais imediatas – como o sustento da pessoa e da família, por exemplo –, as práticas de lazer não voltadas ao descanso para a recuperação das energias para o trabalho eram vistas como algo menor, menos importante, supérfluas e em alguns momentos até desnecessárias e perigosas (que poderiam gerar vícios e ferir a moral e bons costumes), principalmente quando se tratava dos trabalhadores assalariados. Por outro lado, os fazeres diversos praticados pela elite que surgiu a partir da mesma Revolução Industrial eram vistos com outra importância – sabe-se que aulas de música, pintura, *ballet*, remo e equitação, por exemplo, realizadas pela classe mais favorecida, faziam parte do rol de atividades destinadas à formação e ao desenvolvimento das elites dos séculos XVIII e XIX –, garantindo e reforçando inclusive a distinção das classes sociais entre si.

Assim, a origem das fábricas e do trabalho assalariado – tanto na Europa do século XVIII quanto no Brasil nos séculos seguintes – esteve ligada a este processo de constituição de uma nova mentalidade sobre o tempo, e de uma organização social, na qual o lazer está ligado ao seu oposto: o trabalho. Contudo, o uso do tempo com práticas outras que não o trabalho seria considerado um mero desperdício, uma vez que não trazia recompensas.

Talvez por isso passemos uma vida inteira trabalhando para sermos recompensados pela aposentadoria e só então "aproveitarmos" o tempo que nos resta na etapa final da vida.

No Brasil, as discussões acerca do lazer dos trabalhadores ganham força somente com o crescimento da industrialização no século XX, e após a aprovação da Consolidação das Leis do Trabalho (CLT), em 1943, que atribuía ao movimento sindical a obrigação de aplicar o recolhimento das contribuições sindicais "em colônias de férias, [...] finalidades esportivas e sociais" (GONÇALVES JUNIOR, 2002, p. 39). Sob esta perspectiva, o lazer era visto como recuperador das forças do trabalhador, que precisava descansar e "descarregar" no tempo de lazer as tensões geradas no tempo de trabalho (GALANTE, 2006), principalmente por meio de práticas esportivas, nas datas festivas (muitas vezes datas religiosas), nas férias ou finais de semana. Esta atribuição acontece num determinado momento histórico-político que acaba por contribuir para a difusão de uma ideia de lazer atrelado às atividades e ocupações legitimadas pela classe dominante.

> Com o inevitável aumento do chamado tempo livre[10], políticos e empresários se preocuparam com os usos que os trabalhadores poderiam fazer de suas horas de folga, sendo grande o receio de que elas fossem empregadas com atividades que pudessem degradar moralmente a sociedade. Ao invés de se entregarem ao alcoolismo, aos jogos de azar, ao ócio e a outros vícios, os trabalhadores deveriam fazer 'bom uso' do tempo liberado do trabalho, ocupando-o com atividades consideradas saudáveis, educativas e socialmente úteis. (GOMES, 2003, p. 80)

Ao longo dos anos, inúmeros estudos no campo científico do lazer no Brasil têm buscado questionar essa oposição trabalho-lazer, bem como desmitificar essa centralidade do trabalho na vida (SANT'ANNA, 1994; BRUNHS, 1997; GOMES,

---

[10] A autora está se referindo ao aumento do tempo livre dos trabalhadores, cuja conquista trabalhista reduziu a jornada de trabalho fixando-a em 8 horas por dia ou no máximo 44 horas semanais. Mesmo assim, não raramente ouvimos alguém responder, quando perguntado sobre "o que você faz no seu tempo livre?", que "não possui tempo livre" ou algo parecido, justamente por associar tempo livre e lazer, com algo que precisa ser "programado", obrigatoriamente prazeroso, na maioria das vezes pago, ou diferente etc, além de "socialmente" aceito e valorizado. Concordando com Marcellino (1998), prefiro o termo *tempo disponível*, em referência ao tempo que disponibilizamos, após nos livrarmos das obrigações formais, para o lazer. De acordo com Gomes (2004), "em suas análises sobre a evolução conceitual do lazer, Dumazedier (1973) verificou que, inicialmente, este objeto foi concebido como um tempo disponível depois das ocupações, passando posteriormente a ser entendido como distrações, ocupações às quais nos entregamos de livre vontade, durante o tempo não ocupado pelo 'trabalho comum'." (p. 120)

2003; AQUINO e MARTINS, 2007; BRÊTAS, 2010; MAGNANI e SPAGGIARI, 2018; UVINHA, 2018, entre outros) e sua total oposição ao lazer.

Da mesma forma, alguns estudiosos têm trazido à pauta reflexões sobre os conceitos de ócio, tempo livre e lazer (AQUINO; MARTINS, 2007), com o intuito de desvincular essa imagem funcionalista do lazer atrelado sempre à realização de atividades para preencher o tempo livre que resta após o trabalho, bem como do ócio enquanto algo negativo, "não fazer nada", uma vez que a ociosidade está intimamente ligada à lógica da improdutividade, questionada e comentada anteriormente.

Sem necessariamente aprofundar tais conceitos, até porque não seria possível esgotar a discussão tamanha a sua complexidade e inter-relações que os termos e seus significados estabelecem entre si, assumimos neste texto a ideia de lazer tal qual Aquino e Martins (2007) apresentam: "O termo lazer é atualmente utilizado de forma crescente, podendo ser empregado em sua concepção real ou ser associado a palavras como entretenimento, turismo, divertimento e recreação" (p. 484). Entendimento esse bastante evidente nas questões (e respostas) da pesquisa que origina este texto. Mais ainda, ressalta-se a ideia do lazer e suas práticas sendo assumidas de forma voluntária, sem considerar as obrigações ou quaisquer outros impeditivos.

> Ocorre que, geralmente, o próprio envelhecimento é considerado um dificultador às práticas ou atividades de lazer, principalmente quando vinculamos a ideia de lazer a atividades que necessitam de certas condições físicas, psicológicas e socioeconômicas. Apesar da constante transformação que a sociedade vem passando ao longo dos anos, na fase adulta aparecem com ênfase as dificuldades decorrentes das obrigações profissionais, bem como das demais obrigações associadas a essa fase da vida, enquanto na velhice as dificuldades também podem ser ressaltadas, principalmente decorrentes da condição social a que os idosos são submetidos, com o afastamento da sociedade e das questões relacionadas à fragilidade da saúde.
> (STOPPA, TRIGO e ISAYAMA, 2017, p.151)

Sem ignorar as questões relativas ao envelhecimento e as dificuldades socioeconômicas que afligem uma parcela significativa da população de idosas e idosos no mundo todo – e mais ainda no Brasil –, o que gostaríamos de ressaltar é que, embora haja barreiras, essa fase da vida "nos abre novos horizontes de nossa personalidade, e isso é algo que, em maior ou menor grau, todos os aposentados podem realizar" (CUENCA CABEZA, 2018, p. 21), principalmente se compreendermos que as experiências de lazer não estão vinculadas necessariamente à indústria cultural, ao mercado do entretenimento, às altas performances esportivas ou à viagem dos sonhos. Na maioria das vezes, as experiências mais significativas de lazer estão nas pequenas coisas que vivenciamos e que nos geram um sentimento genuíno de satisfação. Essas são as que realmente influenciam nossa qualidade de vida e são capazes de provocar o envelhecimento satisfatório (CUENCA CABEZA, 2018).

SOBRE DESEJOS E POSSIBILIDADES PARA O LAZER: O QUE NOS DIZEM OS DADOS

> A gente não quer só comida
> A gente quer comida, diversão e arte
> A gente não quer só comida
> A gente quer saída para qualquer parte
>
> TITÃS, "COMIDA"

"Para as pessoas idosas, o tempo livre aumenta significativamente" (DOLL, 2007, p11). Essa é a afirmação que inicia o texto da página 111 da publicação *Idosos no Brasil: vivências, desafios e expectativas na terceira idade*, resultado da primeira versão da pesquisa de mesmo nome, publicada em 2007 também pelo Sesc-SP e pela Fundação Perseu Abramo.

Nesta segunda edição da pesquisa, considerando não a variável *tempo livre* por razões já esclarecidas, e sim a *possibilidade de lazer*, termo utilizado também na referida pesquisa, 58% dos/as entrevistados/as afirmaram ter mais possibilidades de lazer do que tinham antes de completarem 60 anos, em comparação a 51% dos entrevistados de 2006, enquanto 28% afirmaram ter menos possibilidades de lazer em 2020, um número menor do que os idosos entrevistados em 2006, quando 38% afirmavam que tinham menos possibilidades de lazer após os 60 anos.

Nas respostas coletadas em 2006, de acordo com Doll (2007), os dados remetiam a três aspectos principais:

> Primeiro, às atividades que os idosos gostam de realizar, àquelas que, de fato, realizam e às que gostaria de realizar, se não tivessem nenhum impedimento. Depois, às atividades físicas realizadas pelos idosos, sua participação em grupos para idosos e em trabalho voluntário. Finalmente, os dados tratam da acessibilidade ao lazer. (p.111)

Nesta segunda coleta, as perguntas foram também agrupadas a título de facilitar a análise: primeiro, foi perguntado o que gostam de fazer normalmente, o que gostariam de fazer, e o que as/os impede de fazer o que gostariam; depois, quais são as atividades praticadas – atividades físicas, atividades de lazer em geral, e a participação em grupos; e, por último, temos as questões sobre o acesso às atividades ou experiências de lazer, tanto em termos cronológicos (antes e depois dos 60) quanto financeiros (quando perguntados sobre o conhecimento e o uso do benefício[11] do desconto de 50% em espetáculos).

O que surpreende, neste último bloco, é que, embora o percentual de idosas e idosos que conhecem o benefício seja relativamente alto – 61% dos entrevistados em comparação a 52% nos dados de 2006), apenas 18% já utilizaram esse benefício. Um pouco a mais do que na pesquisa anterior, cuja porcentagem era de 12%, mas ainda assim muito pouco se correlacionarmos esse dado com a renda da população idosa no Brasil, em que 69% recebem até dois salários mínimos, considerando a renda pessoal mensal.

Tal panorama nos faz refletir, primeiro, se a baixa adesão dos idosos e idosas ao uso do benefício do desconto de 50% em valores de ingressos – seria reflexo da não adesão às próprias atividades em si, ou seja, por uma questão "cultural", ou de não hábito, ou reflexo da própria dificuldade financeira, provavelmente somada à logística do ir e vir/locomover-se das idosas e idosos brasileiras/os.

---

[11] Lei Federal 10.741/2003 (antigo Estatuto do Idoso), alterada em julho/2022 pela Lei 14.423 (atual Estatuto da Pessoa Idosa), em cujo Capítulo V, Artigo 23º garante que "A participação das pessoas idosas em atividades culturais e de lazer será proporcionada mediante descontos de pelo menos 50% (cinquenta por cento) nos ingressos para eventos artísticos, culturais, esportivos e de lazer, bem como o acesso preferencial aos respectivos locais" (Brasil, 2003).

Para alívio desta estudiosa do lazer, quando se trata das atividades realizadas fora de casa, 37% dos entrevistados relatam ter o costume de *ir ao cinema*, 32% *vão a shows de música*, 16% *visitam museus ou exposições*, 11% *vão ao teatro* e 9% costumam *assistir dança ou ballet*. Ou seja, nos parece que não é uma questão de não hábito a referida baixa adesão. Ainda mais quando fatores como falta de companhia (7%), falta de tempo (3%), ter que cuidar de parentes (3%), filhos (2%), trabalho (2%), idade avançada (1%) e falta de segurança (1%) são citados como impeditivos para que idosas e idosos realizem o que gostariam no seu momento de lazer.

Ao contrário, e conforme já apontado neste texto, de acordo com a pesquisa, a *falta de dinheiro* é realmente o principal motivo que impede idosas e idosos de realizarem *o que gostariam de fazer no tempo livre*, somando, em 2020, 37% das menções (contra 33% em 2006), e que pode incluir, portanto, a frequência às atividades artístico-culturais realizadas fora de casa.

E talvez esse dado possa ser também relacionado ao desejo de *viajar/fazer excursões/conhecer novos lugares*, seguido pelas menções *passear/ir ao shopping/assistir jogos no estádio/ir à praia*, todas atividades nas quais é sempre necessário dispender algum custo/dinheiro, mas que, igualmente, são atividades que quase não fazem por falta de recursos.

Esses dados corroboram os dados obtidos na pesquisa O lazer do brasileiro[12], que aponta que "as atividades turísticas são entendidas e valorizadas como possibilidade de lazer pela população brasileira, apesar de sua vivência ser desenvolvida por um número pequeno de pessoas" (STOPPA, TRIGO e ISAYAMA, 2017, p. 139).

Ainda tratando dos principais impeditivos para fazerem o que gostariam no tempo livre, a menção *falta de saúde* é citada por 18% das/os entrevistadas/os, e aparecem referências a *dores na coluna/no corpo/artrose/artrite*, ou seja, principalmente questões relacionadas à perda da capacidade física, percentual que aumenta consideravelmente com o avanço da idade: temos no grupo de idosos/as mais jovens, entre 60 e 69 anos, 9% de homens e 12% de mulheres, enquanto no grupo de idosos e idosas acima de 80 anos, 33% de homens e 37% de mulheres.

---

[12] A pesquisa "O Lazer do Brasileiro", subvencionada pelo Ministério do Esporte (ME), Processo n. 23072.021366/2011-35, "teve como objetivo identificar o lazer do brasileiro no que se refere à sua representação e concretização. O trabalho foi realizado por meio da pesquisa empírica, com amostragem representativa dos brasileiros em termos de faixas etárias, gêneros e classes sociais. Enquanto procedimento amplo de raciocínio, foi utilizado o estudo comparativo entre a representação do lazer e o seu efetivo exercício" (STOPPA, TRIGO e ISAYAMA, 2017, p. 139).

Sobre este aspecto vale destacar a importância da atividade física para a manutenção da saúde ao longo da vida, visto sua íntima relação com a melhoria da aptidão funcional – não somente do ponto de vista fisiológico, mas incluindo os benefícios socioafetivos e psíquicos que tais práticas proporcionam, comprovados por inúmeros estudos (SOUZA, 2010; NERI, 2007; CUENCA CABEZA, 2018, entre outros), ainda mais sob a perspectiva da prática físico-esportiva por lazer, na qual o objetivo está na própria realização, na experiência *em si*, e na satisfação que a mesma causa.

Nessa temática, a pesquisa apresenta as principais atividades físicas praticadas pelo público idoso, com menções à caminhada (46%), alongamento (16%), andar de bicicleta (13%), ginástica (9%), esportes em geral (4%), corrida (4%), musculação (4%), natação (4%), hidroginástica (4%), pilates (3%) e outras atividades (3%).

Nas menções relacionadas às atividades realizadas em casa e que mais gostam, aparecem citações diretas em primeiro lugar[13]: as atividades vinculadas ao entretenimento proporcionado pela TV (13%), o descanso (6%), seguido pelos trabalhos manuais (6%), as atividades ditas culturais, como ler revistas, livros ou jornais e ouvir música (5%) e, na sequência, as atividades sociais vinculadas às relações familiares (curtir a família – 5%), as atividades domésticas (4%), cuidados com plantas e animais (3%) e os jogos virtuais ou a interação com o computador (1%).

Finalmente, considerando a somatória de todas as citações de atividades de lazer praticadas costumeiramente por idosas e idosos no Brasil, temos: assistir TV (93%), ouvir rádio (71%), leitura (61%), cuidado com animais (57%), cuidados com plantas (46%), jogos (37%), palavras cruzadas (26%), cantar (24%), ir ao baile ou sair para dançar (21%), pintura e desenho (12%), bordar ou tricotar (9%), fazer artesanato em geral (9%), participar de cursos ou oficinas culturais (7%) e outras atividades (2%).

---

[13] Citações diretas em primeiro lugar. Na somatória das menções, a ordem das atividades permanece inalterada, mas com os seguintes percentuais: entretenimento proporcionado pela TV (21%), descanso (9%), trabalhos manuais (9%), atividades culturais (9%) e relações familiares (9%), atividades domésticas (8%), cuidados com plantas e animais (4%) e jogos virtuais (2%).

As citações englobam, portanto, as inúmeras práticas já mapeadas e relacionadas aos chamados interesses culturais do lazer[14] propostos por Joffre Dumazedier (1980), cuja importância é defendida tanto pelos estudiosos do campo do lazer, quando se trata da diversificação das atividades de lazer, seus aspectos educativos e dos divertimentos, quanto pelos estudiosos do envelhecimento, quando se trata dos benefícios proporcionados pelas práticas em si e principalmente dos aspectos sociais que tais ações provocam, aspectos estes bastante considerados quando se trata da manutenção da qualidade de vida no envelhecimento.

Contudo, os números que sem dúvida mais nos chamam atenção na pesquisa *Idosos no Brasil*, são os relativos às menções sobre o que as idosas e os idosos mais fazem (costume) em casa, que é assistir TV (93%), mesmo resultado obtido em 2006, na primeira edição da pesquisa.

Tal percentual não surpreende quando o olhamos isoladamente ou na comparação com outras pesquisas realizadas no campo do lazer, e que

---

[14] O autor distingue cinco categorias de acordo com o conteúdo das atividades de lazer: interesses físicos ou físico-esportivos, práticos ou manuais, artísticos, intelectuais e sociais. Os *interesses artísticos* têm seu campo de domínio no imaginário, nas imagens, emoções e sentimentos. Seu conteúdo é estético e configura a busca da beleza e do encantamento. Nessa categoria encontram-se o teatro, a dança, a música, o cinema e as artes em geral. Nos *interesses intelectuais*, o que se busca é o contato com o real, as informações objetivas e explicações racionais. A ênfase é dada ao conhecimento vivido, experimentado. A participação em cursos ou a leitura são exemplos. As práticas esportivas, passeios, pesca, ginástica e todas as atividades nas quais prevalece o movimento, ou o exercício físico, incluindo todas as modalidades esportivas, caracterizam os *interesses físicos*. Já os *interesses manuais* são delimitados pela capacidade de manipulação, quer para transformar objetos ou materiais, quer para lidar com a natureza. São exemplos o artesanato e o *bricolage*, e ainda a jardinagem e o cuidado com animais. Finalmente, quando se procura o relacionamento, os contatos face a face, a predominância passa a ser social, manifestando-se os *interesses sociais* no lazer. A festa, os bailes, a frequência às associações são exemplos. Mais recentemente foram propostos e adicionados outros dois conteúdos culturais do lazer, a saber: interesses turísticos (CAMARGO, 2003) e interesses virtuais (SCHWARTZ, 2003). O *interesse turístico* refere-se à busca da quebra de rotina temporal ou espacial e o contato com novas paisagens, ritmos e costumes distintos daqueles vivenciados cotidianamente, sendo exemplos as viagens, os passeios e a visita a *shoppings centers*, parques, museus, a frequência a *shows* e restaurantes (CAMARGO, 1992, p. 28). O *interesse virtual* relaciona-se às formas de atividades de lazer que se utilizam de equipamentos de alta tecnologia, e os exemplos são a interatividade com o computador, com o videogame, com o telefone celular e com a televisão. Vale ressaltar que tal classificação em categorias de interesses culturais, feita por Dumazedier e adotada e complementada por outros autores é adequada, pois situa atividades que buscam o atendimento das mais diversas necessidades do indivíduo, procurando abranger todos os aspectos que caracterizam o ser humano no seu processo de *vir a ser*, ou seja, contemplam a integralidade das necessidades humanas, sejam elas corporais, manuais, de sensibilidade ou de sociabilidade. No entanto, a divisão deve ser apenas considerada para o entendimento do conceito de lazer do autor, não sendo possível classificar uma atividade de lazer num único interesse, pois eles compõem um todo interligado e não formado por partes estanques.

apontam resultados semelhantes, como a já citada pesquisa *O lazer do brasileiro*, na qual assistir à TV é a atividade de lazer mais realizada no Brasil, com 64,75% das menções (STOPPA e ISAYAMA, 2017).

Porém, quando comparamos o que os idosos e idosas mais fazem, com o que de fato mais gostam de fazer em casa, assistir TV aparece apenas com 21%. Portanto, essa distância entre esses números levantam uma questão, do meu ponto de vista, crucial: a maioria das idosas e idosos brasileiros estão passando o tempo em frente à TV por opção, ou por falta de opção? O mesmo poderia ser dito da população não idosa?

Certamente esses e outros questionamentos poderiam ser feitos sobre este e demais aspectos da pesquisa. Ao que me parece, há uma enorme tendência de, sempre que questionados sobre o que fazemos e o que gostaríamos de fazer nos nossos momentos de lazer, mencionarmos sempre aquelas atividades já "liberadas" e aceitas socialmente, ou aquelas que a própria mídia, a indústria cultural ou o mercado do lazer nos apresentam e transformam em objetos de desejo ao longo de nossa vida – e trabalhamos para conquistá-los.

LAZER E ENVELHECIMENTO SATISFATÓRIO: ENTRE O "FAZER" E O "EXPERENCIAR" ALGO

> A experiência é o que nos passa, o que nos acontece, o que nos toca. Não o que se passa, não o que acontece, ou o que toca. A cada dia se passam muitas coisas, porém, ao mesmo tempo, quase nada nos acontece. Dir-se-ia que tudo o que se passa está organizado para que nada nos aconteça. Walter Benjamin, em um texto célebre, já observava a pobreza de experiências que caracteriza o nosso mundo. Nunca se passaram tantas coisas, mas a experiência é cada vez mais rara.
>
> BONDÍA, 2002, P. 20

Mesmo não reduzindo o lazer às práticas ou atividades que nos dedicamos quando disponibilizamos nosso tempo e escolhemos fazê-lo, é importante compreender que as práticas ou fazeres que compõem o rol das atividades de lazer são possibilidades que englobam oportunidades diversas, tanto do ponto de vista da prática, como as atividades manuais (cuidar de plantas e animais, pintura, desenho, bordado, crochê), quanto da fruição (ou contemplação/assistência), por exemplo, assistir a TV, ouvir rádio, ir a espetáculos de ballet ou ao cinema, ou mesmo contemplar o pôr do sol. Assim, mesmo que de maneira didática e um tanto funcionalista, pois ainda vincula o lazer à atividade, a categorização dos vários *fazeres* no lazer (DUMAZEDIER, 1980) promove certa ampliação do olhar e auxilia a que os indivíduos entendam o universo de possibilidades que envolvem o fenômeno do lazer e suas/nossas experiências.

Assim, quando entendemos o lazer de forma ampliada, enquanto experiência "vivenciada (praticada ou fruída) no tempo disponível" (MARCELLINO, 1998, p. 39) dentro das possibilidades de cada indivíduo, o panorama se modifica. Muda, também, quando enxergamos que o processo de envelhecimento não se caracteriza, conforme aponta Souza (2010) somente "por perdas e limitações, pois o desenvolvimento humano acontece durante todo o ciclo de vida e as novas experiências podem trazer inúmeras possibilidades, mesmo na velhice" (p. 27).

E é nesta perspectiva – a da satisfação pessoal – que convocamos o conceito de envelhecimento satisfatório proposto por Manuel Cuenca Cabeza (2018), segundo o qual "o termo 'satisfatório' refere-se ao bem-estar que experimentamos quando fazemos algo com sentido e significado. Algo que depende de nós, ainda que, logicamente, seja bastante determinado pelo ambiente e pelas circunstâncias que vivemos" (p. 33-34).

O autor afirma que "o envelhecimento satisfatório se concentra na pessoa que envelhece, em seus gostos, desejos e interesses, priorizando-a em relação a outros projetos mais racionais ou utilitaristas, que nem por isso devem ser desmerecidos" (CUENCA CABEZA, 2018, p. 34).

E exatamente neste ponto, no que tange ao lazer, quando nos concentramos na pessoa, e não naquilo que ela "produz" ou "deixa de produzir" (no caso das idosas e idosos aposentados que não exercem mais o trabalho remunerado), rompemos também com a lógica do uso produtivo do tempo, garantindo o verdadeiro exercício do direito fundamental do lazer em si: do descanso, dos divertimentos e das experiências que nos permitem genuinamente aproveitar o tempo que (ainda) temos, podendo assim "ser transformados por tais experiências, de um dia para o outro ou no transcurso do tempo" (BONDÍA, 2002, p. 25).

Longe de esgotar o assunto, considero que os dados disponíveis na pesquisa *Idosos no Brasil* apresentam riqueza tal que devem ser objeto de desenvolvimento de novas reflexões e outros olhares na área do lazer (e também do envelhecimento), a fim de que seja esta, realmente, uma oportunidade de emancipação e contraposição às lógicas produtivistas que nos limitam o pensamento e a ação, independentemente da idade.

Tal reflexão reforça, a meu ver, a necessidade de pensarmos realmente numa educação para o lazer, desde a infância, na qual possamos aprender que há um enorme leque de possibilidades de lazer ao nosso alcance, para além do que normalmente consideramos lazer, e que nem toda atividade – ou experiência – de lazer precisa ser estabelecida vinculada a um custo/pagamento, ou à nossa condição física, ou a termos ou não alguém para estar conosco e fazer alguma coisa, mas sim à nossa capacidade de exercitar boas e conscientes escolhas, sobretudo porque, me apropriando do conceito proposto por Adorno (2002), considero que há nas experiências significativas de lazer uma chance de emancipação que poderia enfim transformar o *tempo livre (sic)* em *liberdade*.

REFERÊNCIAS

ADORNO, T. *Indústria cultural e sociedade*. Seleção de textos de Jorge Mattos Brito de Almeida. Tradução Juba Elisabeth Levy *et al*. São Paulo: Paz e Terra. 2002.

AQUINO, C. A. B. & MARTINS, J. C. de O. "Ócio, lazer e tempo livre na sociedade do consumo e do trabalho". *Revista Mal-Estar e Subjetividade*, Fortaleza, v. 7, n. 2, p. 479-500, set. 2007.

BRASIL. *Constituição da República Federativa do Brasil*. Brasília, DF: Senado, 1988.

_____. Lei 10741/2003. *Estatuto da Pessoa Idosa*. Brasília, DF, 2003.

BRETAS, A. *Nem só de pão vive o homem*: criação e funcionamento do serviço de recreação operária (1943-1945). Rio de Janeiro: Apicuri, 2010.

BRUNHS, H. T. (org). *Introdução aos estudos do lazer*. Campinas: Editora Unicamp, 1997.

BONDÍA, J. L. "Notas sobre a experiência e o saber de experiência". *Revista Brasileira de Educação*, Rio de Janeiro, ANPEd, n. 19, p. 20-28, abr. 2002.

CAMARGO, Luiz O. de L. *O que é lazer?* São Paulo: Brasiliense, 2003.

CAMARGO, Luiz O. de L. "Lazer: concepções e significados". LICERE: Revista do CELAR/EEF/UFMG. Belo Horizonte: Celar, v. 1, n. 1, 1998, p. 28-36.

CUENCA CABEZA, M. *Ócio valioso para envelhecer bem*. Trad. De Francisco José M. Couto. São Paulo: Edições Sesc-SP, 2018.

DOOL, J. "Educação, cultura e lazer: perspectivas de velhice bem-sucedida". In: *Idosos no Brasil: vivências, desafios e perspectivas na terceira idade*. NERI, A. L. (org). São Paulo: Ed. Fundação Perseu Abramo/Edições Sesc-SP, 2007.

DUMAZEDIER, J. *Valores e conteúdos culturais do lazer*. São Paulo: Edições Sesc-SP, 1980.

_____. *Lazer e cultura popular*. São Paulo: Perspectiva, 1973.

GALANTE, R. C. *Educação pelo Lazer: a perspectiva do Programa Curumim do Sesc Araraquara*. Dissertação (mestrado) – Universidade Federal de São Carlos, 2006.

GOMES, C. L. "Reflexões sobre os significados de recreação e de lazer no Brasil e emergência de estudos sobre o assunto (1926-1964)". *Revista Conexões*. Campinas, Unicamp, v. 1, p. 1-14, 2003.

_____. *Projeto Garimpando Memórias*. Porto Alegre: Centro de Memória do Esporte – ESEF/UFRGS, 2004. Entrevista com Renato Requixa concedida a Christianne L. Gomes.

GONÇALVES JUNIOR, L. "Lazer no período da ditadura militar: o desvelar de depoimentos de sindicalistas da Grande São Paulo – Brasil". *Corpoconsciência*. n. 10, 2002, p. 35-55.

LAFARGUE, P. *O direito à preguiça*. 2ª. ed. 1999. Ed. Hucitec-Unesp. Prefácio de Marilena Chaui.

MAGNANI, J. & SPAGGIARI, E. (org). *Lazer de perto e de dentro*: uma abordagem antropológica. São Paulo: Edições Sesc-SP, 2018.

MARCELLINO, N. C. *Lazer e educação*. Campinas: Papirus, 1987.

_____. "Lazer: concepções e significados". LICERE: Revista do CELAR/EEF/UFMG. Belo Horizonte: Celar, v. 1, n. 1, 1998, p. 37-46.

NERI, A. L. (org). *Qualidade de vida na velhice*: enfoque multidisciplinar.

ORGANIZAÇÃO DAS NAÇÕES UNIDAS. (1948). *Declaração Universal dos Direitos Humanos*. Paris. Disponível em: https://brasil.un.org/pt-br/91601-declaracao-universal-dos-direitos-humanos. Acesso: 21 ago. 2022.

SANT'ANNA, D. B. *O prazer justificado*: história e lazer. São Paulo: Marco Zero, 1994.

SOUZA, M. A. C. de (org). *Esporte para idosos*: uma abordagem inclusiva. São Paulo: Edições Sesc-SP, 2010.

STOPPA, E. A.; TRIGO, L. G. G.; ISAYAMA, H. F. "O lazer do brasileiro no período de férias: representações e concretizações das atividades turísticas". *Caderno Virtual de Turismo*. Rio de Janeiro, v. 17, n. 1, p. 138-154, abr. 2017.

STOPPA, E. A.; ISAYAMA, H. F. [org.] *Lazer no Brasil*: representações e concretizações das vivências cotidianas [Leisure in Brazil: representations and concretizations of everyday experiences]. Campinas: Autores Associados, 2017. (Coleção Educação física e esportes).

SCHWARTZ, Gisele M. "O conteúdo virtual: contemporizando Dumazedier". *LICERE*: Revista do CELAR/EEF/UFMG. Belo Horizonte: Celar, v. 2, n. 6, 2003, p. 23-31.

UVINHA, R. R. [org.] *Lazer no Brasil*: grupos de pesquisa e associações temáticas. Organização de Ricardo Ricci Uvinha. São Paulo: Edições Sesc-SP, 2018.

SE ALGUÉM PERGUNTAR POR MIM, DIZ QUE FUI POR AÍ

ENSAIO SOBRE UMA EDUCAÇÃO QUE (DES)INQUIETA

CINTHIA LUCIA DE OLIVEIRA SIQUEIRA
LISA VALÉRIA TORRES

> Chega mais perto e contempla as palavras.
> Cada uma tem mil faces secretas sob a face neutra
> e te pergunta, sem interesse pela resposta,
> pobre ou terrível, que lhe deres:
> Trouxeste a chave?
>
> CARLOS DRUMMOND DE ANDRADE, "PROCURA DA POESIA"

Compreendemos o envelhecimento populacional como uma conquista e um triunfo da humanidade no século XX, mas importa reconhecermos que, no campo das ciências humanas, sociais e da educação, o comportamento da velhice ainda se revela mais pelo lado depreciativo do que pela possibilidade de composição de novos olhares e percepções.

Neste sentido, nunca, como na atualidade, se fez tão necessário discutir educação numa sociedade em envelhecimento. Esta urgência, entretanto, não prescinde do entendimento do leitor em relação ao que ela expressa, ao que significa. Autores de vastas áreas do conhecimento já se debruçaram sobre a palavra educação, mas o júbilo provocado por sua degustação nem sempre contempla saciedade.

Etimologicamente *educare* significa de dentro de, para fora de. *Ducere*, expressa tirar. O termo, pois, é entendido como processo de conduzir para o exterior aquilo que é interior – destarte, por meio do diálogo e da interação, a educação remete à partilha de saberes.

Cabe ao leitor dar voltas na chave para soltá-la, libertá-la, porque acreditamos que há palavras que não existem em "estado de dicionário", o que nos eleva à questão do eu lírico do excerto do poema de Drummond: "trouxeste a chave"? Se a trouxe, talvez o leitor esteja apto para se abrir às (res)significações que nós nos propusemos neste capítulo e dele sair regozijado.

Aquilo que nos eleva segue ao encontro da enunciação do saudoso Rubem Alves: "o objetivo da educação é criar alegria de pensar". É mostrar a vida para quem ainda não viu e daí o horizonte se expande. Por esta via, consideramos que as pessoas nunca deixam de se educar, de se retocar.

A formação e a constituição humana são perenes, porque somos inacabados e inconclusos, criaturas da curiosidade. O processo de aprendizagem é essencial para a nossa sobrevivência, é primordial para nos conhecermos melhor, para conhecermos mais a fundo os outros, a natureza, para termos a oportunidade de meditarmos sobre o que fazemos e sobre o que podemos realizar. É um exercício de transposição de uma ideia ingênua de mundo, para uma consciência refletida, crítica.

Fragoso e Chaves (2012) entendem que este processo requer mudança e evolução constantes, pois acreditam que o ser humano procura autorrealização no eterno devir da sua existência. Para tanto, propõem uma ótica crítico-existencial, em que tanto a Gerontologia Educativa como a Educação Permanente se entrelaçam, interatuam e se constroem mutuamente, porque são abordagens que integram alterações decorrentes do processo de envelhecimento e transformação social. A Aprendizagem ao Longo da Vida (ALV), conceito demarcado pelo relatório Delors, de 1988,

> [...] colabora para a coesão social, no sentido de formar sujeitos capazes de se adaptarem às transformações sociais, ao mesmo tempo em que contrapõe a ideia de fragmentação. O sujeito precisa ir além, mas estar pronto para agir em qualquer atividade, em diferentes circunstâncias, possuindo características como competência, solidariedade, pró-atividade, capacidade rápida de adaptação.
> (TORRES e CARRIÃO, 2017, p. 46)

Isto posto, poderíamos meditar que se trata de uma expressão recente que remete a uma preocupação antiga, pois considera nossa incompletude, nosso desejo de sermos outra pessoa a cada dia.

O que parece solicitar prudência, como adverte Gadotti (2016), é como tal conceito tem sido compreendido, instrumentalizado e colocado à mercê das exigências/desejos da sociedade ou de determinados interesses. É preciso ponderar em que medida e em quais contextos a educação/aprendizagem ao longo da vida não acaba, inadequadamente, sendo colocada a serviço da adaptação funcional e individual dos aprendentes, a favor da empregabilidade, da flexibilidade e da competitividade econômica, como uma estratégia de preparação de velhos e velhas para se harmonizarem com uma sociedade adoecida.

Um novo conceito, como escrevem Siqueira e Martins (2021), não é suficiente para mudar a ordem e a lógica das coisas e é preciso cautela para não derrapar na universalização e repetição "do discurso homogêneo que encapsula a pessoa idosa em um estereótipo que ela abraça e os grupos de terceira idade reafirmam" (p. 67).

Torres e Carrião (2017) sinalizam outro cuidado e apontam para o que denominam por educar em direção à sensibilidade e à responsabilidade, para além da superfície e da naturalização; fora da concepção estereotipada e singela da velhice, a fim de superar "uma visão fragmentada do idoso, vinculando-o a uma espécie de volta à inocência, oferecendo-lhes apenas bolo, baile e bingo" (p. 40). Afinal, o alheamento do senso comum leva à compreensão de que velhice tem caráter distante, considerada uma experiência isolada, porque é a velhice do outro, quase sempre desvinculada de inter-relações no seio familiar e social.

Importante interrogarmos se é bem-vinda uma educação que modela a velhice na deformidade contemporânea. Na pretensão de sustentarmos o princípio universal de que aprendemos por toda existência corremos o risco da indução a uma *formação profissional ao longo da vida* a qual desloca a ideia negativa de pessoa idosa dispendiosa, para o ideal positivo, porém perverso, de pessoa idosa produtiva.

A propósito, um dos mitos mais frequentes nos sistemas educacionais é a afirmação generalizada de que, numa sociedade de economia capitalista, o objetivo da educação envolve o preparo para o mercado de trabalho, para a competição. Inexiste um cuidado com a emancipação do sujeito, independentemente da idade, da cor, da religião.

A pedagogia de uma educação que oferte autonomia e liberdade de escolha às pessoas idosas traz desafios, na medida em que requer maturidade e autoridade, principalmente se o desejo é romper com uma educação enquanto mera apropriação do instrumental técnico e do receituário para a eficiência. Both, Pasqualotti e Both (2013) lembram: "a educação, em face da longevidade, não pode permanecer com o mesmo projeto daquela que se norteia pelo sucesso produtivo e pela manipulação da natureza das pessoas, cujo fim não são elas próprias, mas os interesses do sistema" (p. 2260).

Enquanto as pessoas jovens estão submetidas às exigências de desempenho, competência e utilidade, as velhas têm potencial para atrever-se ao empenho, à incompetência e à inutilidade, estas três, antônimos das primeiras, e promessas de um existir, além de mais humano, mais fecundo e, portanto, salutar.

Parece ser consenso entre os autores que, para um processo ser considerado educação, é necessário haver o deslocamento do educando de uma paisagem a outra e o discernimento de sua condição (tanto objetiva/material, quanto subjetiva/interna). "É preciso liberar as pessoas idosas das mesmices e opressões propagadas – abdicar da tutela, da monitoria de suas vidas, para potencializá-las, a fim de que possam se emancipar do conhecimento e das tecnologias criadas para gerir suas vidas" (SIQUEIRA e MARTINS, 2019, p. 169).

A proposta de Fragoso e Chaves (2012), a partir de uma perspectiva crítica, ilumina essas considerações, uma vez que implica, dentre outras necessidades, a de compreender opressões a partir de uma versão ética e política que entenda como a lógica do capital afeta as relações interpessoais e o cotidiano educacional como um todo.

Dito de outra forma, a corrente existencialista predica que o ser humano é um ser que possui toda a responsabilidade por meio de suas ações. Assim, ele cria ao longo de sua vida um sentido para sua própria existência.

Carvalho e Custódio (2007), alicerçados no ideário de Hannah Arendt, retomam uma das teses da filósofa alemã que corroboram com nossa des(inquietação) acerca da educação. A autora acreditava em uma potencial liberdade e igualdade política que poderia ser criada entre as pessoas, com tolerância e respeito às diferenças, visando a inclusão. Todavia, este incluir, para a autora, se inscreve na linguagem, nas bases da cultura, nas relações. Em meio ao emaranhado de ideias sobre a melhor forma de lidar com educação, o pensamento arenditiano possibilita esperança ao considerar que a crise traz oportunidades pelo seu efeito de fazer cair máscaras e destruir pressupostos, possibilitando explorar e investigar o que foi descoberto na essência do problema,

Sobre este enfrentamento, Tótora (2017) recomenda que a velhice seja acolhida como acontecimento, invenção e resistência – um esgotar da vida que não se restringe ao bem-estar, mas à disposição de desafiar as adversidades, construir potências de agir e vislumbrar inusitadas formas de existência. Seria um envelhecer que não se deixa capturar em programa – aqueles que carregam consenso e preceitos gerais sobre o que se espera do idoso, restando "pouco ou quase nenhum espaço para o dissenso, as singularidades e as diferenças" (TÓTORA, 2017, p. 242). No lugar de uma educação para a instrução e a atualização, a autora inspira pensar a velhice como instante privilegiado de desobediência e desprendimento.

Portanto, a educação voltada a velhas e velhos nos remete, inicialmente, a questionamentos sobre a própria educação formal, por vezes, conservadora e tradicional. Uma educação que domestica, amansa, silencia, aliena... E torna a sociedade conformada ao "inconformável".

Talvez resida aí o valoroso predicado da educação não formal (voltada a quem envelhece) – a regalia de menor exigência burocrática e acadêmica – o que acentua preceitos de uma educação um tanto desordeira, em que o exercício dialógico protagoniza, porque não se duvida da experiência da anciã e do ancião, ou não se deveria duvidar.

Relevante dizer que, ao fazer referência à educação informal, não a restringimos às iniciativas com caráter essencialmente elitista e paliativo, destinada ao desenvolvimento de atividades de esporte e lazer, mas a um aprender mais fluido, porque descansado na relação de mutualidade e horizontalidade. Uma alternativa aos excessos da educação convencional que, por insistir no preparo de mão de obra qualificada, desperdiça tempéros mais nobres – aqueles, cujas pitadas desmedidas, garantem sabores excepcionais.

Propomos assim, a formação que favoreça o criar-se, conceituado por Foucault (1995) como "constituir-se a si mesmo a cada momento, saber se transformar, produzir-se, modificar-se, em suma, fazer da relação consigo mesmo uma relação criativa" (p. 262). Para o autor, é preciso ser artista da própria existência, o que implica esculpir-se fora de qualquer concepção preexistente.

Seria o enriquecer da percepção e da sensibilidade a fim de afastar as pessoas da automatização da vida cotidiana e permitir a vivência de desconhecidas fisionomias, pautadas "na imaginação e no fazer criativo em contraposição a práticas e relações excessivamente técnicas e reprodutoras" (ZANELLA *et al.* 2006, p. 3). Para a autora, é necessário ler a polissemia da realidade para poder transcendê-la. Ao propor o pitoresco como fundamento de nossos percursos de vida, ela sugere a infinidade de desejos, crenças, modos de ser e estar no mundo e afirma que, a depender da qualidade das interações, a atividade criadora faz com que as pessoas se projetem para o futuro.

No mesmo traçado, Pereira (2011) argumenta a favor de uma existência incomum e faz a distinção entre a atitude prática e a atitude estética. A primeira se define por uma intencionalidade, premeditação ou antecipação racional do que está por vir. É utilitária, funcional, um meio para atingir determinados fins, diferente da segunda, que se mostra desinteressada, porque "é abertura, disponibilidade, não para o acontecimento ou a coisa em si, na sua consistência, mas para os efeitos que ele produz em nós, em nossa percepção e sentimento" (p. 114).

Concordamos com os autores e matutamos se tal prisma é espiado pelos programas de educação de pessoas idosas. Há espaço para a livre e inusitada invenção, ou um esforço no sentido de emoldurar a gerontologia educativa no retrato utilitarista da educação formal? A educação na velhice estaria destinada a projetos de vida extraordinários?

Costa, Arantes e Jacob (2022) destacam que a construção de projetos de vida no interior das instituições educativas para pessoas idosas comporta a concepção de um envelhecer com sentido, que não está condicionado à saúde física, mas à relação das pessoas entre si e com o mundo. Afinal, "não há projeto de vida para uma vida sem sentido, assim como não há sentido para uma vida sem projeto" (p. 44).

Afirmam os autores que uma educação ética é imprescindível para a construção de uma sociedade menos incômoda e melhor para todos e localizam a educação de velhas e velhos inserida nesta responsabilidade. No entanto, afirmam que para atingir esse propósito não basta qualquer educação, é preciso que ela seja emancipatória. Para eles, "a educação libertadora é parte de um projeto de sociedade e deve, assim, ser um lugar possível para todos" (p. 53).

Ao lado da dimensão social, relatam que há uma dimensão psíquica na educação a qual constitui-se em autoconhecimento, sentimento de identidade e fomento de relacionamentos positivos. Ou seja, a educação tem o potencial de transformação interna e externa, para tanto, faz-se imperioso "resistir aos discursos produzidos na atualidade sobre a velhice e deixar fluir a vida para modos singulares de existência" (SIQUEIRA, 2021, p. 236) e, no lugar de um envelhecimento ativo, propomos um envelhecimento aRtivo – no sentido de "fomentar as potencialidades da velhice a partir da liberação da pessoa idosa para o acontecimento vital em sua plenitude" (SIQUEIRA, 2021, p. 226).

Diante do exposto, perguntamo-nos: como perseguir uma educação na velhice que anime a desprendida invenção de si e do mundo, e não apenas sua repetição? Como enxergar um futuro de possibilidades, indeterminado e indefinido? Como fazer da educação um pulsar de vida? Estariam as velhas e os velhos desejosos de um aprender situado em cenários inéditos, em que sejam capazes de protagonizarem suas vidas sobre o tablado de uma existência imponderável?

Alagadas por essas incertezas, seguiremos nosso ensaio apoiadas na pesquisa *Idosos no Brasil*, realizada em 2020, fruto da parceria entre o Sesc-SP e a Fundação Perseu Abramo. A intenção será sopesar o que os dados sobre educação nos informam a respeito desse tema no Brasil. O que os indicadores de raça/cor e escolaridade nos apresentam neste cenário? Além da educação formal, quais outros saberes de velhas e velhos são revelados pela pesquisa? Para tanto, nos empenhamos na apreciação das informações de modo a encontrar e sugerir caminhos para que a pessoa idosa – como educanda na educação formal ou informal – possa ler o mundo e nele intervir como sujeito potente e criativo.

SABERES LETRADOS E TRADIÇÃO ORAL

O primeiro panorama apresentado pela pesquisa, dentro da temática educação, é o perfil da amostra. Quando se considera a população como um todo, há um maior número de pessoas com ensino médio concluído, seguido de fundamental completo e dos que nunca foram à escola[1]. Dados mais otimistas se correlacionados à pesquisa de 2007, quando o número de pessoas concluintes do ensino fundamental era superior ao de ensino médio – o que sugere uma melhora no grau de escolaridade da população urbana brasileira adulta.

Interessante que a porcentagem de pessoas com grau superior, ainda que menor, se comparada aos outros graus de escolaridade, revelou um aumento de dois pontos percentuais (de 2007 a 2020) para a população em geral e de quatro pontos percentuais para a população idosa. Também houve um incremento das pessoas idosas que concluíram o ensino médio[2], no entanto, esse número ainda é significativamente menor do que os idosos que concluíram apenas o ensino fundamental[3]. Ao lado deste dado, vale salientar que o número de idosos que nunca foi à escola é de 14% em contraste com 1% da população não idosa entrevistada.

Isso demonstra que as velhas e os velhos do Brasil apresentam um grau de escolaridade substancialmente menor do que o restante da população adulta e nos sinaliza uma dívida histórica no que diz respeito à educação desta geração.

A referida dívida fica mais alarmante quando observamos o comparativo entre o grau de escolaridade e a variável raça/cor. De um total de somente 8% dos idosos que finalizaram o ensino superior, a porcentagem dos idosos não brancos é oito pontos percentuais abaixo do percentual dos idosos brancos que tiveram oportunidade de concluir uma graduação. Vale lamentar,

---

[1] Observamos que 37% dos entrevistados cursou até o ensino fundamental, 43% tem o ensino médio, e somente 3% nunca foi à escola.

[2] Aumentou de 7% para 15%.

[3] 64% dos idosos concluíram apenas o ensino fundamental.

no entanto, que, de acordo com a pesquisa, independentemente da idade, as pessoas que finalizam o ensino superior são, em sua maioria, brancas.

Na mesma lógica, porém, com os números invertidos, o percentual dos idosos não brancos que nunca frequentaram a escola é três pontos percentuais acima dos idosos brancos na mesma condição. Estatística que escancara o analfabetismo como um problema histórico no Brasil, atrelado ao seu passado de colônia, "conectado aos povos indígenas e aos negros africanos, explorados, aculturados e escravizados, e a quem não foi dada oportunidade de inserção na sociedade de classes" (PERES, 2011, p. 642).

Acrescentando-se a variável gênero a esse comparativo, observamos que o percentual de mulheres idosas pretas que nunca foi à escola é maior do que o percentual de homens idosos pretos sem escolaridade. Dados sugestivos de que o grau de escolaridade tem idade, cor e gênero – quanto menor, mais velho, pigmentado e feminino ele se mostra.

Esses indicativos realçam a necessidade de políticas públicas e empenho dos profissionais envolvidos com a educação de velhas e velhos no sentido de mitigar a exclusão escolar a que eles foram/são submetidos. Isso porque, ao lado do menor acesso à escolarização, a leitura e a escrita de pessoas idosas também se mostram prejudicadas se relacionadas às pessoas não idosas. Os gráficos manifestam que, do total de entrevistados que afirmam não saber ler e escrever, 4% são não idosos, contra 20% de pessoas idosas. Deste percentual, o maior índice de analfabetismo está no período etário dos 80 anos ou mais.

Tal condição, em uma sociedade que prima pela qualificação laboral, localiza velhas e velhos em suposta desvantagem. Todavia, sem diminuir a gravidade que tais indicadores denunciam, propomos aqui outra mirada, cuja carência das letras converta-se em abundância de palavras e desloque velhas e velhos para a esfera da grandeza.

Isto porque cremos que os idosos que não leem e não escrevem, dialogam com o mundo por meio da oralidade, o que, a nosso ver, não necessariamente implica em um saber menor, mas um saber outro, em marcha de apagamento. Narrar vivências é atividade inerente ao destino do ser humano que não encontra vida onde não há história. "A cultura e tudo o que sabemos não inauguramos, mas recriamos, refazemos. As correntes do passado desaparecem na aparência, mas são revividas num objeto, lugar, pessoa – resquícios de outras épocas" (SIQUEIRA, 2010, p. 5), detalhes do mundo perdido que podem ser recuperados pela narrativa oral de nossos antepassados.

Benjamin (1994) enfatiza que a arte de narrar está em vias de extinção e são cada vez mais raras as pessoas que o sabem fazer devidamente. Para ele, a arte de contar histórias decaiu porque decaiu a faculdade de intercambiar vivências, porque matamos a sabedoria. "Neste mundo abreviado e provisório, em que os laços familiares e de amizade são instáveis, as moradas passageiras, os trabalhos temporários e todo o resto descartável, a narrativa oral torna-se cada vez mais perda de tempo, ou um 'tempo perdido'" (SIQUEIRA, 2010, p. 6).

Bosi (1994) menciona que a pessoa velha tem uma espécie de obrigação social: lembrar, lembrar, lembrar... A religiosa função de unir o começo e o fim. Diz ela que o que foi a vida dos velhos é um constante preparo e treino para quem os substituirá. Para o adulto ativo, memória é fuga, arte, lazer; para o velho, é trabalho.

De maneira semelhante, Correa (2009) refere que, muitas vezes, a arte narrativa das pessoas de mais idade é confundida com saudosismo, confronto com a contemporaneidade e valorização do passado em detrimento do presente, quando, na verdade, a memória sempre se recompõe. O passado não é reiterado, "mas atualizado e se presentifica na relação que se estabelece ao narrar-se uma história" (CORREA, 2009, p. 109-110).

É comum associar a pessoa mais velha a quem vive de lembranças, remoendo o que já passou, como se fosse um museu extemporâneo, situado em outro instante, que não o atual. Diferente desse desprestígio, a autora defende que "mais do que um devaneio fútil ou uma tentativa de preencher o tempo ocioso, recordar é dar corda de novo às engrenagens da história, em uma dimensão na qual tempo e espaço se inscrevem conjuntamente". Ao relembrar suas vivências, a pessoa idosa tem de volta "o sentimento de pertença a uma história ou mesmo à própria sociedade, sentimento esse que muitas vezes é arrancado daqueles que viveram e construíram a sociedade, cada qual à sua maneira" (CORREA, 2009, p. 110).

Se há escassez de escolaridade, há fartura de lembranças, por conseguinte, de linguagem, e acreditamos que a educação na velhice requer favorecer o ofício de rememorar, reconstruir biografias, não importando se o enunciado é oral ou escrito, já que, a cada recordação evocada, novos sentidos emergem, nova pessoa se compõe.

SABERES QUE ESCAPAM À LETRA

A despeito do poder da força que a escrita detém sobre vários âmbitos da vida contemporânea (moderna?), confessamos que, assim como Guimarães Rosa retrata em suas narrativas, também entendemos que a linguagem oral marca e revela impressão particular do falante. Por vezes, esse universo dos "iletrados" veicula sentidos ao mesmo tempo em que contrapõe a próprias significações. "Eu quase que nada sei, mas desconfio de muita coisa"[4]. A velhice envolve essa miragem de mundo que o poeta mineiro tenta recuperar e que é de ordem do alógico.

A aparente falta de racionalidade, que se constitui em estereótipo, quando velhos têm liberdade de se manifestar, aparece em outros resultados da pesquisa. Isso fica evidente, por exemplo, quando questionados sobre cursos que têm interesse. Em uma lista dividida em áreas de conhecimento que incluem desde cursos de idiomas a trabalhos manuais, metade da população idosa entrevistada assinalou a opção "nenhum" (curso). Poderíamos entender que este dado demarca um desconhecimento do que, de fato, nesta fase da vida importa se ocupar?

Em certa medida, esses 50% trazem à tona uma lacuna na investigação da Gerontologia Social. No que respeita a esse mote de discussão, Bond *et al.* (1993) reparam que é preciso saber os motivos pelos quais, no campo da velhice e do envelhecimento, há mais pesquisa sobre problemas advindos deles e muito menos sobre a compreensão que os indivíduos têm da sua própria experiência.

Featherstone (1998), ao comentar sobre a globalização acadêmica de certas ideias, adverte que devemos ser prudentes ao relacionar nossa experiência pessoal com a da humanidade. Ele defende que não há um curso de vida singular, mas cursos de vida possíveis sobre o qual pedalamos "nosso barquinho, sem poder desviá-lo, porque seu curso é muito rápido e forte e, às vezes, a corredeira fica muito intensa em determinados momentos, como cachoeiras que podem simbolizar fases de tempestade e de tensões na vida" (p. 7-8).

Tal reposicionamento é realizável porque "a avaliação de nossas vidas depende da parte do rio em que estamos. Não sabemos ao certo o que teremos pela frente" (p. 11). Não dá para prever o que é ter 60 anos de idade antes de aportar em tal destino, por este motivo, o cardápio de ofertas apresenta-se

---

[4] João Guimarães Rosa. *Grande sertão: veredas*, São Paulo: José Olympio Editora, 1956.

enigmático e desinteressante a boa parte das pessoas idosas entrevistadas. Podemos ler compêndios, pensar a respeito, mas é diferente quando chegamos lá... O artista entoaria de outra maneira: "não sou em quem me navega, quem me navega é o mar, é ele quem me carrega como nem fosse levar"[5] e nos aconselharia a afrouxar o leme da existência.

Alguns estudos realizados também identificaram percepções e pontos nevrálgicos associados ao envelhecimento. Thompson *et al.* (1991) trazem a tônica da velhice por meio de um olhar de dentro. Apesar de terem publicado há mais de três décadas, a discussão é atualíssima. Presenteiam o leitor com uma visualidade multifacetada do envelhecimento e refletem em como os velhos lidam com passado e presente, além de debater sobre suas identidades em um cenário de tensões. Elas pesam, obviamente, mas aspectos individuais, doenças e incapacidades constituem, ainda assim, os grandes marcos de um confronto inevitável com o processo de envelhecimento. A análise que os autores demonstram no livro, norteia caminhos diversos e ascendem respostas para questões que possam elucidar contornos para entendermos que o interesse desta fase da vida, ultrapassa temas recorrentes, principalmente àqueles propostos por universidades da terceira idade.

Outro dado da pesquisa que nos salta à vista refere-se aos saberes que os idosos julgam possuir para além da educação formal. Questionados a respeito, 53% dos entrevistados divulgaram respostas heterogêneas que se diluem em artesanato, corte e costura, administração do lar, relacionamentos interpessoais, saberes religiosos, gastronomia, jardinagem, atividades do campo, conhecimentos de mecânica, elétrica, construção civil, dentre outros. Contudo, uma parcela significativa (46%) assumiu não saber o que responder ou não possuir saber algum.

Concebemos que, se por um lado, a diversidade de respostas endossa o pensamento de que as experiências humanas são particulares e, portanto, não generalizáveis, de outro, a quase metade de pessoas idosas que não reconhecem em si saberes outros, confidencia a recusa e/ou hesitação em nomear sabedoria aquilo que escapa ao formalismo acadêmico.

O próprio Manuel Bandeira (1967), ao contrariar o pai que almejava um filho arquiteto, desculpa-se: "Não pude. Sou poeta menor, perdoai!"[6]. Achamos graça no verso – porque conhecemos o poeta e porque o saber letrado traja

---

[5] *Timoneiro*, canção de Paulinho da Viola.

[6] Manuel Bandeira. *Poesia Completa e Prosa*. Rio de Janeiro: Cia. José Aguilar, 1967.

prestígio. Acontece que "julgamos os seres tanto menos inteligentes quanto menos os conhecemos, e o erro de acreditar o desconhecido ininteligente pode ir de par com o erro de acreditar o desconhecido indistinto, indiferenciado, homogêneo" (TARDE, 2007, p. 76). Patativa do Assaré recita esse equívoco ao prosear com os poetas clássicos:

> Poeta niversitaro,
> Poeta de cademia,
> De rico vocabularo
> Cheio de mitologia,
> Tarvez este meu livrinho
> Não vá recebê carinho,
> Nem lugio e nem istima,
> Mas garanto sê fié
> E não istruí papé
> Com poesia sem rima.[7]

Precisamos do empenho de educadores para despontar uma realidade plural, que seja atravessada por visível diferenciação. As óbvias e estruturais remetem a grau de escolaridade, vida familiar, classe social, gênero, cor, raça, redes de apoio. Para além destas, entretanto, há a subjetividade de cada um, anunciada em formatos diferenciados, de cada pessoa interpretar e lidar com a sua velhice e (re)construir a imagem de si mesmo. As questões que se relacionam com o corpo fisiologicamente envelhecido, sexualidade, exercício da cidadania, vida em sociedade, aposentadoria, a percepção do ângulo dos outros, assim como os entraves surgidos pela solidão e isolamento, integram tópicos fundamentais para compreender ao espectro da velhice e o juízo que os velhos têm sobre a sua própria vida.

Nesse sentido, precisamos outorgar o protagonismo aos mais velhos, enquanto atores sociais, conforme atesta o que denominamos por Sociologia do Envelhecimento... E ousarmos o inverso do verso, como fez José Paulo Paes, que, em homenagem póstuma a Bandeira, desalinha as palavras do amigo e faz, do menor, o enorme.

---

[7] Patativa do Assaré. *Inspiração Nordestina: Cantos de Patativa*. São Paulo: Hedra, 2003.

> menormenormenormenormenormenorme[8]

SABERES TECNOLÓGICOS

Dados muito recentes do IBGE confirmam: em 2021, a população brasileira foi estimada em 212,7 milhões. Deste número, 14,7% correspondia à parcela da população com 60 anos ou mais. Estima-se que até 2025, a população idosa no Brasil somará aproximadamente 31,8 milhões, colocando o país como a 6ª maior população idosa do planeta (INOUYE et al., 2008, p. 15).

Esse processo de transição demográfica faz com que surja uma grande demanda por pesquisas e ações sociopolíticas para garantir uma vida digna à população idosa que, por vezes, internaliza o perfil estereotipado de pessoa incapaz e passa a reproduzir essa representação nas suas relações.

Para tentar acolher as demandas do envelhecimento populacional, tanto o governo quanto o setor privado têm investido em iniciativas e programas que intencionam aproximar tecnologia e pessoas acima de 60 anos. Um exemplo disso é a propagação das UNATIS, geralmente concebidas como projetos de extensão dentro das universidades, que visam a educação continuada dos idosos, oferecendo oportunidades para que eles aprofundem seus conhecimentos em áreas diversas, por meio de oficinas, palestras e cursos.

Pensar a ampliação de habilidades tecnológicas para o público 60+ implica no reconhecimento de que vivemos numa sociedade marcada pela era da informação, a chamada sociedade do conhecimento, na qual a flexibilidade e as constantes transformações no meio digital se dão de formas cada vez mais intensas e fugazes.

A pesquisa *Idosos no Brasil*, realizada em 2006 pelo Sesc-SP, trouxe informações em relação ao mundo digital, que já revelavam a era da tecnologia virtual reconhecida pela população idosa. Há dezesseis anos, 63% desta parcela já sabia o que era a internet. Desta feita, houve um aumento de 18%. Todavia, somente 23% usa sempre contra 38% que nunca usou. De alguma maneira, esses resultados ditam que o conhecimento digital nesta fase da vida é importante, porque promove e gera qualidades pontuais que fomentam o trânsito social, econômico e a proteção da dignidade.

Atualmente, inclusive, a prova de vida no órgão previdenciário é feita pela internet, e a pessoa idosa, que não teve oportunidade de interagir

---

[8] José Paulo Paes. *Epitáfio*. In: __ *Poema menor*, São Paulo: Editora Brasiliense, 1986.

com esta nova modalidade (de acesso a um benefício que lhe é de direito), se perde, se frustra e, muitas vezes, se vê submetida a condições vexatórias.

Esse processo de imersão digital e o suporte à educação continuada com a utilização da *web* gera uma atenção na área de Tecnologia da Informação, responsável pelo desenvolvimento das ferramentas utilizadas nessas situações. É necessário levar em consideração que as pessoas mais velhas possuem uma série de particularidades que são, na maioria das vezes, causadas por condições físicas inerentes ao envelhecer, como diminuição da audição, da visão e de algumas habilidades motoras específicas, o que pede recursos auxiliares.

Uma das principais ferramentas que está disponível é, de fato, a rede mundial de computadores, já que se trata de um ambiente colaborativo e que pode facilitar a comunicação e melhorar as interações sociais entre as pessoas (JONES & BAYEN, 1998), além de promover aumento do envolvimento comunitário (EILERS, 1989) e do senso de realização e autoconfiança (GATTO; TAK, 2008). Somado a isso, a internet também pode ser utilizada como um instrumento de apoio para a educação continuada do público 60+.

Neste sentido, é importante aperfeiçoar técnicas e destacar a necessidade de considerar a acessibilidade, do ponto de vista do desenvolvedor *web* e do usuário. A falta de ingresso à internet é um problema que pode ser confirmado pelo World Wide Web Consortium (W3C) que estima que mais de 90% dos sites são inacessíveis para os usuários com algum tipo de necessidade especial (BOLDYREFF, 2002).

Nesse sentido, há um número ainda incipiente de iniciativas que possibilitem o acesso de pessoas idosas aos recursos tecnológicos, como a criação de ambientes digitais *on-line* que possuam interface adequada para necessidades particulares, assim como disponibilizar, por meio desses mesmos ambientes *on-line*, recursos e mídias digitais interativas como vídeos, jogos e hipertextos que assumam o papel de artefatos de aprendizagem. Temos um sinalizador que responde como estes recursos podem atender à população idosa. Pela pesquisa, 62% destas pessoas nunca usou rede social e 72% não utiliza aplicativos. O que desperta nosso interesse e, paralelamente, inquieta. Como tornar a rede acessível a eles? Os processos de ensino-aprendizagem destinados às pessoas idosas, que incluem tanto a formação profissional quanto as metodologias e tecnologias adotadas nesses processos, necessitam de esmero diferenciado.

A aprendizagem colaborativa pode ser uma proposta possível. São várias as teorias que contribuem para a compreensão da aprendizagem colaborativa e elas possuem em comum o mesmo desígnio: reconhecer os indivíduos como agentes conscientes e organizadores da construção do próprio conhecimento. Na teoria de Vygotsky, a aprendizagem origina-se entre os indivíduos, ou seja, em situação de coletividade. A cooperação gera reorganização constante (BAQUERO, 1998).

A Zona de Desenvolvimento Proximal (ZDP), constitui-se o cerne da aprendizagem, pois ali se estabelece o processo de construção de conhecimento por meio da interação social. A ZDP está relacionada às ações que ainda não se desenvolveram totalmente e que poderão se desenvolver, com ajuda de outros indivíduos.

A respeito da aprendizagem colaborativa aliada à tecnologia, ainda podemos considerar que essa relação pode potencializar as situações em que professores e alunos analisam, discutem e constroem, individualmente e coletivamente, seus conhecimentos. Os dispositivos tecnológicos móveis (*tablets*, *smartphones*) podem ser considerados como um auxílio para a aprendizagem, pois além de servir para a organização das mais diversas atividades, pode ser um instrumento de diálogo entre os estudantes.

Em síntese, prover acesso às tecnologias de informação e comunicação para a formação continuada de idosos e sistemas de aprendizagem colaborativa, é essencial para suprir as demandas desse público, que não necessariamente se vê interessado apenas em atividades de lazer e recreação, mas também em continuar adquirindo conhecimento. Além disso, preocupar-se com questões sociais relacionadas à população idosa é entender que não se trata apenas de melhorar as condições de vida de uma parcela da população, mas do futuro bem-estar da população como um todo.

SAIDEIRA

Na estação final de nossa exposição, rememoramos algumas passagens, no desejo de termos escolhido significativo roteiro até aqui.

Quando pensamos na mescla entre educação e envelhecimento mergulhamos em um oceano cuja margem, de um lado, é contornada pelo nascimento e, cujo horizonte, de outro, é transbordado por nossa existência. Ao considerarmos o processo de humanização, acreditamos que não é possível ser gente senão por meio de práticas educativas – somos seres do vir a ser.

No entanto, mais do que moldar a velhice à sociedade, propomos salvá-la dos estigmas e preconceitos – sem ditar caminhos ou sugerir aprendizados úteis, mas deixando-a à deriva de seus anseios e irreverências – arremessando-a ao imprevisível, o que acreditamos implicar na educação de toda a sociedade. Ao contrário de um lugar para a salvação, os espaços educativos logram ser palco de protagonismo das pessoas de mais idade, porque "há nelas vida inacabada e não recomeçada. Há continuidade e não manutenção; conquista no lugar de redenção" (SIQUEIRA, 2021, p. 202).

Defronte à fugacidade do presente e à provisoriedade do espaço, desconfiamos que o andar demorado e aprofundado de velhos e velhas pode ser uma das maiores estratégias de enfrentamento das condições de velocidade, eficiência e utilidade do contexto contemporâneo. Uma permissão à contemplação, à duração e à permanência, que nos obriga a abrandar a pressa e a acender biografias.

Atividade não pode ser a palavra de ordem no envelhecer e o momento livre não necessita sinalizar desocupação e frustração. Não importa preencher a hora com curso qualquer, a vida suplica sentido, o qual, muitas vezes, reside na negação do compromisso e na permissão de sentar para um chá com conversa à toa.

Para além de educar a velhice, acreditamos ser urgente se educar a ela. Nietzsche (1882/2016) falava do culto ao trabalho e da produção industrial que transformou o ócio em um mal a combater – "agora tem-se vergonha do repouso: parece que se morde os dedos ao pensar em meditar. Reflete-se de relógio na mão, mesmo quando se está almoçando [...] vive-se como alguém que, sem cessar, tivesse medo de 'deixar escapar' alguma coisa" (NIETZSCHE, 1882/2016, § 329, p. 190). Ao referir-se aos médicos de almas[9], comenta que eles têm um tique em comum: todos procuram persuadir as pessoas de que estão enfermas e necessitam "de uma cura energética radical e suprema" (§ 326, p. 188). Para o autor, nosso fazer (independente de qual) deve determinar também o que abandonamos. Na escolha de fazermos (ou não) algo, deixamos de lado aquilo que não agrada. Quanta regalia!

Há espaço para a inatividade e potência de criação nesse vagar. Não é promissor receitar fórmulas de bem viver, "mas possibilitar a vivência criativa do ócio, do tempo desacelerado, do acúmulo de experiências e da rica matéria-prima cultural construída nos anos vividos" (SIQUEIRA, 2021, p. 219).

De todo modo, não se pode desprezar que acolher a quietude é diferente de conformar-se ou render-se. Em uma sociedade cujo domínio da tecnologia assevera quem participa ou não de certas instâncias de direito, assegurar

---

[9] Teólogos e pregadores morais, conforme cita o próprio autor.

competência no uso de computadores, celulares e aplicativos, resguardam a velhice de constrangimentos e extemporaneidade. Trata-se de aproximar gerações, favorecer a convivência, incitar a colaboração – aprender e ensinar nas relações.

E por falar nelas, confessamos que o vínculo foi nossa aposta e entusiasmo desde o início. Solicitadas a escrever este texto, sentimo-nos brindadas com o encontro de uma amizade que só cresce conforme envelhece. O plantio de cada palavra foi adubado por riso, querença e folia. Desgovernamos nossa rotina e atrasamos nosso minuto para admirar um envelhecer que é nosso também. E porque foi permitido conhecermo-nos melhor, sem reservas ou cerimônia, soubemos mais uma da outra a ponto de arriscarmos nos presentear sem risco de gafe. É preciso conhecer as pessoas mais velhas, escutá-las com interesse, somente assim saberemos o que lhe faz falta e o que lhe agrada.

E depois de todo esse afetivo ensaio, cantarolamos o educar na velhice como um convite à desinquietação – ao descompasso, ao contratempo, ao samba maroto e desavisado da vida. De saideira, dedilhamos a melodia que nos (co)move, certas de que, se tivermos muitos amigos e a madrugada como companheira, a parada pode ser em qualquer esquina e a entrada, em qualquer botequim. Aliás... se alguém perguntar por nós, diz que estamos por aí, levando um violão debaixo do braço.

REFERÊNCIAS

BAQUERO, Ricardo. *Vygotsky e a aprendizagem escolar*. Porto Alegre: ArtMed, 1998.

BOLDYREFF, C. "Determination and evaluation of Web accessibility". In: *11th IEEE International Workshops on Enabling Technologies: Infrastructure for Collaborative Enterprises*, Pittsburgh, PA, USA, 2002.

BOND, John; COLEMAN, Peter; PEACE, Sheila. *An Introduction to Social Gerontology*. Londres: Editora Sage, 1993.

BOSI, Ecléa. *Memória e Sociedade – lembrança de velhos*. 3 ed. São Paulo: Cia das letras, 1994.

BOTH, Agostinho; PASQUALOTTI, Adriano; BOTH, Tatiana Lima. "Gerontologia, Longevidade e Educação: Fundamentos, Práticas e Processos". In: FREITAS, Elizabete Viana *et al. Tratado de geriatria e gerontologia*, 3 ed. Rio de Janeiro: Guanabara Koogan, 2013.

CABRAL, Umberlândia. "População cresce, mas número de pessoas com menos de 30 anos cai 5,4% de 2012 a 2021". *Agência IBGE notícias*, Brasília, 22 de julho de 2022. Disponível em: https://agenciadenoticias.ibge.gov.br/agencia-noticias/2012-agencia-de-noticias/noticias/34438-populacao-cresce-mas-numero-de-pessoas-com-menos-de-30-anos-cai-5-4-de-2012-a-2021. Acesso em: 12 set. 2022.

CARVALHO, José Sérgio Fonseca de; CUSTÓDIO, Crislei de Oliveira. *Hannah Arendt: a crise na educação e o mundo moderno*. Intermeios/FAPESP, São Paulo, 2017.

CORREA, Mariele Rodrigues. *Cartografias do envelhecimento na contemporaneidade: velhice e terceira idade*. São Paulo: Cultura Acadêmica, 2009.

COSTA, Maraíza Oliveira; ARANTES, Valéria Amorim; JACOB, Luis. *Envelhecer com qualidade: o papel da educação nos projetos de vida*. 1. ed. Eudito, 2022.

CUNDA, Mateus Freitas; ZANCHET, Lívia; CHASSOT, Carolina Seibel. "Os saberes menores e a profanação acadêmica: os sentidos da experiência". *Rev. Polis Psique*, Porto Alegre, v. 7, n. 2, p. 153-175, 2017. Disponível em http://pepsic.bvsalud.org/scielo.php?script=sci_arttext&pid=S2238-152X2017000200011&lng=pt&nrm=iso. Acesso em: 10 set. 2022.

EILERS, M. L. "Older adults and computer education: not to have the world a closed door". In: *International Journal of Technology & Aging*, n. 2, 1989. pp. 56-76.

FEATHERSTONE, Mike. "A velhice e o envelhecimento na pós-modernidade". *A terceira idade*. São Paulo: Sesc, ano X, n.14, p. 5-17, 1998. Disponível em: <https://www.sescsp.org.br/online/artigo/8122_A+VELHICE+E+O+ENVELHECIMENTO+NA+POSMODERNIDADE>. Acesso em: 10 jul. 2022.

FOUCAULT, Michel. Michel Foucault entrevistado por Hubert L. Dreyfus e Paul Rabinow. *Apêndice à 2ª edição de Rabinow P, Dreyfus, H. Foucault uma trajetória filosófica*. Trad. de Vera Porto Carrero. Rio de Janeiro: Forense Universitária, 1995.

FRAGOSO, Vítor Fragoso; CHAVES, Martha. *Educação Emocional para seniores*. Viseu/Portugal: PsicoSoma, 2012.

GADOTTI, Moacir. *Educação popular e educação ao longo da vida*. Coletânea de Textos. Confintea Brasil +60. Brasília: MEC/SECADI, 2016. Disponível em: http://www.acervo.paulofreire.org/handle/7891/10020. Acesso em: 24 jul. 2022.

GATTO, Suzan L.; TAK, Sunghee H. "Computer, internet, and e-mail use among older adults: benefits and barriers", *Educational Gerontology*, p. 800-811, 2008.

JONES Brett D.; BAYEN, Ute J. "Teaching older adults to use computers: recommendations based on cognitive aging research". *Educational Gerontology*, v. 24, n. 7, p. 675-689, 1998.

NIETZSCHE, F. *A gaia ciência* – coleção grandes nomes do pensamento universal. São Paulo: Editora Escala, 1882/2016.

PEREIRA, Marcos Villela. "Contribuições para entender a experiência estética". *Revista lusófona de educação*, v. 18, n. 18, p. 111-123, 2011. Disponível em: https://revistas.lusofona.pt/index.php/rleducacao/article/view/2566. Acesso em: 07 ago. 2022.

PERES, Marcos Augusto. A. C. "Velhice e analfabetismo, uma relação paradoxal: a exclusão educacional em contextos rurais da região Nordeste". *Sociedade e Estado*, v. 26, n. 3, 2011, pp. 631-662. Disponível em: https://doi.org/10.1590/S0102-69922011000300011. Acesso em: 24 jul. 2022.

SIQUEIRA, Cinthia Lucia de Oliveira; MARTINS, João Batista. "Envelhecimento Ativo em Questão – Reflexões a partir de uma Oficina de Teatro com Pessoas Idosas". *Revista Kairós-Gerontologia*, 22(3), 2019, 153-174. Disponível em: https://revistas.pucsp.br/index.php/kairos/article/view/47171. Acesso em: 24 jul. 2022.

_____. *Reflexões acerca dos objetivos das universidades abertas*. E-book VIII CIEH 2021. Campina Grande: Realize Editora, 2022. Disponível em: https://editorarealize.com.br/artigo/visualizar/81953. Acesso em: 24 jul. 2022.

_____. *Envelhecimento aRtivo – a atitude estética como possibilidade de um longeviver criativo, potente e imprevisível*. São Paulo: Portal do Envelhecimento, 2021.

_____. "Broa prosa – um registro de narrativas orais". Bauru, Canal 6, 2010. Disponível em: https://pt.calameo.com/books/001764596344d1534ea2c.

TARDE, Gabriel. *Monadologia e sociologia – e outros ensaios*. São Paulo: Cosac Naify, 2007.

THOMPSON, Paul; ITZIN, Catherine; ABENDSTERN, Michele. *I don't feel old: understanding the experience of later life*. Oxford, Oxford University Press, 1991.

TORRES, Lisa Valéria; CARRIÃO, Luiz Humberto. *Universidade da terceira idade* – lugar de idoso também é na escola. Coleção Gerontologia e educação, v. 1. Goiânia: Editora da PUC Goiás, 2017.

TÓTORA, Silvana. "Envelhecimento ativo: proveniências e modulação da subjetividade". *Revista Kairós Gerontologia, v. 20, n. 1*, p. 239-258, 2017. Disponível em: https://revistas.pucsp.br/index.php/kairos/article/view/33496. Acesso em: 24 jul. 2022.

INOUYE, Keika; PEDRAZZANI, Elizete; PAVARINI, Sofia. "Octogenários e cuidadores: perfil sociodemográfico e correlação da variável qualidade de vida", *Texto contexto – Enfermagem*, vol. 17 n. 2, Florianópolis, 2008.

ZANELLA, Andréa Vieira *et al*. "Relações estéticas, atividade criadora e constituição do sujeito: algumas reflexões sobre a formação de professores(as)". *Cad. psicopedag.*, São Paulo, v. 6, n. 10, 2006. Disponível em http://pepsic.bvsalud.org/scielo.php?pid=S1676-10492006000100002&script=sci_arttext. Acesso em: 07 ago. 2022.

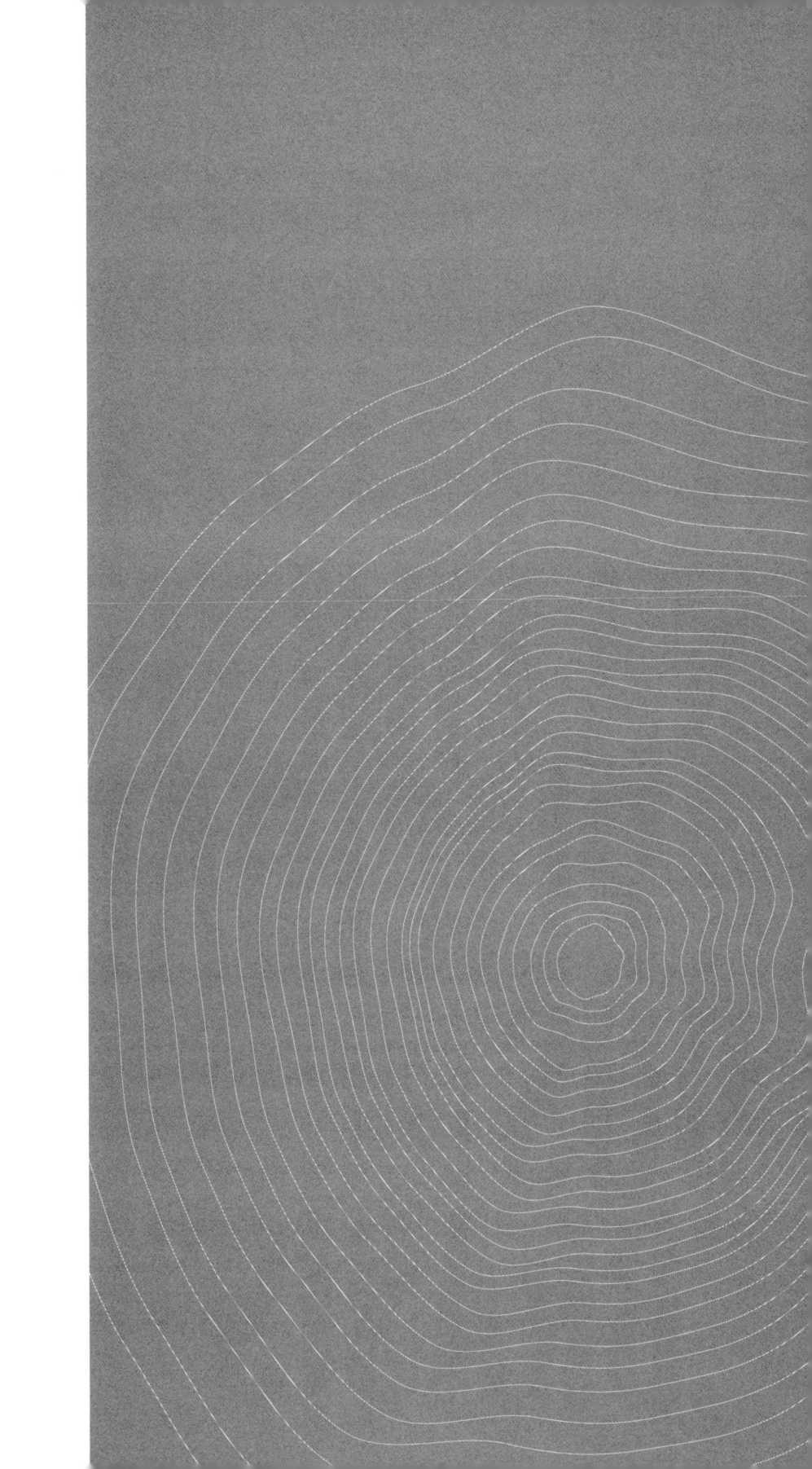

EVERALDO PINHEIRO DA MOTA JÚNIOR
JOÃO PAULO MENEZES LIMA
TATIANE BAHIA DO VALE SILVA

O ENVELHECER NA MULTI-PLICIDADE DOS "BRASIS"

ASPECTOS RELACIONADOS À SAÚDE

O crescimento demográfico da população idosa é um fenômeno mundial. No Brasil, segundo dados do Instituto Brasileiro de Geografia e Estatística (IBGE), no ano de 2015, residiam 204,9 milhões de pessoas, sendo 14,3% correspondente a pessoas com 60 anos ou mais. Aliado ao acelerado ritmo de crescimento da população idosa brasileira, cresce a necessidade de compreender o perfil dessa população, o seu estilo de vida, os hábitos, suas diferenças e semelhanças a fim de entender os impactos desse processo na vida das pessoas idosas e na sociedade como um todo.

Envelhecer é um processo único e peculiar para quem o vive. E constitui um desafio, a quem pesquisa sobre o envelhecimento, traçar um perfil estático e definitivo sobre o modo como se envelhece no Brasil, mediante a dificuldade de sumarizar a extensão do território brasileiro e a multiplicidade de formas de envelhecer que permeiam a vida de velhas e velhos. A exemplo, o modo de envelhecer pode ser distinto em ambiente urbano, no campo, na Amazônia, em São Paulo, bem como em um ambiente favorável a um envelhecimento saudável e em um ambiente em situação de vulnerabilidade socioeconômica, com pouco acesso à rede de serviços dos diversos setores públicos.

Outro motivo é a existência de variáveis que atravessam essa fase da vida e que demandam um olhar multifenomenológico sobre esses fatores que se configuram em um emaranhado de significados. Mais ainda, definir quais fatores são condições que caracterizam vulnerabilidades e quais são potencializadoras de saúde no envelhecer. Ter acesso à saúde basta? Como são tratados os velhos e velhas brasileiros? Velhos negros são tratados da mesma forma? E os velhos amazônidas?

Mediante essas indagações, este capítulo busca discutir e refletir os resultados da pesquisa *Idosos no Brasil: vivências, desafios e expectativas na terceira idade*, ao centralizar o debate no tema saúde. Assim, o texto a seguir não esgota esses questionamentos, mas tem como proposta elucidar alguns resultados identificados nesta pesquisa, realizada com o público idoso[1] em cidades das cinco macrorregiões do Brasil, e articular o diálogo com outras pesquisas para apontar as pistas sobre condições de saúde, acesso e alguns dos determinantes envolvidos no envelhecer de velhos e velhas brasileiros.

---

1   A pesquisa contou com uma amostra total estratificada pelos subuniversos com 2.369 entrevistas com idosos (60 anos e mais) e 1.775 entrevistas com o restante da população (16 a 59 anos), totalizando 4.144 entrevistas.

O PROCESSO DE ENVELHECIMENTO

O envelhecimento é compreendido como um processo natural de diminuição progressiva da reserva funcional dos indivíduos – senescência – o que, em condições normais, não costuma provocar qualquer problema. No entanto, em condições de sobrecarga – como doenças, acidentes e estresse emocional – pode ocasionar uma condição patológica que requeira assistência: senilidade (BARBOSA, 2014; BRASIL, 2007).

Um aspecto fundamental para se viver mais e com qualidade de vida é a saúde. O estado de saúde de pessoas idosas apresenta complexidade singular. Já não cabe mais a ideia relacionada apenas à ausência ou presença de doenças, é necessário analisar o impacto das condições físicas e ambientais sobre a funcionalidade e o bem-estar de uma pessoa idosa.

O idoso apresenta características peculiares quanto às necessidades de cuidado relacionadas à saúde, fruto da maior vulnerabilidade a eventos adversos. Algumas dessas particularidades são: o cuidado orientado pela capacidade funcional, necessidade de intervenções multidimensionais e intersetoriais, qualidade de vida relacionada à manutenção da autonomia e independência, heterogeneidade dos processos de envelhecimento (BRASIL, 2014).

O Relatório Mundial de Envelhecimento e Saúde (OMS, 2015) define que a capacidade funcional é resultante da interação da capacidade intrínseca do indivíduo e os ambientes em que estes estão inseridos, que permite que as pessoas sejam ou façam o que consideram importante para si mesmas.

O relatório traz ainda o conceito de Envelhecimento Saudável, que consiste no processo de desenvolvimento e manutenção da capacidade funcional a fim de permitir o bem-estar em idade avançada. A manutenção da capacidade funcional ao envelhecer é um indicador de saúde, pois sua diminuição pode levar ao comprometimento da qualidade de vida de pessoas idosas e seus familiares, assim como predispor desfechos desfavoráveis, como hospitalização, institucionalização e morte. Além disso, é um fator determinante da saúde de idosos e idosas, envolvendo tanto aspectos físicos quanto socioemocionais (BRASIL, 2014; ROCHA, 2017).

O ACESSO À SAÚDE DE IDOSOS NO BRASIL

O acesso à saúde é um direito garantido pela Constituição Federal de 1988 e efetivado pela criação do Sistema Único de Saúde (SUS), por isso a importância de pesquisas e inquéritos populacionais que evidenciem o acesso e a utilização desses serviços pela população brasileira (BODRA; DALLARI, 2020). No que diz respeito ao público de pessoas idosas, a pesquisa *Idosos no Brasil* demonstrou que a maior parte dos idosos utiliza os serviços públicos de saúde, em particular, os que estão localizados no nível da Atenção Primária à Saúde (APS) no Brasil, também chamada de Atenção Básica.

Corroborando com uma pesquisa sobre o acesso de idosos a serviços da atenção básica do SUS, a qual demonstrou que os níveis de acesso e utilização dos serviços foram elevados, com 83% dos idosos tendo pelo menos uma consulta com médico nos últimos 12 meses (MACINKO *et al.*, 2019). Nesse sentido, Gavasso e Beltrame (2017) refletem que a atenção básica pode ser vista como ferramenta importante relacionada à manutenção da capacidade funcional por apresentar estratégias de prevenção dos agravos relacionados às doenças crônicas que podem levar à perda da capacidade funcional.

Os resultados da presente pesquisa mostraram que a utilização dos serviços de planos privados de saúde por idosos das cidades pesquisadas caiu de 24%, em 2006, para 18%, em 2020. Macinko (2019) descreveu em sua pesquisa que idosos que usam planos de saúde apresentaram maior uso de serviços especializados, menor chance de estar entre a parcela com renda familiar mais baixa e apresentaram menores taxas de limitação funcional, mas não apresentaram diferenças do restante da população em relação às doenças crônicas.

Apesar de os idosos usuários de planos privados de saúde apresentarem condições financeiras e funcionais melhores do que os usuários do SUS, o alto uso de serviços especializados demonstra que este setor pode não estar atento às necessidades de cuidado das pessoas mais velhas, as quais apresentam um perfil de doenças crônicas não transmissíveis (DCNT) manejadas em sua maioria com uma abordagem multiprofissional, interdisciplinar e com intervenções de baixo custo, como as intervenções individuais e coletivas na atenção básica do SUS.

Nesta pesquisa, a maioria dos idosos entrevistados afirmou obter medicamentos de forma paga (71%), resultado semelhante à pesquisa de 2006. Entretanto, o número de idosos que obtém medicamentos de forma gratuita, nas unidades de saúde, aumentou de 51%, em 2006, para 62%, em

2020. O número de idosos que obtêm medicamentos por meio do SUS tende a ser maior em idosos com diagnóstico de uma ou mais doença crônica não transmissível, como apontam os estudos de Meiners *et al.* (2017) e Oliveira *et al.* (2021), os quais identificaram que idosos com Diabetes Mellitus do tipo 2 (DM2) e Hipertensão Arterial Sistêmica (HAS) são os que mais obtêm, de forma exclusiva, medicamentos nos serviços do SUS. Outras condições crônicas necessitam de ampliação no acesso à farmacoterapia pelo SUS (TAVARES *et al.*, 2016), bem como o recorte de gênero, no qual se identifica que homens idosos apresentaram menores índices de obtenção de medicamentos de forma gratuita em comparação às mulheres idosas.

No que diz respeito à vacinação, a maioria dos idosos afirmou tomar as vacinas nos postos de saúde, resultado que apresentou um aumento de 71%, em 2006, para 80%, em 2020. O número de idosos que afirmaram não ter o costume de tomar vacinas nos postos de saúde caiu de 29%, em 2006, para 20%, em 2020, revelando um aumento na adesão às campanhas de imunização desta população. Quando perguntados sobre o motivo de não tomar vacinas nos postos de saúde, motivos como "nunca sentiu necessidade" e "ouvi dizer que faz mal" também apresentaram uma queda no número de respostas dos idosos quando comparados os dados de 2006 com os de 2020.

Em comparação com os dados obtidos na pesquisa de 2006, o quantitativo de idosos utilizadores do SUS, aumentou, o que dialoga com resultados de estudos semelhantes, como o de Cesário *et al.* (2021), no qual analisou de maneira histórica os dados obtidos na Pesquisa Nacional por Amostra de Domicílios (PNAD) do ano de 2008 e da Pesquisa Nacional de Saúde (PNS) dos anos de 2013 e 2019, sendo identificado que a Atenção Primária à Saúde (APS) permanece sendo o âmbito de serviço mais procurado, apesar deste uso apresentar variações como os recortes de cor/raça e da região de moradia, apontando para uma interessante visualização da correlação entre aspectos como a diversidade etnocultural, geográfica e o acesso e utilização dos serviços.

Tais achados são comumente associados a fenômenos como o aumento do envelhecimento populacional e da cobertura assistencial nos pontos de primeiro contato com o SUS. Entretanto, os resultados também podem estar associados a eventos negativos, como a maior prevalência de DCNTs na população idosa (CESÁRIO *et al.*, 2021). Esse fato, por sua vez, leva-nos a questionamentos como: quais são os modelos adotados pelos serviços para atenção às condições crônicas de saúde nessa população? Estes modelos têm sido aplicados efetivamente? E em caso afirmativo, quais os desfechos encontrados?

Dentre os principais modelos de atenção a essas condições, podemos citar o *Chronic Care Model* (CCM), o Modelo da Pirâmide de Risco (MPR) e o Modelo de Atenção às Condições Crônicas (MACC), sendo este último idealizado por Mendes (2011) e adaptado à realidade do SUS (MENDES *et al.*, 2019). Porém, apesar da utilização e do acesso aos serviços de saúde apresentarem números expressivos nesta pesquisa, e em outras semelhantes, existe uma escassez no que diz respeito ao aprofundamento da temática sobre o cuidado à pessoa idosa, e em particular ao caráter resolutivo das ações em saúde com foco na atenção integral.

Uma atuação integral por parte do profissional de saúde implica em adotar como eixo norteador da sua ação-reflexão um olhar ampliado sobre os processos de saúde-doença e, ao mesmo tempo, crítico sobre as condições de vida na qual a pessoa idosa está inserida (KALICHMAN; AYRES, 2016). Ampliar o olhar é levar em consideração as condições de habitação e moradia, o caráter cultural e socioeconômico, os recortes de gênero, raça/cor, orientação sexual, cultura e suas implicações no envelhecimento (MORAES; LANNA, 2014). Dar a devida importância para as diferentes dimensões envolvidas na vida da pessoa idosa é fundamental para compreender que não se envelhece igual no Brasil, e que, portanto, as ações em saúde precisam ser equânimes.

A POPULAÇÃO NEGRA IDOSA E O ACESSO AOS SERVIÇOS DE SAÚDE

A variável raça/cor demonstrou que o número de idosos pretos e pardos utilizadores dos serviços públicos de saúde é maior em relação ao de idosos brancos, sendo o número de homens pretos equivalente a 83%, pardos 80%, mulheres pretas a 85% e pardas a 81%. Já o número de homens brancos correspondeu a 74%, e mulheres brancas a 73%. Entretanto, a análise sobre o acesso e a utilização dos serviços de saúde pela população negra (pretos e pardos) não deve encerrar aí. Curiosamente, os dados do boletim epidemiológico do ano de 2015 demonstraram que pessoas brancas tiveram um número maior de consultas médicas nos últimos meses quando comparado ao de pessoas negras, sendo igual a 74,8% e 69,5%, respectivamente (BRASIL, 2015).

Desse modo, o fato de que idosos pretos e pardos sejam a população que mais utiliza o SUS, não garante a afirmação em dizer que as condições de acesso e o grau de facilidade para obter cuidados em saúde nesse sistema sejam equivalentes entre brancos e negros. Outro fato que chama a atenção são os relatos de mal atendimento, discriminação ou maus-tratos não relacionados à idade, maior em homens pretos idosos do que em brancos.

O racismo é incluído como um determinante social em saúde que tem repercussões negativas nas relações humanas em saúde, na resolutividade terapêutica, e que dificulta uma abordagem acolhedora e equânime para as condições em saúde da população negra. Idosos negros apresentam demandas do envelhecimento que correm o risco de serem negligenciadas em virtude do racismo presente nas estruturas institucionais e até mesmo nas relações interpessoais nos serviços de saúde (WERNECK, 2016).

A RELAÇÃO ENTRE OS DETERMINANTES EM SAÚDE E O IDOSO AMAZÔNIDA

Envelhecer é um processo heterogêneo para todos os idosos brasileiros, e tal afirmação parte de achados que evidenciam as desigualdades e peculiaridades de acesso aos serviços de saúde e o seu impacto na qualidade de vida da população idosa. A análise das desigualdades ao acesso necessita vir acompanhada do conceito sobre os determinantes sociais em saúde, os quais por sua vez implicam em fatores proximais e/ou individuais, intermediários, por sua vez relacionados a redes de apoio e comunitárias associadas ao indivíduo, e os fatores distais, que se tratam das condições socioeconômicas, culturais, ambientais gerais e geográficos, já mencionadas anteriormente (SANT'ANNA, 2010).

Nesse sentido, os determinantes sociais em saúde (DSS) são considerados uma análise da influência de modelos socioeconômicos, políticos, aspectos sociais, culturais, étnico-raciais, psicológicos e espirituais sobre a relação saúde-doença. É proposto o modelo de subclassificação entre macrodeterminantes e microdeterminantes, representados em diferentes níveis interdependentes de influência (FREITAS; RODRIGUES, 2015).

Um atravessamento comum aos pesquisadores que escreveram este capítulo é atuar e ser pesquisador na região amazônica, em particular no estado do Pará, o que nos conduziu a ter uma ação profissional baseada nas necessidades locais/regionais, por sua vez tão diversas e abundantes localizadas em um vasto território, tanto do ponto de vista geográfico quanto existencial, levando à necessidade de dialogar com pesquisadores e pesquisadoras que alcançaram, em seus estudos, um recorte sobre os modos de vida e de saúde de idosos amazônidas.

Na região amazônica há presença de diferentes grupos étnicos em um mesmo território, com modos de vida peculiares e únicos, se comparados aos meios urbanos e mais industrializados. São populações indígenas, caboclos, pescadores artesanais, comunidades remanescentes de quilombos, seringueiros, peconheiros e outros que formam as comunidades tradicionais da região amazônica. Essas populações possuem grande conhecimento da natureza e dos seus ciclos, graças ao conhecimento de crenças e práticas próprias, adquiridas de geração em geração, que configuram seus modos de vida e suas territorialidades, o que repercute nas atividades econômicas, culturais e sociais de cada uma dessas populações (CASTRO, 2020; LIMA, 2007).

Assim, possuem caráter étnico, religioso e cultural específico, apresentando um modelo de ocupação do espaço e uso dos recursos naturais voltado principalmente para a subsistência, no uso intensivo de mão de obra familiar, nas tecnologias de baixo impacto e, normalmente, de base sustentável (CALEGARE; HIGUCHI; BRUNO, 2014).

O processo de envelhecimento dessas populações também é diferenciado, pois estão sujeitos a determinantes sociais específicos se comparado a regiões urbanas, como as relações de subsistência com a natureza, barreiras de acesso a saneamento básico e outros serviços, características culturais não predatórias e um estilo de vida próprio de idosos ribeirinhos da Amazônia (NASCIMENTO *et al.*, 2015).

Gonçalves *et al.* (2015) apresenta uma visualização dos contextos de vida e de saúde de idosos moradores em bairros periféricos dos municípios de Belém, Santarém, Marabá e Benevides, com destaque para características como: não morar sozinho(a), maior prevalência do estado conjugal "casado(a)" sobre categorias como "solteiro(a), divorciado(a)", maior procura de mulheres idosas em comparação a homens por serviços de saúde, a baixa escolaridade de pessoas idosas, a predominância de ideias e representações sociais sobre o papel da mulher como futura cuidadora, reforçando papéis e estereótipos de gênero na função de cuidado. Sobre os aspectos de saúde, a recorrência de problemas e agravos à saúde, bem como da polifarmácia, são algumas características que apresentaram respostas expressivas no estudo e que devem nortear as ações por parte da gestão e dos profissionais de saúde que atuam nesses territórios.

Resultados semelhantes também foram encontrados na pesquisa de Fernandes (2018), com 116 idosos com mais de 80 anos da cidade de Belém, na qual demonstrou que 92% tinham renda mensal de até um salário mínimo, 48,3% eram viúvos, 89,7% moravam com os familiares e 81% teve de zero até 3 anos de estudos, sendo que o analfabetismo foi o grau de escolaridade com maior porcentagem entre os longevos entrevistados, confirmando os dados da Pesquisa Nacional por Amostra de Domicílio (PNAD) do ano de 2015, na qual a taxa de analfabetismo mostrou aumento à medida que a idade avança, atingindo 22,3% entre as pessoas de 60 anos ou mais (IBGE, 2016).

Ao mudarmos a perspectiva do meio urbano para o campo e a floresta, podemos analisar como vivem os idosos de populações tradicionais, como os indígenas, ribeirinhos e quilombolas. O cotidiano dos ribeirinhos sofre influência direta das águas (cheias e vazantes). A economia baseia-se nas atividades de pesca e extrativismo vegetal e a cultura possui forte herança dos povos indígenas, com hábitos alimentares específicos, uso de plantas medicinais e agricultura de subsistência (GAMA *et al.*, 2018).

Na maioria das comunidades ribeirinhas as condições de infraestrutura são precárias, com dificuldade de acesso à energia elétrica, ao tratamento de água e esgoto; à assistência à saúde, que na maioria das vezes só é encontrada em zona urbana das cidades mais próximas, com ações pontuais dos profissionais de saúde nas localidades; e existe grande dificuldade de acesso às informações, uma vez que muitos não possuem energia elétrica regular, com um difícil acesso aos meios de comunicação (CASTRO, 2020).

O acesso a serviços de saúde e medicamentos não acontece da mesma forma para todas as comunidades ribeirinhas do Brasil. Na realidade da Amazônia, a exemplo, com rios de grande extensão, quando não existe Unidade Básica de Saúde na comunidade em que vivem, o deslocamento dos ribeirinhos até a área urbana é realizado por canoas com motor (rabeta), o que, a depender da distância, do tipo de transporte ou período do ano (seca ou cheia), pode demorar de minutos a horas. Isso muitas vezes impede o acesso devido a condições financeiras para despesas com as embarcações ou devido a condições climáticas. Um estudo com comunidades ribeirinhas do estado do Amazonas mostrou que os indivíduos percorrem, em média, 60,4 quilômetros e demoram cerca de 4,2 horas para chegar à zona urbana, onde têm acesso aos serviços de saúde e diversos insumos para manutenção de suas famílias nas comunidades (GAMA *et al.*, 2018).

As Unidades Básicas de Saúde Fluviais (UBSF) são uma alternativa para as comunidades ribeirinhas. Elas funcionam 20 dias por mês em área delimitada para atuação, compreendendo o deslocamento fluvial até as comunidades e o atendimento direto à população ribeirinha. Nos outros dias, a embarcação pode ficar ancorada em solo, na sede do município, para que as Equipes de Saúde da Família Fluviais (ESFF) possam fazer atividades de planejamento e educação permanente junto a outros profissionais (BRASIL, 2017). Porém, o Ministério da Saúde prevê apenas dois profissionais da saúde de nível superior nas equipes com preferência para médico e enfermeiro, o que prejudica o acesso da população ribeirinha a profissionais como fisioterapeutas, nutricionistas, psicólogos, entre outros, os quais ampliaram o escopo de ações de saúde com essa população, principalmente a idosos que apresentassem algum nível de redução de capacidade funcional já que evitaria o deslocamento desses idosos a outro território.

O estudo de Nascimento *et al.* (2019) analisa questões relacionadas à prevalência da síndrome de fragilidade em idosos ribeirinhos de ilhas fluviais do município de Cametá (PA). O autor adota em sua investigação variáveis que dão subsídio para uma cuidadosa articulação entre os determinantes em saúde relacionados aos hábitos de vida, modos de viver de populações ribeirinhas e a fragilidade em idosos desta região. Apesar do contexto de vulnerabilidade social presente na vida e condições de saúde desta população, a maioria dos participantes foram classificados como "não frágeis", resultado *a priori* positivo, do ponto de vista físico-biológico, mas bem contextualizado pelo autor ao salientar a necessidade de levar em consideração aspectos como representação de saúde e bem-estar no envelhecimento, assim como percepções relacionadas ao desempenho funcional no contexto multidimensional de saúde.

As políticas de saúde para os idosos ribeirinhos precisam ser implementadas de forma integrada com as demais políticas públicas, com objetivo de alcançar a universalidade da assistência e a garantia de direitos à saúde, que perpassam pelo acesso aos serviços de saúde, saneamento básico, educação, habitação, alimentação, água potável e outros considerados essenciais (CASTRO, 2020).

No que se refere às comunidades quilombolas, são territórios formados em grande parte por descendentes de pessoas escravizadas fugidas. São espaços de resistência e luta por direitos e pela conservação de crenças, valores e práticas culturais e religiosas enraizadas em sua ascendência africana. Os dados disponíveis sobre a população geral quilombola fornecem estimativas gerais da situação socioeconômica e de saúde, ocultando assim diferenças substanciais entre determinados grupos, como os idosos, cuja situação é muitas vezes pior do que a da população idosa geral, pois as desvantagens se sobrepõem ao longo do ciclo de vida e são reproduzidas ao longo das gerações (COSTA, 2020).

É importante entender que populações em situação de desigualdade nos processos de crescimento social e econômico continuaram à margem do direito constitucional de acesso integral à saúde. Grupos que historicamente foram excluídos/perseguidos apresentam uma identidade singular nas suas necessidades à atenção e ao acesso aos serviços de saúde (FREITAS et al., 2011).

Nesse sentido, uma pesquisa de inquérito domiciliar realizada com 220 idosos, em 11 comunidades quilombolas do Maranhão, mostrou que a maioria eram mulheres (54,3%), negras (59,1%), analfabetas (54,3%), moravam com pelo menos três pessoas (57,7%), tinham renda familiar entre um e dois salários mínimos (63,9%), de nível socioeconômico grupo de status E (81,3%). O estado de saúde autorreferido foi negativo na maioria dos entrevistados (58,2%). A maioria dos entrevistados também apresentou pelo menos uma limitação na realização de AVDs (57,7%), com 20,7% relatando ≥ 4 limitações. Os dados também mostram que 97,6% dos entrevistados não possuíam plano de saúde privado. O uso de plantas medicinais e fitoterapia para tratamento foi relatado por 67,3% dos entrevistados.

Os quilombolas mais velhos vivenciam desigualdades e vulnerabilidades sobrepostas significativas, caracterizadas por condições socioeconômicas precárias e instalações sanitárias domiciliares e comunitárias inadequadas. A maioria dos entrevistados apresentou resultados piores em todas as dimensões da saúde em comparação com outros estudos com idosos no Brasil.

A associação entre sexo e idade e multimorbidade observada neste estudo sugere que o envelhecimento nas comunidades quilombolas é acompanhado de maiores necessidades sociais e de saúde e que o comportamento de saúde e o uso de serviços de saúde variam de acordo com o sexo. Os resultados também sugerem que os quilombolas mais velhos enfrentam desvantagens estruturais significativas, caracterizadas por más condições de vida, falta de investimento público para atender às necessidades sociais e grandes disparidades no estado de saúde em comparação com outros estudos com idosos. Os indicadores de estado geral de saúde e comportamento de saúde revelados pelo presente estudo são piores do que os da população idosa geral e da população idosa geral preta e parda relatados por estudos nacionais (COSTA, 2020).

CONSIDERAÇÕES FINAIS

No aspecto da saúde, conforme os dados da pesquisa *Idosos do Brasil*, existem peculiaridades nos recortes de regiões do país, no aspecto do acesso à saúde relacionados a gênero, raça/cor, nas perspectivas e no cenário atual de estudos de idosos no Brasil. Nesse sentido, de modo especial, vale ressaltar a importância de discutir e refletir o envelhecer em seus diversos "Brasis", com destaque às populações tradicionais, do campo, floresta e das águas, dado a necessidade de considerar as singularidades dessas comunidades no que diz respeito aos aspectos em saúde em seu envelhecer, no qual é imprescindível observar as características socioeconômicas, culturais, étnico-raciais e comportamentais que influenciam a saúde dessa população.

E, ainda, considerar que no Brasil estamos avançando na mudança do perfil populacional, em um maior contingente populacional de idosos, com questões ainda a serem reconhecidas e solucionadas como a disponibilidade e o acesso a serviços de saúde e aos demais setores públicos na garantia de direitos fundamentais a essa população, o que constitui o principal desafio ao envelhecer no Brasil para populações vulneráveis, uma vez que, nas cidades das cinco macrorregiões do Brasil, apontam as pistas sobre condições de saúde, acesso e alguns dos determinantes envolvidos no envelhecer de velhos e velhas brasileiros.

Por fim, ressalta-se a importância da manutenção e do fomento em pesquisa sobre o envelhecimento para garantia de avanços que elucidem sobre a complexidade do envelhecimento no Brasil, os potencializadores de saúde no envelhecer em suas regiões e, ainda, a garantia não somente do acesso, mas também do direito a todos de envelhecer com qualidade de vida.

REFERÊNCIAS

BARBOSA, B. R. *et al.* "Avaliação da capacidade funcional dos idosos e fatores associados à incapacidade". *Cien Saude Colet*, Rio de Janeiro, v. 1 n. 8, p. 3317-3325, 2014. Disponível em: https://www.scielo.br/j/csc/a/hcBn67RFRt3brvSNp5YsDFh/abstract/?lang=pt. Acesso em: 15 abr. 2022.

BODRA, M. E. F. A.; DALLARI, S. G. "A saúde e a iniciativa privada na constituição federal de 1988: princípios jurídicos". *R. Dir. sanit.*, São Paulo v. 20 n. 3, p. 240-260, nov. 2019/fev. 2020, disponível em <:http://doi.org/10.11606/issn.2316-9044.v20i3p240-260>. Acesso em: 24 abr. 2022.

BRASIL. Ministério da Saúde. Secretaria de Atenção Primária à Saúde. Unidades Básicas de Saúde Fluviais (UBSF). Brasília, 2017. Disponível em: https://aps.saude.gov.br/ape/ubsf. Acesso em: 15 maio 2022.

_____. "Diretrizes para o cuidado das pessoas idosas no SUS: proposta de modelo de atenção integral". In: *XXX Congresso Nacional de Secretarias Municipais de Saúde*. Ministério da Saúde. Secretaria de Atenção à Saúde. Departamento de Atenção Especializada e Temática. Coordenação da Saúde da Pessoa Idosa. Brasília, DF, 2014. Disponível em: https://bvsms.saude.gov.br/bvs/publicacoes/diretrizes_cuidado_pessoa_idosa_sus.pdf. Acesso em: 29 abr. 2022.

_____. *Envelhecimento e saúde da pessoa idosa*/Ministério da Saúde, Secretaria de Atenção à Saúde, Departamento de Atenção Básica. – Brasília, 2007.

_____. Secretaria de vigilância em saúde. "Indicadores de Vigilância em Saúde, analisados segundo a variável raça/cor". *Boletim epidemiológico*, V, 46, 2015.

CALEGARE, M. C. A.; HIGUCHI, M. I. A.; BRUNO, A. C. S. "Povos e comunidades tradicionais: das áreas protegidas à visibilidade política de grupos sociais portadores de identidade étnica e coletiva". *Ambiente & Sociedade*. São Paulo, v. 17, n. 3, p. 115-134, 2014. Disponível em: https://www.scielo.br/pdf/asoc/v17n3/v17n3a08.pdf. Acesso em: 11 maio 2022.

CASTRO, F. F. *et al.* "Idosos ribeirinhos da amazônia brasileira no enfrentamento da covid-19. In: SANTANA, R. F. (Ed.). *Enfermagem gerontológica no cuidado do idoso em tempos da covid-19*, [s.l.]: Editora ABEn, 2020, p. 142–149. Disponível em: https://publicacoes.abennacional.org.br/wp-content/uploads/2021/03/e2-geronto2-cap20.pdf. Acesso em:13 maio 2022.

CESÁRIO, V. A. C. *et al.* "Tendências de acesso e utilização dos serviços de saúde na APS entre idosos no Brasil nos anos 2008, 2013 e 2019". *Cienc Saude Colet*, v. 26, n. 9, p:4033-4044, set. 2021. Disponível em: http://www.cienciaesaudecoletiva.com.br/artigos/tendencias-de-acesso-e-utilizacao-dos-servicos-de-saude-na-aps-entre-idosos-no-brasil-200820132019/18061?id=18061. Acesso em: 25 mar. 2022.

COSTA, A. S. V. *et al.* "Survey of the living conditions and health status of older persons living in Quilombola communities in Bequimão, Brazil: the IQUIBEQ Project". *Journal of Public Health*, v. 29, n. 5, p. 1061–1069, 2021.

FERNANDES, D. de S. *et al.* "Functional capacity assessment of long-lived older adults from Amazonas". *Revista Brasileira de Enfermagem*, v. 72, n. suppl 2, p. 49–55, nov 2019. Disponível em: https://www.scielo.br/j/reben/a/8TqJHLhynJq59jVVZfJ3YMm/?lang=en. Acesso em: 25 mar. 2022.

FREITAS, D. A. *et al.* "Saúde e comunidades quilombolas: uma revisão da literatura". *Revista CEFAC, CAMPINAS*, v. 13, n. 5, p. 937–943, 2011. Disponível em: https://www.scielo.br/j/rcefac/a/fYdFrbrz5YHsqgyqTxj9QhR/?format=pdf&lang=pt. Acesso em: 27 abr. 2022.

FREITAS, M. B.; RODRIGUES, S. C. A. "Determinantes sociais da saúde no processo de trabalho da pesca artesanal na Baía de Sepetiba, estado do Rio de Janeiro". *Saúde Soc.* São Paulo, v. 24, n. 3, 2015. p. 753-764. Disponível em: https://www.scielo.br/j/sausoc/a/4Jjw3q6m4b6gwX8LgznbYvx/?format=pdf&lang=pt. Acesso em: 18 mar. 2022.

GAMA, A. S. M. *et al.* "Inquérito de saúde em comunidades ribeirinhas do Amazonas, Brasil". *Cadernos de Saúde Pública*, v. 34, n. 2, Rio de Janeiro, 2018. Disponível em: https://www.scielo.br/j/csp/a/nWyTKM4WRV5Gxr4pSVT4Mnp/?format=pdf&lang=pt#:~:text=Os%20resultados%20indicaram%20que%20a,%C3%A1lgicas%20(45%2C%25). Acesso em: 26 mar. 2022.

GAVASSO, W. C.; BELTRAME, V. "Capacidade funcional e morbidades referidas: uma análise comparativa em idosos". *Rev. Bras. Geriatr. Gerontol*, Rio de Janeiro, v. 20 n. 3, p. 399-409. 2017. Disponível em: https://www.scielo.br/j/rbgg/a/ZVLfdnxLqSDDfyswgJ5qNyM/?format=pdf&lang=pt. Acesso em: 26 abr. 2022.

GONÇALVES, L. H. T. *et al.* "Condições de vida e saúde de idosos amazônidas: realidade de comunidades periféricas de cidades paraenses". *Rev enferm UFPE on-line*, Recife, v. 9, n. 1, p. 39-46, 2015. Disponível em: https://pesquisa.bvsalud.org/portal/resource/pt/biblio-998422. Acesso em: 03 maio 2022.

IBGE. Instituto Brasileiro de Geografia e Estatística, Coordenação de Trabalho e Rendimento. *Pesquisa Nacional por Amostra de Domicílios: Síntese de Indicadores 2015*. Rio de Janeiro: IBGE; 2016. Disponível em: https://biblioteca.ibge.gov.br/visualizacao/livros/liv98887.pdf. Acesso em: 05 maio 2022.

KALICHMAN, A. O.; AYRES, J. R. C. M. "Integralidade e tecnologias de atenção à saúde: uma narrativa sobre contribuições conceituais à construção do princípio da integralidade no SUS". *Cad. Saúde Pública*, v. 32, n. 8, ago, 2016. Disponível em: http://dx.doi.org/10.1590/0102-311X00183415. Acesso em: 28 abr. 2022.

LIMA, M. G. M.; PEREIRA, E. M. B. „Populações tradicionais e conflitos territoriais na Amazônia". *Revista Geografias*, Belo Horizonte, v. 3, n. 1, p. 107–119, 2007. Disponível em: https://periodicos.ufmg.br/index.php/geografias/article/view/13221. Acesso em: 06 maio 2022.

MACINKO, J. *et al.* "Primary care and healthcare utilization among older Brazilians (ELSI-Brazil)". *Rev Saúde Pública*, v. 52, n. Suppl 2, p. 6s, 2019. Disponível em: https://www.scielo.br/j/rsp/a/MzqWJmcVG3gBXnqgghxvr8c/?lang=en#:~:text=The%20study%20has%20shown%20that,of%204.4%20visits%20per%20year. Acesso em: 15 abr. 2022.

MEINERS, M. M. M. A. *et al.* "Acesso e adesão a medicamentos entre pessoas com diabetes no Brasil: evidências da PNAUM". *Rev. bras. Epidemiol.*, n. 20, v. 3, Jul-Set, 2017. Disponível em: https://doi.org/10.1590/1980-5497201700030008. Acesso em: 17 abr. 2022.

MENDES *et al. A construção social da Atenção Primária à Saúde*. 2 ed. Brasília: Conselho Nacional de Secretários de Saúde – CONASS, 2019. E-book (192 p.). ISBN: 978-85-8071-063-2. Disponível em: https://www.conass.org.br/biblioteca/a-construcao-social-da-atencao-primaria-a-saude-2a-edicao/. Acesso em: 25 abr. 2022.

MENDES, E. V. *As redes de atenção à saúde*. Brasília: Organização Pan-Americana da Saúde (OPAS), 2011.

MORAES, E. N.; LANNA, F. M. *Avaliação multidimensional do idoso*. Belo Horizonte: Ed. Folium, 2014.

NASCIMENTO, R. G. *et al.* "Fragilidade de idosos ribeirinhos amazônicos: das trajetórias metodológicas aos desafios em saúde pública". *Saúde e Pesqui*. Maringá – PR, v. 12, n. 2, p: 367-375, maio-ago, 2019. Disponível em: https://doi.org/10.17765/2176-9206.2019v12n2p367-375. Acesso em: 02 maio 2022.

_____ *et al.* "O modo de vida do idoso ribeirinho amazônico em imagens e linguajar cultural". *Interface – Comunicação, Saúde, Educação*, v. 19, n. 55, p. 1287–1300, 2015. Disponível em: https://www.scielo.br/j/icse/a/BmfVLSqVv8bWwNbSR8gdmvF/abstract/?lang=pt. Acesso em: 25 abr. 2022.

OLIVEIRA, R. E. M. *et al.* "Uso e acesso aos medicamentos para o diabetes mellitus tipo 2 em idosos: um estudo de base populacional". *Ciência & Saúde Coletiva*, v. 26, n. 3, pp: 5081-5088, 2021. Disponível em: https://doi.org/10.1590/1413-812320212611.3.03752020. Acesso em: 17 abr. 2022.

OMS. Organização Mundial de Saúde. *Resumo Relatório Mundial de Envelhecimento e Saúde*. Genebra: WHO, 2015. Disponível em: https://sbgg.org.br/wp-content/uploads/2015/10/OMS-ENVELHECIMENTO-2015-port.pdf. Acesso em: 27 abr. 2022.

ROCHA, J. P. *et al.* "Relação entre funcionalidade e autopercepção de saúde entre idosos jovens e longevos brasileiros". *Revista Saúde e Pesquisa*, v. 10, n. 2, p. 283-291, maio-agosto, 2017. Disponível em: https://periodicos.unicesumar.edu.br/index.php/saudpesq/article/view/5789. Acesso em: 25 abr. 2022.

SANT'ANNA, C. F. *et al.* "Determinantes sociais de saúde: características da comunidade e trabalho das enfermeiras na saúde da família". *Rev. Gaúcha Enferm*, Porto Alegre, v. 31, n. 1, 2010. Disponível em: https://doi.org/10.1590/S1983-14472010000100013. Acesso em: 28 abr. 2022.

TAVARES, N. U. L. *et al.* "Acesso gratuito a medicamentos para tratamento de doenças crônicas no Brasil". *Rev. Saúde Pública*, São Paulo, v. 50 (sup. 2), n. 2, nov. 2016. Disponível em: https://doi.org/10.1590/S1518-8787.2016050006118. Acesso em: 27 abr. 2022.

WERNECK, J. "Racismo institucional e saúde da população negra". *Saúde Soc*. São Paulo, v. 25, n. 3, p. 535-549, 2016. Disponível em: https://www.scielo.br/j/sausoc/a/bJdS7R46GV7PB3wV54qW7vm/?format=pdf&lang=pt. Acesso em: 19 abr. 2022.

MARCIO POCHMANN

RENDA, CONSUMO E APOSENTADORIA

A pesquisa *Idosos no Brasil*, em suas duas versões (2006 e 2020) constitui uma contribuição inegável para melhor compreender a realidade atual da condição de velhice na periferia do sistema capitalista mundial. Ao mesmo tempo, a parceria entre o Sesc-SP e a Fundação Perseu Abramo cumpre importante tarefa de apresentar diagnóstico especial acerca do segmento etário de 60 anos e mais diante da acelerada e intensa transição demográfica.

De certa forma, o atributo necessário da reflexão a respeito da emergência da sociedade em envelhecimento quer colocar em questão o culto à juventude e modelo de beleza e reprodução social. Diante do rompimento dos elos da expectativa de vida, a fragmentação entre a juventude, a vida profissional e a velhice passam a perder sentido.

Pela nova biologia do envelhecimento, uma espécie de revolução dos idosos entrou em curso diante do acelerado avanço da presença da população com mais idade na sociedade brasileira. Não se trata do cultuamento da imortalidade, mas a compreensão de que o prolongamento da vida humana abre novos horizontes de possibilidades de reorganização da economia e sociedade em novas bases.

Coincide, nesse sentido, com o aprofundamento do ingresso da sociedade brasileira na Era Digital. A difusão no uso da internet corresponde à geração de soluções *on-line* direcionadas aos vários domínios da vida (saúde, bem-estar cognitivo, social e emocional) da população, embora os idosos constituam o segmento com diferenças em relação a alfabetização, letramento, fluência e competência digital.

Diante do iletramento digital e a transição para a segunda fase de digitalização da economia e da sociedade brasileira, denominada por metaverso, a desigualdade terminou sendo aprofundada. Por isso a pesquisa realizada se torna ainda mais instigante e pertinente, fundamental para todos que se encontram interessados com a longevidade da população e preocupados com a oferta de situação mais adequada ao conjunto dos idosos.

Por corresponder a quase 15% do total da população do ano de 2021, o segmento etário de 60 e mais de idade detém somatória de todos os seus rendimentos, equivalente a próximo de 37% do total da renda do conjunto dos brasileiros, conforme revela a Pesquisa Nacional por Amostra de Domicílios (PNAD) do Instituto Brasileiro de Geografia e Estatística (IBGE). Ainda que sejam muito heterogêneos, com significativa desigualdade na repartição dos rendimentos, a totalidade dos idosos responde por parcela significativa de rendimentos e, por consequência, do consumo.

Mas nem sempre foi assim, pois somente a partir da Constituição de 1988, com a tentativa de estruturação do sistema de seguridade social, que os idosos tiveram maior reconhecimento e cobertura das políticas públicas. Ao reduzir as diferenças entre aposentadorias e pensões entre diferentes segmentos sociais, elevar o valor do piso monetário ao longo do tempo, houve tanto a ampliação da renda dos idosos como a redução da pobreza e da desigualdade entre os idosos, especialmente de gênero e cor/raça.

Até ocorreu significativa queda na quantidade dos "nem, nem, idosos" (segmento da população com 60 anos ou mais de idade que não trabalha, não procura por trabalho, não está aposentado e não possui rendimentos, sobrevivendo de rendimentos de outros, em geral de familiares e conhecidos ou instituições de caridade ou filantrópicas. Converge com isso a própria redução na taxa de atividade dos idosos junto ao mundo do trabalho.

A elevação na taxa de envelhecimento foi acompanhada do maior acesso aos recursos de aposentadorias e pensões, o que permitiu ampliar o conjunto das fontes de renda e a gestão do dinheiro em plena situação de inatividade. Em grande medida, os rendimentos dos idosos concentrados na faixa de até dois salários mínimos mensais revela a importância do sistema de aposentadoria e pensão na determinação do poder aquisitivo do segmento de 60 anos e mais no Brasil.

Também se percebe a contaminação da renda dos idosos comprometida com empréstimos, uma vez que mais de um terço informa utilizar da experiência com instituições financeiras para atender as necessidades do poder de compra. Isso pode estar relacionado aos gastos diferenciados com o envelhecimento – mobilidade, remédios, tratamentos de saúde, cuidadores, entre outros –, inclusive para os que ainda seguem ativos no mundo do trabalho, com ocupações variadas, especialmente o trabalho informal.

A partir do conjunto de informações empíricas presentes nas duas pesquisas *Idosos no Brasil* do Sesc-SP e Fundação Perseu Abramo, pode-se avançar na apresentação de elementos de reforço convergente sobre as perspectivas do segmento etário de 60 anos e mais. Conforme, as páginas a seguir, a trajetória da transição da sociedade industrial para a de serviços coloca novos e importantes desafios ao Brasil.

A PREOCUPAÇÃO GOVERNAMENTAL COM IDOSOS AO LONGO DO TEMPO

O envelhecimento constitui um processo natural próprio que atinge toda a humanidade, sem exceção. Embora não seja novidade, apenas recentemente, com a passagem das antigas sociedades agrárias para a urbana e industrial a partir do século XVIII, a participação da população idosa passou a ter maior e crescente presença demográfica.

Isso porque, em geral, no antigo e primitivo agrarismo, o modo de vida e trabalho era acompanhado por contida expectativa média de vida. No caso brasileiro, por exemplo, a expectativa média de vida mal alcançava os 30 anos.

Diante dos reduzidos ganhos de produtividade alcançados pelo exercício nas predominantes atividades econômicas do setor primário (agricultura, pecuária, extrativismo mineral e vegetal), a vida se resumia no trabalho pela sobrevivência. Assim, o trabalho podia representar quase quatro quintos do tempo de vida, tendo início a partir dos 5 a 6 anos de idade e persistindo até o fim da vida.

Sem a presença do sistema escolar e direitos sociais e trabalhistas, o labor se iniciava muito cedo. Nas lidas domésticas, de cuidados em geral na família e na comunidade, estendendo-se para as atividades laborais diárias e próprias do modo de vida rural.

Sem descanso semanal, férias e feriados, o trabalho preenchia jornadas de até 16 horas ao dia, ocupando a totalidade da claridade natural, sobretudo em sociedades que antecederam a chegada da iluminação elétrica e outras mudanças tecnológicas próprias das revoluções industriais desde o século XVII.

Conforme o Censo Demográfico de 1872, a população de 60 anos e mais possuía 9,9% na condição de escravos, sendo 52,3% homens e 47,7% de mulheres. Do conjunto populacional de 60 anos e mais considerados livres, equivalendo a 90,1% deste mesmo segmento de residentes, 53% eram homens e 47%, mulheres.

Ainda para o segmento populacional de 60 anos e mais, 56% eram não brancos e 44%, brancos. Do total da população não branca, 18% estavam na condição de escrava.

Na capital do Império, em 1872, o Rio de Janeiro contava com 269,1 mil residentes. Desse total, apenas 3,4% possuíam 60 anos e mais de idade, sendo 20% deles no regime de trabalho forçado.

Neste contexto de sociedade agrária e com a presença escravista que emergiram as primeiras iniciativas de cuidados de idosos. Ainda na condição de colônia portuguesa foi implementado o Monte Pio da Armada, no ano de 1795, financiado pela Fazenda Real e que terminou ampliando o direito à pensão mutualista e assistencial.

Em plena década de 1820, por exemplo, o segmento de professores e mestres que prestassem serviços por trinta anos contínuos seriam jubilados com vencimento integral (serventia vitalícia). A partir daí alguns poucos segmentos do emprego público foram também sendo incorporados, como o corpo diplomático, do poder judiciário e funcionários dos Correios, desde que completassem 60 anos de idade e 35 anos de serviço efetivo ou por absoluta incapacidade física ou moral para o exercício da atividade.

No ano de 1878, a burocracia dos principais serviços da monarquia envolvia 18,2 mil servidores, sendo 24% do total na condição de aposentados e pensionistas. Além desses beneficiados, agregavam-se outros poucos servidores civis, militares e eclesiásticos.

O ingresso no capitalismo, com o regime de trabalho forçado posto na ilegalidade, permitiu a expansão do mercado de trabalho livre. Mesmo que ainda prevalecesse a sociedade agrária, os poucos núcleos urbanos apresentavam o aparecimento de novas questões sociais próprias do emprego assalariado da mão de obra.

Até a década de 1920, a realidade da população de 60 anos e mais havia sofrido pouca alteração. Destaca-se, contudo, a sua queda relativa no total da população, que passou de 7,7%, em 1872, para 4,2%, em 1920, tendo em vista a redução no fluxo migratório europeu, composto, em geral, por segmento etário adulto.

Comparativamente a outros países, o Brasil possuía, na época, uma das mais baixas presenças do segmento de 60 anos e mais de idade em relação ao total da população. Enquanto a França detinha 13,9% do total da população com 60 anos e mais de idade em 1920, a Suécia registrava 12,2%, a Inglaterra 9,4%, a Alemanha 8,7% e os Estados Unidos 7,6%.

Nesses países, por exemplo, já se registravam experiências mais amplas de garantia de renda à população com mais idade. Pelo menos desde 1883, com o primeiro sistema de seguridade social contributivo inaugurado na Alemanha por Otto Von Bismarck, a proteção aos riscos sociais foi estabelecida numa sociedade com progresso industrial e conflitos ideológicos decorrentes dos ideais socialistas.

No Brasil, a previdência social teve origem na década de 1920, quando ainda predominava a sociedade agrária. Por conta disso, a Lei Eloy Chaves, Decreto 4.682 de 1923, criou as primeiras Caixas de Aposentadorias e Pensões (CAPs) de forma seletiva, no caso para as empresas de estrada de ferro.

Nos últimos cem anos, a previdência social esteve fortemente relacionada com políticas governamentais de trabalho e renda, ficando para a filantropia institucionalizada a partir de 1930 pela Legião Brasileira de Assistência (LBA). Enquanto preocupação com o envelhecimento da classe trabalhadora apresentou quatro fases distintas no âmbito do setor privado da economia nacional.

A primeira fase do sistema previdenciário do setor privado remonta aos anos entre 1923 e 1930. Com as CAPs obrigatórias para as empresas, a contribuição e a cobertura dos benefícios previdenciários eram inicialmente de natureza privada, financiada de forma bipartite (patrões e trabalhadores) e associada à estabilidade no emprego após 10 anos de serviços na mesma firma.

A segunda fase da previdência social ocorreu entre os anos de 1930 e 1966, quando vigoraram os Instituto de Aposentadoria e Pensão (IAP) de gestão tripartite (Estado, patrões e empregados). Voltados ao meio urbano, os IAPs buscaram atender aos empregados assalariados formais em profusão no país diante da transição da sociedade agrária para a industrial.

A terceira fase transcorre entre 1966 e 1988, a partir da unificação do sistema previdenciário possibilitada pela criação do Instituto Nacional de Previdência Social (INPS), que em 1966 incorporou todos os IAPs, integrando a totalidade dos segurados aos mesmos benefícios e contribuições do setor privado urbano. Cinco anos depois, em 1971, a criação do Fundo de Assistência ao Trabalhador Rural (FUNRURAL) expressou a primeira inciativa governamental para a classe trabalhadora do campo fortemente associada à lógica assistencial, não previdenciária, inclusive com a inédita instituição da Renda Mensal Vitalícia (RMV) para idosos com mais de 70 anos e deficientes carentes em 1974.

GRÁFICO 1: BRASIL - EVOLUÇÃO DA POPULAÇÃO OCUPADA COBERTA PELA PREVIDÊNCIA SOCIAL, 1992-2015.

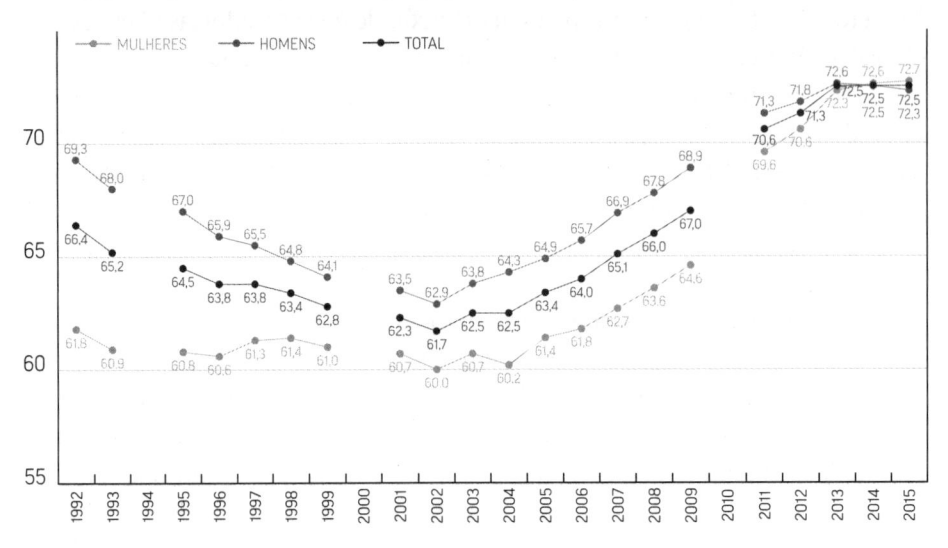

Fonte: IBGE/PNAD (elaboração CGEPR/SPOS/MF)

Por fim, a quarta fase da previdência social se inciou com a aprovação da Constituição de 1988, que inovou com a perspectiva da seguridade social estruturadora das políticas de saúde, assistência e previdência social. Ademais da unificação do sistema de aposentadoria, como equivalência de direitos entre os trabalhadores do campo e da cidade, entre outras inovações importantes, a previdência e assistência social passara a sofrer alterações importantes.

Desde a implantação da constituição atual (1988), o sistema previdenciário passou por seis reformas seguidas (1993, 1998, 2003, 2005, 2012 e 2019) que alteraram o sentido inicialmente previsto como apoio estatal à condição de velhice no Brasil. Mesmo assim, a cobertura da previdência social alcança 81,7% da população de 60 anos e mais, com o total de 78,3% das mulheres e 86,1% dos homens (PNAD/IBGE, 2021).

Deste conjunto de beneficiados, 59,1% são aposentados, 9,1% pensionistas e 7,2% aposentados e pensionistas. Em função disso, o Brasil registrou, em 2015, por exemplo, 28,2 milhões de pessoas vivendo acima da condição de pobreza, pois, do contrário, sem acesso aos benefícios previdenciários, em vez de 12% da população de 60 anos serem pobres, possivelmente seriam 41% velhos com renda *per capita* abaixo de meio salário mínimo mensal.

Em conformidade com a pesquisa *Idosos no Brasil*, 64% dos brasileiros informaram ter tomado conhecimento da última reforma da previdência realizada em 2019, sendo que 17% se disseram "bem informados" e 47% "mais ou menos informados". Entre os idosos encontra-se o maior nível de "desinformação": 41% *versus* 31% de não idosos.

Para 61% do mesmo público entrevistado, a reforma da previdência foi considerada "ruim para população" e, entre os idosos, 52% apontaram a mesma avaliação. Ainda mais de um terço deles (37%) considerou que a reforma da previdência também foi "ruim para o país", taxa que chega a 44% da população em geral.

No âmbito do Estatuto do Idoso de 2003, o envelhecimento compreende a faixa etária de 60 anos e mais de idade. Ademais de reforçar a corresponsabilidade da família, da sociedade e do poder público, o idoso deve deter absoluta prioridade na efetivação do direito à vida, à saúde, à alimentação, à educação, à cultura, ao esporte, ao lazer, ao trabalho, à cidadania, à liberdade, à dignidade, ao respeito e à convivência familiar e comunitária.

GRÁFICO 2: BRASIL – EVOLUÇÃO DA TAXA DE POBREZA OBSERVADA E ESTIMADA POR FAIXA ETÁRIA, COM E SEM ACESSO AOS BENEFÍCIOS DA PREVIDÊNCIA SOCIAL

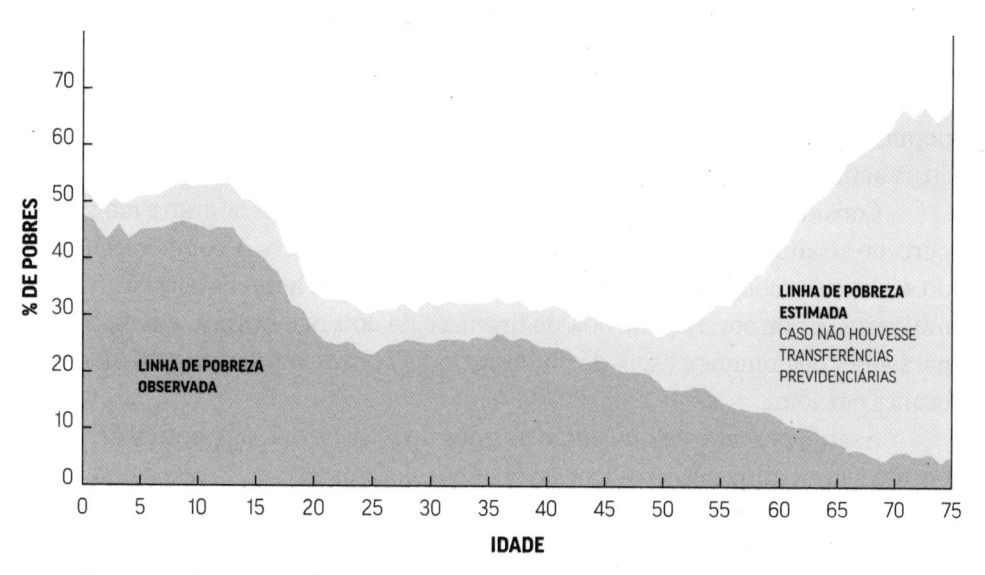

Fonte: IBGE/PNAD, 2015 (elaboração SEPS/MF)

Coube também à política de Assistência Social, conforme estabelecida pela Lei Orgânica da Assistência Social, prover, por parte do Estado, o atendimento da população idosa. Para tanto, os mecanismos de garantia de renda são operados pelo Benefício de Prestação Continuada, enquanto a proteção básica tem sido executada pelo Serviço de Proteção e Atendimento Integral à Família no interior das equipes dos Centros de Referência Especializada de Assistência Social.

A INSERÇÃO DOS IDOSOS NA VIRADA DO SÉCULO XXI

Nos últimos 41 anos, o conjunto da população sofreu importantes modificações, coincidindo com a transição da sociedade industrial para a de serviços no Brasil. O segmento etário de 60 anos e mais assumiu a condição de parcela com maior dinamismo no interior da sociedade brasileira.

No ano de 2021, por exemplo, quase um a cada grupo de seis brasileiros se encontrava da faixa etária de 60 anos e mais, ao passo que em 1980 era somente um a cada 16 brasileiros. Ao ritmo médio anual de crescimento de 3,7% ao ano, a população idosa foi multiplicada por 4,4 vezes nas últimas quatro décadas, enquanto o total da população cresceu acumuladamente no mesmo período 1,8% (ou 1,4% com média anual).

Com isso, a participação no total dos rendimentos dos brasileiros pela população idosa passou de 30,6%, em 1980, para 36,8%. Variação positiva de 20,3% acumulado entre os mesmos anos.

Considerando a massa de rendimentos da população de 60 anos e mais, percebe-se alterações do ponto de vista racial e de gênero. A composição do segmento social idoso no Brasil passou de 47,4% de homens e 52,6% de mulheres, e por cor/raça de 60% de branca e de 40% não branca, em 1980, para 44,1% de homens e 55,9% de mulheres e de 51,2% de branca e 48,8% não branca em 2021.

Assim, percebe-se que entre os anos de 1980 e 2021, as populações branca e masculina decresceram em termos relativos 16,1% e 7%, respectivamente. Em compensação, as populações não branca e feminina cresceram em termos relativos 22% e 6,3%% entre os mesmos anos.

No caso da população total também se nota um conjunto importante de alterações demográficas. Nos anos de 1980 e 2021, a composição social passou de 49,8% de homens e 50,2% de mulheres; e de 54,2% de brancos e

45,8% não brancos em 1980 para 49,1% de homens e 50,9% de mulheres; e de 43,1% de brancos e 56,9% não brancos em 2021.

Na comparação entre os anos de 1980 e 2021, as populações masculina e branca decresceram relativamente 1,4% e 20,5%, respectivamente. Para as populações feminina e não branca, o movimento terminou sendo o inverso, com crescimento relativo de 1,4% e 24,2% no mesmo período de tempo, respectivamente.

Quando se considera a evolução na taxa de participação na população de 60 anos e mais no mundo do trabalho, observa-se que houve redução relativa da soma dos ocupados e desempregados (economicamente ativos) em relação ao conjunto da população idosa. Entre os anos de 1980 e 2021, a taxa de participação decaiu 12% (de 24,9% para 21,9%), tendo sido mais intensa entre a população idosa não branca, com queda de 24,7% ante 0,9% para a população branca.

Mesmo com a queda na taxa de participação do segmento idoso da população brasileira, o aumento na taxa de desemprego foi expressivo. Entre 1980 e 2021, a taxa de desemprego foi multiplicada por 7 vezes (de 0,9% para 6,3%), sendo mais intensa elevação para a população idosa branca (9 vezes) do que a não branca (5,3 vezes).

A presença de políticas públicas de transferência de renda para a população com 60 anos e mais contribuiu tanto para reduzir a pobreza e a desigualdade de rendimentos como a presença dos "nem, nem, idoso" (não trabalham, não procuram trabalho, não estão aposentados, não possuem rendimento próprio e dependem de rendimento de outros). Em 2021, por exemplo, a massa de rendimentos da população idosa não branca equivaleu a 48,8% do conjunto dos rendimentos da população idosa, enquanto a população de mais de 60 anos branca era 51,2%.

Quarenta anos antes, em 1980, a massa de rendimentos da população idosa não branca equivalia a 40% do conjunto dos rendimentos da população idosa, ao passo que a população de mais de 60 anos branca era 60%. Ou seja, a participação relativa da massa de rendimentos da população idosa não branca aumentou 22% em relação ao total dos rendimentos e a da população idosa branca decresceu 14,7% entre os anos de 1980 e 2021.

No caso do segmento denominado por "nem, nem, idoso", a queda foi significativa. No ano de 2021, por exemplo, 8,7% da população de 60 anos e mais de idade se encontrava naquela situação, enquanto em 1980 eram 22,4% do total, o que representa a queda de 61,6% no período de tempo em referência.

MUDANÇA DEMOGRÁFICA E PERSPECTIVAS DOS IDOSOS NO BRASIL

Desde o último quarto do século XX, o Brasil vem registrando sinais que apontam para mudanças demográficas caracterizadas pela transição da alta taxa de mortalidade e fecundidade para patamares decrescentes. Em consequência, a combinação entre a desaceleração do ritmo de crescimento demográfico com a aceleração do envelhecimento populacional.

Nota-se que o processo de envelhecimento se constitui em realidade em diversos países, para além do Brasil, cuja transição demográfica tem sido relativamente recente, porém veloz. Por isso, a longevidade populacional repercute amplamente no país, como nos sistemas de saúde e de proteção social e no funcionamento do mercado de trabalho.

Na trajetória de longo prazo, a população brasileira acelerou o ritmo de expansão entre as décadas de 1940 e 2020. A partir de então, as projeções passam a apontar para a sua estabilização até 2050, quando poderá decrescer. Em termos absolutos, a população de 169,8 milhões no ano de 2000 poderá chegar, no ano de 2050, a 232,9 milhões, o que significa o crescimento acumulado de 37%.

De 2050 em diante, a população absoluta deve decrescer tendo em vista o maior número de mortos em relação aos nascimentos vivos. Assim, a população estimada para o ano de 2100 deverá alcançar ao contingente de 177,9 milhões de brasileiros, o que representa o decréscimo acumulado de quase 24% em relação ao ano de 2050 e o aumento de apenas 4,6% em relação a população de 2000.

GRÁFICO 3: BRASIL - EVOLUÇÃO E PROJEÇÃO DA POPULAÇÃO BRASILEIRA (1872-2060)

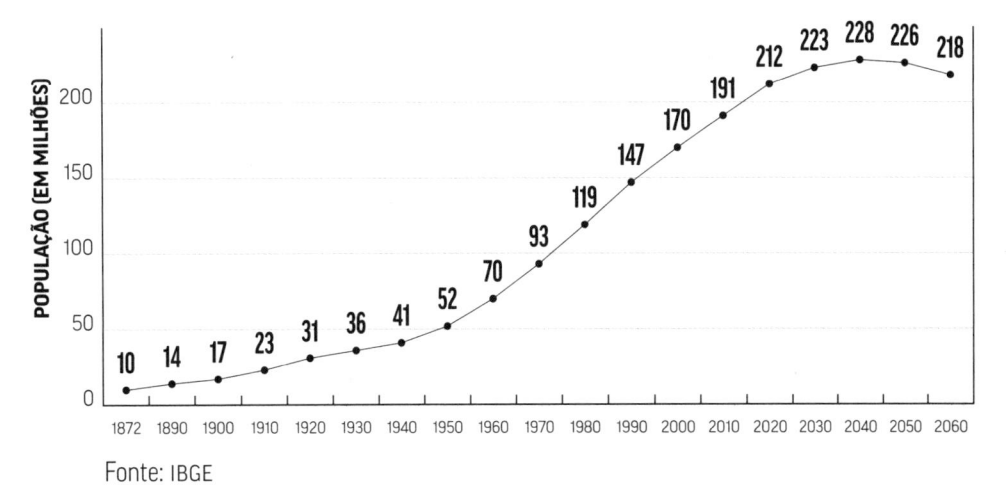

Fonte: IBGE

Em síntese, após ter sido multiplicada por quase cinco vezes no século XIX e próximo a dez vezes no século XX, a população brasileira poderá crescer menos de 5% no século XXI.

A queda na taxa de fecundidade no Brasil contribui muito para isso. Resumidamente, a quantidade de filhos por mulher em sua idade fértil, tem decaído desde década de 1960, quando a mulher em idade fértil detinha, em média, seis filhos.

GRÁFICO 4: BRASIL - EVOLUÇÃO DAS TAXAS DE NATALIDADE, MORTALIDADE E DO CRESCIMENTO NATURAL (1872-2010)

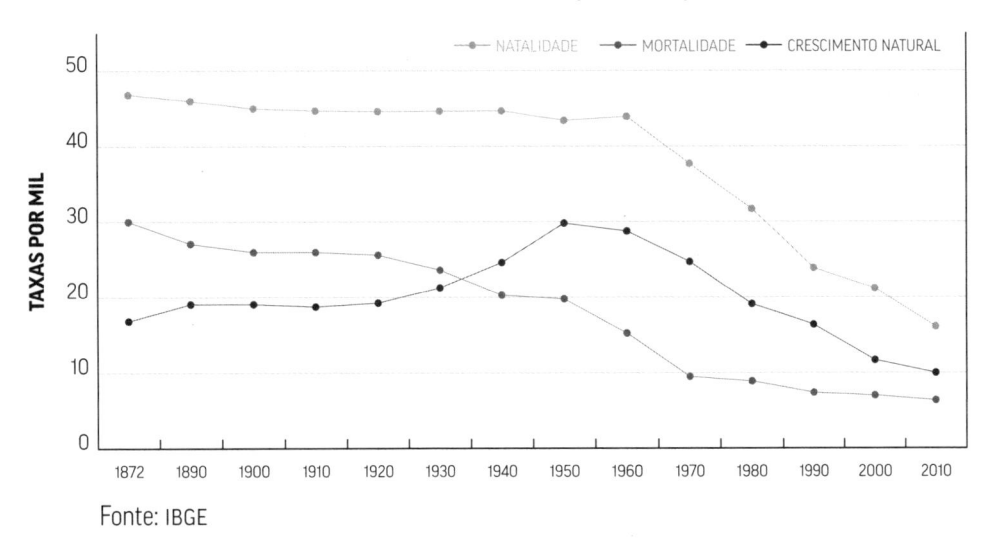

Fonte: IBGE

Cinco décadas depois, o número médio de filho por mulher havia declinado 1,8, o que significou a queda de 70% na taxa de fecundidade. Pela projeção demográfica do IBGE, a quantidade média de filhos por mulher deve estabilizar 1,5 filhos a partir de 2030.

Ao mesmo tempo, a taxa de mortalidade também tem declinado mais rapidamente desde os anos 1950. Com avanços na saúde pública e melhoras nas condições de nutrição, saneamento básico e campanhas nacionais de vacinação, a mortalidade infantil decaiu substancialmente. Entre 1990 e 2015, por exemplo, a queda na quantidade de mortos na faixa etária de até cinco anos de idade declinou 73%.

GRÁFICO 5: BRASIL - EVOLUÇÃO E PROJEÇÃO DA EXPECTATIVA MÉDIA DE VIDA AO NASCER (1940-2100)

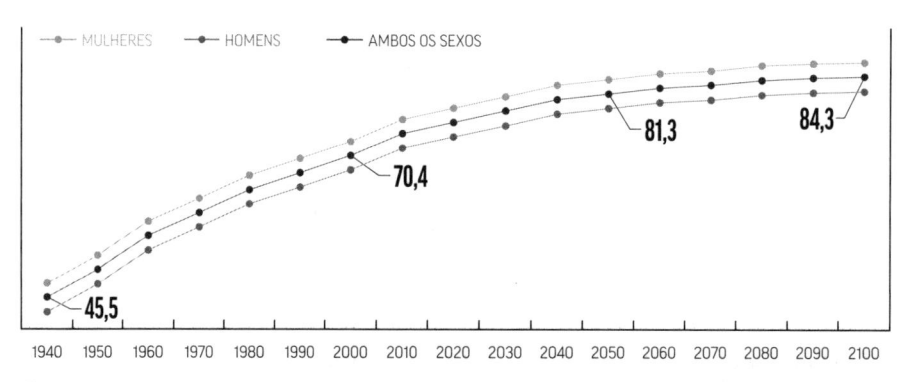

Fonte: IBGE

Diante de taxas decrescentes de mortalidade, a esperança de vida ao nascer da população tem se expandido. Entre os anos de 1950 e 2020, por exemplo, a longevidade média dos brasileiros aumentou 68,8%, pois passou de 45,5 para 76,8 anos (31,3 anos a mais). A projeção para o ano de 2050, a expectativa média de vida do brasileiro pode chegar a 81,3 anos, com aumento de 5,6%. E, para o ano de 2100, em 85 anos.

GRÁFICO 6: BRASIL - EVOLUÇÃO E PROJEÇÃO DA RELAÇÃO DE DEPENDÊNCIA TOTAL E DE JOVENS E IDOSOS, 2000-2060

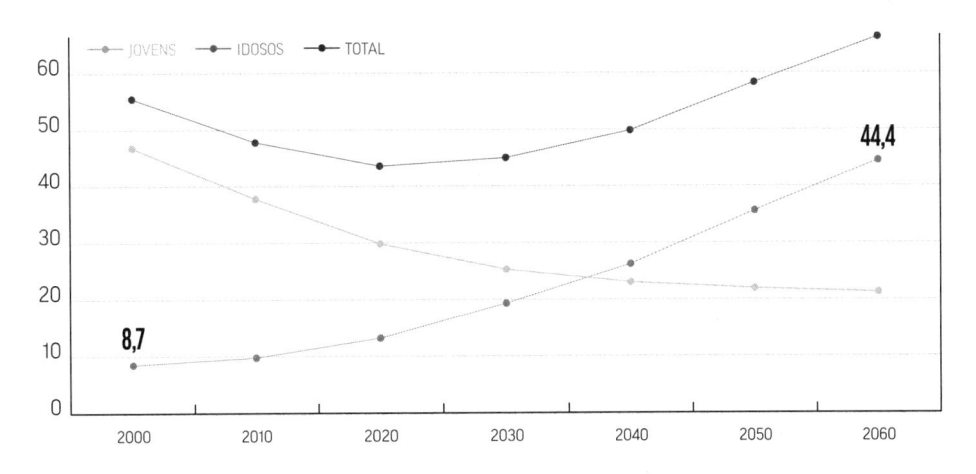

Fonte: IBGE

A consequência decorrente da elevação da expectativa média de vida dos brasileiros é avanço do processo de envelhecimento populacional. Se entre os anos de 1950 e 2010, o percentual etário de até 15 anos diminuiu de 42% para 25,6%, o segmento social com 60 e mais anos de idade saltou de 4% para 10%.

GRÁFICO 7: BRASIL - EVOLUÇÃO DO ÍNDICE DE ENVELHECIMENTO

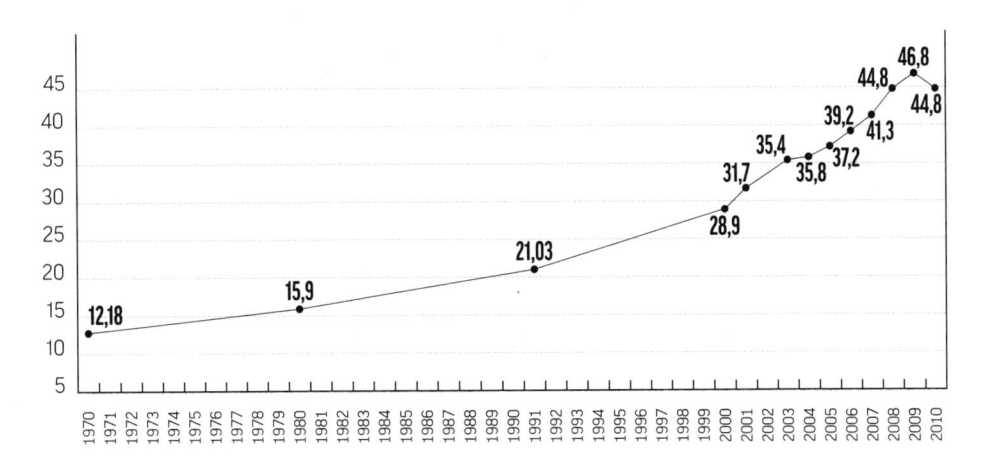

Fonte: IBGE

Com isso, a relação de dependência, até então mais associada à população de menor idade se converteu para o segmento social envelhecido. No ano 2000, por exemplo, o segmento etário de 60 anos e mais de idade em relação à população era de 8,7%, podendo chegar a 44,4% no ano de 2060.

De outro modo, a razão de envelhecimento medida pela população de 60 anos e mais de idade em relação ao segmento etário de até 15 anos de idade também tem aumentado consideravelmente. Entre os anos 1970 e 2008, por exemplo, a relação entre a população de 60 anos e mais com a de até 15 anos foi multiplicada por 3,8 vezes, pois passou de 12,2% para 36%.

CONSIDERAÇÕES FINAIS

A imagem do idoso entediado, vestindo pijamas, pertence ao passado de um Brasil distante do cotidiano da sociedade atual. Uma família a cada quatro tem como chefe ou referência do domicílio o idoso na condição de avós, pais e sogros.

Dos 10% dos brasileiros mais ricos, a presença dos idosos se aproxima de 40% desse mesmo segmento social, enquanto entre os 10% mais pobres, mal corresponde a 3%. Ao mesmo tempo, mais de um quarto do total dos brasileiros que possuem casa própria em terreno próprio são idosos, com mais acesso a canais pagos de TV e à internet.

Neste início da terceira década do século XXI, o segmento etário de 60 anos e mais de idade responde por cerca de 15% do total da população, concentrando quase 37% da renda dos brasileiros. Apresenta também a mais baixa taxa de desemprego e pobreza entre o conjunto da nova sociedade em transição para a Era Digital.

De acordo com a pesquisa Sesc-SP/FPA de 2020, os idosos no Brasil informam terem dificuldades maiores de usufruirem dos benefícios tecnológicos de maneira mais abrangente que o mundo digital proporciona. Embora o acesso ao ensino tenha sido elevado entre os idosos, constata-se que 40% do segmento social de 60 anos e mais apresentam problemas com a leitura e a escrita decorrente da escolaridade básica, o analfabetismo, analfabetismo funcional e o iletramento digital.

Diante da marcha socioeconômica imposta pela transição demográfica no Brasil, percebe-se a urgente necessidade de intervenção pública em novas bases, uma vez que as possíveis soluções privadas tendem a atender parcela contida do total dos idosos no país. Não obstante os avanços alcançados, cabem ações públicas como a implantação do sistema de cuidados para pessoas idosas.

A preservação da humanidade do futuro pressupõe superar o envelhecimento mental e preconceituoso que se opõe à moderna perspectiva biogerontologista de compreender a vida humana em sociedade como um processo contínuo de transições etárias. A superação da antiquada visão dominante acerca da vida juvenil, adulta e idosa como sendo partes estanques permite avançar sobre as novas descobertas que emergem da nova sociedade em envelhecimento.

Ou seja, o entendimento acerca de que a parte do tempo de vida que resta ao segmento da população com mais idade assume relevância política especial, pois deixa de ser tratado como fardo e problema fiscal permanente. Pelo contrário, a evolução do processo de envelhecimento no Brasil aponta para uma das principais transformações na sociedade brasileira nesse início do século XXI.

No ano de 1980, por exemplo, quando o segmento etário de 60 anos e mais de idade representava 6,1% do total dos brasileiros, a participação relativa na renda total era de quase 31%, com 23% na condição de pobres e 22,4% classificados como de "nem, nem, idoso". Mais de quatro décadas depois, a presença dos idosos na população avança para um quinto da população, enquanto a participação relativa na renda dos brasileiros se aproxima dos dois quintos, a taxa de pobreza se reduziu para menos de 5% e um pouco mais de 8% podem ser considerados "nem, nem, idoso".

O novo tempo do Brasil requer superar a cegueira situacional de considerar o envelhecimento como sendo colapso da juventude. O avanço da longevidade demográfica fundamenta novo percurso de oportunidades substanciais ao modo de vida na sociedade, na política, na cultura e na economia, conforme a pesquisa *Idosos no Brasil* permite constatar.

REFERÊNCIAS

ARAÚJO, J. "Polarização epidemiológica no Brasil". *Epidemiologia e Serviços de Saúde*. Brasília, v. 21, n. 4, p. 533-538, dez. 2012.

BERQUÓ E. S.; LIMA, L. P. "Planejamento da fecundidade: gravidezes não desejadas". In: MINISTÉRIO DA SAÚDE. *Pesquisa Nacional de Demografia e Saúde da Criança e da Mulher*. Brasília: Ministério da Saúde, 2009. v. 1, p. 135-149.

BORGES, G. et al. *Mudança demográfica no Brasil no início do século XXI.* Rio de Janeiro: IBGE, 2015.

BOTELHO, C. et al. [org.]. *Reforma da previdência: a visita da velha senhora.* Brasília: Gestão Pública, 2015.

CARVALHO, M. et al. *Programas e serviços de proteção e inclusão social dos idosos.* São Paulo: IEE/PUC-SP, 1998.

NERI, Anita Liberalesso [org.]. *Idosos no Brasil: vivências, desafios e expectativas na terceira idade.* São Paulo: Fundação Perseu Abramo e Edições Sesc-SP, 2007. Disponível em: https://fpabramo.org.br/publicacoes/publicacao/idosos-no-brasil-vivencias-desafios-e-expectativas-na-terceira-idade/. Acesso em: 10 nov. 2022.

FUNDAÇÃO PERSEU ABRAMO/Sesc-SP. *Idosos no Brasil:* O que mudou nos últimos 14 anos? São Paulo: FPA/Sesc-SP, 2020.

GIAMBIAGI, F.; TAFNER, P. *Demografia: a ameaça invisível.* Rio de Janeiro: Elsevier, 2010.

IBGE. *Projeções da população: Brasil e unidades da federação.* Rio de Janeiro: IBGE, 2018.

IBGE. *Pnad Contínua.* Rio de Janeiro, IBGE: 2021.

LEBRÃO, M. L. "O envelhecimento no Brasil". *Revista de Saúde Coletiva.* São Paulo, v. 4, n. 17, p. 135-140, 2007.

MAROTTA, M. *Previdência e assistência no Brasil Imperial.* Niterói: UFF, 2019.

NAÇÕES UNIDAS. *World Population Ageing 2015.* New York: UN, 2017.

OCDE. *Live Longer, Work Longer.* OCDE, Paris: OECD Publishing, 2006.

POCHMANN, M. *Qual o desenvolvimento?* São Paulo: Publisher, 2009.

_____. *Desenvolvimento e perspectivas novas para o Brasil.* São Paulo: Cortez, 2010.

SPOSATI, A. et al. *Assistência Social na trajetória das políticas sociais brasileiras.* 5ª ed. São Paulo: Cortez, 1992.

AS MONOCULTURAS DO TEMPO

UMA CONVERSA SOBRE ETARISMO

GENI NÚÑEZ

É em torno do tempo que giram as maiores alegrias e dores da vida. Mas qual tempo seria esse? Meu convite neste ensaio é para que tenhamos uma conversa sobre os efeitos do tempo colonial no exercício da sexualidade e afetividade através da chave de leitura do etarismo. Além disso, compartilharei algumas reflexões sobre outras temporalidades e sobre as pistas que podem nos dar para um reflorestamento do imaginário.

Fanon (1968) diz que o mundo colonial é um mundo dividido em compartimentos. Alguns deles são natureza e cultura, humano e animal, selvagem e civilizado, amor e sexo, razão e emoção, novo e velho e tantos outros mais. A hegemonia tenta nos fazer acreditar que esses binarismos nada mais são que a descrição da realidade, o que busca ocultar o fato de que não passam de invenções políticas que servem à manutenção, violenta, de um certo modo de vida.

Tenho chamado de sistema de monocultura esse modo de existência, estruturado na monocultura não só da terra, mas também do pensamento[1], dos desejos, das relações dos humanos entre si e com os demais seres. Temos o monossexismo, que é a monocultura da sexualidade; a monogamia, que é a monocultura dos afetos; o monoteísmo cristão, que é a monocultura da fé. Nesse sistema, não se trata de ter o direito de viver apenas um amor, apenas um gênero, apenas um deus, mas da violenta compulsoriedade com que tudo isso se sustenta. No racismo religioso, vemos que no ideal de salvação, o deus dos colonizadores nos foi imposto não como um dentre muitos, mas como o único possível, o único verdadeiro, o único caminho que levaria à Verdade e à Vida. Com isso, todos os demais deuses foram demonizados, servindo como contraste e representação do que seria falso e ilegítimo. Aprendemos com essa monocultura da fé que a única forma de provarmos que amamos a esse deus é sendo fiel a ele, fidelidade expressa na exclusividade, já que os povos que adoravam outros deuses eram – e ainda são – nomeados como adúlteros e traidores (NÚÑEZ *et al.*, 2021). No plano interpessoal, também é dessa fonte que vem a instrução monogâmica: prove que ama alguém não amando outras pessoas ao mesmo tempo.

O mesmo binarismo colonial que cria, a partir da autorreferência, um deus falso para chamar a si mesmo de verdadeiro, também inventa outras relações para se positivar da negativação de outros grupos. É o que ocorre, por exemplo, na reivindicação, também de inspiração cristã, de que

---

[1] Ver mais em: http://climacom.mudancasclimaticas.net.br/monoculturas-do-pensamento/. Acesso em: 10 nov. 2022.

apenas a heterocissexualidade reprodutiva e monogâmica seria justa, limpa, saudável e positiva aos olhos de deus. O contraste para essa afirmação se dá precisamente na projeção de que pessoas dissidentes do gênero seriam então o pecado, a doença, a sujeira. Para que alguns possam se reclamar como os eleitos às poucas vagas no céu é necessário que outros tantos sejam condenados ao inferno. Por isso tenho nomeado as identidades coloniais como parasitárias.

Essas divisões binárias são a base de todas as monoculturas e têm no cristianismo sua bússola. Segundo Nietzsche (2009), o cristianismo se apropriou de algumas noções platonistas para dar sentido a alguns de seus pressupostos. A principal delas seria justamente essa aposta em um mundo ideal e um mundo real, um verdadeiro e outro falso, um mundo das ideias e um mundo da matéria. A ideologia cristã preenche essas lacunas atribuindo o verdadeiro ao céu e o falso à terra, o forte à alma e o fraco à "carne", o bom ao amor, o ruim ao sexo.

Nosso desenvolvimento civilizatório se daria, portanto, no afastamento do corpo e na proximidade com a mente, no distanciamento da natureza para uma aproximação com a cultura, na recusa do animal para se tornar humano e tantas outras. E se é de nosso *des-envolvimento* com o corpo, natureza, sexo e carne que supostamente cresceríamos, então somos convocados por essa ideologia a entrar, durante toda nossa vida, numa batalha contra nós mesmos. Em luta contra a carne, contra os desejos, na vergonha e culpa de tudo que for relacionado a prazer, gozo, tesão, passamos, muitas vezes, a nos ressentirmos contra aqueles que teriam ido pelo caminho largo e não pelo estreito. A monocultura só existe pelo extermínio da floresta.

Nesses binarismos cristãos e coloniais, o tempo, um determinado tempo, é o fio que entrelaça todas as dimensões. Se tudo aquilo que é bom, justo e verdadeiro precisa ser eterno e durar para sempre, logo, tudo aquilo que for seu oposto será visto como ruim, injusto, falso e perecível. A vida terrena passa a ser sinônimo de algo passageiro e de pouco valor se comparada à vida eterna, essa sim, relevante. Os ponteiros que o relógio colonial coloca no tempo são imutáveis e seus critérios invalidam tudo aquilo que muda, se transforma, fenece. É também desta mitologia que o amor romântico se faz, um amor que precisa ser eterno para ser válido, estendido quase que a qualquer custo, porque em geral não temos ferramentas para lidar com a mudança como condição da vida. Talvez por isso que essa sociedade dominante tantas vezes trate pessoas mais velhas como objeto de descarte, como se toda mudança relativa ao fim da juventude fosse algum tipo de lembrete da falibilidade dessa vida terrena. O capitalismo e o ideal de progresso precisam ir sempre à contramão daquilo que não atende a um ritmo sobre-humano de tarefas acumuladas, pressa e acumulações diversas de trabalho, geralmente associadas ao tempo "útil" da juventude, o que, dentre outros fatores, invisibiliza uma série de trabalhos realizados por pessoas velhas, especialmente das mulheres. Isso também dialoga com a pesquisa *Idosos no Brasil* (Sesc-SP, 2020), na qual constatou-se na categoria "violência, desrespeito ou mau trato" ofensiva contra mulheres idosas.

Nessa lógica binária, assim como a branquitude precisa do racismo para se sustentar como o ideal de humano, a civilização precisa do "selvagem" como signo de atraso para se afirmar evoluída, também nós, pessoas jovens, muitas vezes construímos nossas identidades através da projeção contra pessoas velhas. A projeção frequentemente é acompanhada de uma sombra, de uma dificuldade de elaboração de si. Nisso, discursos etaristas que associam às pessoas velhas impotência sexual, por exemplo, ocultam o fato de que jovens também não são onipotentes, nem no sexo, nem no trabalho, nem na saúde. Encobrem ainda a relação empobrecida que a monocultura da sexualidade traz, colocando o sexo em um nível de centralidade da vida, hierarquizando várias outras formas de relação em nome do amor romântico. Se a Igreja Católica ainda proíbe, oficialmente[2], o uso de camisinhas, isso nos dá notícias de que o sexo héterocis reprodutivo monogâmico segue sendo o único tido como legítimo. É dessa ideia que derivam muitos dos discursos LGBTfóbicos que argumentam que a (suposta) impossibilidade da reprodução faria do sexo praticado por pessoas não cishétero um pecado, um erro, uma abominação. Essa perspectiva é a mesma que ancora o preconceito e tabu em relação ao sexo praticado por/entre pessoas velhas, como se, em não havendo a possibilidade reprodutiva, tal atividade seria igualmente desnecessária ou pecaminosa. Nisso cabe nos perguntarmos: o "mero" prazer, por acaso, é um motivo pequeno ou inválido para que se faça sexo? Não deveria ser, ao contrário, uma das mais legítimas motivações? Para além disso, essa centralização reprodutiva no sexo acaba por diminuir as possibilidades de uma maior experimentação da sexualidade, seja no acolhimento de eventuais fantasias e fetiches, seja na descentralização dos genitais como começo e fim do prazer. Com isso vemos que, por trás dos discursos etaristas contra

---

2   Ver mais em: https://www.gazetadopovo.com.br/mundo/nao-ha-mudanca-sobre-uso-de-camisinha-diz-vaticano-14w21v499lyrif6x0rh3a5iku/. Acesso em: 10 nov. 2022.

a sexualidade de pessoas velhas há toda essa trama colonial que prejudica, inclusive, às próprias pessoas jovens, também afetadas por essas lógicas.

Se a roteirização do sexo traz diversos efeitos, a do amor também a acompanha. Se lembrarmos que solteiro/s etimologicamente significa sozinho/a, solitário, percebemos que na matriz de amor romântico monogâmico só conta como companhia um determinado tipo de vínculo, como se todas as demais presenças que nos perfazem a vida não fossem dignas de serem consideradas como pessoas, como relações também amorosas, mesmo que descentralizadas do sexo. Na busca por esse ideal de final feliz bem-sucedido da vida, a figura do casal desponta como uma das principais referências e a busca/imposição incessante pela adequação a essa norma, ela sim, acaba tantas vezes por promover solidão compulsória, ausência de redes de apoio e de afeto. É também em nome dessa estética normativa que há, ainda, tanta dificuldade em interromper/terminar/transformar vínculos afetivo-sexuais, como se o "término" fosse sinal de algum tipo de fracasso social, especialmente para as mulheres.

Experimentar outras formas de relações não é aclamar uma independência, pelo contrário, é reconhecer que precisar de apoio, colo e afeto não é defeito, mas potência. Como lembra Carlos Drummond (2000) no trecho:

> Não, meu coração não é maior que o mundo.
> É muito menor.
> Nele não cabem nem as minhas dores.
> Por isso gosto tanto de me contar.
> Por isso me dispo.
> Por isso me grito,
> por isso frequento os jornais, me exponho cruamente
> nas livrarias:
> preciso de todos.

A vulnerabilidade pode sim ser mais acentuada em determinadas condições, mas para além disso, ela é a própria condição de existência de todos nós (BUTLER, 2017). A precariedade, essa sim, é produzida politicamente para agigantar vulnerabilidades de um grupo para privilégio de outros. A experiência de envelhecimento, em nosso contexto, é acompanhada pela negligência nos serviços de saúde, cultura, educação, lazer e essa precarização sim hierarquiza modos de vida. Nos resultados da pesquisa *Idosos no Brasil*

(Sesc-SP, 2020, s.p.), percebeu-se que, quando perguntados se achavam que a situação dos idosos estava melhor ou pior hoje em dia, "entre os que acham que está pior, (55%) são desempregados, (56%) sem fonte de renda e donas de casa (54%)", o que nos mostra que há uma produção ativa da precariedade, para além da vulnerabilidade constitutiva de cada etapa da vida.

Só trata seus mais velhos dessa forma uma sociedade que também não tem uma relação saudável com a infância e a juventude e com isso não quero minimizar os privilégios estruturais que pessoas jovens têm, mas ressaltar que tê-los nem sempre implica em uma real qualidade de existência, no seu sentido amplo de viver plenamente. Nesse lastro de monocultura, vamos sendo levados desde crianças a seguir um caminho reto, a obedecer a um roteiro que envolve decidir, forçosamente, ser homem ou mulher, desejar homem ou mulher, conhecer, namorar, casar, morar junto, ter filhos. E, sobretudo, a trabalhar, pela preferência capitalista, com baixa ou ausente remuneração.

Os "desviados" desse roteiro são cobrados com elevado custo emocional e político por ousarem tais rotas de fuga, ainda que alimentar a trilha reta da norma também seja um trabalho gigantesco. Butler (1990) utiliza as noções derridianas de iterabilidade e citacionalidade para falar disso. A primeira noção se refere ao movimento de mudança que acaba acontecendo no próprio gesto de repetição, justamente pelo fato das normas de gênero não serem "naturais", elas precisam estar continuamente sendo encenadas, em performatividade. Só que é nessa repetição, paradoxalmente, que as falhas são produzidas. As profecias do gênero muitas vezes não se cumprem, escapam, escorrem e fracassam e é nessa falha de ser "mulher de verdade", "mãe ou avó de verdade" que muitas vezes reside nossa saúde e resistência. A segunda noção, de citacionalidade, diz respeito a algo original, primordial, fundante. Nas normas de gênero, essa referência frequentemente é acompanhada de uma certa nostalgia ou melancolia, como nomeia Butler (1990), da busca por algo que se perdeu. A virada que a citacionalidade propõe, no entanto, nos faz perceber que no gênero essa referência de origem não existe, é inventada, imaginada como tradicional, como a gênese, para que aquilo que é dissidente seja temporalmente colocado como cópia malfeita e fracassada. Quando se diz "no meu tempo não tinha isso, não", como nostalgia de uma época em que a dissidência de gênero não existia, temos uma edição temporal, pois esse passado normativo não existe senão como figuração. Para reflorestarmos nossa sexualidade é preciso arejar o tempo e cogitar reescrever o verbo: se no meu tempo isso não fazia parte do horizonte, o meu tempo também pode ser o hoje? Um tempo não transcendental pode nos auxiliar a acolher as descontinuidades do caminho.

Esse ideal de humano, branco cis hétero, sem deficiências, magro e jovem se inspira em valores transcendentais e metafísicos de negação de tudo aquilo que é sazonal e inspirado em seu deus, se imagina um super-homem onipotente, onipresente e onisciente. Novamente, aquilo que os discursos etaristas associam a pessoas velhas, não passa de uma maneira de recusar que o fato de que os próprios jovens também estão sujeitos às limitações de seu tempo, de seu corpo, de seus recortes sociais. Não há sobrenatural, superpoder e nem super-homem. Mas isso não precisa ser visto como fracasso ou lástima. Como nos ensina a psicanálise, é exatamente pela falta que nosso desejo se constrói.

Ao contrário do que muitos discursos capitalistas nos orientam, talvez não queiramos ou consigamos ser "a melhor versão de nós mesmos", seja lá o que isso signifique. Aqui, não se trata de dizer o mesmo só que inversamente, ou seja, de constatar que já que pessoas velhas são associadas à impotência sexual e fragilidade física, que então elas devam apresentar algum tipo de comprovação social do oposto disso. Como lembra um poema[3] de Adriane Garcia:

> Há você
> Um espaço
> Para os passos
> E uma porta
> Não é por que
> É uma porta
> Que você tem que
> Abri-la
> Liberdade
> Pode ser
> Antes da porta.

Estamos sempre às voltas com nossas liberdades parciais, contingentes, possíveis, mas isso não precisa significar tristeza ou pessimismo, pelo contrário:

---

3   Ver mais em: https://antologiafemininavirtual.wordpress.com/2017/01/20/escolher-adriane-garcia/. Acesso em: 10 nov. 2022.

o mundo não precisa de melhoramento, nem de salvação, nem nós mesmos precisamos ser salvos por deus ou príncipe encantado algum. Somos nós que temos a tarefa de criar nossos sentidos, ilusões, narrativas e o que mais nos auxiliar a viver com saúde. Já que não temos uma moral de bem e mal evolutiva nos guiando ou resumindo a complexidade de tudo ao binarismo, talvez possamos experimentar outras éticas, de (des)conhecer a nós mesmos e à vida de outras formas, misturando cores, sabores e cheiros em novas receitas cotidianas, sem pretensão de que cada dia seja um degrau de uma escada progressiva. Se rejeitamos esse tempo linear, podemos sentir outras temporalidades, como a espiralar, em que o mundo não está em ordem nem em progresso, como ensina o filósofo guarani Wera Timóteo Popygua (2017). Nela, o "passado" não foi nem completamente ruim, nem o futuro será seu melhoramento, mas uma miscelânea de descontinuidades, idas e vindas. A vida é a própria máquina do tempo.

Ainda sobre o tempo, nesse ritmo capitalista da aceleração, o descanso é sempre conjugado no futuro e dizem: "quando eu me aposentar, quando os filhos crescerem, quando eu envelhecer vou fazer isso e aquilo que sempre quis". Curiosamente, esse tipo de frase também é comum quando somos crianças e prometemos: "quando eu fizer 18 anos, quando eu crescer aí não terei mais que obedecer a meus pais, farei tudo diferente". O tempo das pessoas adultas muitas vezes escapa do presente para a nostalgia da infância ou a esperança do futuro, sempre se está em outro lugar que não no agora e talvez isso nos aponte justamente a fragilidade da qualidade desse mesmo presente. Isso me lembra um poema do Álvaro de Campos (1944):

> Adiamento
> Depois de amanhã, sim, só depois de amanhã...
> Levarei amanhã a pensar em depois de amanhã,
> E assim será possível; mas hoje não...
> Não, hoje nada; hoje não posso. [...]

Raramente dissemos a frase "descanse em paz" para quem está em vida e isso também reflete um outro binarismo: o de vida e morte. De certa forma, dentre as projeções que o etarismo faz contra pessoas velhas, o que embasa é justamente esse emblema. E se observarmos mais atentamente, percebemos que muito daquilo que se atribui à morte, como o irremediável e o irreversível, são condições da própria vida. Ela também não é isenta de limitações, parcialidades, irreversibilidades. Se aquilo que fomos quando bebês, crianças, jovens já não volta, também não volta a velhice. Na pesquisa *Idosos no Brasil*, a percepção dos/as entrevistados/as foi a de que, apesar dos receios quanto ao sofrimento e à dor, "a morte não assusta porque faz parte da vida" (Sesc-SP/FPA, 2020).

Ao mesmo tempo que não se repete o que foi, o de agora também não retorna. Esse movimento espiralar nos convida a abraçar as idas e vindas do tempo sem vingança contra o passado ou futuro (outro nome para o ressentimento). Há quem diga que a beleza passa com o tempo, sendo que, em verdade, o que vai se transformando é a juventude em outros momentos, pois a beleza permanece conosco em todas as idades. Se tiramos a autorreferência do que é belo e bom daquilo que é jovem, então essa estrutura parasitária do etarismo também rui. Se esse progresso se faz através da devastação dos rios, matas, dos demais animais, temos uma evolução baseada no próprio declínio, já que nós também somos parte e só vivemos em codependência com esses seres (des)matados.

A colonização é um sistema de adestramento, que se fortifica através do medo, terror e culpa, é preciso que acreditemos no que fundamenta o pecado para que nos sintamos pecadores. Essa monocultura colonial nos ameaça a todo momento, seja prometendo o "feliz para sempre" se a obedecermos, seja nos ameaçando de punições severas caso desobedeçamos. De certa forma, ambas promessas são descumpridas pela colonialidade, pois nem ela garante a felicidade eterna, nem tem tanto poder quando diz ter. Então, quando nos disserem não é a hora de ter mais de um amor, não é o momento de uma mulher se apaixonar por outra, não é o momento para não fazer mais sexo por obrigação ou dever, que possamos desobedecer, desviar, questionar. Não somos nós que estamos no tempo errado e na hora errada da vida para fazer o que nosso desejo pulsa, é a cronologia do mundo colonial que precisa ser desmarcada.

Se não mais julgarmos o tempo a partir da eternidade, a vida a partir do infinito, a evolução como guerra contra a carne, há todo um descortinado de existência, de floresta e não mais de monocultura. Não é fracasso a textura da pele que muda, a cor dos cabelos, o tempo de caminhar, falar e sentir. É vida.

Se o sentimento de inadequação, de insuficiência e impotência vêm como consequência dos valores transcendentais que guiam o tempo colonial, talvez seja o momento de pararmos de tentar nos adequar a esse ponteiro e abrirmos espaço para uma ética que faça sentido para nós. Mesmo que não seja a de nossos pais, avós, mesmo que não obedeça ao que nos foi ensinado, uma ética artesanalmente construída sob nossa medida, em trânsito como o fluxo das águas.

Se pararmos de exigir valores imutáveis do mundo, da vida e de nós mesmos, talvez possamos sentir o presente que a natureza, e não o sobrenatural, podem nos oferecer. Como diz Caeiro:

> Não tenho pressa: não a têm o sol e a lua.
> Ninguém anda mais depressa do que as pernas que tem.
> Ter pressa é crer que a gente passe adiante das pernas,
> Ou que, dando um pulo, salte por cima da sombra.
> Não; não tenho pressa.
> Se estendo o braço, chego exatamente aonde
> o meu braço chega —
> Nem um centímetro mais longe.
> Toco só aonde toco, não aonde penso.
> Só me posso sentar aonde estou.

Finalizo esse texto agradecendo pelo espaço e pela oportunidade de refletir sobre essas questões, compartilhando, para finalizar, um poema que escrevi justamente sobre o tema com o qual iniciei a conversa nesse ensaio: o tempo.

> Tudo tem um tempo indeterminado
> E se o tempo de nascer for o mesmo de morrer?
> Se o tempo de adoecer for o mesmo de sarar?
> Se o tempo de construir for como o de demolir?
> Se o tempo para rir e chorar for simultâneo?
> E se no mesmo tempo ajuntarmos as pedras e as atirarmos?
> E se ao mesmo que nos abraçarmos também nos apartarmos?
> Se o tempo de perder for o mesmo do encontrar?
> E se as rédeas do afeto, do sonho e do destino não estiverem nas nossas mãos? Nem nas de ninguém?
> Se o universo não obedecer ao terraplanismo humano que atribui a ele uma conspiração autocentrada?
> Se no caderno das estrelas não houver uma linha sequer sobre nós, nem sobre as minhocas, nem sobre as capivaras, valeria menos a vida?

> E se abraçarmos o fato de que nem tudo que plantamos colhemos, mas que há muitos presentes na vida que recebemos sem plantio?
> E que o tempo é espiralar, concomitante, que toda escolha binarista é uma armadilha?
> Se gostamos da montanha é porque o rio não foi suficientemente lindo?
> Não há para todas as coisas um tempo determinado, não há para nós salvação, nem condenação.

REFERÊNCIAS

ANDRADE, Carlos Drummond de. *Sentimento do mundo*. Rio de Janeiro: Record, 2000. (1ª ed. de 1940).

BUTLER, Judith. *Gender Trouble: Feminism and the Subversion of Identity*. New York/London: Routledge, 1990.

_____. *Quadros de guerra: quando a vida é passível de luto?* Tradução de Sérgio Tadeu de Niemeyer Lamarão e Arnaldo Marques da Cunha. 3ª ed. Rio de Janeiro: Civilização Brasileira, 2017. 288p.

PESSOA, Fernando. *Poesias de Álvaro de Campos*. Lisboa: Ática, 1944 (imp. 1993).

NIETZSCHE, Friedrich. *A genealogia da moral*. 3 ed. São Paulo: Editora Escala, 2009.

NÚÑEZ, Geni; OLIVEIRA, João Manuel; LAGO, Mara Coelho de Souza. "Monogamia e (anti)colonialidades: uma artesania narrativa indígena". *Revista Teoria e Cultura*, 2021, v. 16, n.3.

SILVA, Verá Tupã Popygua Timóteo da. "Depoimento: Verá Tupã Popygua Timóteo da Silva. *Revista Continente*, [s. l], v. 1, n. 1, p. 1-03, abr. 2017.

ENVELHECER E MORRER HOJE NO BRASIL

GUSTAVO ASSANO

O presente ensaio tem como objetivo refletir sobre a finitude da vida e a velhice no Brasil. Nosso ponto de partida é fornecido pela pesquisa de opinião pública *Idosos no Brasil: vivências, desafios e expectativas na terceira idade*. A uma amostra de 2.369 idosos e 1.775 não idosos perguntou-se sobre as preocupações individuais com a morte. Segundo os resultados da pesquisa, 65% da população brasileira afirma não ter medo da morte; 78% da população idosa integra esta estatística, em contraste com os 62% de não idosos que afirmam não guardar o mesmo temor.

Dos que não guardam ansiedade pela finitude da vida, 77% responderam que a principal justificativa é o fato da morte ser "inevitável", ou que "é a lei da vida" (53%), ou que "a vida pertence a Deus e Jesus estará com ele/a" (11%). A inevitabilidade e universalidade da morte imprimem o aspecto de norma clara e incontornável, de tal forma que uma ordem a ser cumprida surge como antídoto para o medo e a ansiedade. A certeza de que a regra será seguida cedo ou tarde, a futilidade de ações e esforços em contrário tornam a autoridade soberana. Ou seja, sua legitimidade surge da força unânime de seu cumprimento.

A autoridade legislativa da morte prevalece pelo que apresenta de implacável, aceita como justa pela força do inevitável – ou seja, o justo é verificado pela força. A perda do medo da morte, neste raciocínio, parece surgir de uma abdicação da própria agência diante de uma regra, recuo que revela uma nota de conformismo sobre a irrelevância dos próprios desejos e vontades, uma variação das diversas formas de se aceitar as coisas como elas são. Mas como é absolutamente inconcebível uma transgressão da regra, seria a melhor forma de entender a morte concebendo-a como uma norma? A morte tida como uma regra parece atribuir uma agência humana que descomplexifica e remove o que há de absurdo e aterrorizante em tal predicamento, pois se domestica o medo ao transformar em segunda natureza uma construção histórica, social e cultural, reduzindo uma convenção humana em manifestação de força da natureza.

A perspectiva da finitude da vida e as maneiras de racionalizar a certeza da chegada da morte possuem contornos muito específicos quando a velhice chega, configurando uma temporalidade própria. Cada nova dor, nova perda de habilidade física ou capacidade cognitiva, um movimento de ponteiro é consumado num relógio invisível que a consciência individual sobre o tempo aos poucos configura em todos sujeitos isolados, cada qual confrontado com novos acúmulos de formas de luto e tomada de consciência sobre a irreversibilidade do tempo e da condição finita de ações humanas possíveis. Assim, a temporalidade trazida pela perspectiva da morte na velhice individual é a temporalidade do *prazo* – um tempo de suspensão sobre as formas de progressão temporal vividas em fases pregressas da vida, pois agora continuar vivo, ao invés da sucessão de fases e unidades temporais, rememorando as anteriores e esperando as seguintes, se revela ser apenas um "ainda não estar morto", uma condição que se determina apenas por não ser o nada absoluto e irrepresentável do pós-vida; uma homogeneidade qualitativa imobiliza a experiência do tempo, uma transformação que pesa insuportavelmente para muitos diante da realidade da brusca interrupção da própria existência como fim inevitável.

Assim, o controle sobre o próprio tempo, sobre o alcance das próprias ações, a capacidade de sonhar e fazer projetos é friamente arrancada de cada um e a capacidade de ver-se sujeito da própria narrativa é aos poucos abolida, fazendo parecer um sonho distante ou uma ilusão os momentos em que se pensou ter controle sobre a própria vida. Sob uma perspectiva puramente individual, é impossível conceber uma morte digna, pois é a própria individualidade que será aniquilada no momento da morte e no duro caminho até o momento de sua chegada. A dignidade nesta fase da vida só pode existir sob a perspectiva de trajetórias compartilhadas, da solidariedade que só pode nascer da construção coletiva do sentido da vida, sentido que ultrapassa a vida de todo falecido quando se compartilhou de sofrimentos sem voz e alegrias de buscas que preenchiam a trama que deu unidade a uma vida que, ao se tornar inteligível para outros enquanto tal, ultrapassa a solidão do sujeito isolado. A dignidade da espera e preparação para a morte, portanto, não é para ser vivida apenas pelo sujeito que aguarda sua chegada, pois esta surge também da plenitude de sentido encontrada pelos que ficam. E é neste sentido que a ordem social em que estamos inseridos é uma abominação quando se trata de se conceber a possibilidade de uma morte digna.

O leitor deve ter notado o uso dos termos "isolamento" e "individual" em sua generalização abstrata nos parágrafos anteriores, uma forma de atribuir às formas variadas de envelhecimento e de morte um estatuto de universalidade, que pressupõe uma relação de igualdade. Este é um dos primeiros vícios que devem ser nuançados e pensados criticamente quando se debate a ideia de morte, como se a constatação da validade absoluta do fato de que todos morrem servisse de parâmetro para constatar condições universais compartilhadas. Assim, uma série de falsas generalizações são cometidas. Sejamos, então, a partir de agora, explícitos: a morte pode ser universal, mas não se morre igual e não se envelhece igual. É levando-se em conta a desigualdade atroz entre as formas e condições sociais de se envelhecer e morrer na sociedade capitalista que o debate sobre o medo da morte se torna complexo e deixa de ser filosofia de botequim ou meditação de fim de feira; é ao se levar em conta convenções subjetivamente acatadas em conjunto, mas por sujeitos oriundos de realidades objetivamente apartadas que essa discussão permite pensar questões como: é possível morrer com dignidade no Brasil contemporâneo?

Nesta última idade da vida, a antecipação é proporcionada e suscitada a partir do processo de decrepitude já aludido, um princípio de colapso biológico que monopoliza o tempo da narrativa de vidas isoladas. A perspectiva conclusiva da finitude traz consigo uma tristeza compensada com outras formas de absoluto, para além do vazio terrificante da ausência de vida. Do nada monstruoso, a vacuidade irrepresentável do pós-vida, traz-se consigo a moldura de uma forma de absoluto. Se é a nadeidade o que prevalece na conclusão da finitude, a temporalidade em vida pode ser fruída apenas como dissolução. Como nos lembra Paul Ricoeur, é assim que a ideia de prazo que conduz um processo de dissolução suscita imagens de decadência, ruína, fenecimento, estagnação e impasse progressivo, de finalidade não cumprida ou saciada, de dispersão e indigência lamentável. Trata-se de uma temporalidade como "agonia" (RICOEUR, 1983, p. 51) que ganha sua força de significação por ser o contrário, o simbolicamente oposto da eternidade benevolente e positiva da ideia de viver a plenitude, ou algum tipo de iluminação que transcenda o finito de toda matéria perecível.

Desta moldura negativa do nada absoluto representado pela morte, emerge a perspectiva da salvação divina, o absoluto positivo da graça divina – e é grave equívoco fazer pouco caso desta crença, como as estatísticas apresentadas indicam, pois é do desespero diante da morte vivido por uma massa de sujeitos que estamos falando. Não é outra a perspectiva de Jacques Bossuet em seu *Sermão sobre a morte e a brevidade da vida* (1662). De maneira talvez surpreendente, é possível encontrar neste escrito algumas formulações úteis para refletir sobre essa temporalidade do prazo. Nele, o sermonista está escandalizado com o repúdio pela morte sentido por seus ouvintes cristãos. Se esse asco e recusa de confrontar a morte fizer sentido, então os crentes deveriam sentir aversão pelo espetáculo do calvário de Jesus ou pela ressurreição de Lázaro. É da Bíblia que vem a ordem por observar a cripta de Lázaro e ver seu cadáver como um objeto de piedade e portador de milagre. Ao recusar observar a morte, recusam-se os bens que vêm com ela, diz Bossuet com eloquência e habilidade retórica impressionantes. Para provar seu argumento, expõe a perspectiva neoplatônica e escolástica da oposição entre alma e corpo, e num inspirado exercício de dialética, opõe a perspectiva da finitude da carne e do infinito da alma defendendo ambos para chegar à conclusão que confirma os dogmas da benção infinita e absoluta do Reino de Deus no além-vida, separando a baixeza corruptível da matéria perecida.

Num primeiro momento, a estratégia retórica de Bossuet para construir seu argumento persuasivo assume com grandiloquência dramática o ponto de vista da consciência aterrorizada pela prisão da finitude corpórea. Para esta, a eternidade do Deus que atravessa e se preserva ao longo dos séculos é terrificante e desanimadora. Deus sempre permanece, é sempre em si mesmo, sua forma eterna nem se esvazia, nem se altera, nem pode ser medida. Já os nossos dias são mensuráveis, e diante do que não possui medida, a substância mensurável não é nada, pois tudo o que possui medida é finito, e quando o fim chega, o último ponto destrói tudo, como se o que se acumulou antes nunca tivesse existido. Que diferença faz viver vinte ou cem anos se um único momento, o momento da morte, os apaga? Mesmo os restos mortais, nossos vestígios na Terra, também serão apagados com o tempo e nos perderemos no grande abismo do nada. O desesperado é obrigado a perguntar-se qual é, então, a própria substância se cada um entra na vida apenas para deixá-la. Na efemeridade do plano material, do ponto de vista da finitude mortal, nós somos nada, pois o espaço que ocupamos e o tempo em que existimos é tão pequeno diante do imenso abismo do tempo, nossa extensão não é capaz de ser distinguida do nada. É aqui que se dá a guinada argumentativa de Bossuet: o verdadeiro cristão saberá que a imensidão do tempo infinito configurado pela nadeidade que assombra a existência finita, mensurável e perecível, é na verdade a imagem da grandeza de Deus.

O nada é o que se manifesta como conclusão dos limites de nossos sentidos, preconceitos que a sensorialidade da vida humana empírica nos impõe. Da mesma forma limitada, o espírito humano é incutido com forças que o fazem superar a si mesmo, dar saltos sobre limites da imaginação e da industriosidade da sociedade dos homens. O progresso científico, o exercício da reflexão crítica, o alcance das ações humanas, segundo Bossuet, revelam uma grandeza prodigiosa cujo raio do poder que o sustenta é tão desmesurado é sublime quanto o trabalho de quem criou o mundo. Há, portanto, uma dimensão que ultrapassa os limites da imaginação humana na própria atividade humana, uma dimensão criada pelos homens alienada deles mesmos, que possibilita a realização das condições para a existência da felicidade humana. Há algo de desmesurado no espírito humano, e é aí que reside para Bossuet o ponto comum com o infinito e eternidade de Deus a resplandecer na matéria humana, mesmo que confinada na consciência dos homens, esta que não pode sentir além do finito e não pode ver além do mutável. Nossa imaginação, sustentada pela experiência empírica acumulada, derivada de um plano perecível, não pode sustentar a ideia da pureza da alma e da presença da forma divina de Deus em nossas aparências – por isso sempre devemos ser retificados por doutrinas e dogmas balizando nossa fé, pois somos criaturas falíveis, limitadas, que se encantam com a aparência do bem e não pelo bem em si, que são assombrados pela aparência do mal, e não pelo mal em si. Assim, seria possível encontrar felicidade mesmo na morte, pois a desmesura do nada infinito que a morte acarreta é a mesma que propicia apreender a eternidade e o infinito de Deus, a luz que cria a desmesura das possibilidades e consequências das ações humanas.

Essa procissão de termos grandiloquentes e visões do sublime entre a ordem divina e a forma humana faz parecer quase cômica a preocupação com a dignidade humana diante da velhice e a morte na velhice. Nesta explicação espiritual dogmática e escolástica verdadeiramente fascinante, inscreve-se a abstração do sofrimento humano particular, ou seja, o sofrimento do indivíduo isolado em sociedade. Propagandeia-se uma forma de conformismo sobre o sofrimento que não precisa de explicação teológica para ser compreendido. No argumento de Bossuet, ou se aceita a fé em Deus e em Jesus como nosso salvador, ou o que restará é o niilismo da vida empírica sem transcendência, em que a aniquilação certa é reiterada e sem sentido. E mesmo assim, como se nota numa digressão luminosa de Simone de Beauvoir em seu estudo magistral sobre a velhice em sociedades modernas (BEAUVOIR, 2018, p. 691), a imensa maioria dos homens humanos acolhe a velhice mesmo que em meio à tristeza ou à revolta, mesmo quando esta inspira mais repugnância que a morte.

Há sempre algo de solene, quando não pomposo e afetado, nas discussões sobre a morte que poucas vezes se combina com as formas de se descrever a velhice. A perspectiva do absoluto divino de Bossuet abole a perspectiva do prazo, portanto torna impossível falar sobre a especificidade da temporalidade da velhice moderna, quando as palavras dos médicos e dos burocratas de repartição pública emitindo atestados de óbito ganham mais autoridade que os padres benzendo moribundos em seus últimos suspiros. A perspectiva da morte torna completamente diferente o ato de pensar e agir sobre o presente quando se tem 30 anos e quando se tem 80. Na velhice, ainda segundo Beauvoir, a vivência do presente produz uma obliteração do passado. O "preconceito positivo" (NERI, 2006, p. 24) da sabedoria adquirida com a idade é quase sempre desmentido quando o presente é uma degradação ou um desmentido do que se viveu no passado. O aprendizado com experiências e acontecimentos passados, e a sabedoria gerada com estes, pertencem a uma vida extinta, de uma época de ilusões não abaladas e perspectivas em aberto. É essa a condição da velhice como paródia da vida, e que é sumarizada por frase que Beauvoir atribui a Faguet: "A velhice é uma contínua comédia representada por um homem para enganar os outros e a si mesmo, e é cômica sobretudo porque ele representa mal".

É preciso que se afirme com todas as letras que, durante toda duração da existência da ordem social capitalista, os idosos foram tratados como párias. A certeza sobre o sofrimento, a impotência e a degradação corporal e mental naturalizaram e tornaram invisíveis as causas deste sofrimento. O abandono, a miséria e o desespero não são "fatos da natureza", e o hábito mental de tratar a angústia e o sofrimento na velhice como tão intratáveis quanto as lamúrias de um paciente de doença terminal impedem que essas pessoas sejam tratadas com dignidade e fazem com que a própria velhice seja entendida como uma doença. A imagem de abjeção e improdutividade carregada por idosos brasileiros os expulsa de qualquer noção de humanidade que se concilie com a ordem social capitalista.

Do ponto de vista da produtividade neoliberal, os velhos são 'não sujeitos', pois são pessoas sem finalidade produtiva. São organismos sem teleologia, pois suas ações não rumam para projetos que imbuem de sentido suas escolhas feitas para organizar a vida econômica dividida entre meios e fins. Não fazem algo deste ponto de vista, pois nessa fase a morte monopoliza a conclusão de todas as ações, sendo essa conclusão algo estabelecido por força exterior às intenções do próprio sujeito. Aos indivíduos ativos, os velhos são uma "espécie estranha", na qual não se reconhecem. O idoso é definido pela inatividade. Sua inadequação aos imperativos produtivistas do nosso tempo torna o idoso uma forma desumanizada e descartável. A desidentificação é tamanha ao ponto de ser comum jovens não notarem no idoso algo da própria condição futura, revelando uma forma de alienação sobre a própria condição de humanidade. A desumanização da figura do velho, portanto, atinge tanto idosos como não idosos.

A velhice é a imagem oposta ao trabalho e é relacionada à ideia de consumo puro, sem contrapartida ativa. Neste sistema, o trabalho é a única razão de viver, e confirma sua natureza mutiladora quando não permite a quem não pode mais trabalhar buscar uma outra razão para viver. Não há mais lugar no mundo para quem não trabalha, e ao envelhecer, o trabalhador nota que o lugar antes ocupado nunca foi realmente seu. Neste sistema, a sabedoria da velhice, tão popularmente propalada, é uma hipocrisia que esconde a condição de obsolescência do conhecimento dos mais velhos diante das transformações sociais e tecnológicas, outro fator que os torna descartáveis diante do conhecimento dos mais jovens. Neste sistema não há lugar para sabedoria, tanto menos para sábios. É neste lugar que se repete outro dito popular aos idosos: "você já aproveitou o que tinha para aproveitar" – como se o velho devesse sentir culpa por existir, por ter gosto por estar vivo ou buscar novas alegrias de viver (LOPES, 2006, p. 104).

Qual a medida da forma como os velhos são tratados, qual a dignidade que lhes é concedida nos momentos finais em vida? Para que se entenda quão tenebroso é o período em que vivemos em se tratando do tema "morte e velhice no Brasil", é incontornável que se mencione o caso Prevent Senior e a pandemia de covid-19. Assim poderemos evitar a retórica relativizadora, que demarca avanços e recuos na luta pela dignidade de idosos brasileiros com políticas públicas e incrementos institucionais, e com isso contorna-se um confronto com a situação objetiva da pauta em questão. Não discutiremos se o justo escândalo em torno do caso denunciado na CPI da covid em 2021 recebeu o alcance e consequências devidos, apenas chamaremos atenção para o fato de ter ocorrido especificamente em uma empresa de saúde para idosos, que fez da morte de idosos uma fonte de lucro.

A comissão parlamentar descobriu um dossiê que provava que a Prevent Senior fez tratamento com o chamado "Kit covid" sem a autorização de pacientes, ou seja, os tratou como cobaias. Os interesses da empresa se aliaram aos interesses do governo Bolsonaro em provar que a aplicação do medicamento hidroxicloroquina seria a esperança da população para evitar a aplicação de políticas de *lockdown* e distanciamento social. Os testes ilegais visavam descobrir alguma dosimetria milagrosa que comprovasse a eficácia do medicamento amplamente divulgado como ineficaz e prejudicial como posologia contra a infecção do coronavírus.

Como parte dos procedimentos da realização deste empreendimento macabro, médicos da seguradora eram orientados a fraudar prontuários e atestados de óbito para que os dados estatísticos dos falecidos sob os cuidados da empresa confirmassem a eficácia buscada. Quando pacientes em estado grave demonstravam não ser responsivos ao medicamento milagroso, médicos chegavam a orientar familiares de pacientes que "seria mais confortável para o paciente morrer, vir a óbito, com bomba de morfina", como relatou o sobrevivente Tadeu Frederico Andrade num dos relatos mais impressionantes do inquérito (AGÊNCIA SENADO, 2021).

Choca não apenas o que há de mórbido na manipulação que produziu mortes em massa, mas também a naturalidade com que a lógica assassina foi implantada pela empresa, dentro da hierarquia de funções logística, administrativa e médica que levaram ao ato monstruoso. A ausência de culpa dos representantes da Prevent Senior que falaram sobre o caso faz lembrar os termos de irreflexão dos funcionários técnicos que de alguma forma tomaram parte de "massacres administrativos", termo formulado por Hannah Arendt para descrever os massacres programáticos como política de Estado. É notoriamente comentado o fato de Hitler ter começado os assassinatos em sua política de extermínio com "doentes incuráveis", fazendo com que o monstruoso fosse entendido como ação misericordiosa.

No julgamento contra Adolf Eichmann, um dos principais argumentos de defesa que circulavam em favor do burocrata que arquitetou a logística dos transportes de judeus por toda Europa rumo aos fornos dos campos de concentração era o de que ele não passava de uma "pequena engrenagem" na máquina da Solução Final (ARENDT, 1999, p. 122). No entanto, com o caso Prevent Senior, talvez se trate de um paradigma mais mesquinho e tacanho, um patamar abaixo do exemplo nazista em sua eficácia em apagar a ligação do produto final com o sujeito que pratica a ação abominável, pois este processo também se relacionava a *slogans* nacionalistas que propagandeavam o próprio sacrifício em prol da grandeza da nação. No caso Prevent Senior, a única motivação macroestrutural era lucro, conquistar a bolada que a descoberta megalomaníaca de um remédio milagroso poderia trazer. Os cadáveres produzidos e empilhados pela estrutura da empresa eram resíduos de um processo que despendia meios mórbidos para atingir um fim que é procedimento básico de toda empresa capitalista: lucrar e se expandir.

A condição de cobaia nos revela um possível índice sobre a realidade objetiva da possibilidade de morrer-se com dignidade durante a velhice no Brasil, pois nos fornece o índice da desumanização dos idosos hoje. Numa empresa que funciona à base do discurso do cuidado, do acolhimento e da proteção de idosos, o que se verificou foi a fria substituibilidade entre seres humanos vistos como organismos equivalentes, exemplares submetidos a triagens de métodos científicos para extração de material a ser analisado em placas de Petri. Assim como um rato de laboratório não possui singularidade, pois quando é abatido num experimento é imediatamente substituído por outro, feitas as marcações e relatorias sobre o que o organismo morto revela, coletadas as informações integradas para compor estatísticas de eficácia farmacológica. Na Prevent Senior, idosos foram tratados como inferiores a animais imolados em rituais de sacrifícios religiosos, pois nestes "a singularidade histórica do escolhido, que recai sobre o elemento substituto, distingue-o radicalmente, torna-o introcável na troca" (ADORNO, HORKHEIMER, 1985, p. 25). Se não desejamos carregar nenhuma ilusão sobre o lugar do idoso na ordem social contemporânea e como se concebe sua finitude existencial hoje, é preciso reconhecer o monstruoso desta fungibilidade entre indivíduos, tratados como equivalentes e substituíveis como material matável, pois condenado à morte por não se esperar dele outra utilidade que não a morte.

Numa sociedade monstruosa como a que permite esse procedimento com naturalidade e sem freios civilizatórios mínimos, é a essa condição de descartabilidade que o termo "velho" designa. Isto é confirmado por declarações já célebres de Jair Bolsonaro, uma face límpida do espírito de nossa época: "Vão morrer alguns [idosos e pessoas mais vulneráveis] pelo vírus? Sim, vão morrer. Se tiver um com deficiência, pegou no contrapé, eu lamento" (20/03/2020). Essa fala mórbida esclarece que sua vulgaridade e raciocínio torpe não é uma anomalia de consciência irrefletida e ignorante, pois encontrou respaldo na prática de toda uma empresa gerida e mantida por médicos representantes da classe científica, tal como mobilizados pelo mercado. Não se trata de um caso isolado, pois o discurso de pouco caso sobre a massa de cadáveres de fracos e improdutivos prevista para a continuidade da normalidade com a expansão da pandemia triunfou. Trata-se de uma tendência estrutural exterminar os vulneráveis, não apenas uma deformação moral, uma tendência que atende a um imperativo de abstração social.

Quando o mundo se transforma ou se revela intolerável sustentar a permanência nele, um jovem pode mais facilmente conservar a esperança por uma mudança. O mesmo não se dá entre idosos. Novamente, é a temporalidade do prazo que condiciona tal especificidade. Mesmo que o velho hipotético que temos em mente conserve suas forças e saúde, e mesmo que a sociedade não o tenha arrancado brutalmente de suas atividades, seu horizonte de expectativas, seus sonhos, projetos e desejos, definham por causa da consciência sobre sua finitude. Assim, a morte poderia parecer preferível a tamanho sofrimento. Mas pensar assim é cair na inércia dos imperativos sociais de nossa época, que tratam a velhice como doença, uma confusão que precisa ser desfeita. A constância tormentosa do medo da morte também contribui para que os próprios idosos confirmem esse raciocínio. Mas faz parte do prazo para o fim da vida durante a velhice a dura e ambígua realidade de que, por mais que o corpo entre em acelerado processo de colapso biológico, a capacidade de sentir, desejar e, portanto, de imaginar prevaleçam. Assim, trata-se de um ponto de vista singular para imaginar uma outra forma de vida que não o desespero, angústia e agonia no final da vida, um ponto de vista com o qual todos temos algo a aprender.

Há um aprendizado que todos nós devemos fazer com o confronto individual dos idosos com a proximidade do fim da vida, e isto não se deve apenas ao fato inelutável de que todos podemos um dia passar por isso. Pouco se fala das crises que a identificação com o personagem "velho" imputado aos idosos podem acarretar. Pouco se fala da dificuldade que uma pessoa idosa enfrenta para sustentar o sentimento de sua identidade. Se saber velho o transforma num outro, de quem não consegue realizar a existência para si mesmo. Quando perde sua qualificação e seu papel social (quando aposenta, quando os filhos crescem, quando os projetos que envolvem atividades físicas intensas são desfeitos), não se define por mais nada, não sabe mais quem é. Por mais desesperadora que tal condição se revele ser, talvez a questão não seja apenas lamentar a sua não integração a uma ordem social, pois talvez seja o momento de questionar esta ordem social, duvidar que haja algo a se ganhar integrando-se a um estado de coisas cruel e desumanizador. A solidão e o desespero que a velhice pode acarretar são uma criação humana, consequência de condições sociais específicas e, como tal, nada nela é passível de se eternizar ou deixar de ser transformado. Talvez nunca tenha existido um momento histórico tão propício para se perceber como todos os seres humanos têm algo a aprender com a condição dos idosos numa sociedade atomizada. Para que se possa entender o que isto quer dizer, façamos um exercício mental com o marco definidor da temporalidade da velhice: a ideia de *prazo*.

A dimensão temporal da reflexão sobre a morte de um ponto de vista individual é definida pelo vazio absoluto impossível de ser mentalizado, o pós-morte como impossível de ser imaginado do ponto de vista de uma intuição empiricamente motivada. Assim, estar vivo ganha sua medida, pois o tempo da vida é o tempo do que ainda não está morto. A certeza sobre a chegada da morte propicia uma perspectiva de unidade por se completar, e com isso, a medida do passado vivido, o presente habitado e o futuro por se realizar. Vimos com Bossuet que é exatamente essa vida de temporalidade mensurável, cujo além de si mesma é impossível de ser imaginado, que fornece os marcos de sua finitude que permitem sentir o peso do nada infinito e absoluto, pois o nada da morte existirá por muito mais tempo que nossa existência orgânica funcional. Tomando como medida a nadeidade infinita da morte, nós mesmos parecemos nada, as vivências no tempo da existência humana são menores que um grão de areia, uma insignificância de difícil aceitação – daí o apelo para a fé em Deus, que não deixa de ser um esforço desesperado em tornar positiva a temporalidade negativa representada pela morte. Todos os seres humanos estão inscritos nesta condição, mas apenas os idosos, excetuando-se os jovens moribundos com doenças terminais, vivem a pressão do prazo, a iminência da ausência do futuro, o avesso da ideia de "depois", pois a sucessão temporal nos faz esperar por algo, mas a morte é o nada, a ausência do "depois", a interrupção súbita no momento mesmo de sucessão temporal. Este é o peso do prazo que apenas os idosos entendem o que significa como condição mesma de estar vivo.

Acontece que, neste começo do século XXI, testemunhamos o retorno das ameaças de guerras nucleares e convivemos diuturnamente com o colapso de qualquer imagem de futuro vinculado a qualquer ideia de propriedade ou até mesmo de continuidade de vida na terra. Neste sentido muito específico, estamos todos presos a uma temporalidade determinada por um prazo. Quem primeiro concebeu o movimento conceitual desta condição não foi um filósofo contemporâneo, pois é de Günther Anders que tomamos os termos que seguem, um alemão que testemunhou as atrocidades do nazismo na Segunda Guerra Mundial e a ascensão da Era Atômica com a explosão da bomba de Hiroshima em 6 de agosto de 1945. Neste dia, diz Anders, testemunhamos uma onipotência: a nossa onipotência, pois a partir de então descobrimos que temos a capacidade de destruir toda a vida na terra. Ao contrário do Deus de onipotência positiva de Bossuet, nossa onipotência se manifestou de modo negativo, pois com esse poder absoluto surge também o marco de nossa impotência absoluta. A temporalidade de nossa era faz desta "A última era", mesmo que ela dure para sempre, pois a bomba não pode ser "desinventada", ou seja, a possibilidade de nossa autoextinção não pode ser dissipada.

É então, feitas as considerações, que Anders (2013) arremata: "Portanto, por sua natureza mesma, essa era é um 'prazo', e nosso 'modo de ser' nessa era deve ser definido como 'ainda não sendo inexistentes', 'ainda não sendo exatamente inexistente'". Para nós, mortais nascidos nesta era, a pergunta moral "como devemos viver?" perde força, é atropelada pela questão "iremos viver?". É neste ponto que nos serão úteis as reflexões de Bossuet acerca da nadeidade representada pela morte. O teor de quão ameaçador é o perigo apocalíptico está no fato de ser impossível para as capacidades cognitivas humanas "conceber a imensidade de uma tal catástrofe", ou seja, a imaginação humana é incapaz de abarcar um "não ser" tão imenso. Este nada, no entanto, ao contrário do Deus de Bossuet (ao menos do ponto de vista do filósofo), é uma criação humana, produto de atividades criativas da industriosidade do homem. Ou seja, somos incapazes de imaginar o que somos capazes de produzir, condição que Anders batiza de "Discrepância prometeica". Vivemos, portanto, ainda seguindo Anders, a era do "utopismo invertido", pois é uma definição de utopia a incapacidade de produzir o que se conseguiu imaginar.

É muito simples destruir centenas de milhares de pessoas apenas pressionando um botão, mas muito mais árduo matar apenas um homem, pois quanto mais amplo os efeitos de nossas ações, mais difícil é visualizá-los, sentirmos arrependimento ou vergonha. Não é distante da mesma premissa de velhice enquanto forma de vida socialmente construída na sociedade capitalista. Efeito de uma série de ações e mecanismos compostos de abstrações sociais e processos de alienação, não percebemos que a velhice é uma construção social e humana, derivada de relações sistêmicas e estruturais amplas demais para que se visualize suas causas e procedimentos operativos, e não é vista, por consequência, como produto de atividade humana alienada. É tido como um dado da natureza, quando é na verdade um constructo histórico, permeado por processos que revelam que em verdade é uma condição transformável. Se não o fosse, por que a idade para o aparecimento da senilidade e a perda de vigor físico parece variar de acordo com classe social? Ou por que a saúde de negros e brancos idosos é discrepante?

Se vivemos na Era do Tempo do Fim, o convívio aterrorizante com o prazo para a confirmação da finitude não é mais vivida apenas por idosos, mas por todos nós. Assim como há um aprendizado a ser feito com culturas indígenas cujos nativos testemunharam repetidas vezes a queda do céu ao longo da história, ou com a diáspora sangrenta dos povos africanos e sua trajetória de catástrofes encadeadas, ou com a perda de autonomia e autodeterminação da classe operária e sua história de derrotas – assim como há muito o que aprender com os esbulhados e tidos como descartáveis pelo sistema social que nos governa, há lições a serem aprendidas com os idosos, que convivem e aprendem a formular há eras sobre o que significa viver sob um prazo.

É pela forma como a sociedade trata seus membros "inativos" e "improdutivos" que ela deixa cair sua máscara. Um ser humano não deveria chegar ao final da vida abandonado e não deveria ser tratado como cobaia. Não se trata de um imperativo moral de voluntarismo cidadão, mas da necessidade de recriar todas as relações sociais para que as condições dos idosos sejam aceitáveis. Do contrário, o que prevalece é a lógica de descartabilidade de todos que são considerados incapazes de render, e dentre eles estão tanto os velhos como uma considerável fração de jovens. Deixaremos com Simone de Beauvoir a nota final para a conclusão desta reflexão:

> Quando compreendermos o que é a condição dos velhos, não poderemos contentar-nos em reivindicar uma "política da velhice" mais generosa, uma elevação das pensões, habitações sadias, lazeres organizados. É todo o sistema que está em jogo, e a reivindicação só pode ser radical: mudar a vida. (BEAUVOIR, 2018, p. 650)

REFERÊNCIAS

ADORNO, Theodor W.; HORKHEIMER, Max. *Dialética do esclarecimento: fragmentos filosóficos*. Rio de Janeiro: Jorge Zahar Ed., 1985.

AGÊNCIA SENADO. "Paciente e médico confirmam denúncias contra a Prevent Senior". 7/10/2021. Disponível em: https://www12.senado.leg.br/noticias/materias/2021/10/07/paciente-e-medico-confirmam-denuncias-contra-a-prevent-senior. Acesso em: 23 maio 2022.

ANDERS, Günther. "Teses para a era atômica". *Sopro – panfleto político-cultural*. n. 87. Abr. 2013. Disponível em: http://www.culturaebarbarie.org/sopro/outros/anders.html#.YqDdl-zMLIU. Acesso em: 08 jun. 2022.

ARENDT, Hannah. *Eichmann em Jerusalém: um relato sobre a banalidade do mal*. São Paulo: Companhia das Letras, 1999.

BEAUVOIR, Simone de. *A velhice*. Rio de Janeiro: Nova Fronteira, 2018.

BOSSUET, Jacques-Bénigne. *Sermon sur la mort et brièveté de la vie*. Paris: eBooksLib, 2002.

LOPES, Ruth Gelehrter da Costa. "Imagem e autoimagem: da homogeneidade da velhice para a heterogeneidade das vivências". In: Pesquisa de opinião Pública – *Idosos no Brasil: vivências, desafios e expectativas na terceira idade*, 2006.

NERI, Anita Liberalesso. "Atitudes e preconceitos em relação à velhice". In: Pesquisa de opinião pública – *Idosos no Brasil: vivências, desafios e expectativas na terceira idade*, 2006.

RICOEUR, Paul. *Temps et récits – Tome I*. Paris: Éditions Du Seuil, 1983.

SÁLVEA DE OLIVEIRA CAMPELO E PAIVA
VANESSA PALOMA DE LIMA SILVA

DIREITOS E POLÍTICAS PÚBLICAS

CONSIDERAÇÕES SOBRE
A REALIDADE VIVENCIADA POR
PESSOAS IDOSAS NO BRASIL

Neste capítulo, apresentamos, com base em nosso acúmulo de estudos e reflexões sobre o envelhecimento humano na perspectiva da totalidade social e na segunda edição da pesquisa *Idosos no Brasil: desafios e expectativas*, realizada em 2020: (i) considerações sobre o perfil do grupo entrevistado pela Fundação Perseu Abramo (FPA) e suas principais demandas sociais na condição de trabalhadores/as; (ii) reflexões a respeito dos desafios colocados à sociedade no século XXI para a garantia dos direitos, pautadas por uma mudança de perspectiva sobre o processo de envelhecimento (respaldada no enfrentamento ao familismo, à culpabilização e à responsabilização da pessoa idosa). Finalizaremos defendendo a garantia e efetivação das Políticas Públicas, embora saibamos que por si sós elas não enfrentam no seu conteúdo o sistema que produz as desigualdades sociais.

Referimo-nos às políticas que conformam a Seguridade Social, indo além do que prevê o art. 194 da Constituição da República Federativa do Brasil (CRFBR) de 1988, pois entendemos que a política de educação compõe a seguridade, assim como outras igualmente essenciais ao desenvolvimento das potencialidades humanas.

Ao partirmos do pressuposto de que o conhecimento é uma mediação necessária à transformação dessa sociedade que produz e reproduz a velhice trágica, temos em conta as explicações de Paulo Netto e Braz (2006, p. 47)[1]:

> Na verdade, os homens são iguais: todos têm iguais possibilidades humanas de se sociabilizar; a igualdade opõe-se à desigualdade – e o que a originalidade introduz entre os homens não é a desigualdade, é a diferença. Para que a diferença (que não se opõe à igualdade, mas à indiferença) se constitua, ou seja: para que todos os homens possam construir a sua personalidade, é preciso que as condições sociais para que se sociabilizem sejam iguais para todos.

Reportamo-nos a esse conceito neste momento de plena barbarização da vida, exemplificado com as respostas que foram dadas desde o início da pandemia da covid-19 no Brasil, pela gestão do governo federal, quando muitas situações revelaram o desrespeito e o desprezo para com o segmento idoso das nossas populações. Apenas para ressaltar um fato ilustrativo de nossa

---

1   A respeito do assunto, assistir ao vídeo Palestra... (2014).

argumentação, cabe trazer ao nosso escrito os resultados de um estudo realizado ainda no primeiro semestre da referida pandemia no Brasil.

A Nota Técnica número 81, assinada por Ana Amélia Camarano (IPEA, 2020, p. 9), da Diretoria de Estudos e Políticas Sociais (DISOC) do Instituto de Pesquisa Econômica Aplicada (IPEA), intitulada "Os dependentes da renda dos idosos e o coronavírus: órfãos ou novos pobres?", diz-nos dessa barbárie. Tem como principal objetivo "mostrar o impacto da morte precoce[2] de idosos, em especial dos que são responsáveis financeiros por famílias, na renda dos demais familiares".

Este capítulo foi escrito no intuito de contribuir para o debate sobre algumas questões colocadas publicamente pelo envelhecimento das nossas populações, considerando a diversidade, as diferenças e as desigualdades que condicionam esse processo, entre as quais destacamos o exercício dos direitos sociais, preconizados na CRFBR de 1988, mais precisamente no seu art. 6º, em que se lê: "São direitos a educação, a saúde, a alimentação, o trabalho, a moradia, o transporte, o lazer, a segurança, a previdência social, a proteção à maternidade e à infância, a assistência aos desamparados, na forma desta Constituição"[3] (BRASIL, 1988).

Decerto, não podemos falar nos direitos da população idosa sem a necessária menção à CRFBR de 1988, marco fundamental na história do nosso país. Nela, a perspectiva de garantia de direitos foi reconhecida, tanto para os/as velhos/as como para outros segmentos da população, a exemplo das crianças e dos adolescentes (FALEIROS, 2007).

São direitos conquistados historicamente e que devem ser garantidos mediante a realização de políticas sociais; estas operam na esfera da vida da classe trabalhadora. Partimos, então, do pressuposto de que o sistema do capital produz e reproduz a velhice na sua versão trágica, conforme a professora Eneida Haddad (2016), em sua importante obra intitulada *A ideologia da velhice*, e de que somente a superação desse sistema possibilitará a realização de uma nova ordem societária sem exploração, dominação de classe, gênero, etnia e geração.

A história revela que a luta por proteção à velhice consiste numa estratégia de sobrevivência dos diversos segmentos que conformam a classe trabalhadora, a partir do embate entre o capital e o trabalho. E que, embora a

---

[2] De acordo com Camarano (IPEA, 2020, p. 9): "considera-se como precoce, porque o óbito ocorre em uma idade em que a expectativa de vida é positiva e diferente de zero".

[3] Redação dada pela Emenda Constitucional 90, de 2015.

política social não implique o ponto de transformação da sociedade, consiste no resultado das conquistas pela via dos movimentos e lutas sociais. É nesse sentido que acolhemos a contribuição de Elaine Behring (2009, p. 20):

> As políticas sociais são concessões/conquistas mais ou menos elásticas, a depender da correlação de forças na luta política entre os interesses das classes sociais e seus segmentos envolvidos na questão. No período de expansão, a margem de negociação se amplia; na recessão, ela se restringe. Portanto, os ciclos econômicos não se definem por qualquer movimento natural da economia, mas pela interação de um conjunto de decisões ético-políticas e econômicas de homens de carne e osso; assim balizam as possibilidades e os limites da política social.

Cumpre lembrar que vivemos na atualidade um contexto de barbarização das vidas de contingentes populacionais no mundo, marcado pela destruição do planeta, por guerras, pelo empobrecimento de populações e pelo acirramento das desigualdades sociais, indicador das relações de produção e reprodução da vida, que é dos mais acentuados no Brasil. Não é razoável, portanto, desvincular as nossas reflexões, estudos e produções de conhecimento (para o qual em muito contribui a pesquisa no campo empírico) sobre o envelhecimento humano, dessa realidade que necessita ser enfrentada e superada.

Colocadas essas questões de ordem teórico-metodológica, passemos então ao nosso primeiro ponto.

BREVES CONSIDERAÇÕES SOBRE O PERFIL DO GRUPO ENTREVISTADO COM 60 ANOS OU MAIS E DAS SUAS PRINCIPAIS DEMANDAS SOCIAIS NA CONDIÇÃO DE TRABALHADORES

O crescimento da população considerada idosa vem carregado por uma acumulação de desigualdades constituída socialmente. Para Haddad (2016, p. 62), ainda que se tenha elevado a esperança média de vida, isso não significa que tenham melhorado as condições de vida da classe trabalhadora. Faz-se importante discutir as demandas da população idosa junto às políticas sociais.

No Brasil, para efeito de datação cronológica, é idosa a pessoa com 60 anos ou mais (BRASIL, 2003). Todavia, a Organização Mundial da Saúde (OMS, 2002, p. 6) nos alerta para o fato de que:

> Independentemente da idade que se utilize nos diferentes contextos, é importante reconhecer que a idade cronológica não é um indicador exato das mudanças que acompanham o envelhecimento. Existem variações consideráveis no estado de saúde, na participação e nos níveis de independência entre as pessoas idosas da mesma idade. Os responsáveis políticos devem ter isso em conta ao traçarem políticas e programas para suas populações de idosos. Promulgar amplas políticas sociais baseadas unicamente na idade cronológica pode ser discriminatório e contraproducente para o bem-estar das pessoas de idade avançada.

Para a elaboração deste capítulo, estamos nos referindo a um grupo que participou de pesquisas realizadas nos anos de 2006 e 2020, sendo bem evidente essa condição de inserção numa estrutura de classes. Serão observados alguns dos resultados sobre trabalho e renda, tendo em vista o assalariamento ser uma das características fundamentais da classe trabalhadora na sociedade moderna.

Quando observamos os indicadores de trabalho remunerado e renda, o perfil delineado a partir do total de idosos entrevistados na pesquisa realizada pela Fundação Perseu Abramo (FPA) e Sesc-SP diz-nos que, em 2020, entre os 2.369 indivíduos com 60 anos ou mais, 25% seguem ocupando postos de trabalho, não havendo, portanto, mudança em relação aos resultados do estudo de 2006 (2020, p. 25). Desses, 11% estão aposentados e continuam trabalhando, sendo 15% no mercado informal e 9% no mercado formal (2020, p. 369).

Ainda de acordo com os resultados da referida pesquisa (2020, p. 354), podendo ser múltipla a escolha das respostas, 95% dos idosos entrevistados informaram possuir alguma fonte de renda: proveniente da "aposentadoria por idade" (33%) (a indicar um aumento em relação a 2006, quando 28% dos entrevistados referiram essa mesma situação); da "aposentadoria por tempo de serviço" (24%); do "trabalho remunerado" (17%); e da "pensão por morte" (10%) (eram 16% em 2006).

Indagados a respeito de "ter controle sobre os seus rendimentos" (maior entre os homens), 76% dos idosos afirmaram ter total controle e 13% referiram controle parcial, dado que se mantém sem alteração ao ser comparado com o de 2006. É pertinente destacar que, entre os não idosos, o percentual de controle total é menor (67%) (FUNDAÇÃO PERSEU ABRAMO, 2020, p. 25).

A renda média dos entrevistados de maneira geral corresponde a R$ 1.832,00. Somando todos os percentuais da renda nominal mensal, encontramos 99%, sendo: 59% até dois salários mínimos (s.m.), 15% com mais de dois a cinco s.m., 2% com mais de cinco s.m., 8% não sabem e 15% não tiveram renda pessoal. Entre os idosos, a média é de R$ 1.765,79 (o que equivale a 96% da média geral de renda), sendo 69% até dois s.m., 13% com mais de dois a cinco s.m., 3% com mais de cinco s.m. e 10% não sabem[4] (FUNDAÇÃO PERSEU ABRAMO, 2020, p. 360).

Uma importante informação a ser registrada neste escrito diz respeito ao fato de que, em 2006, 77% dos idosos já conheciam o empréstimo consignado, percentual que aumentou para 86% em 2020. Ao serem indagados a respeito de terem recorrido ao empréstimo consignado, 34% responderam

---

[4] Embora essa média ultrapasse o a atual valor do salário mínimo, R$ 1.212,00, em vigor desde o dia 1º de janeiro de 2022, convém lembrar a tendência de ser a pessoa idosa a principal provedora de sua família, multigeracional, não só financeiramente, mas em relação ao domicílio, cuidados com seus descendentes (referentes a alimentação, vestuário etc.); e que, de acordo com o Departamento Intersindical de Estatística e Estudos Socioeconômicos (DIEESE, 2022), o salário mínimo necessário para atender às necessidades de uma família de quatro pessoas deveria ser de R$ 6.535,40 em maio de 2022.

positivamente, alegando motivo por necessidade própria (29%) ou para algum parente (4%) (FUNDAÇÃO PERSEU ABRAMO, 2020, p. 362).

Não esqueçamos que o salário mínimo consta no capítulo que versa sobre Direitos Sociais da CF de 1988, mais precisamente no art. 7º, onde se lê:

> São direitos dos trabalhadores urbanos e rurais, além de outros que visem à melhoria de sua condição social: IV – salário mínimo, fixado em lei, nacionalmente unificado, capaz de atender a suas necessidades vitais básicas e às de sua família com moradia, alimentação, educação, saúde, lazer, vestuário, higiene, transporte e previdência social, com reajustes periódicos que lhe preservem o poder aquisitivo, sendo vedada sua vinculação para qualquer fim. (BRASIL, 1988)

A partir dos dados da pesquisa da FPA, não precisamos ir muito longe para saber que estamos lidando com indicadores de um grupo de velhos/as trabalhadores/as, cujas histórias de vida e de trabalho nos dizem de suas situações atuais em termos de demandas sociais concernentes ao exercício de seus direitos. A garantia se faz necessária pela via do acesso às políticas sociais.

Neste sentido, convém mais uma vez visitarmos a Constituição em vigor no nosso país, que preconiza no Título II, Dos direitos e garantias fundamentais, no Capítulo I, Dos direitos e deveres individuais e coletivos, em seu art. 5º: "Todos são iguais perante a lei, sem distinção de qualquer natureza, garantindo-se aos brasileiros e aos estrangeiros residentes no País a inviolabilidade do direito à vida, à liberdade, à igualdade, à segurança e à propriedade [...]" (BRASIL, 1988, supressão nossa).

Mais adiante, novamente voltaremos ao capítulo II, Dos direitos sociais; no art. 6º consta a seguinte definição: "São direitos sociais a educação, a saúde, a alimentação, o trabalho, a moradia, o transporte, o lazer, a segurança, a previdência social, a proteção à maternidade e à infância, a assistência aos desamparados, na forma desta Constituição"[5] (BRASIL, 1988).

Reportamo-nos a esses capítulos da nossa Carta Magna justamente porque os resultados da pesquisa da FPA (2020, p. 14 e 174) nos informam que o conjunto dos direitos considerados mais importantes pelo grupo entrevistado, como era de esperar, diz respeito aos "direitos sociais" (66%),

---

[5] Redação dada pela Emenda Constitucional 90, de 2015.

com o merecido destaque para o direito à "saúde", mencionado por 44% dos idosos entrevistados, seguido por "transporte" (18%), "aposentadoria" (13%), "emprego" (7%) e "moradia" (6%).

Esse dado corrobora os resultados do Estudo Longitudinal da Saúde dos Idosos Brasileiros (ELSI-Brasil)[6], realizado com o objetivo de "examinar a dinâmica do envelhecimento da população brasileira e seus determinantes, assim como a demanda dessa população para os sistemas sociais e de saúde" (MINAS GERAIS, 2015). Como um de seus principais resultados, evidencia-se que "75,3% dos idosos brasileiros dependem exclusivamente dos serviços prestados no Sistema Único de Saúde" (PENIDO, 2018).

Uma informação importante a ser destacada neste item diz respeito ao fato de que, entre os 66% dos entrevistados que referiram direitos sociais como sendo os mais importantes, 43% avaliam que esses direitos não são respeitados; para 27% são parcialmente respeitados e para apenas 8% são totalmente respeitados (FUNDAÇÃO PERSEU ABRAMO, 2020, p. 14).

Entre os "direitos individuais ou civis", enfatizados por 43% do grupo entrevistado, a maior frequência das respostas ficou entre as alternativas "bom trato/paciência/respeito" (22%) e "ter prioridades" (20%). Para 23% do Grupo, esses direitos são respeitados, para 17% são parcialmente e 5% consideram que são totalmente respeitados (FUNDAÇÃO PERSEU ABRAMO, 2020, p. 14).

Concernente aos direitos políticos, mencionados por 6% dos entrevistados, sobressai o direito de ter opinião/participação (FUNDAÇÃO PERSEU ABRAMO, 2020, p. 14).

Quanto à utilização dos serviços públicos, os resultados da pesquisa da FPA (2020, p. 17 e 213) revelam que 79% dos idosos costumam utilizá-los, tendo como maior referência o SUS, mediante o atendimento em postos de saúde. Esse dado revela um aumento nessa procura, pois, em 2006, essa demanda foi mencionada por 68% do grupo entrevistado.

---

[6] "O Elsi-Brasil (Estudo Longitudinal de Saúde dos Idosos Brasileiros) é uma pesquisa longitudinal, de base domiciliar, conduzida em amostra nacional representativa da população com 50 anos ou mais" (Minas Gerais, 2015). "A pesquisa é coordenada pela Fundação Oswaldo Cruz – Minas Gerais (Fiocruz-MG) e pela Universidade Federal de Minas Gerais (UFMG). A linha de base da coorte foi financiada pelo Ministério da Saúde e pelo Ministério da Ciência e Tecnologia, Inovações e Comunicação. O inquérito da linha de base foi conduzido em 2015-16, com a participação de 9.412 indivíduos residentes em 70 municípios situados nas cinco macrorregiões brasileiras. Novas ondas estão previstas de tempos em tempos". (Minas Gerais, 2015).

O plano de saúde da rede suplementar foi o segundo recurso mais utilizado, de acordo com os grupos entrevistados, embora entre 2006 e 2020 tenha havido uma significativa queda – de 24% para 18% (FUNDAÇÃO PERSEU ABRAMO, 2020, p. 17 e 213).

Com relação às demais opções de utilização de serviços de saúde, os resultados das duas pesquisas revelam não ter havido mudanças nos números relativos, ou seja, permanecem 10% para médico ou hospital particular; 6% para agente comunitário de saúde (o que mais uma vez nos reporta ao SUS) e 5% indicaram a opção convênio/empresa/sindicato. Neste caso, não houve diferença entre os segmentos idoso e não idoso, nem entre homens e mulheres (FUNDAÇÃO PERSEU ABRAMO, 2020, p. 17 e 213).

Entre a população idosa entrevistada, 71% costumam pagar/comprar os remédios de que necessitam, porém, houve um considerável aumento pela procura em termos de dispensação gratuita nas Unidades de Saúde do SUS (de 51% em 2006 para 62%), sendo pertinente destacar que essa procura é maior entre os homens idosos com 80 anos ou mais (73%) (FUNDAÇÃO PERSEU ABRAMO, 2020, p. 17 e 213).

Um dado relevante nesse estudo diz respeito ao fato de ter havido um incremento no hábito declarado de "tomar vacinas" nos postos de saúde, saltando de 71% em 2006 para 80% em 2020 (com destaques para N/CO e idosos acima dos 70 anos). Isso resulta na diminuição de 28%, em 2006, para 20% em 2020, nas respostas das pessoas idosas que optaram por assinalar a alternativa "não costuma tomar vacina" (FUNDAÇÃO PERSEU ABRAMO, 2020, p. 17 e 213).

Ao avaliarem a assistência recebida, cerca de oito em cada dez idosos entrevistados (79%) declaram que "não se sentiu mal atendido, discriminado ou maltratado devido à idade, nos últimos cinco anos" quando precisou tratar da sua saúde. Mas chama a nossa atenção o fato de ter aumentado o percentual de indivíduos idosos que declaram ter sido "mal atendidos/discriminados devido à idade", de 12% em 2006, para 18% em 2020, com maior ocorrência dessas respostas entre os residentes na região Centro-Oeste (27%) e os que se autodeclaram indígenas (45%) (FUNDAÇÃO PERSEU ABRAMO, 2020, p. 17 e 220).

Esses resultados nos dão uma ideia das principais demandas e da realidade de violação de direitos do segmento idoso, inclusive no âmbito institucional. Tal situação nos remete a questões que devemos considerar em nossos estudos e publicações e na atenção às pessoas idosas, no sentido de enfrentarmos essas violações, seja pela via de processos pedagógicos, seja pelos encaminhamentos, notificações e denúncias às autoridades responsáveis por prestarem o atendimento qualificado a essa população. Não percamos de vista que a utilização dos serviços públicos com ênfase para o SUS indica a estreita relação entre a demanda e a garantia dos direitos sociais mediante o acesso às políticas sociais, conforme mencionamos no início deste capítulo.

No tocante a um preocupante indicador – a violência praticada contra a pessoa idosa –, os resultados da pesquisa da FPA (2020, p. 21 e 22) apontam para o fato de 19% terem respondido positivamente quando indagados a respeito de ocorrência de violação de seus direitos. Contudo, apenas 1% dos que sofreram algum tipo de violência acionou o "Disque 100" ou outro "Disque Denúncia"; ou a Delegacia do Idoso ou a Promotoria do Idoso. Trata-se, portanto, de um indicador preocupante, pois nos revela que as violências são sofridas, mas não são denunciadas; consequentemente, não são devidamente encaminhadas às autoridades, como preconiza o Estatuto do Idoso (BRASIL, 2003).

Ao trazermos a este escrito os dados, ora apresentados, julgamos serem suficientes para traçar um perfil do grupo entrevistado de pessoas idosas, demarcando algumas importantes considerações: (i) são velhos/as trabalhadores/as que reproduzem as suas próprias vidas a partir da renda proveniente do direito do trabalho; (ii) apesar da renda, em sua grande maioria, dependem da proteção social à velhice, pela via do acesso às políticas públicas sociais, como restou claro a partir da essencialidade do Sistema Único de Saúde; (iii) os resultados da pesquisa da FPA endossam a importância dessas políticas que operam na esfera da vida das nossas populações.

DESAFIOS COLOCADOS À SOCIEDADE NO SÉCULO XXI PARA A GARANTIA DOS DIREITOS PAUTADA POR UMA MUDANÇA DE PERSPECTIVA SOBRE O PROCESSO DE ENVELHECIMENTO

Seguimos na atualidade vivenciando os efeitos deletérios de uma pandemia anunciada que evidenciou as desigualdades imperantes num país que sempre ocupa um espaço "privilegiado" no *ranking* das nações mais desiguais e que mais concentram riquezas nos cofres de tão poucos. Processos que se eternizam, perpassando o curso de vida de pessoas desde a idade mais tenra até a velhice.

Desde o século passado esse aspecto já vem sendo destacado em vários escritos, como no de Alexandre Kalache (1987), intitulado *Envelhecimento populacional no Brasil: uma realidade nova*, onde o autor anota: "O envelhecimento de nossa população está se processando em meio a condições de vida, para parcelas imensas da população, ainda muito desfavoráveis", numa explícita referência às condições socioeconômicas observadas no Brasil. Merecem destaque também as observações de Matheus Papaléo Netto e José Ribeiro da Ponte (1996, p. 5), no escrito intitulado *Envelhecimento: desafio na transição do século*, onde os autores referem que:

A política de desenvolvimento que domina as sociedades industrializadas e urbanizadas sempre teve mais interesse na assistência materno-infantil e com os jovens. O investimento numa criança tem um retorno potencial de 60 anos ou mais de vida útil, produtiva, enquanto os amplos cuidados médico-sociais na tentativa de manutenção de uma vida saudável de um idoso não podem ser encarados como investimento. São, na verdade, um dever da sociedade para aqueles que deram tanto de si para as gerações futuras.

> Pelo crivo do critério cronológico, o indivíduo será enquadrado no aparato legal e encaminhado às instituições destinadas a atendê-lo, sendo importante lembrar que não foge desta lógica o conteúdo das políticas sociais. Assim, esse sistema de "datação das idades cronológicas" será definidor das fronteiras que dizem respeito ao acesso do indivíduo à política educacional e ao exercício dos direitos políticos e previdenciários, entre outros. Também definirá, pelo menos em texto, o tempo de estudar, de trabalhar e o de aposentar, ditando regras que antes pertenciam ao domínio privado, familiar. Vale salientar que "a ênfase na demarcação cronológica para designar etapas singulares da vida, numa perspectiva fragmentada do todo, é produto da modernidade" (ALMEIDA, 2003 *apud* CAMPELO e PAIVA, 2012, p.127).

Chegamos neste momento a uma breve reflexão sobre o direito social à educação, pois o analfabetismo entre idosos tem sido naturalizado. Na contramão dessa naturalização, seria importante questionar: por que um vasto contingente do segmento idoso é analfabeto? E mais uma vez nos deparamos com questões relacionadas à pobreza, ao trabalho infantil, ao machismo, entre outros aspectos que duram décadas inteiras de vida, a incidir nesses indicadores que nem sequer são visibilizados.

A CF de 1988, em seu art. 205, preconiza que "a educação é um direito de todos e dever do Estado e da família, será promovida e incentivada com a colaboração da sociedade, visando ao pleno desenvolvimento da pessoa, seu preparo para o exercício da cidadania e sua qualificação para o trabalho" (BRASIL, 1988). Para alicerçar um pouco mais esse debate, visitemos o conteúdo do Plano de Ação Internacional para o Envelhecimento (2003, p. 40), cujo tema 4, que versa sobre o Acesso ao conhecimento, à educação e à capacitação, estabelece como Objetivo 1:

> Igualdade de oportunidades durante toda a vida em matéria de educação permanente, capacitação e reabilitação, assim como de orientação profissional e acesso a serviços de inserção no trabalho. Medida: a) Obter melhoria de 50% nos níveis de alfabetização de adultos para o ano de 2015, particularmente para mulheres, e oferecer acesso equitativo à educação básica e permanente para os adultos.

O que observamos é que o direito à educação deixou de ser garantido para 18% das pessoas com 60 anos ou mais no país (IBGE, 2019), uma realidade que se observa no curso de vida dessas pessoas e que será perpetuada se não houver uma política pública de cunho social para sanar tal situação[7]. Ratificam esses dados da população nacional de pessoas idosas os encontrados pela pesquisa *Idosos no Brasil – 2ª edição – O que mudou nos últimos 14 anos?*, ao nos informar que 64% da população idosa cursou o ensino fundamental, 15% o ensino médio e somente 8% o superior. Merece destaque o indicador de que 14% das pessoas com 60 anos ou mais, no Brasil, nunca exerceu o direito de frequentar uma escola (FUNDAÇÃO PERSEU ABRAMO, 2020, p. 192).

No Brasil, corroborando os resultados das relações sociais que promovem a desigualdade, segundo o IBGE (2019), o analfabetismo está diretamente

---

7   A respeito da luta pelo direito a estudar, a aprender a ler e escrever, indicamos o filme *O aluno – Uma Lição de Vida* (2009), encenando a contribuição do sr. Kimani Maruge, um queniano que, aos 84 anos de idade, resolveu enfrentar o preconceito e a naturalização do analfabetismo para pessoas idosas.

associado à idade. Quanto mais velho o grupo populacional, maior a proporção de analfabetos. Em 2019, eram quase 6 milhões de analfabetos com 60 anos ou mais.

Apesar das conquistas alcançadas com a CF de 1988, a nossa Constituição Cidadã, a Política Nacional do Idoso (1994-1996) e o Estatuto do Idoso (2003), bem como as políticas educacionais voltadas à pessoa idosa, ainda se mostram pontuais. Eis, portanto, algumas das nossas mais frequentes reflexões a respeito dos desafios colocados à sociedade no século XXI para a garantia dos direitos pautada por uma mudança de perspectiva sobre o processo de envelhecimento.

Vivemos objetivamente o tempo do necessário enfrentamento ao familismo, à culpabilização e responsabilização da pessoa idosa e de sua família pelo envelhecimento fora dos padrões aludidos pelos órgãos internacionais e incorporados nacionalmente.

Nessa linha de pensamento, como assinala Campelo e Paiva (2012, p. 148, supressão nossa), apesar de ser uma experiência inerente à espécie humana, "para além da dimensão biológica, do marcador cronológico, as relações sociais de exploração no modo de produção capitalista irão determinar diferenças e desigualdades nesse processo de envelhecer, tanto entre indivíduos quanto entre populações".

Em termos de desafios, um dos principais a que podemos nos reportar neste breve ensaio diz respeito à adoção de uma concepção teórico-metodológica que nos permita fazer a leitura da realidade sobre o processo de envelhecimento para além do que dizem os dados da aparência desse fenômeno. Nesse sentido, recorremos à gerontologia social crítica para nortear as nossas reflexões e produção de conhecimento sobre as questões colocadas pela velhice das nossas diversas populações de pessoas idosas.

Desde os anos 1970, Simone de Beauvoir (2018) criticava a maneira como estudamos e apreendemos a velhice; denunciou o abismo intransponível existente entre as velhices dos ricos e dos pobres, convocando-nos a romper a conspiração do silêncio que dá invisibilidade a essa realidade.

Sem dúvida, a principal mudança deve ser a adoção de uma concepção da velhice enquanto uma produção social condicionada pelas relações sociais de produção e reprodução da vida, ou seja, pelas relações sociais que não se apagam da história de quem envelhece. Mudança no sentido de acompanhar a vida em todas as suas fases, porque o futuro, de verdade, é a velhice.

CONSIDERAÇÕES FINAIS

Não podemos deixar de considerar os movimentos que predominaram no contexto da Primeira Assembleia Mundial sobre o Envelhecimento (AME), no ano de 1982, em Viena. A partir dessa AME, construiu-se uma agenda internacional de políticas públicas para o público que estava envelhecendo. Campelo e Paiva (2014, p. 171) avaliam que "o Plano de Viena não avançou no sentido de subverter a lógica de privilegiar os planos econômicos e políticos em detrimento dos temas sociais".

A preocupação com a expansão do envelhecimento das populações nos países capitalistas periféricos e com as demandas que iriam emergir no campo da seguridade social, sem dúvida, compôs as circunstâncias para a realização da Segunda AME, em 2002, desta vez em Madri. Campelo e Paiva (2014) ponderam, ao estudar os dois planos provenientes dessas duas Assembleias, que embora tenham alicerçado importantes discussões e produções na construção das políticas para essa população específica no Brasil, contraditoriamente se colocavam num contexto do avanço da ideologia neoliberal, incidindo no conteúdo das políticas sociais que operam na esfera da vida da classe trabalhadora. Para fortalecer o nosso argumento, não precisamos ir muito longe; basta lembrar que nem mesmo a pandemia da covid-19 foi suficiente para revogar a Emenda Constitucional 95[8].

Como vimos inicialmente, as políticas sociais sempre resultarão da contradição "capital *vs* trabalho", a refletirem mediações complexas, tanto econômicas como políticas e culturais. Nesse sentido, concordamos com Behring e Boschetti (2011, p. 46) ao considerarem que a política social é uma conquista civilizatória e a luta em sua defesa permanece fundamental, podendo ganhar em países como o Brasil uma radicalidade interessante, embora ela não seja a via de resolução da desigualdade, pois é intrínseca a este mundo baseado na exploração do capital sobre o trabalho.

No dizer de Beauvoir (2018, p. 11), "a economia é baseada no lucro; é a este na prática que toda civilização está subordinada: o material humano só interessa enquanto produz, depois é jogado fora". Na sociedade moderna, a partir de uma idade mais avançada, o sujeito, sobretudo, o/a velho/a, é considerado/a um fardo e passa a ser descartável.

---

[8] De 15 de dezembro de 2016, veio estabelecer um Novo Regime Fiscal, durante 20 exercícios financeiros (vinte anos), no âmbito do Orçamentos fiscal e da Seguridade Social da União.

Em pleno processo de efetivação da transição demográfica em curso no nosso país, com a plena consciência da conquista que representam as políticas sociais para vastos segmentos das nossas populações, vivemos o tempo do necessário enfrentamento à lógica do neoliberalismo, responsável, como nos lembram Behring e Boschetti (2011, p. 156), por formatar a política social em sua versão privatizada, focalizada e descentralizada.

Na defesa intransigente dos direitos humanos, na luta pela garantia e efetivação das Políticas Públicas, com o objetivo de minimizar as consequências das desigualdades que vulnerabilizam esse grupo, devemos ainda considerar que, de acordo com os resultados da pesquisa da FPA (2020, p. 24 e 332), mesmo dispondo do chamado "tempo livre", entre os entrevistados, 33% em 2006 e 37% em 2020 revelam a não disponibilidade de dinheiro para realizar o que gostariam. Merece destaque também a menção à falta de saúde (17% e 18%) e de companhia (4% e 7%). Já a menção à falta de tempo foi da ordem de 4% e 3%, nos dois anos das pesquisas, respectivamente.

Em síntese, na velhice há o tempo, mas falta dinheiro, saúde e companhia para as realizações, segundo os entrevistados. Este resultado nos remete ao que denuncia Haddad (2016, p. 62):

> Crescendo numericamente, os velhos se tornam objeto de estudos. As propostas aparecem pela boca da "ciência", do Estado, dos meios de comunicação... Enquanto isso, a história não se altera. Não mudando a história do trabalhador, não mudando a história do menino, não mudando a história do velho, não mudando a história do homem.

Feitas essas considerações, sigamos, então, em frente, afirmando o valor da ciência para que pesquisas como as realizadas pela Fundação Perseu Abramo e Sesc-SP sejam instrumentos que contribuam para o rompimento com a conspiração do silêncio, conforme nos convocou Simone de Beauvoir, e dialoguem com as esferas da gestão política, econômica e social no nosso país, iluminando os caminhos, que nunca são fáceis de trilhar, mas que desembocarão no fortalecimento da proteção social à velhice da classe trabalhadora. Não esqueçamos que a perspectiva da Totalidade Social que fundamenta a Gerontologia Social Crítica reivindica o conhecimento como uma mediação para a mudança.

REFERÊNCIAS

BEAUVOIR, Simone de. *A velhice*. Trad. de Maria Helena Helena Martins. 2. ed. Rio de Janeiro: Nova Fronteira, 2018.

BEHRING, Elaine Rossetti. "Política Social no contexto da crise capitalista. CFESS, ABEPSS". *Serviço Social*: direitos sociais e competências profissionais. CEAD/UnB. Brasília, 2009.

_____; BOSCHETTI, Ivanete. *Política social: fundamentos e história*. São Paulo: Cortez, 2011.

BRASIL. Lei nº 10.741, de 1º de outubro de 2003. Dispõe sobre o Estatuto do Idoso e dá outras providências. *Estatuto do Idoso*. Brasília, DF, 1º out. 2003. Disponível em: http://www.planalto.gov.br/ccivil_03/leis/2003/l10.741.htm. Acesso em: 1º jul. 2022.

_____. Constituição (1988). Constituição da República Federativa do Brasil, de 5 de outubro de 1988. *Constituição da República Federativa do Brasil de 1988*. Brasília, DF, Disponível em: http://www.planalto.gov.br/ccivil_03/constituicao/constituicao.htm. Acesso em: 1º jul. 2022.

CAMPELO E PAIVA, Sálvea de Oliveira. *Envelhecimento, saúde e trabalho no tempo do capital*. São Paulo: Cortez, 2014.

_____. *Envelhecimento, saúde e trabalho no tempo do capital: um estudo sobre a racionalidade na produção de conhecimento do serviço social*. 139 f. Tese (Doutorado) – Curso de Serviço Social, Centro de Ciências Sociais Aplicadas, Universidade Federal de Pernambuco, Recife, 2012.

DEPARTAMENTO INTERSINDICAL DE ESTATÍSTICA E ESTUDOS SOCIOECONÔMICOS (São Paulo). *Pesquisa nacional da Cesta Básica de Alimentos: salário mínimo nominal e necessário*, 2022. Disponível em: https://www.dieese.org.br/analisecestabasica/salarioMinimo.html. Acesso em: 1º jul. 2022.

FALEIROS, Vicente de Paula. "Cidadania e direitos da pessoa idosa". *Ser Social*, Brasília, n. 20, p. 35-61, jan./jun. 2007. Disponível em: http://seer.bce.unb.br/index.php/SER_Social/article/view/250/1622. Acesso em: 14 abr. 2022.

FUNDAÇÃO PERSEU ABRAMO. VENTURI, Gustavo; ALBA, Deise de; ROSAS, Wagner; DIAS, Rita de Cássia Barros [org.]. *Idosos no Brasil: vivências, desafios e expectativas na terceira idade*. 2. ed. São Paulo: Sesc-SP, 2020. Disponível em: <https://fpabramo.org.br/publicacoes/wp-content/uploads/sites/5/2020/08/Pesquisa-Idosos-II-Completa-v2.pdf>. Acesso em: 27 mar. 2022.

HADDAD, Eneida Gonçalves de Macedo. *A ideologia da velhice*. 2. ed. São Paulo: Cortez, 2016.

IBGE. Coordenação de Trabalho e Rendimento. *Pesquisa Nacional por Amostra de Domicílios Contínua: educação*, 2019. Disponível em: <https://biblioteca.ibge.gov.br/visualizacao/livros/liv101736_informativo.pdf>. Acesso em: 14 abr. 2022.

INSTITUTO DE PESQUISA ECONÔMICA APLICADA. *Nota técnica nº 81: os dependentes da renda dos idosos e o coronavírus: órfãos ou novos pobres?* 1. ed. Brasília: Ipea, 2020. 20 p. Disponível em: http://repositorio.ipea.gov.br/bitstream/11058/10145/1/NT_81_DisocOsDependRendaIdososCorona.pdf. Acesso em: 1º jul. 2022.

KALACHE, Alexandre. *Envelhecimento populacional no Brasil: uma realidade nova*, 1987. Disponível em: <http://www.scielo.br/scielo.php?script=sci_arttext&pid=S0102-311X1987000300001>. Acesso em: 1º jul. 2022.

MINAS GERAIS. Fundação Oswaldo Cruz – Minas Gerais. *Elsi-Brasil: estudo longitudinal da saúde e bem-estar dos idosos brasileiros – 2015*. Disponível em: http://elsi.cpqrr.fiocruz.br/a-pesquisa/objetivos/. Acesso em: 31 mai. 2022.

NETTO, Matheus Papaléo; PONTE, José Riberio da. "Envelhecimento: desafio na transição do século". In: NETTO, Matheus Papaléo. *Gerontologia*. São Paulo: Editora Atheneu, 1996. Cap. 1. p. 3-12.

ORGANIZAÇÃO MUNDIAL DA SAÚDE. *Envejecimiento activo: un marco político*. Madrid, 2002.

PALESTRA com o professor José Paulo Netto. Realização de Cortez Editora. São Paulo: Cortez Editora, 2014. (47 min.), son., color. Em comemoração ao Dia do/a Assistente Social, disponibilizamos a fala do Professor durante a mesa "Formação profissional na consolidação do projeto ético-político do Serviço Social brasileiro: fundamentos, resistências e desafios conjunturais". Disponível em: https://www.youtube.com/watch?v=wGDnqWeckoA. Acesso em: 1º jul. 2022.

PAULO NETTO, José; BRAZ, Marcelo. *Economia política: uma introdução crítica*. São Paulo: Cortez, 2006. (Biblioteca básica de serviço social).

PLANO DE AÇÃO INTERNACIONAL SOBRE O ENVELHECIMENTO. Organização das Nações Unidas; tradução de Arlene Santos, revisão de português de Alkmin Cunha; revisão técnica de Jurilza M. B. de Mendonça e Vitória Gois. – Brasília: Secretaria Especial dos Direitos Humanos, 2003. 84 p. Disponível em: http://www.observatorionacionaldoidoso.fiocruz.br/biblioteca/_manual/5.pdf. Acesso em: 1º jul. 2022.

PENIDO, Alexandre (ed.). "Estudo aponta que 75% dos idosos usam apenas o SUS". 2018. *Agência Saúde*. Disponível em: https://portal.fiocruz.br/noticia/estudo-aponta-que-75-dos-idosos-usam-apenas-o-sus. Acesso em: 31 mai. 2022.

UMA LIÇÃO de Vida. Direção de Justin Chadwick. Produção de Norman Merry, Sam Feuer, Joe Oppenheimer, Ed Rubin, David M. Thompson, Anant Singh. Roteiro: Ann Peacock. 2009. (105 min.), son., color. Legendado. Baseado em fatos reais, o filme conta a história de Kimani Maruge (Oliver Litondo), um queniano de 84 anos que está determinado a aproveitar sua última chance de ir à escola. Desta forma, para aprender a ler e escrever, ele terá que se juntar a crianças de seis anos de idade.

NAYLANA PAIXÃO

FEMINIZAÇÃO DA VELHICE

DESIGUALDADES DE GÊNERO E SEUS IMPACTOS NO PROCESSO DE ENVELHECIMENTO

O processo de envelhecimento populacional e a consequente mudança no perfil etário da população são fenômenos sociais relevantes, sobretudo por salientarem a heterogeneidade de trajetórias de vida, as quais estão relacionadas a aspectos históricos, políticos, econômicos e sociais. Neste contexto, é importante ressaltar a feminização que vem ocorrendo no processo do envelhecimento. Ressalta-se que chegar à velhice não significa, necessariamente, ter melhor qualidade de vida; ao contrário, existem muitas idosas, sobretudo as negras de classe baixa, cuja chegada à velhice é marcada por opressões, sobrecarga, adoecimento físico e psíquico (SANTOS, 2020).

Este capítulo discutirá a feminização da velhice, baseando-se em dados da pesquisa intitulada *Idosos no Brasil: vivências, desafios e expectativas na terceira idade*, realizada em parceria entre Sesc-SP e FPA em 2020. O referido estudo consultou 4.144 pessoas, as quais foram subdivididas em não idosos (adultos entre 16 e 59 anos) e idosos (maiores de 60 anos). Os participantes foram selecionados em cinco macrorregiões do Brasil, contemplando 234 municípios urbanos de pequeno, médio e grande portes. Ressalta-se que o mencionado estudo foi também realizado no ano de 2006, no entanto, a pesquisa atual apresenta um novo olhar sobre os fenômenos, também pesquisados na primeira edição.

Na referida pesquisa (2020), foi apresentado que as mulheres representam 52% da população brasileira, sendo que na população idosa o percentual de mulheres alcança 56%. No que se refere à raça, 43% da população se declarou parda, e 36% branca. Outros 15% se declararam preta, 2% amarela, 1% indígena. A expressividade do número de mulheres na população envelhescente é um fenômeno que merece atenção, não somente pelo aumento numérico e significativo de mulheres em relação aos homens, mas porque é um fenômeno que tem ressaltado a diversidade das realidades e as desigualdades das vivências que tornam complexo este fenômeno (CEPELLOS, 2021).

Dados do IBGE (2018) apresentam que as mulheres possuem maior expectativa de vida em relação à população masculina. Enquanto os homens possuem uma expectativa de vida de 72,8 anos, as mulheres possuem uma expectativa de vida de 79,9 anos – o que não significa, necessariamente que elas envelheçam com melhor qualidade de vida. A estimativa é de que no ano de 2060, a população com 65 anos ou mais seja de 25,5%. Projeções estatísticas globais indicam que em 2050 mulheres a partir de 65 representarão 54% da população mundial (UNITED NATIONS, 2019).

É de suma importância ressaltar que a idade para as mulheres constitui um duplo prejuízo, conforme aponta Cepellos (2021), tendo em vista que mulheres velhas frequentemente sofreram discriminação etária já em idades mais jovens, se comparadas com os homens, por exemplo, na inserção no mercado de trabalho. Deste modo, a autora defende que a feminização não se relaciona exclusivamente às mulheres idosas (60+), mas atinge as mulheres que estão em processo de envelhecimento e ainda não chegaram aos 60 anos.

Ocorre que as dificuldades relacionadas ao processo de envelhecimento de mulheres são pouco debatidas, e, quando acontecem, tratam a realidade desta população de maneira homogênea (CEPELLOS, 2021). Infelizmente, observa-se que mulheres idosas enfrentam muitos obstáculos advindos de uma sociedade sexista e gerofóbica. É importante pautar a feminização da velhice numa perspectiva ampliada e interseccional, visto que a reflexão sobre aspectos como raça, gênero, escolaridade, renda, orientação sexual, entre outros pontos, desmistificam a ideia de homogeneidade do envelhecimento da população (SANTOS, 2020; SANTOS, LOPES e NERI, 2007).

Além destes aspectos, conforme pontua Moura (2019), se considerarmos a influência direta e indireta dos aspectos socioeconômicos, culturais, raciais e de gênero nos modos de envelhecer, é saliente o quanto este segmento populacional vivencia os retratos das desigualdades estruturais da sociedade. Conforme Britto da Motta (2010), a maioria dos estudos limitam-se a incluir aspectos como raça/etnia, bem como classe social e por vezes orientação sexual, no entanto, ignoram interseções analíticas como gênero, idade e geração.

Os dados estatísticos e estudos demonstram o quanto as questões de gênero salientam as desigualdades vivenciadas pelas mulheres. Esta desigualdade se estende a diferentes áreas da vida, entre as quais podemos citar o trabalho, educação, saúde, papéis familiares, acesso aos equipamentos sociais, entre outros aspectos.

No que tange à responsabilidade pelo domicílio, a pesquisa do Sesc-SP e FPA (2020) apresentou que cerca de sete em cada dez entrevistados com mais de 60 anos afirmaram ser o principal responsável pelo domicílio (68%). O destaque para esse público são os homens (63%), contra 40% das mulheres. Ainda que em menor percentual, é importante destacar o número significativo de mulheres figurando como chefes de domicílio, quadro que vem sendo cada vez mais frequente, tanto por uma modificação na esfera da inserção das mulheres no mercado de trabalho – influenciando na independência financeira – quanto pelas novas configurações e arranjos familiares – os quais muitas vezes não possuem uma figura masculina –, ou até mesmo pelo lento reposicionamento das mulheres no campo sociofamiliar.

No entanto, Macedo (2008) aponta a necessidade de questionarmos a homogeneidade superficial que é construída em torno da ideia das mulheres que chefiam seus domicílios. Discutir chefia feminina no binômio domicílio-família implica compreender que essa posição é ocupada por mulheres pertencentes a diferentes classes sociais e com diferentes realidades. Pensar raça neste contexto é de suma importância.

Estudo realizado por Santos (2020) – cujo objetivo era compreender os eventos estressantes vivenciados pela população idosa negra – apresentou que as mulheres velhas e pretas se situavam como chefes de família, não como uma escolha primeira e como um lugar de benefício, mas situavam-se em contextos familiares onde eram oneradas financeiramente e exploradas pelas pessoas do seu entorno que se beneficiavam dos proventos financeiros. De modo geral, estes domicílios não tinham a presença do cônjuge, ou por serem viúvas ou por serem mulheres solteiras. Ser chefe de família para muitas idosas negras, portanto, implica em gerir afetiva e financeiramente o núcleo familiar de maneira sobrecarregada, tendo em vista muitos contextos de pauperização e consequente escassez de recursos materiais e humanos. (SANTOS, 2020).

Conforme Rabelo e Rocha (2020), o envelhecimento das mulheres corresponde a sua posição desigual ao longo da vida e a exploração do seu trabalho, sendo este grupo sub-representado nos estudos sobre envelhecimento. Deste modo, as desigualdades de gênero também alcançam as mulheres na esfera da vida trabalhista/profissional. As atividades associadas ao ato de cuidar são socialmente atribuídas às mulheres e, portanto, naturalizadas como exclusivas da condição feminina. Ainda que não exerçam outras atividades laborativas, impõe-se às mulheres a responsabilidade pelo cuidado de familiares, seja para crianças e adolescentes em fase de crescimento, seja para adultos e idosos em situação de adoecimento que necessitam de cuidados constantes (SANTOS, 2020; BIROLLI, 2018).

Neste sentido, a feminização da velhice é um fenômeno que também merece atenção pelo prolongamento e intensificação das atividades de cuidado que já vinham sendo realizadas antes da velhice. No entanto, apesar das diversidades de experiências, as mulheres geralmente assumem atividades de cuidado desde períodos da juventude, sendo as mulheres negras a população mais associada ao trabalho da esfera doméstica desde períodos da infância (SANTOS, 2020).

Muitas mulheres, sobretudo as negras, que predominantemente ocupam posição de cuidadoras, abdicam de outros projetos pessoais devido às extensas horas dispensadas ao cuidado de familiares ou outras pessoas. Muitas vezes é o corpo da velha que precisa ser cuidado, mas é esta que ainda ocupa o lugar de cuidadora. No tocante às atividades domésticas, a influência dos aspectos raciais na execução destas atividades, incluindo as precárias condições de vida e a sobrecarga, são elementos presentes nas vivências de muitas idosas.

Se, por um lado, esta atividade pode configurar-se como um elemento saudável e benéfico, do ponto de vista da manutenção da autonomia e independência da pessoa idosa, por outro lado, questiona-se quais as condições deste trabalho, se há suporte familiar ou de terceiros, se tais atividades são realizadas de maneira espontânea ou forçosamente, ou ainda se ocorrem devido a um número significativo de mulheres idosas residirem sozinhas.

Na edição de 2020, observou-se que, entre o público idoso que recebe ajuda nas atividades, houve uma queda acentuada na "ajuda recebida" em praticamente todas as atividades, se comparada à pesquisa realizada em 2006. Na maioria dessas atividades, que incluem reparos domésticos, auxílio em bancos, limpeza doméstica, fazer compras, locomover-se, entre outras atividades desta natureza, a população idosa recebe ajuda principalmente dos filhos/as ou do cônjuge. Notou-se que, quanto maior a idade, mais ajuda é necessária – tanto para homens como mulheres (com algumas exceções para tarefas domésticas).

Outro aspecto a ser salientado é a importância de pensar nos efeitos do entrelaçamento de condições sociodemográficas comum a muitas realidades de idosas, como a baixa escolaridade, residir sozinha, a viuvez, entre outros aspectos que influenciam na saúde mental desta população. No estudo do Sesc-SP e da FPA (2020), notou-se que quanto à escolaridade, 37% da amostra possuía até o ensino fundamental, 31% eram não idosos e aproximadamente 64% eram idosos; 43% possuíam o ensino médio (50% entre os não idosos e 15% entre os idosos), e 16% o ensino superior (18% entre os não idosos e 8% entre os idosos). Conforme o estudo, quanto maior a escolaridade, maior a facilidade para ler/escrever (98% entre quem cursou até o ensino médio), e quanto mais aumenta a idade, maior a dificuldade para ler/escrever (80 anos ou mais, 26%).

Os dados anteriores ilustram a menor escolarização alcançando a população mais velha e levam-nos a questionar: há diferenças entre os gêneros? Segundo Nascimento (2015) e Santos (2020), a mulher idosa possui uma trajetória de vida marcada por baixa escolarização e baixa inserção no mercado de trabalho, culminando numa baixa qualificação profissional, principalmente nas idosas negras. Apesar desta realidade, são muitas destas que contribuem com a renda familiar, auxiliando filhos ou dependentes.

No mercado de trabalho, esse grupo tende a se localizar em ocupações desvalorizadas socialmente, com baixos salários e menor proteção das leis trabalhistas, reafirmando a ideia de segregação ocupacional por gênero e idade. No contexto das diversas realidades, questionamos ainda: "E as mulheres velhas e pretas? Como se situam nesse contexto, tendo em vista as opressões que enfrentam no intercâmbio de fatores interseccionais, tais como raça-gênero-faixa etária?".

Conforme discutem Rabelo *et al.* (2018), bem como Santos e Rabelo (2022), a velhice negra apresenta impossibilidades estruturais que limitam uma vivência de velhice bem-sucedida, conforme preconizada e idealizada. Considerando um histórico de vida de perdas e de submissão, a preservação da autonomia torna-se um elemento protetor e saudável para a população idosa, sobretudo às mulheres negras. Conforme Santos, Lopes e Neri (2007), tem precedência na determinação da condição social dos(as) idosos(as), o fato de terem chegado à velhice, de pertencerem a um grupo racial/étnico discriminado, de serem mais pobres ou com menor escolaridade, ou de pertencerem a determinado gênero; isto é, a intersecção de diversos aspectos que podem ser classificados como perversos.

Hayar *et. al.* (2014) ressaltam que a baixa escolaridade e ser negro(a) são fatores sociodemográficos associados à prevalência de dores crônicas, sendo significativo entre as mulheres idosas que mencionam sentir mais dores do que os homens. O nível de escolaridade contribui significativamente no processo de permanência da população nos estratos inferiores da sociedade, uma vez que a escolaridade por si só constitui um recurso pessoal que pode favorecer ou não a uma pessoa o alcance de determinados objetivos de vida.

Outro aspecto importante de ser discutido no âmbito da feminização da velhice refere-se aos diferentes tipos de violência vivenciadas por essa população específica. A violência é um termo complexo e multifacetado que se relaciona à violação da integridade da pessoa idosa, seja por meio de ações ou falta de atos, que causam danos físicos, psicológicos e sociais, podendo ocorrer dentro ou fora do ambiente doméstico. Esse fenômeno é universal e envolve relações sociais de opressão, intimidação e medo, que podem ser dirigidas à população idosa de maneira direta ou indireta (MANSO, 2019).

No estudo de 2020, observou-se que dois em cada cinco idosos sofreram ao menos um tipo de violência, havendo uma taxa de 19% (16 pontos percentuais a menos que a pesquisa do ano de 2006). Tal redução pode advir da maior notificação de casos de violência contra a pessoa idosa e da ampliação do debate acerca desta temática nos últimos anos, incluindo as diferentes formas de violência e seus impactos psicossociais sobre a população idosa.

As três situações mais citadas incluíram "ter sido ofendido, tratado com ironia ou gozação ou humilhado/menosprezado", "ficar sem remédios ou tratamento médico quando precisava" e "recusa de emprego ou trabalho". No que tange ao local em que ocorreu a pior violência, 7% declararam ter sido na própria residência, seguido de "em atendimento público" (3%), "na rua", "em consulta médica/hospitais" e "no trabalho" (2% cada), e "no comércio" e no ônibus" (1% cada).

Num cenário social onde as desigualdades de gênero são vigentes, as violências incidem sobre as mulheres de diferentes maneiras. Pensar as situações cotidianas de violência neste segmento populacional é questão de saúde pública, uma vez que seus impactos são fortemente sentidos no seio social e ocorrem de maneira significativa. As violências físicas, por exemplo, vivenciadas sobretudo nas relações conjugais configura-se como uma das maiores causas de morbidade em mulheres, afetando expressivamente sua saúde e ocasionando perdas na área do desenvolvimento pessoal, social, afetivo e econômico (SANTOS, 2020).

Desta maneira, a violência se constitui como uma das maiores preocupações que a pessoa idosa pode vir a enfrentar. É urgente a necessidade de abordar os diferenciais de gênero envolvidos neste fenômeno, o qual é reforçado pelas concepções sociais das mulheres como subalternas e inferiores, consequentemente, tornando-as mais vulneráveis e suscetíveis, sobretudo quando são idosas. Assim sendo, é essencial o desenvolvimento de ações e políticas de prevenção e proteção a este grupo populacional, incluindo práticas de combate aos tipos de violências pouco pautadas, mas bastante frequentes, como a violência financeira, a violência psicológica e as negligências as quais, muitas vezes, se apresentam de maneira combinada.

Neste sentido, faz-se necessário abordar os diferenciais de gênero que historicamente localizam as mulheres em posições iníquas e desvantajosas. O ageísmo intensifica as violências perpetradas contra a pessoa idosa, e somando-se às questões anteriormente mencionadas potencializam o sofrimento de muitas mulheres idosas. Profissionais da área da gerontologia e das demais áreas devem atentar-se para as diversas demandas relativas às mulheres velhas. Um olhar sensível e reflexivo-crítico quanto às especificidades desta população pode contribuir na prevenção contra a violência e atitudes discriminatórias, além de serem base para a criação de ações e políticas públicas específicas (MAXIMIANO-BARRETO, 2019).

A partir das pontuações anteriormente feitas, é premente a necessidade de que a discussão sobre a feminização da velhice e suas particularidades, sejam discutidas em diferentes âmbitos, desde o debate informal até as pautas de políticas públicas. Sabe-se que as mulheres compõem a maioria da população mundial, e que o preconceito etário, racial e de classe vigoram no sistema em que estamos inseridos. Deste modo, torna-se evidente a importância de se debater sobre a dimensão psicossocial na abordagem sobre a feminização da velhice, visto que este fenômeno é multifacetado e heterogêneo.

É também de grande relevância uma capacitação crítica de profissionais que atuam com a população idosa, além de iniciativas que incluam a redução da violência (em suas diferentes dimensões) na população idosa feminina, a redução da privação das mulheres idosas de cuidados em saúde, bem como ampliação de redes que se conectem no sentido de oferecer uma assistência integral às mulheres idosas. É preciso também "dar voz" a este público esquecido, sobretudo às idosas negras, que são negligenciadas nas políticas públicas.

Velhice não é um fenômeno homogêneo. Há diferentes modos de envelhecer, influenciados pelo campo histórico, político, econômico e social. Neste sentido, é preciso superar as discussões biologicistas que simplesmente focam nas diferenças entre homens e mulheres do ponto de vista físico e orgânico. É necessário discutir as diferenças de gênero no âmbito da gerontologia, destacando a feminização da velhice que ressalta as particularidades deste grupo específico.

Os desafios enfrentados pelas mulheres, sejam elas idosas ou não, também se desdobram em adoecimentos psíquicos, desencadeando transtornos depressivos ou de ansiedade. A combinação entre as condições de dependência e pobreza, a sobrecarga dos cuidados, a escassez de tempo para realização de atividades prazerosas e para o autocuidado, as situações de subserviência, a solidão do cuidado, os sentimentos de abandono e as violências, são fatores que impactam significativamente na vida dessas mulheres (BIROLLI, 2018; SANTOS, 2020).

A posição desigual das mulheres idosas tem raízes históricas e ainda são pouco discutidas, sobretudo pela naturalização das desigualdades que as alcançam. Pautar este tema é um passo importante, e pesquisas que incluam este público, tal como a desenvolvida pelo Sesc-SP e FPA, despertam para a necessidade de discutir os dados e ampliar essa discussão para âmbitos diversos. É preciso, portanto, que esta temática ecoe em diversas esferas e influencie em processos de mudança para minimizar os impactos das iniquidades de gênero e de faixa etária, além dos demais aspectos interseccionais, como raça e classe.

REFERÊNCIAS

BIROLLI, F. *Gênero e desigualdades: os limites da democracia no Brasil*. São Paulo: Boitempo, 2018.

BRITTO DA MOTTA, A. "Violência contra as mulheres idosas: questão de gênero ou de gerações?". In: *Seminário Políticas Sociais e Cidadania*, III, Salvador, 2010. Anais eletrônicos. Universidade Católica de Salvador, 2010. Disponível em: https://silo.tips/download/violencia-contra-as-mulheres-idosas-questao-de-genero-ou-de-geraoes. Acesso em: 14 dez. 2022.

CEPELLOS, V. M. "Feminização do envelhecimento: um fenômeno multifacetado muito além dos números". *Revista de Administração de Empresas [on-line]*, v. 61, n. 2, 2021.

HAYAR, M. A. S. P., SALIMENE, A. C. M., KARSCH, U. M.; IMAMURA, M. "Aging and chronic pain: a study of women with fibromyalgia". *Acta Fisiatrica*. v. 21, n. 3, 2014.

INSTITUTO BRASILEIRO DE GEOGRAFIA E ESTATÍSTICA (IBGE). *Tábua completa de mortalidade para o Brasil – 2018*. Breve análise da evolução da mortalidade no Brasil. Disponível em: https://biblioteca.ibge.gov.br/visualizacao/periodicos/3097/tcmb_2018.pdf. Acesso em: 11 nov. 2022.

MACEDO, M. S. "Mulheres chefes de família e a perspectiva de gênero: trajetória de um tema e a crítica sobre a feminização da pobreza". *Caderno CRH [on-line]*. v. 21, n. 53, 2008.

MANSO, M. E. G. "Violência, iatrogenia e saúde da pessoa idosa". In: BARROSO, A. S. *et al*. [org.]. *Diálogos Interdisciplinares do Envelhecimento*. São Paulo: Hipótese, 2019. p. 223-242.

MAXIMIANO-BARRETO, M. A. *et al*. "A feminização da velhice: uma abordagem biopsicossocial do fenômeno". *Interfaces Científicas Humanas e Sociais*, v. 8, n. 2, 2019. p. 239-252

MOURA, E. C. S. "Envelhecimento, proteção social e desigualdade no brasil". In: BARROS, A. S. *et al.* [org.]. *Diálogos Interdisciplinares do Envelhecimento*. São Paulo: Hipótese, 2019. p. 175-180.

NASCIMENTO, M. R. "Feminização do envelhecimento populacional: expectativas e realidades de mulheres idosas quanto ao suporte familiar". Disponível em: http://www.abep.org.br/publicacoes/index.php/livros/article/view/168. Acesso em: 14 dez. 2022.

RABELO, D. F. *et al.* "Racismo e envelhecimento da população negra". *Revista Kairós-Gerontologia*, 21(3), 193-215, 2018.

_____; ROCHA, N. M. F. D. "Velhices invisibilizadas: desafios para a pesquisa em Psicologia". In: CERQUEIRA-SANTOS, E. & FERNANDES DE ARAUJO, L. [org.]. *Metodologias e Investigações no Campo da Exclusão Social*. Teresina: EDUFPI, p. 32-54., 2020.

SANTOS, G. A.; LOPES, A.; NERI, A. L. "Escolaridade, raça e etnia: elementos de exclusão social de idosos". In: *Idosos no Brasil: vivências, desafios e expectativas na terceira idade*. São Paulo: Editora Fundação Perseu Abramo, 2007.

SANTOS, N. R. P. *Racismo e eventos produtores de estresse: experiências de idosas(os) negras(os)*. Dissertação (mestrado). Salvador: Universidade Federal da Bahia, 2020.

_____; RABELO, D. F. "Racism and Stressful Events Among Black Elderly People". In: DUTRA-THOMÉ, L. *et al.* (eds.). *Racism and Human Development*. Springer, 2022.

SESC-SP; FUNDAÇÃO PERSEU ABRAMO. *Idosos no Brasil: vivências, desafios e expectativas na terceira idade*. Pesquisa de Opinião Pública, Fevereiro, 2020.

UNITED NATIONS. *World population ageing*. New York, USA, 2019.

TEREZA MARTINS

RACISMO NO BRASIL

A CONDIÇÃO DIFERENCIADA DE ENVELHECER DOS/AS TRABALHADORES/AS NEGROS/AS[1]

Minha voz uso pra dizer o que se cala

DOUGLAS GERMANO

Em uma sociedade onde as condições para viver estão direta e fundamentalmente relacionadas ao assalariamento, é impossível pensar o envelhecimento distante das determinações do trabalho, sobretudo num contexto social em que a proteção social está vinculada à lógica contributiva do regime de trabalho, que tem a "cidadania regulada"[2] como base do direito à proteção social. Do mesmo modo, é inconcebível tratar o envelhecimento dos/as trabalhadores/as negros/as[3] sem considerar as marcas históricas deixadas por uma formação social fundada a partir da colonização, de quase quatro séculos de escravidão, de uma abolição que se efetiva deixando os/as trabalhadores/as à margem do processo de desenvolvimento do país e de um capitalismo que se constitui apoiado em relações racistas, operadas na negação aos/às negros/as do direito ao trabalho assalariado.

Ao determinar o "lugar do negro/da negra" no emergente mercado de trabalho, o racismo que edificou as relações salariais imprimiu desigualdades no acesso a condições materiais de vida numa sociedade na qual só é possível viver através do trabalho. Embora essas marcas históricas sejam tratadas como algo a ser remetido a um passado longínquo, os indicadores

---

1   É importante indicar para o/a leitor/a que, neste capítulo, a categoria negro/a inclui pardo/a e preto/a. Este tratamento decorre da compreensão de que, a despeito da categorização adotada pelo IBGE, a categoria pardo/a produz a ideia de um colorismo, a meu ver, inapropriada para tratar as relações raciais no Brasil. "[...] o colorismo surge como um quadro identitário racial e político que plasma os sujeitos em um arquétipo predefinido. A substância dessas existências, tanto negras quanto brancas, resta encerrada em papéis que distribuem, de modo desigual e injusto, habilidades, tendências, características e estéticas que definidas de fora para dentro, restringem e disciplinam as várias negritudes existentes no Brasil [...] [e que fazem parte] da hierarquização racial" (DEVULSKY, 2021, p. 12). Ademais, ao mensurar as desigualdades raciais no Brasil, autores como Carlos Hasenbalg e Nelson do Valle Silva, na maior parte das análises estatísticas implementadas as diferenças entre pretos e pardos, não observaram estatisticamente diferenças significativas.

2   "Por *cidadania regulada* entendo o conceito de cidadania cujas raízes encontram-se não em um código de valores políticos, mas em um sistema de estratificação ocupacional; ademais, tal sistema de estratificação ocupacional é definido por norma legal. Em outras palavras, são cidadãos todos aqueles membros da comunidade que se encontram localizados em qualquer uma das ocupações *reconhecidas* e *definidas* em lei" (SANTOS, 1979, p. 75, grifos do autor). Isso significa que todos/as os/as trabalhadores/as que exercem profissões não reconhecidas por lei são considerados/as não cidadãos em meio aos/às cidadãos/cidadãs inseridos/as no mercado de trabalho formal.

3   Neste trabalho, a categoria negro/a é compreendida como composta por pretos/as e pardas/os.

sociais, inclusive os das pesquisas oficiais, atestam o quanto o racismo opera na realidade brasileira.

O racismo só pode ser apreendido como produto das relações sociais. A sua presença se expressa no desemprego, na informalidade e nas relações de trabalho econômica, social e politicamente inferiorizadas. A afirmação de que o racismo no mercado de trabalho impacta estruturalmente a vida de negros/as é ponto de partida para o reconhecimento de que todas as outras dimensões e aspectos da vida são atravessados pelas desigualdades raciais nas relações de trabalho. Tornar inteligíveis essas conexões entre racismo, trabalho e outras dimensões da vida é um requisito fundamental para compreender as manifestações do racismo na realidade brasileira e como concretamente ele atravessa a vida e determina as condições de envelhecimento da população negra no Brasil.

As sinalizações introdutórias explicitam a defesa de que, na sociedade brasileira, todas as dimensões da vida[4] de negros/as são mediadas pelas determinações do racismo, ganhando centralidade quando explicitadas nas relações sociais de produção, aqui traduzidas como relações no mercado de trabalho. Ao partir dessa afirmação, este capítulo se propõe a tratar o envelhecimento analisando as condições de envelhecer de homens e mulheres negros/as no Brasil, determinadas pelo racismo no mercado de trabalho. Apreendem-se os aspectos da pesquisa feita em parceria entre o Sesc-SP e a FPA (2020)[5] que permitam refletir sobre as condições de trabalho diferenciadas dos/as trabalhadores/as negros/as, das quais resultam a desproteção social que envolve a sua existência e os limites que circunscrevem todas as dimensões e aspectos da sua vida na velhice.

---

[4] Embora a vida seja considerada em suas dimensões física, intelectual, emocional, social, afetiva e espiritual, aqui são consideradas em sua articulação com a educação, saúde, trabalho, lazer etc.

[5] A pesquisa fez 2.369 entrevistas com idosos (60 anos e mais) e 1.775 entrevistas com o restante da população (16 a 59 anos), totalizando 4.144 entrevistas em todas as regiões do país. "Quanto à raça, 43% [...] se declaram parda, e 36% branca, apresenta-se aqui uma inversão em relação a 2006: 28% e 45%, na ordem. Outros 15% se declararam preta, 2% amarela e 1% indígena" (FPA/Sesc-SP, 2020, p. 9).

DETERMINANTES HISTÓRICO-ESTRUTURAIS PARA COMPREENDER O "LUGAR DO NEGRO" NO MERCADO DE TRABALHO E NA SOCIEDADE BRASILEIRA

A transição do trabalho escravo ao trabalho livre foi acompanhada pela redefinição social e cultural do trabalho (IANNI, 1991). Trata-se de um processo geral que envolveu não apenas a redefinição das relações de trabalho, bem como compreendeu a redefinição étnico-racial dos trabalhadores e trabalhadoras a serem inseridos nas relações assalariadas que se deram através da transferência do excedente da força de trabalho da Europa, no que se conhece por "política de imigração". A própria política de imigração foi acompanhada da ideia de que a força de trabalho adequada ao desenvolvimento do Brasil seria a de origem europeia. A construção social e cultural da ideia de incompatibilidade do/a trabalhador/a negro/a para assumir o trabalho assalariado marcou, desde a origem do mercado de trabalho no país, a trajetória do/a trabalhador/a negro/a na condição de reserva de força de trabalho[6] e, portanto, no desemprego, nas relações de trabalho informais e nas mais precárias atividades laborais (MARTINS, 2017).

Ao construir o "lugar do negro" no mercado de trabalho, o racismo brasileiro moldou condições de vida diferenciadas para a população marcada pela história da escravidão – condições evidenciadas abaixo do nível médio normal da classe trabalhadora (MARTINS, 2021). Embora faça parte de um passado que remonta ao nascimento dos mercados de trabalho regionais (1888 a 1930), a intervenção do Estado, via política de imigração, associada à construção ideológica de "incompatibilidade" do/a negro/a para assumir o trabalho assalariado nas novas relações de produção, demarcou o lugar a ser ocupado pelos/as racialmente discriminados/as. Se a transferência de

---

[6] Todos/as aqueles/as que, de algum modo, preocuparam-se com as desigualdades sociorraciais na sociedade brasileira levantaram aspectos sobre as desigualdades do negro no mercado de trabalho, inclusive sobre a sua condição de reserva de força de trabalho. A título de exemplos: Clóvis Moura, Florestan Fernandes, Octavio Ianni, George Andrews Reid, Lúcio Kowarick, entre outros. Para Ianni (1966, p. 81), o negro à margem do trabalho assalariado tornou-se "contingente de trabalhadores disponíveis [que] alimentará expansões posteriores da economia nacional, especialmente a industrialização".

"parte do excedente de força de trabalho da Europa para o Brasil" (POCHMANN, 2008, p. 25) marca a abundância de força de trabalho no nascente mercado de trabalho brasileiro, é o racismo operado na preferência dos proprietários de indústrias pelos imigrantes europeus que define o/a trabalhador/a a assumir, nas áreas mais dinâmicas da economia, as oportunidades de trabalho.

São recorrentes na literatura que trata do período os "estigmas que cercam a existência do negro, após a abolição, originados na comoção nacional provocada pela necessidade de romper aquele antagonismo [a escravidão]" (IANNI, 1966, p. 88). No contexto de transição do trabalho escravo ao trabalho livre, o "'estrangeiro' aparecia [...] como *a grande esperança nacional de progresso por saltos* [...]. Por esse motivo, onde o 'imigrante' aparecesse, eliminava fatalmente o pretendente 'negro' ou 'mulato', pois se entendia que ele era o *agente natural* do trabalho" (FERNANDES, 1978, p. 27, grifado no original). É esse racismo operado no mercado de trabalho que se consolida ao longo das fases de desenvolvimento econômico do Brasil, sedimentando a inferioridade[7] do/a negro/a e reproduzindo a desigualdade entre negros e brancos.

As expressões do racismo só podem ser apreendidas nas relações sociais concretas, as quais se materializam nas desigualdades raciais e sociais notabilizadas nas condições de trabalho diferenciadas, seja pelo desemprego, seja pelo rendimento do trabalho abaixo do rendimento dos/as demais trabalhadores/as brancos/as, seja pela desproteção social que as ocupações informais[8] ensejam, seja pelo desprestígio social dos postos de trabalho que assumem, resultando na sua inferiorização social, seja, ainda, pela pobreza e extrema pobreza que, por sua vez, repercutem nas suas

---

[7] "A opção pelo trabalhador imigrante, nas áreas mais dinâmicas da economia, e as escassas oportunidades abertas ao ex-escravo, em outras áreas, resultaram numa profunda desigualdade social da população negra. Fruto, em parte, do preconceito, essa desigualdade acabou por reforçar o próprio preconceito contra o negro. Sobretudo nas regiões de forte imigração, ele foi considerado um ser inferior, perigoso, vadio e propenso ao crime; mas útil quando subserviente". (Fausto, 1997, p. 221).

[8] "Com base nos dados da PNAD Contínua 2019, o estudo Síntese de Indicadores Sociais [...] mostra que pretos ou pardos têm maiores taxas de desocupação e informalidade do que brancos, estão mais presentes nas faixas de pobreza e extrema pobreza e moram com maior frequência em domicílios com algum tipo de inadequação [...]. A taxa de desocupação foi, em 2019, de 9,3%, para brancos, e 13,6% para pretos ou pardos. Entre as pessoas ocupadas, o percentual de pretos ou pardos em ocupações informais chegou a 47,4%, enquanto entre os trabalhadores brancos foi de 34,5%. O resultado reflete a maior participação dos pretos e pardos em trabalhos característicos da informalidade, como, por exemplo, atividades agropecuárias, que tinham 62,7% de ocupados pretos ou pardos, construção, com 65,2%, e serviços domésticos, 66,6%". (IBGE, 2020).

possibilidades reais e concretas de acessar bens e serviços, a exemplo de graus mais elevados de escolarização, de serviços de saúde, de alimentação, de moradia, de lazer, entre outros.

Essas não são questões desprezíveis. Embora o envelhecimento seja um fenômeno universal, "a pluralidade dos modos de envelhecer e as desigualdades oriundas dessas diferenças" (TEIXEIRA, 2019, p. 177) não devem ser invisibilizadas, particularmente no Brasil, onde as desigualdades sociorraciais são gritantes e os/as negros/as (46,8% pardos/as e 9,4% pretos/as) representam 56,2% da população brasileira, contrastando com 42,7% dos/as brancos/as (IBGE, 2020, p. 7), num contexto em que o número de idosos cresce e chega a 37,7 milhões[9] (17,9% do total) (DIEESE, 2020).

ELEMENTOS PARA PENSAR A CONDIÇÃO DIFERENCIADA DE ENVELHECER DOS TRABALHADORES/AS NEGROS/AS NO BRASIL

Faz-se imperativo a qualquer análise séria acerca do envelhecimento na realidade brasileira tomar as condições de produção e reprodução social para compreender concretamente as condições de existência dos que envelhecem como "vendedores/as da força de trabalho". Nessa perspectiva, busca-se refletir sobre as condições de existência dos/as vendedores/as racialmente denominados/as de trabalhadores/as negros/as, a partir dos dados da pesquisa FPA/Sesc-SP (2020) que dialogam com o objetivo deste capítulo.

O primeiro aspecto de relevo para pensar as condições de existência dos/as negros/as diz respeito à sua inserção na População Economicamente Ativa (PEA). Por exemplo, quando se leva em conta o percentual de idosos negros (pardos e pretos) que "estão trabalhando e não são aposentados" (23% pardos e 20% pretos) e o de "aposentados/as que ainda trabalham" (13% pardos e 20% pretos), constata-se um quadro expresso por 76% dos idosos (36% pardos e 40% pretos) que compõem a categoria População Economicamente Ativa.

---

9 Número obtido no "Perfil das Pessoas com 60 Anos ou Mais", elaborado pelo DIEESE (2020) a partir da PNAD Contínua (3º trimestre de 2020) e da PNAD covid-19 (novembro de 2020).

Mesmo quando se separam pretos (40%) e pardos (36%), os dados revelam que, na relação com os/as brancos/as, o percentual de negros/as é bem mais significativo. Questiona-se: por que idosos negros/as, mesmo aposentados/as, precisam e/ou querem trabalhar? Ou por que idosos negros/as "em idade de aposentadoria" ainda estão trabalhando sem gozar do direito de se aposentar?

Sem a pretensão de abordar as complexas mediações necessárias a responder às múltiplas determinações que circunscrevem as condições de trabalho e de vida dos idosos negros/as no Brasil, assinalam-se apenas aspectos mais gerais que dialogam com a compreensão de aposentadoria como um direito conquistado pela classe trabalhadora que deve ser acessado após uma trajetória de trabalho, evitando mecanismos compensatórios que não alteram profundamente a estrutura das desigualdades.

Numa sociedade onde a dinâmica da reprodução ampliada (acumulação) reproduz o desemprego em massa e essa expressão da "questão social", embora atinja todos/as, alcança predominantemente os/as racialmente discriminados/as, o segmento idoso da classe trabalhadora, no âmbito das estratégias da ofensiva neoliberal, é retido ou remetido de volta ao mercado de trabalho, sob os mecanismos de superexploração como o subemprego e outras formas precarizadas de trabalho. Por vivenciarem o racismo no mercado de trabalho, os/as negros/as experimentam de forma mais acentuada o desemprego[10] e uma maior inserção em ocupações distantes das formalidades trabalhistas, como a carteira de trabalho assinada[11].

Ao se distanciarem das relações de trabalho com regulação estatal, os/as negros/as também se afastam da "cidadania regulada". Distanciando-se dos requisitos legais inerentes à cidadania com base na lógica contributiva do regime de trabalho brasileiro, os/as racialmente discriminados/as afastam-se das condições necessárias à aposentadoria devido ao fato de que suas condições de trabalho não lhes garantem atender a critérios como tempo de

---

[10] Boletim Especial de 11/10/2020, elaborado pelo DIEESE a partir dos dados da PNAD Contínua, evidencia que "Dos 8 milhões de pessoas que perderam o emprego entre o 1º e o 2º trimestre de 2020, 6,3 milhões eram negros e negras, o equivalente a 71% do total. Entre o 4º trimestre de 2019 e o 2º de 2020, 72% ou 8,1 milhões de negros e negras estavam em situação vulnerável no país". (DIEESE, 2020, p. 3).

[11] Os dados ajudam a entender que "A informalidade para pretos ou pardos é uma característica histórica, que percebemos em todos os anos da série da PNAD Contínua. Esta se inicia em 2012 e vai até 2019. É um grupo que requer atenção, é um grupo mais vulnerável, que não terá aposentadoria por tempo de serviço sem direito a licenças remuneradas por afastamento por motivo de saúde ou licença gestante", afirma o coordenador do Sistema de Indicadores Sociais (SIS) (IBGE, 2020).

contribuição previdenciária, por exemplo. Assim, quando a pesquisa FPA/Sesc-SP (2020, p. 25) aponta um maior percentual de idosos/as aposentados/as por idade (33%, um aumento em relação a 2006, 28%), evidencia que a "aposentadoria por tempo de serviço" (que compõe 24% da amostra), num contexto social marcado pela flexibilidade histórico-estrutural (desemprego, informalidade etc.), não pode ser alcançada por todos/as, mormente pelo segmento que ao longo da vida enfrentou o racismo no mercado de trabalho. E, de fato, do total de aposentadorias no Brasil (86.311), que representa 22,12%, 12,24% (equivalente a 47.759) são por idade, e apenas 7,87% por tempo de contribuição, o que totaliza 30.708 (BRASIL, 2020).

Outro elemento mediador na compreensão das "motivações" da participação dos/as idosos/as negros/as na População Economicamente Ativa (PEA) diz respeito à construção social do "lugar do/a negro/a" no mercado de trabalho. Conforme Martins (2012, p. 456), as relações capitalistas no Brasil foram constituídas com a impressão da "lógica da discriminação racial como insígnia do modo de produção baseado no trabalho livre". Não há dúvida do quanto essas relações são determinantes na condução dos/as negros/as às ocupações política, social e economicamente desprestigiadas e distantes da proteção social inerente ao Sistema Previdenciário brasileiro. Por não terem tido acesso ao mercado de trabalho formal, nos postos de trabalho com melhores salários[12], a parcela majoritária da população negra se faz representar nas faixas de remuneração previdenciárias menos elevadas, com intensidade inferior à da população branca[13]. Embora não seja o único, é um dos aspectos relevantes da necessidade de os/as idosos/as se manterem e/ou retornarem ao trabalho.

Os dados da pesquisa FPA/Sesc-SP (2020, p. 55), no que se refere à "Renda domiciliar mensal – comparativo raça/cor", reforçam o argumento da "necessidade de trabalhar para complementar a parca aposentadoria e/ou o parco rendimento familiar", quando revela a condição de existência de

---

[12] Várias pesquisas dão conta de que os/as racialmente discriminados/as se concentram nos setores onde há uma maior rotatividade da força de trabalho, maior informalidade e menor salário. A título de ilustração, Porcaro (1988) localiza mais de 80% dos/as negros em apenas cinco setores de atividades com prevalência de trabalho secundária. Consultar análise da autora e pesquisas do IBGE, IPEA e DIEESE.

[13] O Relatório das Desigualdades Raciais no Brasil 2009-2010 revela aposentados e pensionistas brancos recebendo proventos previdenciários superiores a cinco salários mínimos. Já o peso relativo dos pretos e pardos na mesma faixa de rendimento era inferior à metade daqueles. Consultar Paixão *et al.* (2010).

97% dos homens idosos (pardos, 49%, e pretos, 48%) e 98% das mulheres idosas (pardas, 50%, e pretas, 48%) com rendimento domiciliar mensal na faixa mais baixa, ou seja, com até dois salários mínimos. Nessa mesma condição encontram-se 37% dos homens brancos e 39% das mulheres brancas. É inconteste o quanto o rendimento domiciliar mensal é revelador de uma condição de vida diferenciada dos/as idosos/as negros/as no país, principalmente quando nas faixas salariais de dois a cinco salários estão 25% de pardos e 27% de pretos; nas faixas de mais de cinco salários, apenas 3% das pardas, 2% das pretas e 7% dos pardos e 6% dos pretos se apresentam; contrastando com essa realidade, os homens e as mulheres brancos/as possuem a maior representação tanto nas "faixas salariais de dois a cinco salários" (30% homens e 25% mulheres), quanto nas faixas de "mais de cinco salários" (12% homens e 8% mulheres).

As diferenças no rendimento domiciliar apresentam-se bem mais incisivas entre as mulheres negras. Apenas 21% das pardas e 20% das pretas estão na faixa de dois a cinco salários, diminuindo drasticamente o percentual à medida que se aproxima da maior faixa de renda. Na faixa de mais de cinco salários, apenas 3% das mulheres pardas e 2% das pretas se apresentam, contrastando com 8% nesta faixa salarial, e 25% na faixa de dois a cinco salários, das mulheres brancas. Os dados apontam para uma pior condição de existência de mulheres negras e explicitam a manifestação da dupla discriminação que as faz vítimas do racismo e do sexismo. Por concentrar-se nos postos de trabalho com maior nível de informalidade e menor prestígio na hierarquia profissional, a exemplo do trabalho doméstico, recebem os menores rendimentos[14] e, consequentemente, são as mais pobres entre os pobres[15] e estão mais distantes da proteção social ensejada pelo regime de trabalho no Brasil.

Outra mediação importante para compreender por que idosos negros/as, mesmo os/as aposentados/as, precisam e/ou querem trabalhar e os/as com idade de aposentadoria ainda estão trabalhando é a responsabilidade que assumem com a família. Ao evidenciar que principalmente os idosos são os responsáveis pela chefia da família (idosos, 68%, homens, 80%; em seguida, o marido/a esposa, com 18%; entre os idosos, esposas, 25%), os dados da FPA/Sesc-SP (2020) atestam o que outras pesquisas têm apontado: dos 37,7

---

14 "A maior inserção de pretos ou pardos [se dá] em atividades informais, como serviço doméstico sem carteira assinada, que em 2019 tinha rendimento médio mensal de apenas R$ 755" (IBGE, 2020).

15 "A pobreza afetou mais as mulheres pretas ou pardas: 39,8% dos extremamente pobres e 38,1% dos pobres". (IBGE, 2020).

milhões de pessoas com 60 anos ou mais (17,9% da população brasileira), 75% contribuem com 50% ou mais da renda do domicílio (DIEESE, 2022).

Inaugura-se o que Paiva (2014, p. 129) concebe como "a época do(a) trabalhador(a) valorizado(a) como fonte de renda, nem que seja uma renda mínima". Em outras palavras, se os parcos rendimentos advindos da aposentadoria e/ou se suas condições de trabalho não lhes permitiram acessar o direito de se aposentar, a manutenção ou o retorno ao mercado de trabalho "obriga" o/a trabalhador/a a prolongar o tempo de dedicação à reprodução do capital, atendendo ao imperativo da demanda por "contratação [...] que represente algumas vantagens para o empregador, ou seja, um tipo de subcontratação, em termos de menos custos e desresponsabilização quanto aos direitos trabalhistas" (PAIVA, 2014, p. 128). A pesquisa FPA/Sesc-SP (2020, p. 388) dá conta de que na "falta de [emprego], [os idosos] recorrem – enquanto podem – a 'um bico' qualquer", o que reforça o contínuo das inserções dos/as racialmente discriminados/as nas ocupações econômica, social, política e culturalmente desprestigiadas e desprotegidas.

Não fosse o racismo no mercado de trabalho tão acentuado, o desemprego dos/as negros/as e a sua inserção nas ocupações mais precárias e com menor remuneração seriam determinações únicas e exclusivas da flexibilidade histórico-estrutural que particulariza o mercado de trabalho brasileiro, conforme analisa Azeredo (1998). No entanto, não há como desconsiderar o peso do racismo nessa particularidade, a determinar as condições de existência de negros/as. A título de ilustração: a PNAD contínua (IBGE, 2017, s.p.) revela que, no terceiro trimestre de 2017, "dos 13 milhões de brasileiros desocupados, 8,3 milhões eram pretos ou pardos (63,7%). Com [...] taxa de desocupação [de] 14,6%, valor superior [...] [ao dos] brancos (9,9%). Dos 26,8 milhões de pessoas subutilizadas no Brasil, 17,6 milhões (65,8%) eram pretas ou pardas".

Pelas análises precedentes, evidencia-se que dessas condições de trabalho dos/as racialmente discriminados/as deriva um envelhecimento que não se configura apenas como "resultado da reprodução do sistema do capital" (PAIVA, 2014, p. 125), "mas como produto histórico dessa reprodução processada com o rigor do racismo" (BORGES; SILVA; SANTOS; MARTINS, 2019, p. 145). Racismo devido à sua maior participação nos postos de trabalho com maior desproteção social, maior nível de exploração e menor salário. São essas determinações que particularizam as condições de envelhecimento dos/as trabalhadores/as negros/as no Brasil, o que exige análises afastadas da visão "estritamente natural do envelhecimento humano" e das concepções que veem os indivíduos sociais como "um amontoado de elementos biológicos geneticamente previstos ou cronologicamente delimitados" (TEIXEIRA, 2021, p. 89).

Com essas argumentações elementares sinaliza-se, como ponto de partida para a análise do envelhecimento, que determinantes sociais e culturais se cruzam e tensionam a vida dos/as trabalhadores/as negros/as, agravando, modificando e/ou interagindo com os fatores biológicos e psicológicos. Essa é uma razão importante para não se perder de vista que a existência dos/as trabalhadores/as negros/as é extremamente determinada pelo racismo que enfrentam no mercado de trabalho, do qual resultam condições de vida diferenciadas, mesmo quando comparadas com o conjunto da classe trabalhadora brasileira. Dessas condições ainda resulta o seu adoecimento, severamente marcado não apenas pelos traços que assume o envelhecimento da classe trabalhadora, mas, também, e fundamentalmente, por uma trajetória marcada pela discriminação, pelo desrespeito, pelas humilhações e violências perpetradas pelo racismo estrutural.

A história de vida dos/as negros/as como trabalhadores/as só pode ser compreendida se apreendidas as determinações do racismo. Quando Paiva (2014, p. 131) afirma que para os segmentos majoritários da classe trabalhadora "o destino mais provável a ser cumprido é o de envelhecer precocemente trabalhando, acumulando doença e perdendo capacidade funcional – ao sistema do capital – de maneira acentuada, sentindo o peso dessa velhice indesejada como um fardo [...] até a morte", para o segmento negro dessa classe, isso é amplamente reforçado pela estrutura racista brasileira. Desse modo, sua morte não é apenas apressada pelas condições diferenciadas do seu "lugar" histórico e contemporâneo nas relações de produção; é particularizada nas resultantes que advêm desse "lugar" (MARTINS, 2021, p. 110).

Por essa razão, não há dúvida em relação a quanto esses determinantes sociais agravam as doenças consideradas comuns no processo de envelhecimento da classe trabalhadora; eles estabelecem a sua dependência da proteção social nas situações que requisitam tratamentos vinculados ao sistema de saúde. Ao avançar concretamente nos dados da pesquisa FPA/Sesc-SP (2020, p. 216) sobre a saúde, observa-se que a massiva parcela de negros/as (80% dos homens pardos e 83% dos pretos, somados a 81% das mulheres pardas e 85% das mulheres pretas) tem como única alternativa de proteção social o SUS. A dependência do Sistema de Saúde Pública é confirmada pelos dados que apontam que apenas 31% dos pardos, 22% dos pretos, 35% das pardas e 32% das pretas mencionam outras opções de proteção social que não seja a pública, a exemplo de plano de saúde, convênio de empresa ou sindicato, pagamento médico ou hospital particular.

Na contramão da realidade apresentada, principalmente, por essa parcela da classe trabalhadora, um conjunto de limites marca a desproteção social que acompanha o seu envelhecimento e da classe trabalhadora em geral. A pesquisa FPA/Sesc-SP (2020, p. 389) revela os limites do SUS quando aponta a "demora no atendimento à saúde, no SUS, [...] levando de um ano a ano e meio para agendar qualquer intervenção"; "os remédios de uso continuado [que] também não estão disponíveis gratuitamente, como garante a lei, nas farmácias"; "nem a frequência de marcação de consulta acompanha os três meses – período durante o qual um remédio de uso contínuo teoricamente estaria disponível gratuitamente na farmácia". Se, por um lado, essa realidade "os obriga a gastar a sua já apertada aposentadoria, disputando a despesa com a compra de alimentos e pagamento de contas" (FPA/Sesc-SP, 2020, p. 389), por outro, ela revela o quanto a condição de envelhecimento no Brasil – dado o contexto de desigualdade social – se agrava com o aprofundamento da desproteção social observada.

O que se manifesta aqui é um traço do desfinanciamento que marca crescentemente as políticas públicas em geral e, particularmente, as Políticas de Seguridade Social, entre as quais se encontra a Política de Saúde Pública, o SUS. Desfinanciamento imposto pelas medidas neoliberais que, ao lado do crescimento da pobreza e das desigualdades sociais e raciais, desmonta direitos adquiridos como Previdência Social e outros direitos trabalhistas num contexto já marcado pela desproteção social. Ao considerar que "as questões acumuladas durante o curso da vida e evidenciadas na velhice, cada vez menos caberão nos limites do espaço privado, devendo, assim, ser tratadas pelo sistema público de proteção social" (PAIVA, 2014, p. 132), desvela-se o quanto se aprofunda a desproteção social dos/as trabalhadores/as negros/as, tendo em vista as desigualdades sociorraciais que marcam a sua trajetória no país. A pesquisa Sesc-SP/FPA (2020, p. 17) evidencia que "79% dos idosos [...] utiliza[m] o serviço público, o SUS, postos de saúde, contra 68% que utilizavam esse serviço em 2006, [e o] plano de saúde particular – o segundo mais utilizado – teve uma queda em relação a 2006 (de 24% para 18%)".

O reflexo direto na "velhice, experimentada pela 'espécie' que necessita vender a sua força de trabalho para sobreviver, [e que] traduz o resultado de um sistema que subordina as qualidades e necessidades humanas à ditadura do trabalho gerador de mais-valia" (PAIVA, 2014, p. 37), pode ser mensurado nos dados da pesquisa FPA/Sesc-SP (2020) que apontam "os homens e mulheres idosos/as negros/as (71% pardos e 63% pretos; 72% pardas e 67% pretas) acessando remédios através da compra/pagamento, apesar de se situarem predominantemente na menor faixa de rendimento domiciliar mensal". A busca de proteção social num contexto econômico, social e político em que as políticas sociais são cada vez mais requeridas como área de reprodução ampliada do capital é evidenciada pelo aumento da procura gratuita de medicamentos nos postos de saúde da rede SUS: 71% para homens pretos; 74% para mulheres pretas; 58% para homens pardos e 64% para mulheres pardas.

Além da saúde, outras dimensões e aspectos da vida se cruzam e são delimitados pelas condições materiais resultantes das relações de produção atravessadas pelo racismo. Ao operar concretamente nas condições de vida de trabalhadores/as negros/as, o racismo no mercado de trabalho também "determina/define" áreas que aparentemente são absolutamente desconectadas, a exemplo do lazer. Quando 37% dos/as idosos (principalmente entre os idosos de 60 a 69 anos – 45%) apontam na pesquisa FPA/Sesc-SP (2020, p. 24) a "'falta de dinheiro' [como] [...] principal razão espontânea que os impede de realizar o que gostariam de fazer no tempo livre [...], seguido de 'falta de saúde', com 18% (que cresce conforme a idade aumenta)", abre-se uma janela para refletir acerca das atividades mais populares, como "assistir a TV, com 93% das citações, de ouvir rádio, com 71% (homens idosos: 79%)". Essa reflexão demanda questionar: seriam exatamente aquelas atividades realizadas porque gostam ou são as mais utilizadas porque não demandam custos significativos e/ou adicionais?

Embora a pesquisa não detalhe tal relação, ao se cruzar aspectos levantados na pesquisa, como nível de rendimento, crescimento das atividades fora de casa na relação com as atividades dentro de casa e a própria opinião em relação às dificuldades, é possível pensar que após uma vida de trabalho, os limites impostos pelos seus rendimentos determinam como principais atividades de lazer aquelas que não implicam custos e/ou custos elevados, como assistir a TV, ouvir rádio, ler, cuidar de plantas, jogos como carta, dominó, xadrez, entre outras. Obviamente, essa não é uma determinação linear, pois é operada a partir de mediações, muitas das quais processadas na sutileza das ações cotidianas, nem sempre objeto de reflexão teórica.

Se essas indicações procedem, cumpre levar em conta que o lazer é determinado pelas condições de vida e, portanto, são as condições concretas que determinam as atividades e o modo como os/as racialmente discriminados/as acessam em seu tempo livre as atividades de lazer. Ao determinar o acesso a certas e limitadas atividades, limitam-se os hábitos e consumo e, obviamente, constrói-se uma cultura que, como "construção histórica a partir das relações sociais baseadas na propriedade privada dos meios de produção e na exploração do homem pelo homem [...], é determinada [pelas] condições de existência" (TEIXEIRA; DIAS, 2011, p. 125-126).

Os elementos apresentados até então permitem afirmar que as marcas do racismo, como parte das relações sociais no Brasil, acham-se expostas nas diferenças estruturais entre negros/as e brancos/as, aqui sintetizadas como parte da questão racial que atravessa a vida de trabalhadores/as negros/as brasileiros/as. Tomar o racismo no mercado de trabalho como ponto de partida para pensar as desigualdades que atravessam as várias dimensões da vida de negros/as faz parte da compreensão de que o trabalho é determinante nas condições de existência da classe trabalhadora, e que o

> [...] mercado de trabalho é uma das esferas em que se distingue com mais clareza a eficiência dos mecanismos discriminatórios no Brasil, assim como seu modo sutil de operar. Pois, ocultado por fatores aparentemente objetivos, derivados de novas e tradicionais exigências produtivas, velhas questões permanecem: os indivíduos negros estão sujeitos mais ao desemprego, permanecem mais tempo nesta situação e, quando tem trabalho, lhe são reservados postos de trabalho de menor qualidade, *status* e remuneração. (IBGE/PNAD contínua, 2001, p.127-128)

Tais determinações das relações sociais de produção capitalista no Brasil permitem entender por que a pobreza absoluta atinge fundamentalmente pessoas negras[16]. Pobreza que se expressa no salário abaixo do nível médio

---

[16] Os indicadores sociais têm reiterado que a pobreza no Brasil se concentra na população racialmente discriminada. O IBGE (2020) afirma que "entre as pessoas abaixo das linhas de pobreza, 70% eram de cor preta ou parda. A pobreza afetou mais as mulheres pretas ou pardas: 39,8% dos extremamente pobres e 38,1% dos pobres".

normal[17], no aviltamento dos padrões de alimentação[18] e moradia[19]. Nesse sentido, uma mediação sem a qual não é possível compreender os nexos com as doenças que afetam idosos/as negros/as, com o não acesso a melhores condições de moradia, de alimentação, de lazer e de níveis mais elevados de escolarização.

Ao operar na dimensão da educação, as determinações do racismo podem ser apreendidas no fato de negros/as (homens pardos, 65%; pretos, 71%; mulheres pardas, 67%; e pretas, 67%) se concentrarem no menor grau de escolaridade ("até o ensino fundamental"), distanciando-se, portanto, do ensino superior (homens pardos, 6%, e pretos, 2%; mulheres pardas, 5%, e pretas, 4%). Já brancos/as apresentam-se em menor percentual no grau de escolaridade "até o ensino fundamental" (homens, 56%, e mulheres, 63%), expondo, na relação com os/as negros/as, um maior percentual no grau superior (homens, 13%, e mulheres, 12%) (FPA/Sesc-SP, 2020, p. 191). Esses dados dialogam com a realidade brasileira e revelam que embora a reserva de vaga nas universidades públicas (as cotas) tenha contribuído para diminuir

---

17 As PNADs que trazem os indicadores sociais ao longo das suas edições têm apontado para os rendimentos dos/as negros/as abaixo do nível médio normal. A síntese dos Indicadores sociais 2020 revela: "A população ocupada de cor ou raça branca ganhava em média 73,4% mais do que a preta ou parda. Em valores, significava uma renda mensal de trabalho de R$ 2.884 frente a R$ 1.663".

18 Estudos e pesquisas vêm apontando que o aviltamento dos padrões de alimentação ou a insegurança alimentar estão associados ao não acesso ao trabalho, às condições de trabalho e, consequentemente, ao nível de rendimento domiciliar mensal. Com base na Pesquisa de Orçamentos Familiares 2017-2018, o IBGE (2017) afirma que dos 68,9 milhões de domicílios do país, 36,7%, correspondendo a 25,3 milhões de lares, apresentaram algum grau de insegurança alimentar: leve (24%, ou 16,4 milhões), moderada (8,1%, ou 5,6 milhões) ou grave (4,6%, ou 3,1 milhões). Portanto, 84,9 milhões de brasileiros enfrentaram dificuldades de acesso à alimentação, entre os quais 56 milhões estão em domicílios que apresentam insegurança alimentar leve, 18,6 milhões com insegurança moderada e 10,3 milhões com insegurança alimentar grave. Destaca-se na pesquisa o fato de que 36,9% dos domicílios de pessoas autodeclaradas pardas apresentaram-se nos domicílios onde o homem é a pessoa de referência – 61,4% estão em situação de segurança alimentar. Já nos domicílios em condição de insegurança alimentar grave, predominam as mulheres (51,9%) como principal referência. "Na análise por cor ou raça, os domicílios em que a pessoa de referência era autodeclarada parda representavam 36,9% daqueles com segurança alimentar, mas ficaram acima de 50% para todos os níveis de insegurança alimentar (50,7% para leve, 56,6% para moderada e 58,1% para grave). Já em 15,8% do total de domicílios com insegurança alimentar grave, a pessoa de referência era autodeclarada preta. Nos domicílios com segurança alimentar, esse percentual é 10%".

19 Consultar a base de dados do IBGE/PNAD.

as desigualdades entre negros e brancos[20], elas ainda persistem, a exigir não apenas a manutenção das cotas no ensino superior público, mas a sua ampliação para diminuir o abismo existente entre negros e brancos. Além, obviamente, de uma política efetiva de permanência nas universidades.

Se, por um lado, há uma estreita relação entre o grau de escolaridade e a renda familiar mensal, conforme apontam os dados da pesquisa Sesc-SP/FPA (2020, p. 36)[21], por outro, é importante ressaltar o fato de que a condição de existência – demonstrada em seu grau mais incisivo pela pobreza – é uma determinação importante quando se analisa o acesso à educação, mesmo considerando a oferta do ensino público. A pesquisa "Motivos da evasão escolar" explicita que "grande parte da evidência empírica mostra que evasão escolar e pobreza são intimamente ligadas, e que o trabalho infantil prejudica a obtenção de melhores níveis educacionais" (NERI, 2009, p. 21).

A análise das condições de vida da população brasileira em 2019 revela que o atraso escolar referente à etapa de ensino de jovens correspondia a um número "quatro vezes maior entre os pertencentes aos 20% da população com os menores rendimentos (33,6%) em comparação com os que faziam parte dos 20% com os maiores rendimentos (8,6%)" (IBGE, 2019d, p. 81). Corrobora tal assertiva a pesquisa do IBGE (2020): "entre os principais motivos para a evasão escolar, o mais apontado foi a necessidade de trabalhar (39,1%)".

Conforme Garcia e Martins (2021, p. 36):

> [...] o desemprego e a pobreza estão na base das expressões da "questão social", mas eles não determinam direta e linearmente. [...] [são] mediações sem as quais não é possível compreender os seus nexos com a dificuldade de aprendizagem, o abandono, a evasão escolar, a reprovação e a repetência.

---

[20] A título de ilustração: "Em 2001, apenas 1,9% dos negros havia ingressado no ensino superior em São Paulo, enquanto entre os não negros, 5,8% estavam na mesma situação. Passados dez anos, esses percentuais progrediram para, respectivamente, 3,5% e 6,6%. Aproximação maior que está entre os grupos de cor no ensino superior foi obtida no Distrito Federal, que, em 2011, mantinha 7,0% dos negros e 8,8% dos não negros em faculdades e universidades" (DIEESE, 2012, p. 7-8).

[21] "Do total de 37% com 'até ensino fundamental', 52% tem renda familiar de até 1 salário mínimo e 72% apresenta-se 'sem renda na casa'; já do total de 43% que têm 'ensino médio/2º grau', apresenta maior percentual (48%) na faixa de dois a três salários mínimos; e do total de 16% que possui 'grau superior', é mais representado nas faixas salariais de três a cinco salários mínimos (26%) e de mais de cinco salários mínimos (52%)". (FPA/Sesc-SP, 2020, p. 36).

A falsa ideia de que o racismo é bloqueado quando negros/as têm mais escolaridade invisibiliza o fato de que o racismo brasileiro atravessa definitiva e decisivamente as suas existências. Ao analisar o desemprego no Brasil, Pochmann (2006, p. 65) observa alterações substanciais "no conjunto de trabalhadores que não têm emprego, sobretudo ao considerar as variáveis classe de rendimento familiar, gênero, raça e escolaridade". Sobressai da sua análise de desigualdade no desemprego o fato de que mesmo entre aqueles/as com maior escolaridade, o crescimento do desemprego chega a níveis bem mais elevados que entre aqueles/as situados/as em classe de renda mais baixa. "A discriminação racial alcançou novas formas de manifestação, ainda mais sofisticadas"[22], principalmente quando se verifica que

> [...] a discriminação racial passou a excluir de ocupações mais nobres aqueles que, depois de muito esforço, haviam alcançado maior renda e escolaridade. No ambiente desfavorável do mercado de trabalho, o bloqueio à ascensão social tende a continuar crescendo no país, sobretudo para a população negra, mesmo quando esta alcança maior escolaridade. (POCHMANN, 2006, p. 65)

As sumárias indicações ao longo desta seção delineiam condições de vida e de envelhecer diferenciadas dos/as trabalhadores/as racialmente discriminados/as. Condições manifestas em todas as dimensões e aspectos da vida social, inclusive nos seus padrões de moradia. Embora a pesquisa FPA/Sesc-SP (2020) tenha levantado a "propriedade da residência", apresentando um maior percentual de idosos/as negros/as que possuem a propriedade das suas residências[23], observa-se um percentual significativo que vive em residências alugadas (21% de homens e 16% de mulheres), ou com parentes (homens, 3%, mulheres, 5%), ou ainda em posses/invasão (homens, 1%, mulheres, 4%).

---

22 Corrobora essa sofisticação os dados da Síntese de Indicadores Sociais, apresentada pelo IBGE (2020): "a população ocupada branca [...] recebia rendimento-hora superior à população preta ou parda segundo qualquer nível de instrução, sendo a diferença maior na categoria Superior completo, R$ 33,90 contra R$ 23,50, ou seja, 44,3% a mais para brancos".

23 Idosos com residência "própria": homens pardos, 83%; pretos, 83%, mulheres pardas, 86% e pretas, 84%. Já os/as com residência "já paga" representam 68% dos homens pardos, 61% dos pretos, 71% de mulheres pardas e 67% de pretas (FPA/Sesc-SP, 2020, p. 48).

Por considerar a "qualidade" das habitações fundamental na compreensão de uma análise que não recorta a velhice em vários aspectos, as condições de moradia relacionadas com as determinações de adoecimento e saúde, entre outros, respondem por um envelhecer que diferencia o homem e a mulher "na condição de 'espécie' que personifica o trabalho [daquele/a] que personifica o capital" (PAIVA, 2014, p. 131). Por essa razão, ao observar que, no Brasil, entre os "45,2 milhões de pessoas que residiam em 14,2 milhões de domicílios com pelo menos uma de cinco inadequações[24], [...] 13,5 eram de cor ou raça branca e 31,3 milhões eram pretas ou pardas" (IBGE/PNAD, 2020), é relevante reiterar que as condições de existência dos/as negros/as, embora tenham como ponto de partida as suas desigualdades no mercado de trabalho, afetam todas as outras dimensões da vida a partir dessa base material. Daí, "não basta descrever de maneira analítica os diversos aspectos da velhice: cada um deles reage sobre todos os outros e é afetado por eles; é no movimento indefinido desta circularidade que é preciso apreendê-la" (BEAUVOIR, 1970, p. 16).

Nunca é demais sublinhar que embora o racismo se apresente como uma determinação fundamental para compreender a "questão social" no Brasil, ele é parte do complexo de causalidade histórico-estrutural que particulariza a realidade no país e, nesse sentido, não deve ser analisado alheio às determinações que particularizam a formação social histórica brasileira. Tampouco é excessivo mencionar que essas reflexões acerca das condições diferenciadas de envelhecimento dos/as negros não esgotam todos os aspectos e mediações necessárias; elas se apresentam como ponto de partida para pensar o quanto o racismo constrói desigualdades no interior de uma sociedade já amplamente desigual.

CONSIDERAÇÕES FINAIS

Se fazem sentido os elementos aqui priorizados para pensar as manifestações do racismo na sociedade brasileira, resta evidente que a luta contra o racismo passa necessariamente pelas políticas públicas estruturantes e estruturadoras. Afinal, o racismo só pode ser tocado minimamente quando,

---

[24] As cinco inadequações são ausência de banheiro de uso exclusivo, paredes externas com materiais não duráveis, adensamento excessivo de moradores, ônus excessivo com aluguel e ausência de documento de propriedade.

no campo da produção e reprodução social, ele deixar de ser reforçado e reiterado. Ao considerar que o racismo se faz presente em todas as relações sociais, considera-se também que é no interior do Estado que a luta antirracista deve ganhar corpo. No entanto, isso só será possível se as políticas estruturantes e estruturadoras estiverem voltadas à desconstrução das desigualdades sociorraciais e à proteção social de toda a classe que para viver precisa vender a sua força de trabalho, particularmente para os/as idosos racialmente discriminados/as.

Pensar nas políticas sociais como uma das formas de combate ao racismo é defender que as políticas que compõem a Seguridade Social sejam universalizadas e distanciadas da seletividade que as acompanha nesses tempos sombrios de cumprimento da agenda neoliberal. Sem elas não há a menor chance de enfrentamento das desigualdades, muito menos de proteção social da velhice dos que enfrentaram historicamente, dos que ainda enfrentam e dos que enfrentarão o racismo no mercado de trabalho e em todos os outros espaços da vida social brasileira.

REFERÊNCIAS

BEAUVOIR, S. *A velhice*. Trad. de Maria Helena Franco Monteiro. Rio de Janeiro: Nova Fronteira, 1970.

BORGES, J. L. *et al*. "Trabalho, envelhecimento e desproteção social: a existência do/a trabalhador/a negro/a no Brasil". In: TEIXEIRA, Solange Maria; CAMPELO E PAIVA, Sálvea de Oliveira; SOARES, Nanci [org.] *Envelhecimento e políticas sociais no contexto de crises e contrarreformas*. Curitiba: CRV, 2019.

BRASIL. Secretaria de Políticas de Previdência Social. *Boletim Estatístico da Previdência*. Brasília, fev. 2020.

DEPARTAMENTO INTERSINDICAL DE ESTATÍSTICA E ESTUDOS SOCIOECONÔMICOS (DIEESE). *Escolaridade aumenta na última década, mas a desigualdade entre negros e não negros ainda é bastante alta*. Disponível em: https://www.dieese.org.br/analiseped/2012/2012pednegrosescolaridade.html. Acesso em: 15 jun. 2022.

_____. *Gráfico Perfil 60 anos ou mais*. Disponível em: https://www.dieese.org.br/outraspublicacoes/2021/graficoPerfil60AnosMais.html. Acesso em: 15 jun. 2022.

_____. *Boletim Especial*. Disponível em: https://www.dieese.org.br/boletimespecial/2020/boletimEspecial03.pdf. Acesso em: 15 jun. 2022.

DEVULSKY, A. *Colorismo*. Coleção Feminismos Plurais. São Paulo: Jandaíra, 2021.

FAUSTO, B. *História do Brasil*. 5. ed. São Paulo: EDUSP, 1997.

FERNANDES, F. *A integração do negro na sociedade de classes*. 3. ed. v. 1. São Paulo: Ática, 1978.

FUNDAÇÃO PERSEU ABRAMO/SERVIÇO SOCIAL DO COMÉRCIO (FPA/Sesc-SP). *Idosos no Brasil: vivências, desafios e expectativas na terceira idade*. São Paulo, fev. 2020.

IANNI, O. "A questão racial no Brasil". In: LOVELL, Peggy [org.]. *Desigualdades sociais no Brasil contemporâneo*. Belo Horizonte: UFMG/CEDEPLAR, 1991.

_____. *Raças e classes no Brasil*. Rio de Janeiro: Civilização Brasileira, 1966.

INSTITUTO BRASILEIRO DE GEOGRAFIA E ESTATÍSTICA (IBGE). *Pesquisa de Orçamento Familiar* 2017-2018. Disponível em: https://censoagro2017.ibge.gov.br/2012-agencia-de-noticias/noticias/28903-10-3-milhoes-de-pessoas-moram-em-domicilios-com-inseguranca-alimentar-grave.html#:~:text=O%20homem%20%C3%A9%20a%20pessoa,mulheres%20(51%2C9%25). Acesso em: 20 jun. 2022.

_____. *Programa Nacional de Amostras a Domicílio PNAD-Contínua* (2017). Disponível em: https://www.ibge.gov.br › Estatísticas › Sociais › Trabalho. Acesso em: 28 nov. 2020.

_____. "Trabalho, renda e moradia: desigualdade entre brancos e pretos ou pardos persistem no país". *Síntese de Indicadores Sociais*. PNAD 2019. Disponível em: https://agenciadenoticias.ibge.gov.br/agencia-noticias/2012-agencia-de-noticias/noticias/29433-trabalho-renda-e-moradia-desigualdades-entre-brancos-e-pretos-ou-pardos-persistem-no-pais. Acesso em: 10 jun. 2022.

_____. "Trabalho, renda e moradia: desigualdade entre brancos e pretos ou pardos persistem no país". *Síntese de Indicadores Sociais*. Disponível em: https://censoagro2017.ibge.gov.br/agencia-noticias/2012-agencia-de-noticias/noticias/29433-trabalho-renda-e-moradia-desigualdades-entre-brancos-e-pretos-ou-pardos-persistem-no-pais#:~:text=Resumo,foi%20de%2034%2C5%25. Acesso em: 10 jun. 2022.

_____. PNAD Educação 2019: Mais da metade das pessoas de 25 anos ou mais não completaram o ensino médio. Rio de Janeiro: IBGE, 2020

MARTINS, T. C. S. "O negro no contexto das novas estratégias do capital: desemprego, precarização e informalidade". *Serviço Social & Sociedade*, n. 111, jul.-set. 2012.

_____. *Oposição entre as lutas anticapitalista e antirracista: realidade ou erro de análise?* Brasília: Ser Social, 2017.

_____. "Crise do capital e pandemia: 'Questão Social' atravessada por determinações do racismo". In: EURICO, M. C. *et al.* [org.]. *Questão racial e serviço social e os desafios contemporâneos*. Campinas: Papel Social, 2021.

_____. "Racismo, questão social e envelhecimento: elementos para pensar a instrumentalidade do Serviço Social". In: PAIVA, S. de O. C. [org.]. *Envelhecimento, trabalho e instrumentalidade do serviço social: questões emergentes da prática profissional do/a assistente social*. Recife: EDUPE, 2021.

NERI, M. C. *Tempo de permanência na escola*. Rio de Janeiro: FGV/IBRE; CPS, 2009.

PAIVA, S. de O. C. *Envelhecimento, saúde e trabalho no tempo do capital*. São Paulo: Cortez, 2014.

POCHMANN, M. "Desempregados no Brasil". In: ANTUNES, R. [org.]. *Riqueza e miséria do trabalho no Brasil*. São Paulo: Boitempo, 2006.

SANTOS, Wanderley Guilherme dos. *Cidadania e justiça: a política social na ordem brasileira*. Rio de Janeiro: Campus, 1979.

TEIXEIRA, Davi; DIAS, Fernanda. "Marxismo e cultura: contraponto às perspectivas pós-modernas". *Revista Digital do Paideia*, v. 2, n. 2, p. 120-140, out. 2010-mar. 2011. Disponível em: https://periodicos.sbu.unicamp.br/ojs/index.php/rfe/article/view/8635495/3288. Acesso em: 3 fev. 2021.

TEIXEIRA, S. M. "Diferentes perspectivas teóricas acerca do envelhecimento e de políticas públicas para as pessoas idosas: situando o Serviço Social no debate". In: PAIVA, S. de O. C. *Envelhecimento, trabalho e instrumentalidade do serviço social: questões emergentes da prática profissional do/a assistente social*. Recife: EDUPE, 2021.

AS ILPIS, E O IMAGINÁRIO DE VELHAS E VELHOS

MICHELLE FERRET

> Hoje é dia de visita, vem aí meu grande amor,
> ela vem toda de brinco vem,
> todo domingo tem cheiro de flor...

CHICO BUARQUE, "O VELHO FRANCISCO"

"A casa é o nosso lugar no mundo". A afirmação de Gaston Bachelard em *A poética do espaço* (2008) reflete a importância da moradia para o ser humano. O lugar de acolhimento, de apoio e de autonomia. A busca por esse espaço de vida para os idosos pode ser transformada, a partir de suas condições sociais, econômicas e principalmente físicas. Em pleno século XXI vivemos uma dicotomia. Enquanto a expectativa e a qualidade de vida aumentam consideravelmente, reverbera no imaginário o medo de não ser mais útil socialmente e o local de moradia deixa muitas vezes de ser uma escolha. Para entrar nesse universo do que pensam os velhos e as velhas sobre morar numa instituição de Longa Permanência, e tecer uma leitura sobre o capítulo 8 da pesquisa *Idosos no Brasil: vivências, desafios e expectativas na terceira idade*, da Fundação Perseu Abramo e Sesc-SP, é fundamental compreender o contexto e a história do processo de implantação dos lares no Brasil até os dias de hoje.

O presente artigo busca respostas relacionadas ao não reconhecimento dos idosos em relação às Instituições de Longa Permanência para Idosos (ILPI). A pesquisa aponta que as ILPIs são pouco conhecidas e/ou não aparecem como opção de moradia aos idosos entrevistados. Soma-se aos poucos espaços disponíveis atualmente e o imaginário, o medo de envelhecer, que coloca as ILPIs como local de tristeza e abandono.

A pergunta lançada é: quais alternativas apresentam-se a esse cenário no acolhimento das pessoas idosas? Para traçar algumas reflexões as próximas linhas trazem dados atualizados sobre a população idosa, a história do nascimento das Instituições, relatos reais de quem mora em Lar de Longa Permanência e a importância da palavra casa para a existência.

> A casa, como o fogo, como a água, nos permitirá evocar, na sequência de nossa obra, luzes fugidias de devaneio que iluminam a síntese do imemorial com a lembrança. Nessa região longínqua, memória e imaginação não se deixam dissociar. Ambas trabalham para seu aprofundamento mútuo.

> Assim a casa não vive somente no dia a dia, no curso de uma história, na narrativa de nossa história. Pelos sonhos, as diversas moradas de nossa vida se interpenetram e guardam os tesouros dos dias antigos. (BACHELARD, 2008, p. 25)

Dados atualizados do Instituto Brasileiro de Geografia e Estatística (IBGE) apontam que o Brasil tem um número crescente de pessoas com mais de sessenta anos. Hoje, são 32,9 milhões de idosos no país. A expectativa é que em 2060, a população idosa seja superior a 25% de toda a população brasileira, chegando próximo a 60 milhões. Na década de 1930, quando a expectativa de vida era em média de 40 a 44 anos, não existiam muitos estudos do que seria a velhice.

O autor Daniel Groisman (1999) em *Asilos de Velhos: passado e presente*, aponta para dados importantes. Até a década de 1970, a velhice era pouco comentada e não havia sequer estudos amplos sobre. Envelhecer era novidade. O estudo reúne trechos do artigo da revista *Promoção Social*, escrito pelo médico Roberto Vilardo em 1972, quando o país só contava com 34 gerontologistas concentrados, em sua maioria, na região *Sudeste*. A população brasileira já somava 100 milhões de pessoas. E no artigo, a velhice era abordada como algo novo, em que a população precisava despertar para ela. De 1970 até os dias de hoje, mudaram as visões de mundo, a forma de habitar o espaço e de pertencer. Mas antes mesmo da década de 1970, a história, dentro do Brasil, aponta para um universo interessante sobre a construção desse imaginário e da relação das pessoas com os chamados antes de "abrigo" e hoje ILPI. A expressão Instituição de Longa Permanência para Idosos (ILPI) foi discutida em comissões especializadas da Sociedade Brasileira de Geriatria e Gerontologia (SBGG) e corresponde ao termo *long term care institution*.

O primeiro Lar de Longa Permanência com registro oficial surge na cidade do Rio de Janeiro em 04 de setembro de 1890 com o nome de "Asylo São Luiz para a Velhice Desamparada", e sobrevive até os dias de hoje "Casa São Luiz para a Velhice"[1]. O nome da instituição, de acordo com os registros do site da ILPI, é em homenagem ao rei francês Luís IX, que foi o primeiro monarca a se preocupar com os direitos dos idosos. O Lar é pensado por Visconde Luiz Augusto Ferreira D'Almeidas, para os funcionários da sua fábrica que já estavam com idade avançada e precisavam de amparo e local

---

[1] Disponível em: https://casasaoluiz.org.br/a-casa/. Acesso em: 11 nov. 2022.

para viver. O asilo/casa começa com 45 leitos e em 1925 já somava 260 leitos. Hoje a Casa é mantida por doações e estão hospedadas em média 300 pessoas com mais de 60 anos de idade e funciona em seis prédios com acomodações, espaços de convivência ou salas de atendimento da equipe multidisciplinar.

Antes disso, os primeiros resquícios de uma Instituição de Longa Permanência vêm do período da Colônia, quando o Conde Resende pensa num local em que possa abrigar pessoas em situação de exclusão e pobreza; e assim é criada a "Casa dos Inválidos 19", em 1794 no Rio de Janeiro. O nome "Casa dos Inválidos" remete a um abandono. As casas trazem a carga da história do nascimento dos hospitais, em que a vida é modificada, de alguma maneira, através do espaço. Este espaço regulador de vigilância impede que o corpo tenha liberdade. Tudo é controlado, marcado e organizado de acordo com as regras e normas das instituições.

Quando Foucault (1984) escreve que a disciplina "é uma anatomia política do detalhe", conseguimos ter a percepção da biopolítica no decorrer do tempo dentro das instituições. Se pensarmos nos asilos e o nascimento deles no Brasil, esse foi um ponto fundamental para a relação abandono e velhice, quando a pessoa perde a autonomia de vida e passa a ser sujeito das normas internas das instituições. E nesse processo, as casas são esquecidas, seus desejos e a vontade de se ter um espaço próprio. Os lares de longa permanência significam, muitas vezes, esse espaço de esquecimento, de abandono. Como as falas registradas na pesquisa *Por uma poética na velhice asilar: escrevendo casas oníricas* (2016). Uma das moradoras de um Lar de Longa Permanência, localizado em Natal, no Rio Grande do Norte, descreve o sentimento de ser retirada de sua casa para uma ILPI:

> Me sinto muito sozinha. Olho para os lados, mas sempre vejo tudo vazio. Não sei se a catarata ajuda a aumentar esse vazio, mas talvez seja esse oco dentro de mim. Não sei. Não consigo pensar sobre isso. Desde que cheguei aqui parece que arrancaram do meu coração tudo, ou quase tudo, não sei. Eu olho para você, sinto que te conheço, mas logo depois desconheço, porque me desconheço também.[2]

---

2   Depoimento retirado da tese de doutorado intitulada *Por uma poética na velhice asilar: escrevendo casas oníricas*.

A adaptação a uma nova moradia é um processo lento. Depois de uma vida inteira, ter que se submeter a um local desconhecido e se desligar de sua rotina, da família e tudo o que envolvia sua história de vida pode ser doloroso. E as histórias, os relatos, perpetuam nas famílias, causam rupturas.

> [...] naquela casa de bondade [o Asilo São Luiz] tudo fala do passado. Os asilados arrastam tristes suas figuras alquebradas, e, trêmulos, enfraquecidos pela idade, só vivem das recordações de eras mortas, de épocas d'antanho, fazendo ressurgirem as lembranças que lhes alimentam as horas do presente triste e enchem-nos de gratas reminiscências [...], os olhos vítreos, sem luz, [...], parecem voltados para o tempo já vivido [...]. Os cérebros quase não mais trabalham. (GROISMAN, 1999, p. 76)

Frases como: "faces que a ignomínia do tempo enrugara", "os asilados arrastam tristes suas figuras alquebradas", "só vivem de recordações de eras mortas", "os cérebros quase não mais trabalham", "desventurados e desiludidas criaturas", entre outras frases presentes em diferentes jornais da época, estudado por Groisman (1999), demonstram como a velhice era retratada para a sociedade. E de acordo com o autor, um dos termos mais recorrentes nas publicações era "náufragos da vida". A imagem do "naufrágio" é precisa em isentar a velhice de responsabilidade pelo seu desamparo. Afinal, que culpa pode ter um "náufrago" pelo seu "naufrágio"? Deste modo, o asilo se configura como instância para o justo e caridoso socorro a esses desgraçados da sorte (GROISMAN, 1999, p. 74).

Antes do século XVIII, o próprio hospital era essencialmente uma instituição de assistência às classes menos favorecidas. O personagem ideal do hospital não era o doente em que é preciso curar, mas o pobre que está morrendo. E alguém que deve ser assistido material e espiritualmente, alguém a quem se deve dar os últimos cuidados e o último sacramento (FOUCAULT, 1984, p. 101). Nesse contexto, existia uma relação entre a religião e o salvamento e a caridade de quem oferecia assistência. A salvação era para quem cuidava.

Nessa mesma lógica, os asilos surgem como local de abrigar, de oferecer caridade. E todas essas questões atravessam o imaginário coletivo, levam a criar um estigma de que morar num Lar de Longa Permanência pode ser uma experiência negativa.

De acordo com a Sociedade Brasileira de Geriatria e Gerontologia[3], atualmente 85% das Instituições de Longa Permanência são privadas e 10% filantrópicas, num total de 1.451 lares cadastrados em todo o território brasileiro. A média de valores mensais para manter um idoso em uma Instituição de Longa Permanência é de 3 a 4 mil reais.

Ainda de acordo com a SBGG, a diferença entre o número de instituições privadas e as filantrópicas consolida uma tendência de mudança no perfil, no papel e na abordagem das ILPIs. De 2003 a 2008, por volta de 20 estabelecimentos foram cadastrados por mês, número bem inferior comparado com a média de 60 instituições que, em 2014, eram cadastradas mensalmente.

Modificações importantes aconteceram com o correr dos anos. O Estatuto da Pessoa Idosa afirma a atribuição do Ministério Público (MP), de fiscalização em relação aos cuidados, manutenção e assistência correta aos idosos. O promotor de justiça passa a ter acesso livre a toda entidade de atendimento aos idosos, não podendo ser vedado o seu ingresso na instituição, sem obrigatoriedade da prévia comunicação (Lei 8.625/93). No ano de 2016, o Conselho Nacional do Ministério Público (CNMP) expediu a Resolução 154, criando parâmetros para a atividade fiscalizatória do Promotor de Justiça, como a periodicidade da visitação nas instituições e a elaboração de um manual de atuação funcional. Todas essas mudanças possibilitam novas práticas.

VIVER EM UM LAR DE LONGA PERMANÊNCIA

> Na vida do homem, a casa afasta contingências, multiplica seus conselhos de continuidade. Sem ela, o homem seria um ser disperso. Ela mantém o homem através das tempestades do céu e das tempestades da vida. É corpo e é alma. É o primeiro mundo do ser humano. Antes de ser "jogado no mundo", como o professam as metafísicas apressadas, o homem é colocado no berço da casa. E sempre, nos nossos devaneios, ela é um grande berço. (BACHELARD, 2008 p. 26)

---

[3] Disponível em: https://www.sbgg-sp.com.br/as-instituicoes-de-longa-permanencia-para-idosos-no-brasil/. Acesso em: jun. 2022.

O capítulo 8 da pesquisa Fundação Perseu Abramo (FPA) em parceria com o Sesc-SP, intitulado "Instituições de Longa Permanência", mostra o panorama evolutivo de 2006 até 2020 sobre o pensamento da população diante dos Lares de Longa Permanência atualmente. É quando conseguimos acessar e traçar um comparativo com o espaçamento de 14 anos de como se modifica a perspectiva de olhar para uma possível experiência de morar em uma ILPI. São 4.144 entrevistas num universo de 2369 de idosos (60 anos e mais) e 1775 entrevistas com o restante da população com idades entre 16 e 59 anos de 234 municípios (pequenos, médios e grandes), distribuídos nas cinco macrorregiões do país (Sudeste, Nordeste, Sul, Norte e Centro-Oeste).

Apenas 10% desse universo conhece algum idoso que vive em moradia de longa permanência, o mesmo resultado do estudo de 2006. Esse dado é muito importante por apontar uma dinâmica dentro das famílias, em que não se comenta ou informa quando se tem algum parente morador de uma ILPI.

Porém, ao serem questionados se viveriam em uma moradia para idosos, a admissão "moraria com certeza" cai de 46% em 2006 para 28% em 2020. A recusa "não moraria" aumenta de 26% para 38% entre idosos e não idosos. A recusa maior acontece entre idosos de 70 e 79 anos (45%) e 80 anos ou mais (53% e 56%) homens e mulheres respectivamente.

CONHECIMENTO DE AMIGOS E PARENTES QUE VIVEM EM CASAS DE LONGA PERMANÊNCIA (EVOLUÇÃO)

CONHECE — NÃO CONHECE

		2006 CONHECE	2006 NÃO CONHECE	2020 CONHECE	2020 NÃO CONHECE
TOTAL		11	89	11	89
NÃO IDOSOS		10	90	10	90
IDOSOS		15	85	13	87

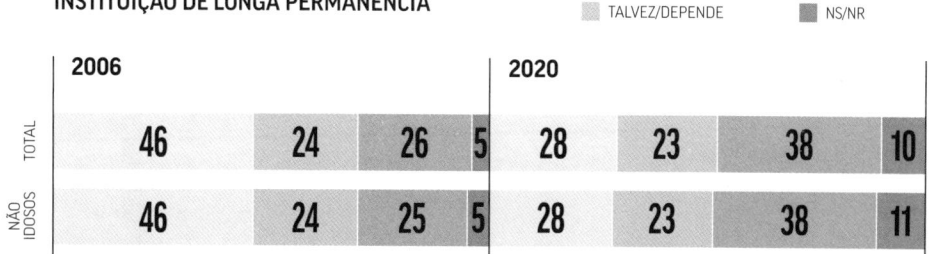

GRAU DE ADMISSÃO DE MORAR EM UMA INSTITUIÇÃO DE LONGA PERMANÊNCIA

MORARIA COM CERTEZA — NÃO MORARIA — TALVEZ/DEPENDE — NS/NR

	2006				2020			
TOTAL	46	24	26	5	28	23	38	10
NÃO IDOSOS	46	24	25	5	28	23	38	11
IDOSOS	39	22	33	6	25	24	43	8

Fonte: Gráficos elaborados a partir da pesquisa FPA/Sesc-SP.

Viver em uma Instituição de Longa Permanência por escolha é diferente de quando a pessoa simplesmente é deixada em uma nova moradia, sem que haja preparação. Um relato para a pesquisa *Por uma poética na velhice asilar: escrevendo casas oníricas* (2016) traz esse olhar diante da recusa de se viver em uma moradia para idosos. "Desculpe, minha filha, mas ter que falar sobre qualquer coisa de mim me dói. Por que morri, entende? E isso é o que é importante agora. Eu era muito feliz, muito lutadora, lutei muito por tudo. Casei, fui policial em São Paulo, e minha vida sempre foi muito voltada para o trabalho. A cidade era minha casa, e eu lutava demais todos os dias. Hoje eu não sei por que eu luto, estar viva é minha maior tristeza".

Depoimentos como este trazem reflexões profundas sobre a relação do ser com o próprio espaço de vida. Além do estigma que é morar em um Lar de Longa Permanência, existem processos importantes no país, desde a década de 1970, que é a desospitalização e a luta antimanicomial que abraça o tratamento junto às famílias e reverte esse olhar de se necessitar de uma instituição para cuidar de alguém. Ao mesmo tempo em que idosos têm buscado seu próprio espaço, com moradias de um quarto, sem necessitar da família diretamente, como mostra a reportagem do portal G1[4] datada de março de 2020. Com o título "Brasil tem 4,3 milhões de idosos vivendo sozinhos; coronavírus muda rotinas e impõe desafios", o texto traz dados do IBGE e um infográfico feito pelo próprio veículo com o número de pessoas com mais de 65 anos que vivem em moradias unipessoais:

---

[4] Disponível em: g1.globo.com/fique-em-casa/noticia/2020/03/27/brasil-tem-43-milhoes-de-idosos-vivendo-sozinhos-coronavirus-muda-rotinas-e-impoe-desafios.ghtml. Acesso em: ago. 2022.

IDOSOS VIVENDO SOZINHOS POR ESTADO
SÃO 4,3 MILHÕES DE PESSOAS COM MAIS DE 65 ANOS
EM MORADIAS UNIPESSOAIS

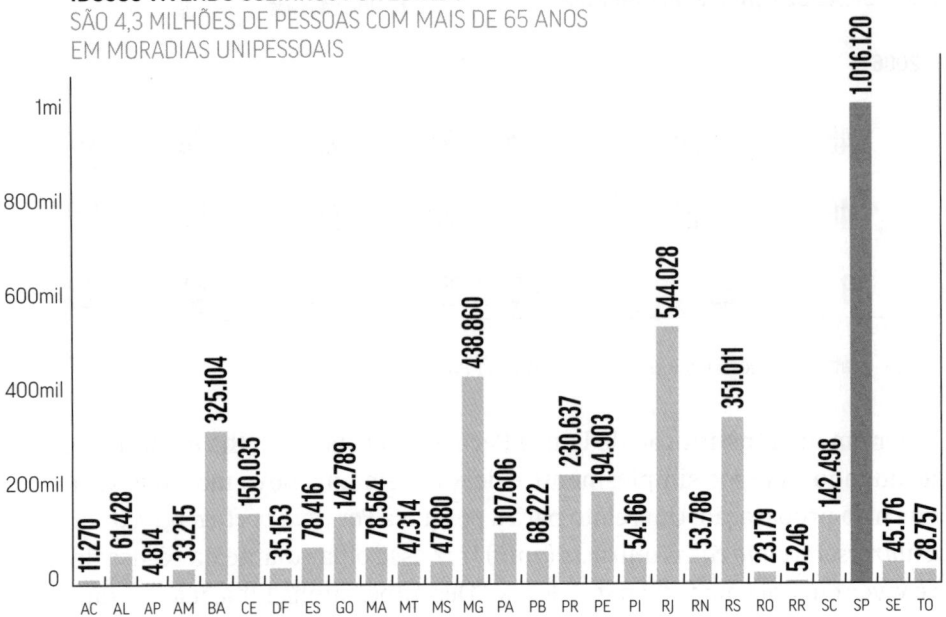

Estado	Valor
AC	11.270
AL	61.428
AP	4.814
AM	33.215
BA	325.104
CE	150.035
DF	35.153
ES	78.416
GO	142.789
MA	78.564
MT	47.314
MS	47.880
MG	438.860
PA	107.606
PB	68.222
PR	230.637
PE	194.903
PI	54.166
RJ	544.028
RN	53.786
RS	351.011
RO	23.179
RR	5.246
SC	142.498
SP	1.016.120
SE	45.176
TO	28.757

Fonte: Portal G1.

Viver sozinho nem sempre é possível. E esses dados se conectam com dados da pesquisa FPA/Sesc-SP. De acordo com a pesquisa, as principais razões para escolher viver em instituições continua sendo a família. Quatorze por cento escolheriam se não pudessem mais viver em um ambiente sozinhos ou para não incomodar os filhos. Treze por cento escolheriam um Lar de Longa Permanência por falta de opção: se não tivesse condições de saúde ou não tivessem outro lugar para ir. E 11% iriam para não depender de ninguém. Todas as escolhas tocam na decisão da família, dos filhos e pouco na sua própria vontade.

VIVERIA EM UMA INSTITUIÇÃO DE LONGA PERMANÊNCIA. SÍNTESE

	2006	2020
RAZÕES PARA SIM	**63**	**45**
Família	19	14
Falta de opção/opção de terceiros	26	13
Dependência	12	11
Tratamento adequado	10	10
Companhia	9	10
RAZÕES PARA NÃO	**29**	**44**
Não preciso porque tenho a minha casa/prefiro minha casa/meu próprio espaço	1	5
Falta de liberdade	2	4
Ambiente (é um ambiente ruim/triste/abandonado)	3	3
Falta de opção/opção de terceiros (prefiro/espero morrer a ser colocado num lugar desses)	1	1
Por ter condições financeiras (busca da independência)	1	1
RAZÕES PARA O TALVEZ	**3**	**13**
NÃO SABE/NÃO LEMBRA	**4**	**1**

Fonte: Tabela elaborada a partir da pesquisa FPA/Sesc-SP.

Das razões para optar por viver em uma ILPI estão: família, falta de opção/opção de terceiros, dependência, tratamento adequado, ter companhia, o ambiente. E razões para não aceitar ir para uma ILPI: família, tratamento inadequado, companhia, não precisar por ter sua casa própria, falta de liberdade, ambiente triste/ ruim/ abandonado, falta de opção, por ter condições financeiras.

Liberdade, tratamento, medo (das condições do local) e abandono são palavras recorrentes no imaginário em relação às ILPIs. Prova disso são os depoimentos para a pesquisa de doutorado "Por uma poética na velhice asilar: escrevendo casas oníricas" (2016), em que foram entrevistadas seis mulheres moradoras de um Lar de Longa Permanência, o Lar da Vovozinha, localizado em Natal, no Rio Grande do Norte. Em depoimentos expressivos, falas como "eu não tinha mais como ajudar em casa, por isso vim parar aqui". Ou o medo de ninguém mais retornar para visitá-las, eram recorrentes no cotidiano. Todas as seis mulheres entrevistadas dentro do Lar relataram não desejarem em momento algum estar ali e sonham em retornar para suas casas. E o retorno à vida anterior à moradia na ILPI é citada, algumas vezes, como o lugar do impossível. Esse é o retrato da voz de Helena[5]. Em sua segunda semana morando no Lar, a filha, única viva, a visitou e se deparou com o momento da mãe em entrevista para a pesquisa. Tentou dizer que a mãe não tinha o que falar para uma pesquisa de doutorado e pediu que procurasse outras idosas "mais sábias", segundo ela. E Helena logo se prontificou a falar: "Nem viva estou mais. Antes eu era costureira, criei meus quatro filhos assim e hoje é como se estivesse morta em vida. Mas sei que aqui é um lugar de segurança, porque confio na minha filha. E sei também que assim que eu morrer é ela quem ficará no meu lugar, aqui". Helena foi levada até o Lar por, segundo a própria filha, não conseguir mais fazer as tarefas de casa com tranquilidade. Ela começou a ter quedas frequentes e a incomodar o cotidiano da filha de maneira que atrapalhou seu trabalho e sua diversão.

SAUDADES DA FAMÍLIA

De acordo com a pesquisa, a recusa para ir morar em uma Instituição de Longa Permanência tem relação com a saudade. Vinte e seis por cento sentiriam falta da família e da convivência. Entrevistados apontaram esse dado como um dos mais preocupantes. Em segundo lugar, com 9%, vem o tratamento inadequado, por medo de serem maltratados ou passarem necessidades, e com 6%, a companhia, para não cair isolado, triste e convivendo com desconhecidos. Em 2006, 15% não viveria em uma ILPI devido à família e 8% devido ao tratamento inadequado. Em 2020 esses dados sobem mais expressivamente no campo familiar. Em relação à companhia em 2006 eram 3% e em 2020 passa a ser 6%.

Não atrapalhar os filhos ou a família, não querer dar trabalho, ter medo de morrer sem ninguém estar perto ou mesmo de nunca mais voltar para casa. Esses são relatos reais do dia a dia de velhos e velhas que habitam os lares de longa permanência e são as inquietações mais relevantes da antropóloga Mirian Goldenberg (2014) em seus estudos sobre a velhice. Mirian, depois de realizar diferentes pesquisas entre homens e mulheres, levou a refletir sobre o envolvimento da palavra "corpo" e "capital". O corpo que envelhece é também o corpo que é perda no universo capitalista. Esse corpo que Foucault trabalha como disciplinado a partir do desejo do outro,

[5] Nome fictício de uma das entrevistadas na pesquisa de doutorado referida.

dentro de uma biopolítica. Dentro desse universo do receio de perder o vínculo familiar e o medo de um tratamento inadequado na velhice ou até mesmo a solidão, por falta de companhia são sentimentos que perpassam o corpo e o imaginário. Outro relato de uma moradora do Lar da Vovozinha é a lembrança que ela traz de sua mãe, seu cheiro a acompanha em todos os espaços da nova moradia. "Lembro dela lavando roupa dos meninos, éramos oito filhos, cinco homens e três mulheres, e eu a mais nova. A casa era verde e tinha cheiro de flor, lembro tanto dela quando esse cheiro entra no meu quarto. Lembro da casa verde que depois meu pai pintou de amarelo e eu gostei do mesmo jeito porque ali era o lugar de vida. Hoje trago minha família dentro de mim para morar comigo aqui"[6].

Bachelard (2008) acredita que o espaço interior da casa fornece imagens aleatórias e um corpo de imagens e que a imaginação aumenta os valores da realidade. É na casa em que as lembranças repousam e no asilo, lugar de descanso, a casa acompanha em seus armários, embaixo das camas, nas portas, na varanda e em diferentes cômodos habitáveis ao redor. "Quando se sonha a casa natal, na extrema profundeza do devaneio, participa-se desse calor inicial, dessa matéria bem temperada do paraíso material". É essa casa em que o indivíduo nasce que ele procura a vida inteira. Por isso, muitos quando vão de mudança para uma ILPI levam algumas memórias como fotografias e pequenos objetos de casa, para que consigam construir ou reconstruir, de alguma maneira, mesmo que simbolicamente, suas primeiras casas, as de dentro.

Sem grandes mudanças em relação ao estudo de 2006, quando os entrevistados foram perguntados sobre "o que é mito ou verdade sobre instituições de longa permanência?", em 2020, 69% responderam que a percepção que tem é que as Instituições boas são muito caras, enquanto em 2006 foram 61%. Quarenta e nove por cento acreditam que o idoso perde o contato com a família e os amigos e as pessoas o esquecem, enquanto em 2006 eram 44% que tinham esse entendimento. Um dado importante é o crescimento do número dos que acreditam que nas Instituições de Longa Permanência os idosos são maltratados. Foram 16% em 2020, enquanto em 2006 apenas 3% tinham essa percepção. Como os idosos são cuidados por diferentes pessoas e passam a conviver, obrigatoriamente, com quem nunca viram, há disputa de espaço e conflitos na convivência.

---

[6] Relato de uma das moradoras do Lar da Vovozinha entrevistada na pesquisa "Por uma poética na velhice asilar".

No Lar da Vovozinha, por exemplo, a direção resolveu a situação de sumiço de roupas, disponibilizando armários com chaves distribuídas para cada moradora. O que recupera um pouco da intimidade com o espaço e restaura a confiança tanto nos cuidadores como com quem dividem os dormitórios.

> O armário e suas prateleiras, a escrivaninha e suas gavetas, o cofre e seu fundo falso são verdadeiros órgãos de vida psicológica secreta. Sem esses "objetos" e alguns outros igualmente valorizados, nossa vida íntima não teria um modelo de intimidade. São objetos mistos, objetos-sujeitos. Têm, como nós, por nós e para nós, uma intimidade.
> (BACHELARD, 2008, p. 91)

Criar esse espaço de intimidade é fundamental para a sobrevivência e para a autoestima de quem mora em uma Instituição de Longa Permanência. A vida de antes e de agora é sempre ressaltada como um divisor de águas e a conexão entre esses locais sagrados é a memória, o que fica, o que resta para cada pessoa que atravessar esse portal.

	RAZÕES PARA SIM	FAMÍLIA	SE MINHA FAMÍLIA NÃO PUDESSE/NÃO QUISESSE CUIDAR DE MIM/NÃO TIVESSE CAPACIDADE DE CUIDAR	PARA NÃO INCOMODAR FILHOS/FAMÍLIA	FALTA DE OPÇÃO/OPÇÃO DE TERCEIROS	SE PRECISASSE (NÃO TENHO NADA CONTRA/ACHO NATURAL)	SE NÃO TIVESSE CONDIÇÕES DE SAÚDE (FÍSICA/MENTAL)	SE NÃO TIVESSE OUTRA OPÇÃO POR FALTA DE MORADIA/SE NÃO TIVESSE OUTRO LUGAR PARA MORAR	SE HOUVESSE A AUSÊNCIA DE FAMILIARES	POR NECESSIDADE FINANCEIRA	DEPENDÊNCIA	SE NÃO TIVER QUEM CUIDE/QUEM CONSIGA CUIDAR DE MIM	PARA NÃO DEPENDER DE NINGUÉM/NÃO DAR TRABALHO PARA NINGUÉM
TOTAL 100%	45	14	9	6	13	4	3	3	2	1	11	8	3
NÃO IDOSO 89%	45	14	9	5	13	4	3	3	2	1	11	8	3
HOMENS 43%	46	15	9	5	14	4	3	4	2	1	10	8	2
16-24 ANOS 10%	44	13	10	3	9	4	2	2	1	0	12	9	4
25-44 ANOS 21%	44	14	10	4	15	3	3	4	3	2	10	9	2
45-49 ANOS 12%	49	17	8	9	18	5	5	6	1	0,4	9	7	2
MULHERES 46%	44	13	9	5	12	3	3	2	2	1	11	8	3
16-24 ANOS 10%	33	6	4	3	12	3	2	1	1	3	9	5	3
25-44 ANOS 22%	47	16	10	7	13	3	4	2	3	1	10	7	4
45-49 ANOS 14%	47	14	10	5	11	3	3	2	2		13	12	1
IDOSO 11%	45	16	10	8	16	4	5	3	3	1	10	8	2
HOMENS 5%	45	16	10	6	16	5	4	3	3	1	11	9	2
60-69 ANOS 3%	48	19	12	8	18	6	5	3	3	1	11	8	3
70-79 ANOS 1%	41	11	9	3	14	4	3	2	3	1	11	11	0,4
80+ ANOS 1%	33	11	10	4	8	1	0	4	3	0	12	12	0
MULHERES 6%	44	17	9	9	15	3	5	3	2	1	9	8	1
60-69 ANOS 3%	48	19	10	11	16	4	6	3	2	0,4	10	8	1
70-79 ANOS 2%	43	14	8	7	15	2	5	4	3	3	9	7	2
80+ ANOS 1%	34	12	7	5	11	4	2	1	1	1	4	4	0

Fonte: Tabela elaborada a partir da pesquisa FPA/Sesc-SP.

Ambos os públicos concordam que as Instituições de Longa Permanência são muito caras. Eles acreditam que a moradia faz com que o idoso perca sua independência e fique restrito com horários estabelecidos para se fazer tudo: "tem horário para tudo e o idoso perde sua independência", além disso, acreditam que "tem profissionais adequados para cuidar dos idosos", e existe uma maior associação por parte dos idosos para ideias como "perde o contato com a família e os amigos, as pessoas o esquecem" e uma frase recorrente em 62% dos entrevistados é: "depois que o idoso entra, nunca mais sai".

Dos aspectos positivos de se morar em uma ILPI, 70% acreditam que o idoso deixa de ser um incômodo para a família, 67% por ter profissionais para cuidar adequadamente, 65% acreditam que os idosos não estarão mais sozinhos, pois terão companhia o tempo todo. Quanto aos aspectos negativos, a preocupação de 79% é que as boas instituições são muito caras e não terão, possivelmente, condições de pagar, 71% acreditam que o idoso perde sua independência, 69% que perdem o contato com a família e as pessoas, os amigos os esquecem. Sessenta e dois por cento acreditam que depois que o idoso entra, nunca mais sai de uma Instituição de Longa Permanência, só sai para morrer. A verdade é que poucos são os que retornam para suas casas. Sessenta e um por cento dizem que há muitas pessoas com problemas mentais nas ILPIS e 51% afirmam que tratam os idosos como crianças e 43% que são maltratados. Confira o gráfico:

	TOTAL	CONHECE ALGUÉM QUE VIVE EM ILP?	
		CONHECE	NÃO CONHECE
	100%	13%	86%
ASPECTOS POSITIVOS			
O idoso deixa de ser um incômodo para a família	11	8	3
Tem profissionais adequados para cuidar dos idosos	10	8	2
Os idosos nunca estão sozinhos, têm companhia o tempo todo	12	9	4
ASPECTOS NEGATIVOS			
O problema das moradias para idosos é que as boas são muito caras	9	7	2
Tem horário para tudo e o idoso perde sua independência	11	8	3
O idoso perde o contato com a família e os amigos, as pessoas o esquecem	9	5	3
Há muitas pessoas com problemas mentais	4	7	4
Depois que o idoso entra, nunca mais sai	13	12	1
Os idosos são maltratados	11	9	2

Fonte: Tabela elaborada a partir da pesquisa FPA/Sesc-SP.

Para Edgar Morin (1970), a sociedade funciona e se organiza a partir da morte. Por medo de morrer, por saber que iremos morrer um dia, criamos uma atmosfera existencial para compor nossos tratados internos e externos. O medo de ir para uma instituição de Longa Permanência é também o medo de morrer. A perda do vínculo afetivo é uma das reclamações mais evidentes, a retirada de suas casas e o desejo latente em voltar um dia são exclamações contundentes. A existência está permeada pelo medo da partida e nascemos a vida em um parto, partindo. Para Bauman (1998), o ponto crucial é que o saber ser mortal é o conhecimento de imortalidade. Os homens seguem seus dias porque a morte existe, como um impulso. "As conclusões são tão lúcidas quanto são esmagadoras: na vida humana, tudo conta, porque os seres humanos são mortais e sabem disso". O autor escreve ainda sobre algumas das estratégias de se manter vivo, mesmo depois de partir. A memória é uma delas.

Elias (2001) aponta para um dado fundamental nesse processo de envelhecimento para além da morte, que é a mudança de comportamento de um ser humano quando passa dos 60 anos. Passam a ser tratados de outra forma. Há aqueles que falam com idosos como se fossem crianças, infantilizando o outro. "A experiência das pessoas que envelhecem não pode ser entendida a menos que percebamos que o processo de envelhecimento produz uma mudança fundamental na posição de uma pessoa na sociedade, e, portanto, em todas as suas relações com os outros". Um universo paralelo, completamente novo e desconhecido de todas as referências anteriores de vida. Norbert Elias escreve sobre o isolamento dos que envelhecem, traçando uma ligação entre a diferença dos que envelhecem nas sociedades industriais de hoje e nas pré-industriais. A marca do trabalho, o descarte, a necessidade da mão de obra e sua não serventia. Tudo é associado ao estado do corpo e de como os idosos estão inseridos neste espaço de utilidade. As pessoas precisam ser úteis, senão serão descartadas socialmente. Nesta perspectiva, os idosos se tornam um incômodo no avanço industrial, pois se não conseguem mais trabalhar, ficam sujeitos a um outro círculo de vínculo. Com o Estatuto da Pessoa Idosa, a proteção e as mudanças de perspectivas se tornam possíveis, mas continuam arraigadas a um imaginário de abandono fortalecido pela utilidade social.

> A separação dos idosos da vida normal e sua reunião com estranhos significa solidão para o indivíduo. Não estou pensando apenas nas necessidades sexuais, que podem ser muito ativas na extrema velhice, particularmente entre homens, mas também na proximidade emocional entre pessoas que gostam de estar juntas, que tem um certo

> envolvimento mútuo. Relações desse tipo em geral também diminuem com a transferência para um asilo e raramente encontram aí uma substituição. Muitos asilos são, portanto, desertos de solidão. (ELIAS, 2001, p.86)

O atravessar da pesquisa é perceber que a sociedade brasileira ainda caminha por um desejo de liberdade, de se ter sua própria vida, sua autonomia, manter seus sonhos vivos, e um espaço arraigado de medo de perder a família, de se perder.

GRAU DE CONCORDÂNCIA/DISCORDÂNCIA COM AFIRMAÇÕES REFERENTES A INSTITUIÇÕES DE LONGA PERMANÊNCIA (EVOLUÇÃO)

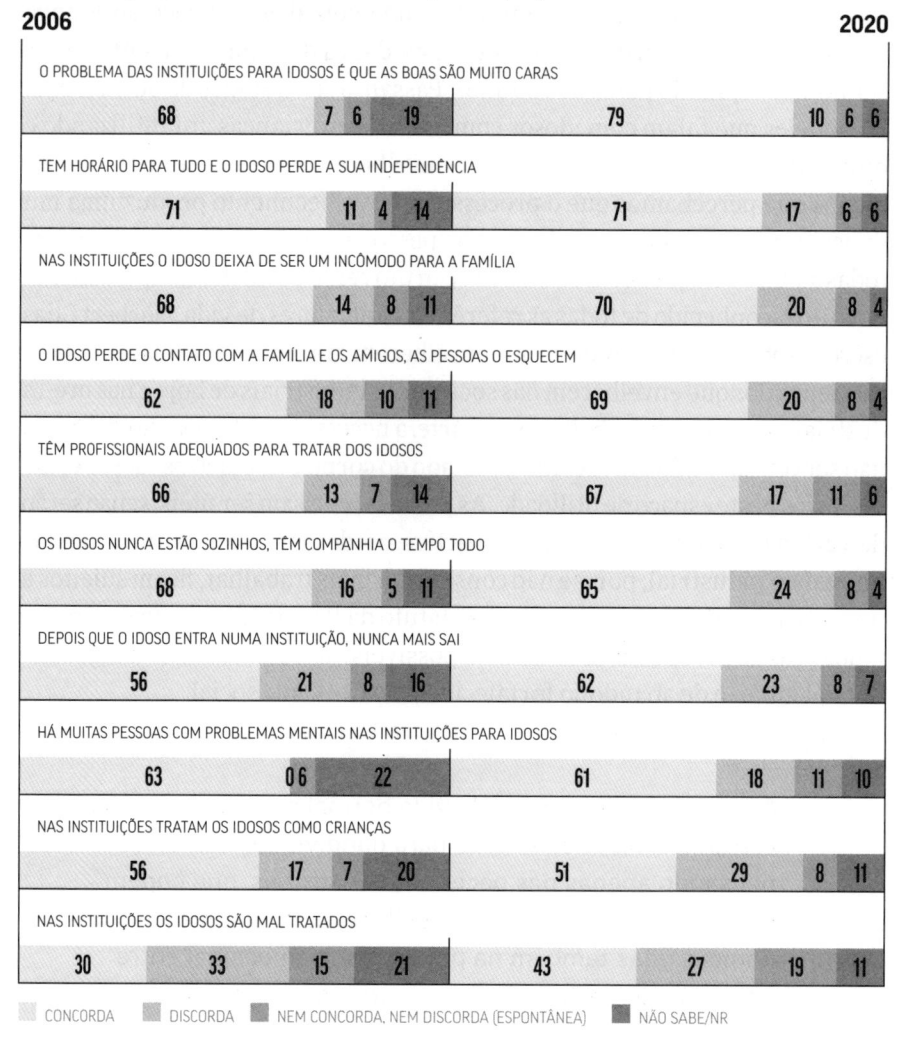

Afirmação	2006 CONCORDA	2006 DISCORDA	2006 NEM/NEM	2006 NS/NR	2020 CONCORDA	2020 DISCORDA	2020 NEM/NEM	2020 NS/NR
O PROBLEMA DAS INSTITUIÇÕES PARA IDOSOS É QUE AS BOAS SÃO MUITO CARAS	68	7	6	19	79	10	6	6
TEM HORÁRIO PARA TUDO E O IDOSO PERDE A SUA INDEPENDÊNCIA	71	11	4	14	71	17	6	6
NAS INSTITUIÇÕES O IDOSO DEIXA DE SER UM INCÔMODO PARA A FAMÍLIA	68	14	8	11	70	20	8	4
O IDOSO PERDE O CONTATO COM A FAMÍLIA E OS AMIGOS, AS PESSOAS O ESQUECEM	62	18	10	11	69	20	8	4
TÊM PROFISSIONAIS ADEQUADOS PARA TRATAR DOS IDOSOS	66	13	7	14	67	17	11	6
OS IDOSOS NUNCA ESTÃO SOZINHOS, TÊM COMPANHIA O TEMPO TODO	68	16	5	11	65	24	8	4
DEPOIS QUE O IDOSO ENTRA NUMA INSTITUIÇÃO, NUNCA MAIS SAI	56	21	8	16	62	23	8	7
HÁ MUITAS PESSOAS COM PROBLEMAS MENTAIS NAS INSTITUIÇÕES PARA IDOSOS	63	0	6	22	61	18	11	10
NAS INSTITUIÇÕES TRATAM OS IDOSOS COMO CRIANÇAS	56	17	7	20	51	29	8	11
NAS INSTITUIÇÕES OS IDOSOS SÃO MAL TRATADOS	30	33	15	21	43	27	19	11

CONCORDA / DISCORDA / NEM CONCORDA, NEM DISCORDA (ESPONTÂNEA) / NÃO SABE/NR

Fonte: Tabela elaborada a partir da pesquisa FPA/Sesc-SP.

No panorama geral, a comparação entre 2006 e 2020 não modifica tanto o olhar dos entrevistados. Precisamos de mais tempo para a compreensão de que a velhice necessita de um espaço autônomo, de cuidado, de afeto, memória e, sobretudo, o sonho.

CONSIDERAÇÕES FINAIS

> Todos os abrigos, todos os refúgios, todos os aposentos têm valores oníricos consoantes. Já não é em sua positividade que a casa é verdadeiramente "vivida", não é somente no momento presente que reconhecemos os seus benefícios. Os verdadeiros bem-estares têm um passado. Todo passado vem viver, pelo sonho, uma casa nova. (BACHELARD, 2008, p. 25)

O aumento da população de pessoas idosas, os novos arranjos familiares – famílias nucleares, como novos modelos em substituição às famílias extensas – exige a reflexão sobre novas formas de moradia. A pesquisa apresentada aponta que as Instituições de Longa Permanência são pouco conhecidas e/ou não aparecem como opção de moradia aos idosos entrevistados. Ainda existe muito tabu e medo diante das novas formas de moradia. Soma-se aos poucos espaços disponíveis, o imaginário que coloca as ILPIs como local de tristeza e abandono. Uma alternativa importante para modificar esse cenário, enquanto sociedade, é compreender que a autonomia é um direito do ser que envelhece. Eles que construíram toda uma vida, se observam sem perspectiva. Pouco se faz planejamento para o envelhecimento, a sociedade prefere negar o envelhecer do que abraçá-lo. Neste novo espaço de estar velho, com o aumento da expectativa de vida, a saúde, o bem-estar e a escolha estão em pauta e retornar para casa pode ser um caminho possível.

REFERÊNCIAS

ARIÈS, Phillipe. *História da morte no ocidente.* Lisboa: F. Alves, 1977.

BACHELARD, Gaston. *A poética do espaço.* São Paulo: Martins Fontes, 2008.

BADIALI, Michelle Ferret. *Por uma poética na velhice asilar: escrevendo casas oníricas.* 2016. 139f. Tese (Doutorado em Ciências Sociais). Centro de Ciências Humanas, Letras e Artes, Universidade Federal do Rio Grande do Norte, Natal, 2016. Disponível em https://repositorio.ufrn.br/handle/123456789/23347. Acesso em: 23 set. 2022.

BAUMAN, Zygmunt. *O mal-estar da pós-modernidade.* Rio de Janeiro: Jorge Zahar, 1998.

BOSI, Ecléa. *Memória e sociedade: lembranças de velhos.* São Paulo: Companhia das Letras, 1994.

DURHAM, Eunice. *A caminho da cidade: a vida rural e a migração para São Paulo.* São Paulo: Ática, 1973.

FOUCAULT, Michel. *As palavras e as coisas: uma arqueologia das ciências humanas.* São Paulo: Martins Fontes, 1999.

_____. *Ditos e escritos IV – Michel Foucault: estratégia, poder-saber.* Manoel de Barros da Motta [org.]. Rio de Janeiro: Forense Universitária, 2003.

_____. *Microfísica do poder.* Roberto Machado (Org. e trad.). 4. ed. Rio de Janeiro: Edições Graal, 1984.

MORIN, Edgar. *O homem e a morte.* 2.ed. Lisboa: Europa América, 1970.

NORBERT, Elias. *A solidão dos moribundos, seguido de envelhecer e morrer.* Trad. Plínio Dentzien. Rio de Janeiro: Jorge Zahar, 2001.

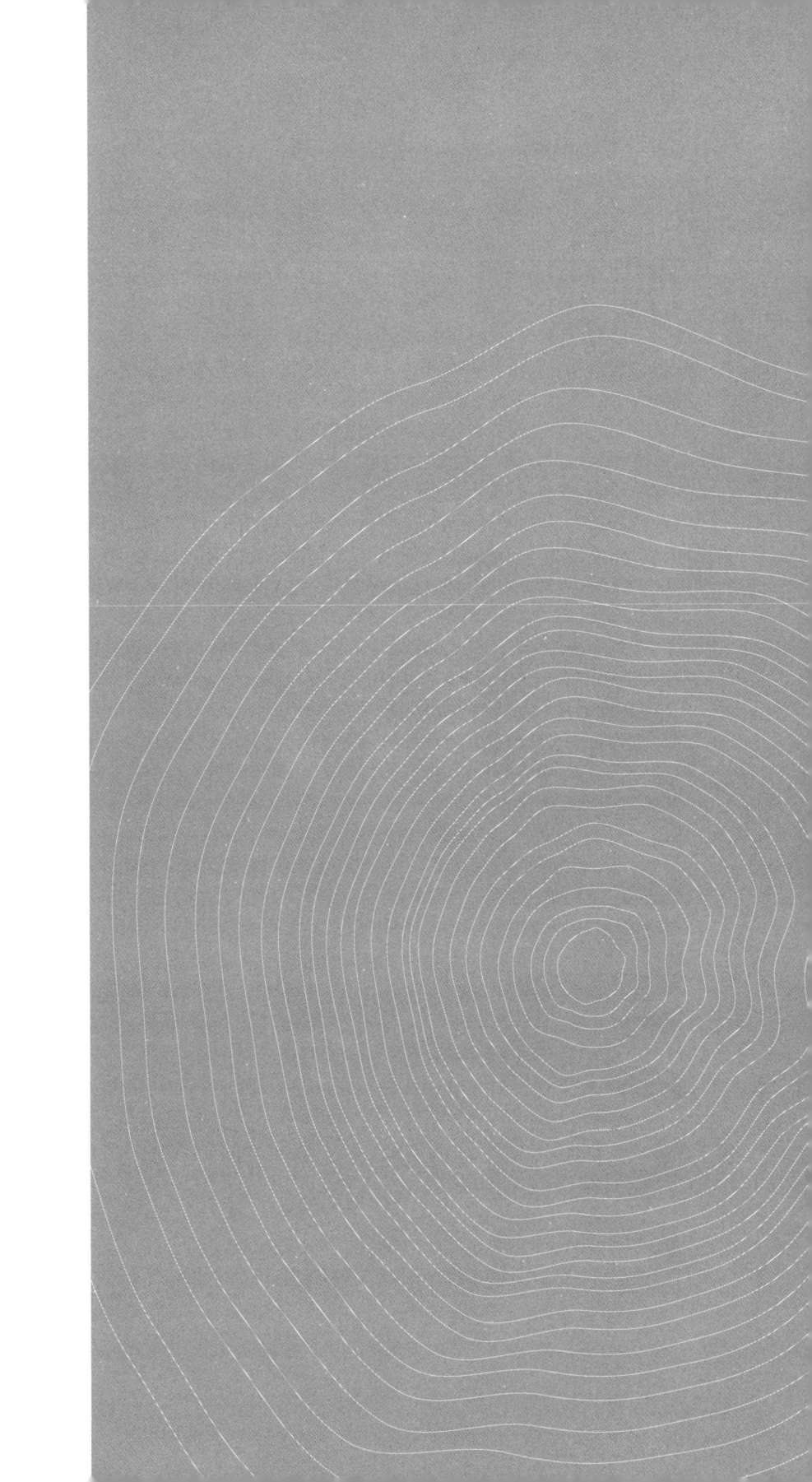

THEOPHILOS RIFIOTIS

DE VOLTA PARA O FUTURO

REFLEXÕES
INTEMPESTIVAS SOBRE
ENVELHECIMENTO
E GERONTOLOGIA

> Quando, de volta, viajares para Ítaca,
> roga que tua rota seja longa,
> repleta de peripécias, repleta de conhecimentos.
>
> KONSTANTINOS KAVÁFIS, "ÍTACA"

O presente texto tem origem num convite para retomar um conjunto de desafios da gerontologia que sistematizei há cerca de 15 anos. Ele reproblematiza os desafios em torno dos quais eu havia desenhado uma gerontologia crítica: 1) o desafio ético da minoridade; 2) o desafio teórico-ideológico; 3) o desafio da indignação e da "judicialização"; e 4) o desafio da rerritualização vital (RIFIOTIS, 2007a). Basicamente, aqui eu pretendo reinterrogar esses desafios enfocando a concepção de sujeito e de agência e, dessa maneira, argumentar como elas podem ter um lugar relevante nos estudos sobre o envelhecimento. A estratégia que adotei para essa "retomada" parte de uma breve apresentação de cada desafio, visando melhor situar a abordagem que trago neste ensaio. Em seguida, desenvolvo quatro tópicos para reflexão sobre os fundamentos analíticos que aqui pretendo sustentar: 1) Por onde começar um projeto crítico?; 2) Um ponto de inflexão: a interdependência; 3) A judicialização das relações sociais em perspectiva; e 4) Um sujeito agente, um interlocutor. Resumidamente, trata-se de uma proposta intempestiva, consciente de estar ainda em construção e que amadureceu como a alma de Mattia Pascal, personagem central da peça *O falecido Mattia Pascal*, de Luigi Pirandello: em parte pelo calor, mas também à força de "amassadelas, pelas batidas" que levou na sua elaboração (PIRANDELLO, 1978, p. 65). Enfim, esta abordagem, baseada numa concepção renovada de sujeito "idoso" e em seu potencial de agência, é caudatária dos estudos que tenho realizado e dos projetos coletivos que tenho coordenado sobre a judicialização da "violência de gênero", com especial ênfase na problematização do reconhecimento normativo e nas práticas jurídicas (RIFIOTIS, 2021).

Assim, na medida em que o ponto de partida deste texto está baseado naquele conjunto de desafios que fui gentilmente instado a revisitar, julgo imprescindível descrever, ainda que sumariamente, cada um deles, como forma de apresentá-los ou de reapresentá-los ao/à leitor/a que aqui me acompanha. O *primeiro* desafio identificado naquela ocasião se refere à possibilidade de a gerontologia tornar-se dialógica, ou seja, tratar a população idosa como sujeito e não como simples objeto de análise e de intervenção. Esse é, portanto, um desafio ético voltado para a superação da minoridade social ligada ao envelhecimento – minoridade que reforça a vitimização, a carência, a discriminação e, sobretudo, a dependência da população idosa. Para a crítica a tais pressupostos, eu já sublinhava a importância da categoria sujeito como um primeiro desafio para a gerontologia crítica. Um *segundo* desafio, que chamei de teórico-ideológico, está intimamente ligado à mudança radical do significado do envelhecimento frente ao aumento da expectativa de vida da nossa população. Num quadro social em que memória e experiência deixam de ser eixos articuladores das relações sociais e no qual há uma valorização incondicional do "novo", a população idosa deixa de ser uma "elite de anciãos". O *terceiro* desafio é aquele que mais diretamente dialoga com este ensaio e problematiza a indignação e a denúncia como marcas dos discursos e das práticas no campo do envelhecimento. Ele está marcado pela estratégia da "politização da justiça" como elemento de mudança social e nos exige uma atenção particular sobre a relação entre sujeito e norma. Por fim, a rerritualização consiste de um *quarto* desafio que reúne todos os anteriores como uma primeira síntese que reinterroga a longevidade e propõe pensar novos modos de organizar o ciclo vital, com significativos desdobramentos sobre a concepção que fazemos sobre suas "etapas" e sobre a dinâmica entre elas – o que implica a emergência de uma concepção de sujeito que valorize o seu potencial de ação e a dimensão intergeracional.

    A minha surpresa com o convite para participar desta publicação e a minha resistência inicial em aceitá-lo deve-se ao meu relativo afastamento em relação aos estudos sobre o envelhecimento nos últimos anos. Mas tenho de confessar que a surpresa inicial teve um segundo efeito sobre mim: um efeito de interpelação. Ela me despertou a necessidade de narrar um possível regresso aos múltiplos atravessamentos evocados nos "desafios da gerontologia" vistos desde hoje e desde a minha trajetória no campo da judicialização das relações sociais. São os efeitos de sentido que me escaparam e com os quais somente pude dialogar *a posteriori* que me interessa expor aqui. Por essas razões, eu me vi interpelado a retomar os fundamentos das eleições teóricas, políticas e éticas que me constituíram como sujeito narrador daquele primeiro, digamos, "balão de ensaio". Assim, o convite para compor o presente volume foi-se tornando um movimento de definição de novos horizontes analíticos e também de autoconhecimento, problematizando a minha condição de narrador que procura participar do debate público sobre o envelhecimento e me fazendo rever minha própria percepção sobre o tema. Em resumo, eu me vi atraído pela ideia de transformar a minha vontade de saber em uma posição de risco frente às questões complexas, acreditando que a melhor maneira de participar dos debates seria colocá-las em jogo assim como posso concebê-las atualmente.

Porém, o convite que me foi feito tinha uma demanda mais específica, a qual me proponho a realizar indiretamente problematizando os pressupostos, muitas vezes obliterados pelos discursos hegemônicos, que orientam a nossa experiência analítica e pessoal sobre o envelhecimento[1]. Entendo que tal postura pode, dentro dos seus limites, trazer elementos que dialoguem com os resultados das pesquisas realizadas pela parceria entre o Sesc-SP e a Fundação Perseu Abramo, aprofundando o seu grande potencial analítico e possíveis desdobramentos em termos de políticas públicas no campo do envelhecimento. Gostaria de propor uma abordagem que possa contribuir para a leitura daquele rico material e que permita rever, no próprio ato da sua leitura, os implícitos que guiam e tornam visíveis certos aspectos do envelhecimento na mesma medida em que invisibilizam outros. Resumidamente, meu esforço aqui será o de trazer para a superfície dos debates reflexões que possam contribuir para problematizarmos as hipóteses que fazemos implicitamente na construção dos nossos discursos sobre o envelhecimento. Mais do que propor uma linguagem comum, que se somaria à Torre de Babel do envelhecimento, pretendo apontar as pedras que encontrei no meu limitado percurso no campo da gerontologia, especificamente aquelas mais diretamente relacionadas com a justiça.

Quando me refiro a uma problematização, tenho como objetivo a busca por caminhos de pensar e de agir diferentemente. Não se trata de sistematizar explicações, nem de reivindicar um estatuto de verdade, mas de identificar regimes de veridição particulares, ou seja, as regras que regem as práticas discursivas e a constituição dos objetos do nosso pensamento[2]. Por isso, antes de mais nada proponho tomar um certo recuo em relação aos fundamentos teóricos, colocando em suspensão modelos explicativos e refletindo sobre os efeitos que tal postura pode produzir na análise e na prática social. Provocativamente, este ensaio procura identificar matrizes para um futuro projeto, digamos, decolonial do envelhecimento e da gerontologia, no sentido

---

1 Agradeço o convite de Celina Dias Azevedo para participar desta publicação. Espero que as reflexões que trago para o nosso diálogo atendam em alguma medida às expectativas empenhadas na minha contribuição e sejam úteis para a análise do material das pesquisas que o Sesc-SP realiza em parceria com Fundação Perseu Abramo.

2 Desenvolvi essa abordagem baseada no pensamento de Michel Foucault em outra publicação (RIFIOTIS, 2021).

de uma revisão crítica de princípios e de fundamentos de saberes instituídos[3]. No limite, se a proposta aqui enunciada tiver algum eco, eu gostaria que fosse no sentido da busca por novas sinergias entre o pensar da gerontologia e as políticas sociais nos seus fundamentos e nas suas práticas cotidianas.

Procurando seguir essa perspectiva é que minha proposta de retorno ao artigo sobre os "desafios da gerontologia" (RIFIOTIS, 2007a) não se confunde com uma simples "volta", tampouco com a pretensão de confirmação ou com a busca de ajustes e atualização. Considero aquele texto um ponto de chegada da minha trajetória de iniciação à gerontologia e não uma "caixa-preta" sobre a qual tentaria restaurar uma pertinência ou atualidade. Penso nesse retorno como uma ocasião para introduzir um novo arranjo de elementos a serem considerados nos estudos sobre o envelhecimento. Afinal, se temos um papel a desempenhar no jogo político, ele certamente virá das nossas pesquisas e reflexões, sobretudo quando assumimos o risco de dizer a nossa verdade na cena pública mesmo sabendo que ela não necessariamente se acomoda aos discursos hegemônicos. Como disse Michel Foucault (1984), trata-se de um trabalho que, sem procurar modelar a vontade política dos outros, reinterroga evidências e postulados, sacode hábitos e modos de fazer e de pensar, dissipa familiaridades – e é por meio desse esforço de problematização que participamos da formação de vontades políticas.

Portanto, ao falar em "retorno", estou propondo algo mais do que uma simples *recherche du temps perdu*, no sentido de uma rememoração. Afinal, ao revisitar o texto dos "desafios da gerontologia", ficou claro para mim que há "verdades a serem descobertas nesse tempo que se perde" e que esse é o "grande aprendizado" (DELEUZE, 2003, p. 20). É nesse sentido que a "volta" àqueles questionamentos é ao mesmo tempo dialógica e criativa. Um convite que pode ganhar o tom de uma viagem cujo sentido emerge exatamente dessa leitura crítica e do que ela possa eventualmente suscitar.

Considero também importante e oportuno lembrar que o artigo "O idoso e a sociedade moderna: desafios da gerontologia" (RIFIOTIS, 2007a) resultou de anos de estudo e de aprendizado, enriquecidos pelos diálogos com as colegas do Núcleo de Estudos da Terceira Idade da Universidade Federal de Santa Catarina (NETI/UFSC), especialmente com a professora Silvia

---

3 Trata-se de uma noção que vem sendo amplamente utilizada como crítica aos saberes universalizantes. No artigo de Gil Sevalho "Contribuições das críticas pós-colonial e decolonial para a contextualização do conceito de cultura na Epidemiologia" (2022), encontramos uma sistematização sobre a matéria.

Maria Azevedo dos Santos[4]. O NETI possibilitou-me experiências altamente enriquecedoras para os meus estudos e para a minha autopercepção que me possibilitaram participar como conferencista em eventos da área no Brasil e no exterior e especialmente em congressos da Sociedade Brasileira de Geriatria e Gerontologia. Foi uma longa convivência como pesquisador e professor, entremeada pelo meu próprio ensino-aprendizado junto às turmas do Curso de Monitores da Ação Gerontológica e, igualmente, nos Cursos de Especialização em Gerontologia da Universidade Federal de Santa Catarina, sempre em diálogo e cooperação, principalmente, com as colegas Eloá Caliari Vahl e Maria Cecília Godtsfried, do NETI/UFSC. Aproveito esta ocasião para expressar mais uma vez a minha profunda gratidão pelos aprendizados que pude colher ao longo dos anos em que atuei no NETI/UFSC, desejando longa vida às suas iniciativas pioneiras.

POR ONDE COMEÇAR UM PROJETO CRÍTICO?

Um projeto crítico, mesmo que ainda em esboço, não pode prescindir de uma incursão aos nossos mapas conceituais sobre o envelhecimento. Acredito que esse seja o primeiro passo para produzir um diálogo construtivo capaz de fazer avançar a nossa compreensão sobre o envelhecimento. Sem qualquer pretensão de exaustividade, abordarei um pequeno conjunto de pontos a serem explorados quanto à sua pertinência e aprofundados no seu desenvolvimento. E, no máximo, pretendo colocar mais uma camada ao universo de questionamentos e críticas que circulam pelo campo da gerontologia.

Se no artigo dos quatro "desafios da gerontologia" eu tinha a pretensão de provocar, instigar uma redefinição de eixos analíticos, com o presente texto gostaria de fazer um convite para uma viagem aos cantos obscuros e obscurecidos pelos implícitos e pelos efeitos do que chamaria de "colonização" da nossa percepção sobre o envelhecimento. Por essa razão, a expressão "revisitar" toma um sentido diferente de um retorno ao conhecido. Ela está

---

4   Uma colaboração iniciada com a coorientação da tese de doutorado de Sílvia M. A. dos Santos no Programa de Pós-graduação em Gerontologia da Unicamp, que a autora transformou em livro (SANTOS, 2003), e que foi seguida participações em congressos e publicações em parceria com ela (SANTOS, RIFIOTIS, 2003, 2006).

mais alinhada com um questionamento à institucionalização dos saberes, na busca de interrogar outros espaços epistêmicos. Afinal, não é a vida das ideias que me interessa em si mesma, mas os seus pressupostos e efeitos.

Foi assim que, desde os meus trabalhos iniciais que atravessavam a questão do envelhecimento em "sociedades banto-falantes" – quando analisei a complexidade da dinâmica dos grupos etários nas sociedades ditas "tradicionais" –, eu já trazia uma ideia distinta da "idade de ouro" e da "vivência edificante" ou ainda de uma bonomia do tempo passado para as pessoas idosas. Além disso, a própria noção de ciclo vital que se desenhou no meu estudo das "sociedades banto-falantes" mostrou que ele pode estender-se aquém do nascimento e para além da ancianidade, incluindo a ancestralidade (RIFIOTIS, 1998, 2007b). A etnologia africana permite colocar na pauta fundamentos que nos parecem autoevidentes sobre a dinâmica etária e podem contribuir para a desnaturalização de categorias que estruturam o nosso pensamento sobre o envelhecimento na nossa sociedade.

Para acrescentar uma maior concretude analítica aos meus questionamentos preliminares sobre o chamado "ciclo vital", eu me perguntaria agora: quais são os efeitos de pensarmos o envelhecimento como uma espécie de destino comum inelutável? Como superar a homogeneização e a universalização que tomam a temporalidade linear, fundadas no "etarismo", como critério analítico central e obliteram a pluralidade das experiências dos sujeitos?[5] E quais seriam as mudanças introduzidas no estudo e nas políticas sociais para o envelhecimento quando ele for analisado de modo a incorporar o gênero, a classe social, a religião, a pertença étnica, e outros tantos marcadores sociais da diferença? São questões de base que nos interrogam sobre os dispositivos que concretizam e que mantêm nas práticas cotidianas as percepções homogeneizadoras sobre o envelhecimento. A abordagem que estou advogando poderia ser chamada de "interseccional", que entendo como uma ferramenta para pensarmos de modo articulado as matrizes da desigualdade social.

A partir dessas ponderações iniciais, poderíamos interrogar, dentre muitos outros temas, por exemplo, a noção de corpo implícita nos debates sobre o envelhecimento. Afinal, como mostra a literatura antropológica, o corpo não é uma entidade fechada em si mesma. O corpo tem gênero, classe

---

5   Importa lembrar que, quando me refiro à categoria "sujeito", não pretendo voltar ao indivíduo autônomo, autoconsciente, mas sim dar um passo em direção ao sujeito da ação, como espero aclarar no desenvolvimento deste ensaio.

social, pertença étnica, religiosidade etc., além da idade. E ele é atravessado pela disponibilidade (ou não) de recursos que permitem modos de existir para além de seu perímetro físico[6]. Como falar sobre um corpo sem a sua imersão nos complexos sistemas de interdependência social sobre os quais ele repousa (BUTLER, 2014, p. 88)? Afinal, parodiando Bruno Latour (1994) em *Jamais fomos modernos*, o próprio envelhecimento é por demais social e por demais narrado para ser "natural". Se o envelhecimento, como sabemos, não é um fenômeno exclusivamente biológico, precisamos procurar os atravessamentos que o constituem e identificar como operamos com eles para não sermos capturados pela armadilha do corpo entendido como "natural"[7].

Num plano geral, reitero, com essas palavras, a ideia de uma simetrização de saberes. Ou seja, não se trata de buscar uma verdade absoluta, mas de colocar em diálogo aquilo que os estudos sobre o envelhecimento e os saberes não especializados trazem para o debate. Assim, procurando interpretar as palavras de M. Foucault, referidas anteriormente, busco construir um lugar para dizer uma verdade, sem qualquer pretensão de superioridade ou disputa com outras verdades (FOUCAULT, 1984). No meu entendimento, é dessa forma que a participação da pesquisa na agenda social torna-se cooperativa e plural, o que implica dizer que a gerontologia, mesmo na sua pluralidade, não detém mais do que um olhar sobre o envelhecimento e que os sujeitos terão sempre uma perspectiva que deve ser objeto de escuta atenta e respeitosa.

Trata-se, portanto, da construção de saberes fundados no diálogo e na interseccionalidade. Saberes que nos permitiriam questionar e até mesmo superar a captura das nossas experiências em categorias generalizantes, centralmente biológicas. Trazer para o debate a interdependência como experiência comum a todos os sujeitos e reivindicar a pluralidade das experiências

---

[6] Pode-se encontrar uma revisão detalhada sobre a questão do corpo num artigo de Miguel Vale de Almeida (2004) intitulado "O corpo na teoria antropológica". Aliás, o número 33 da Revista *Comunicação e Linguagens* traz vários artigos importantes sobre a matéria.

[7] Apenas estudos concretos podem evidenciar os elementos que participam dessa problematização. Em todo caso, não posso deixar de mencionar o contexto da pandemia de covid-19 e seus desdobramentos. Sobre o tema, remeto aos trabalhos realizados pela Rede covid-19 – Humanidades MCTI (cf. https://www.ufrgs.br/redecovid19humanidades/index.php/br). Pode-se consultar especificamente o artigo de Fernanda Cruz Rifiotis (2022) na revista *Vibrant* intitulado "Pour d'autres politiques de la vie: Expériences de personnes âgées pendant la pandémie de covid-19". O artigo faz parte do dossiê organizado por Jean Segata, Márcia Grisotti e Rozeli Porto na revista Vibrant, de 2022, e traz uma importante contribuição sobre a política da vida associada às experiências das pessoas idosas face à pandemia da covid-19.

dos sujeitos pode recolocar a dimensão política do envelhecimento num patamar no qual a busca de uma boa vida pelo sujeito venha a somar-se à crítica geral das políticas da vida. Em outros termos, defendo o exame das avaliações assimétricas das vidas e sou crítico em relação às desigualdades que as sustentam. Como explicou Fernanda Cruz Rifiotis (2022) em diálogo com Didier Fassin (2006, 2018, 2020a, 2020b), posicionar o debate social em termos de políticas da vida produz um deslocamento do singular em direção ao plural, da vida no geral para as vidas no particular, passando-se, assim, o foco analítico de um dever-ser para a dimensão vivencial dos sujeitos. Seguindo esse raciocínio, pode-se afirmar que essas questões

> [...] revelam a tensão profunda que existe entre as éticas e as políticas da vida, entre a afirmação do valor da vida como bem supremo (biolegitimidade) e a desigualdade do valor das vidas no mundo real. Considerar a vida a partir da perspectiva da desigualdade coloca assim uma nova inteligibilidade do mundo social, mas também de novas modalidades de intervenção. É aí que o tema da desigualdade permite religar as dimensões biológicas e biográficas, materiais e sociais da vida das abordagens naturalistas e humanistas.
> (F.C. RIFIOTIS, 2022, p. 8)

É na busca por levar em consideração a condição de sujeito, num mundo marcado pela desigualdade e pela obliteração das agências não hegemônicas, que aciono a possibilidade ou, melhor ainda, a necessidade de incluir nos debates sobre o envelhecimento os horizontes ético, político e analítico ligados à vida boa, que apresento a seguir.

UM PONTO DE INFLEXÃO: A INTERDEPENDÊNCIA

No desenvolvimento do meu argumento, proponho agora a problematização de um dos pilares dos nossos mapas cognitivos sobre o envelhecimento: a vulnerabilidade e, mais diretamente, a dependência. Sem negar de forma alguma a realidade dessas experiências, tomarei como ponto de partida desta etapa da minha viagem analítica os questionamentos levantados por Judith Butler (2014) em torno da seguinte interrogação: como é possível viver uma vida boa numa vida ruim? A formulação de J. Butler para aquela interrogação identifica dois problemas associados. O primeiro é saber como viver a sua própria vida corretamente de tal modo que possamos dizer que vivemos boa vida num mundo em que ela é estruturalmente ou sistematicamente negada à grande maioria. O segundo problema é saber qual a forma singular que aquela interrogação assume no momento histórico que vivemos (BUTLER, 2014). Para ela, a "vida boa" deveria ser definida de modo amplo para que não pressuponha nem implique a desigualdade. A interrogação problematiza ao mesmo tempo como eu vivo a minha vida e como eu vivo essa vida no interior da vida, quer dizer, no interior de condições que estruturam as nossas vidas. Isso poderia ser traduzido numa autorreflexão do tipo: como eu mesmo vivo o meu envelhecimento numa sociedade que permanentemente valoriza a juventude – e mais amplamente o novo – e que está tragicamente marcada pela estigmatização, pelo preconceito e pela desigualdade social, que se agravam com o envelhecimento?

J. Butler propõe uma articulação da minha vida com a dos outros ao afirmar que nenhuma criatura humana vive independentemente de um ambiente que lhe provê assistência, formas de relações e formas econômicas que supõem e estruturam a interdependência (BUTLER, 2014, p. 91). Nesses termos, a interdependência torna-se uma categoria que resgata a dimensão política do viver sem se restringir ao sujeito "idoso", o que traz implicações políticas da maior relevância, inclusive para a abordagem intergeracional. Abre-se, assim, uma brecha para revisitarmos a análise da sociedade como um todo, nossos modos de manifestar a nossa indignação, de protestar e de resistir. Não seria esse o caminho para uma democracia radical, numa ética do viver, que em nada se restringiria ao envelhecimento e nos colocaria em diálogo direto com a dimensão intergeracional? Nos termos de J. Butler (2014, p. 100): "a minha vida depende de uma vida que não me pertence e não se trata simplesmente da vida do Outro, mas da organização da vida num nível superior, social e econômico".

Considerar a minha existência inseparável da existência do mundo no qual ela se inscreve permite reposicionar discursos sobre o envelhecimento trazendo à tona a pluralidade das experiências que o concretizam. Gostaria de ir além da simples afirmação da pluralidade e propor um deslocamento daqueles discursos baseados na naturalização do foco etário e na correspondente afirmação do envelhecimento e da dependência como perdas incapacitantes e, no limite, naturais. Afinal, não é assim que se reforça a condição de "normalidade" do jovem adulto e mesmo de ideal social, pensado como ente autônomo, autoconsciente, autodeterminado? Além disso, saber que todos nós existimos desde sempre na condição de despossuídos e dependentes de outros não deveria organizar o nosso modo de perceber e de agir com relação à vulnerabilidade, à dependência, ao envelhecimento? Nesses termos, somos convidados a assumir a perspectiva da interdependência. Esse é um ponto de inflexão para uma outra abordagem com efeitos significativos sobre a nossa concepção acerca do envelhecimento. Deixamos de ser simplesmente vítimas, dependentes etc., ou seja, objetos de intervenção social para nos tornarmos todas e todos sujeitos interdependentes desde sempre. Retomando uma ideia apresentada anteriormente (RIFIOTIS, 2007a), diria que tal postura implica um esforço para abandonarmos a "ética do herói civilizador", do "benfeitor", que atua em favor de um segmento marcado pela dependência, e assumirmos que os saberes especializados produzidos sobre o envelhecimento não podem substituir a voz e a vez dos sujeitos. A escuta junto a eles e a consideração de suas experiências podem contribuir para a construção de percepções sociais e para a definição de políticas sociais. No meu entendimento, a crítica social deveria incorporar essa perspectiva para poder avançar numa agenda que não se limite exclusivamente a uma condição etária, mas que busque formas pelas quais desenvolvemos modos de vida singulares e que, sendo sempre interdependentes, nos exigiriam repensar a dependência e a vulnerabilidade face a uma ética do *care*, que não se restringe aos cuidados assistenciais, tampouco a grupos sociais específicos (PAPERMAN, 2010).

A JUDICIALIZAÇÃO DAS RELAÇÕES SOCIAIS EM PERSPECTIVA

A judicialização das relações sociais tem sido um objeto de pesquisa ao qual venho dedicando-me nos últimos anos, como explicado anteriormente, e aqui será tratado de modo mais detalhado, trazendo os elementos que pude identificar como sendo fundamentais para um projeto de análise dedicado ao campo do envelhecimento. Dada a importância que o acesso à justiça tem em sociedades que se pretendem democráticas, este tópico revela-se particularmente significativo.

Sabemos que o reconhecimento normativo e a equidade no tratamento jurídico são elementos que consolidam o acesso à justiça. Porém, devemos distinguir, logo de início, lei, direito e justiça como três ordens distintas de fenômenos, de tal modo que a lei não é o direito, e esse não é a justiça (DERRIDA, 2007) – o que nos leva a questionar de modo mais profundo o quadro normativo e as práticas jurídicas que lhe dão vida.

No campo do envelhecimento no Brasil, temos dois marcos que orientam as políticas públicas: o Estatuto do Idoso (Lei 10.741 de 2004, atualmente "Estatuto da Pessoa Idosa", Lei 14.423/2022) e a Política Nacional do Idoso (Lei 8.842 de 1994), ambos alicerçados no Artigo 230 da Constituição Federal de 1988, que introduz a exigência de efetiva proteção à pessoa idosa por parte do Estado, da sociedade e da família. Portanto, a existência de um marco normativo é um passo essencial para a construção de uma "vida boa". Porém, a própria normativa deve ser objeto de uma ampla reflexão para que possamos compreender o cenário de base sobre o qual serão produzidas as políticas sociais e as práticas dos seus operadores. No que tange ao envelhecimento, lembramos a análise detalhada empreendida por Anita Liberalesso Neri sobre o Estatuto do Idoso, na qual fica demonstrado que, ao contrário do que se esperaria, o Estatuto está atravessado por conceitos "preconceituosos e discriminatórios em relação aos idosos" (NERI, 2005, p. 24). A análise não se reduz a uma simples crítica ao Estatuto do Idoso, uma vez que Neri reconhece sua importância para as políticas públicas; mas ela nos aponta a necessidade de uma revisão dos conceitos nele expressos e denuncia que "as políticas relativas aos idosos e as regulações do Estatuto do Idoso existem praticamente só no papel" (NERI, 2005, p. 23).

Aliás, na minha avaliação, é recorrente no Brasil que lutas sociais sejam objeto de legisladores que instituem um instrumento normativo raramente com a garantia dos recursos para a sua efetiva implementação e continuidade. Esse hiato, que não é exclusivo do campo do envelhecimento, cria ao mesmo tempo um descrédito no legislativo e uma permanente insatisfação com a capacidade das instituições de realizar o objeto da demanda social que originou o texto normativo. Assim, a luta política se divide em etapas, sendo a primeira geralmente a aprovação de texto normativo, seguida de "outra" luta para assegurar a sua efetivação. Essa dinâmica nos remete ao questionamento a respeito da "estratégia legislativa" dos movimentos sociais e a uma crítica a uma espécie de "populismo legislativo", especialmente aquele de caráter penal (RIFIOTIS, 2010).

Sem poder aqui retomar o conjunto dos argumentos desenvolvidos na análise de A. L. Neri, destacamos que para ela o Estatuto do Idoso "reflete a vigência da noção de que a velhice é um problema médico-legal" (RIFIOTIS, 2010, p. 8). Concordando plenamente com essa conclusão, gostaria de acrescentar outros aspectos que emanam não somente dos textos normativos, mas dos pressupostos que orientam – vale dizer, "colonizam" – o nosso modo de conceber, analisar e implementar políticas sociais de intervenção ligadas ao envelhecimento[8].

Nos limites deste texto, gostaria de incluir no debate sobre o envelhecimento a figura dos sujeitos de direito[9]. Trata-se de uma questão que me vem preocupando há mais de vinte anos e sobre a qual identifiquei uma mudança da maior importância: o deslocamento do sujeito de direitos para os direitos do sujeito. Tenho procurado, com essa fórmula, sintetizar um movimento das políticas sociais que passam a privilegiar o quadro normativo, inclusive na perspectiva dos movimentos sociais e nos quadros analíticos, colocando num, digamos, segundo plano o sujeito e a sua pluralidade. Como consequência, as políticas públicas e as instituições passam a dirigir prioritariamente a sua ação para os direitos violados, atuando preponderantemente de modo reativo. A centralidade dos debates e das lutas sociais em torno dos "ganhos jurídicos" reforça e consolida o quadro da judicialização das relações sociais (RIFIOTIS, 2008, 2012, 2014, 2015, 2021; RIFIOTIS; DASSI; VIEIRA, 2016; RIFIOTIS; RIFIOTIS, 2019), no qual as políticas sociais são mobilizadas cada vez mais a partir de direitos violados, deixando em segundo plano políticas sociais que promovam a "vida boa"[10].

Um outro aspecto que não poderia deixar de ser mencionado quando nos referimos ao reconhecimento jurídico de causas sociais é a chamada

---

[8] Nas pesquisas que desenvolvo há décadas sobre a judicialização da "violência de gênero", tenho observado a importância de destacar, para além do quadro normativo e institucional, a agência dos operadores das políticas sociais. Em artigo publicado em 2018, procurei sistematizar o debate sobre essa questão, que me parece tão relevante quanto aquelas sobre as normas e instituições (RIFIOTIS, 2018).

[9] O "sujeito de direito", ou a "pessoa jurídica", é entendido como um indivíduo autônomo e racional ou incapaz e tutelado. É uma noção atravessada pela dimensão moral e política para ser também jurídica.

[10] Para explicar a minha perspectiva sobre a judicialização das relações sociais (RIFIOTIS, 2018, 2021), lembro oportunamente que: "[d]e um modo geral, a judicialização das relações sociais e sua centralidade no cenário político atual devem ser entendidas não como um simples contexto para a ação em que se configuram formas específicas de atores, eventos e práticas sociais, mas antes como uma matriz de inteligibilidade em e para outros contextos" (RIFIOTIS, 2015, p. 265).

"politização da justiça". Procurando tornar o sistema judiciário uma alavanca para a mudança social, atribuímos a ele um valor instrumental, tornando-o uma alavanca (RIFIOTIS, 2021). No entanto, temos observado, nas nossas pesquisas sobre a judicialização da "violência de gênero", que a alavanca pode assumir, na prática cotidiana, o sentido de uma arena. Temos observado que as práticas do sistema judiciário se estendem para além do quadro estritamente normativo e institucional, atuando como espaço de validação, por exemplo, de formas hegemônicas de conjugalidade e de família[11].

Na análise da judicialização da "violência de gênero", constatamos que os operadores do direito procedem no tratamento dos casos em julgamento avaliando as provas apresentadas no processo, particularmente os testemunhos; e que, no limite, tal avaliação recai inclusive sobre as testemunhas, sobretudo face a uma falta de outros elementos de prova. Certamente, os operadores seguem regras rígidas de procedimentos, mas há uma margem discricionária, não negligenciável, de interpretação da lei e de avaliação dos testemunhos[12]. Assim, creio que caberia a interrogação sobre a ideia de que a judicialização cria espaços de disputa nos quais são performadas e recriadas relações, socialmente aceitas e validadas pelos operadores do direito, ou seja, uma arena (RIFIOTIS, 2021). Tal reflexão coloca sugestões para futuras pesquisas no campo do envelhecimento que não se restringem ao tratamento nas Delegacias do Idoso e/ou nos processos penais que eventualmente sejam instaurados envolvendo sujeitos idosos.

UM SUJEITO AGENTE, UM INTERLOCUTOR

Uma última sugestão de reflexão deste ensaio será a valorização do potencial de agência dos sujeitos, particularmente relacionado à população idosa e numa sociedade fortemente ancorada na judicialização das relações sociais. Para tratar dessa questão, busco inspiração inicialmente na concepção da norma como um dispositivo, no sentido que M. Foucault dá ao termo (1994).

---

[11] Ainda que esteja fora do escopo deste texto apresentar uma revisão bibliográfica, não posso deixar de assinalar, em consonância com o que foi dito acima, o trabalho de Guita Grin Debert e Amanda Marques de Oliveira (2012) sobre a Delegacia do Idoso, que aponta as aporias das práticas da judicialização da "violência" contra os idosos.

[12] Nas nossas pesquisas, chegamos a identificar a existência de "estilos" no trabalho dos magistrados (BRAGAGNOLO; LAGO; RIFIOTIS, 2015).

Nessa perspectiva, a relação entre sujeito e norma nunca é evidente. De fato, os comportamentos dos sujeitos não são um mero resultado da existência de uma norma. É importante, então, que a nossa reflexão sobre formas normativas inclua a noção de sujeito e seu potencial de ação, de agência. De um modo mais direto, diremos que os comportamentos dos sujeitos não são um mero resultado da existência de um quadro normativo. As análises de Judith Butler (2009) nos auxiliam a problematizar e a compreender melhor a tensão entre sujeito, norma e agência. Para Butler (2009, p. 33):

> A norma não produz o sujeito como seu efeito necessário, nem o sujeito pode ignorar a norma que estabelece a sua reflexividade. [...] Se nessa luta há agentividade ou liberdade, ela se produz num quadro ao mesmo tempo portador e limitante de coerção. A ética da agentividade não é jamais completamente determinada e nem livre.

No meu entendimento, a perspectiva apontada por Butler de uma ética da agentividade está intimamente ligada à escuta atenta e respeitosa dos sujeitos – que, afinal, são os nossos interlocutores de pesquisa –, de tal modo que concentremos a nossa atenção na maneira de viver e no potencial de ação dos sujeitos no mundo dos sujeitos e seus limites. Portanto, as relações entre normas e sujeitos não são de determinação ou incorporação. Elas são, ao mesmo tempo, uma condição de constituição do sujeito e de sua limitação. Num sentido mais amplo, podemos dizer que o assujeitamento não é apenas uma captura, porque ele mesmo produz uma subjetividade. Paradoxalmente, na perspectiva aqui adotada, o assujeitamento e a resistência às normas são um par inseparável.

Assim, poderemos colocar em valor o trabalho ético que os sujeitos realizam nas suas práticas, tomando decisões sobre o seu comportamento frente a uma norma, seja um comportamento de respeito ou de resistência a ela. Nessa perspectiva, temos um ganho analítico de escuta atenta e respeitosa junto aos sujeitos e podemos identificar processos de "automodelação" em curso, em vez de simplesmente julgarmos de um ponto de vista externo a ação desses sujeitos.

Para os objetivos deste ensaio, considero relevante trazer também a contribuição de Antoine Garapon sobre a judicialização. Ele destaca como o direito induz uma nova forma de subjetivação própria das práticas contemporâneas do direito, o que nos coloca como ponto de pesquisa que as reivindicações por direitos da população idosa também problematizam seus efeitos em termos de constituição de sujeitos. Em termos gerais, vale o alerta de A. Garapon (2013):

> As práticas do direito induzem uma nova subjetivação: o sujeito nela é concebido com maior potencial de ação como titular de direitos. Esse potencial de ação apresenta uma vertente positiva [...] o empowerment, quer dizer literalmente 'colocar em capacitação' – e uma outra vertente negativa na forma da vitimidade. O crescimento da potência das vítimas, que é sem dúvida alguma um dos grandes fenômenos desses últimos decênios, traduz plenamente essa nova subjetivação. Ser vítima é ver sua potência de afirmação ilegitimamente diminuída. De onde o retorno atual da vingança. A insistência sobre a responsabilidade, que faz parte do novo credo, inscreve-se neste espírito: primeiro vem a ação e depois a justiça.

Deveríamos, portanto, estar atentos aos desdobramentos da judicialização produzindo subjetividades que podem levar a um "crescimento da potência" dos sujeitos vítimas, mas também à sua redução à condição de vítima. Trata-se de dispositivos de intervenção social cujos efeitos são mais amplos e profundos do que se poderia supor em termos de um simples "reconhecimento social" ou "acesso à justiça".

As práticas do direito induzem um novo modo de subjetivação, marcado pela autonomia dos sujeitos – seu aspecto positivo –, mas que implica também um outro aspecto, negativo, que, sob a forma da vitimização, traduz um apagamento da ação ou, mais diretamente, a invisibilização da agentividade dos sujeitos[13]. Na perspectiva que estou desenhando, as contribuições de J. Butler e de A. Garapon podem ser consideradas complementares, porque nos permitem repensar a relação entre sujeito e norma, articulando as práticas judiciárias com a produção de subjetividades. Fica, então, evidente

---

[13] Entendo por invisibilização da agentividade dos sujeitos, no contexto da judicialização, os saberes e as práticas que tornam invisível o potencial de ação principalmente das vítimas, o que pode levar a um isolamento dos sujeitos ou de ações que impedem a sua participação ativa no processo social.

que o direito vem tornando-se um espaço particularmente privilegiado para a análise de novas formas de subjetividade, novos objetos de intervenção, e até mesmo de novos conceitos.

Com esses elementos de análise, ao "retomar" o desafio da minoridade do envelhecimento e seus desdobramentos sobre os outros três desafios que sistematizei anteriormente (RIFIOTIS, 2007a), ficou mais visível que todos eles apontam para uma crítica à transformação do sujeito idoso: seja em objeto de assistência, seja em sujeito de direitos, seja em vítima ou em outras formas de visibilização e de reconhecimento[14].

Num plano mais geral, inspirado pela obra de Amartya Sen (2011), *A ideia de justiça*, gostaria de concluir este tópico com uma breve incursão sobre a antinomia moderna entre o bem comum (*agathon*) e a justiça (*diké*). A. Sen desenvolve essa ideia em termos de uma oposição moderna entre o bem individual e o justo coletivo, que se tem desdobrado em experimentos sociais que privilegiam as formas positivas do direito em nome da exigência de universalidade, o que pode reduzir ao silêncio, como lembra o autor, outras demandas singulares. Nesse ponto volto a insistir sobre a escuta contingente e relacional das demandas dos sujeitos e na postura interseccional que apresentei no início deste ensaio. Afinal, quem pode dizer o desejo, as necessidades, as possibilidades e limites no lugar de outrem? Não há algo de indigno na tomada de palavra que se propõe a falar no lugar de outrem e ainda mais em pretender conhecer suas necessidades e projetos?

Assim, a centralidade do direito evocada ao longo de todo o ensaio e a atribuição a ele de um valor instrumental – vale dizer, político – para a mudança social torna-se uma espécie de "solução-problema", no sentido de que se desdobra em arena, espaço altamente regrado e hierárquico em que se dá a disputa sobre as formas socialmente aceitas na prescrição normativa e pelas práticas dos seus operadores. Tal postura nos remete a duas interrogações complementares que se impõem para a coerência do quadro que estou desenhando. Em primeiro lugar, seguindo A. Sen, como pode o foco dado a um princípio único de justiça ligado e dependendo estritamente da existência de instituições justas dar conta da pluralidade das experiências dos sujeitos? Isso nos indica uma mudança de foco, dirigindo nossas análises

---

14 Tenho procurado analisar a complexa construção do sujeito vítima e dos dispositivos a ele associados no campo da "violência de gênero" (RIFIOTIS, 2021). Indico, para o aprofundamento da questão, os trabalhos de Didier Fassin aqui citados e, mais especificamente, a sistematização desenvolvida por Yannick Barthe (2019) no texto intitulado "Elementos para uma sociologia da vitimização".

sobre a "vida que as pessoas são capazes de levar", como diz A. Sen (2011, p. 13), ou seja, uma abordagem centrada na dimensão vivencial dos sujeitos. É preciso reafirmar que não se trata de colocar em dúvida a importância, por exemplo, do Estatuto do Idoso, mas de sublinhar que ponderações teóricas, como apontado anteriormente, e limites práticos da sua implementação nos apontam a necessidade de questionar a centralidade da produção legislativa e de buscar ampliar e diversificar o leque dos instrumentos de mudança social para além da normatividade e do controle social[15].

Uma segunda ordem de interrogações que deriva da anterior está relacionada com a naturalização da justaposição entre normas de sanção (permitindo ou obrigando a aplicação de pena) e as normas de comportamentos (não fazer algo ou ser obrigado a fazer algo). Tal justaposição foi analisada por Álvaro Pires (2004) como sendo a "racionalidade penal moderna", que considero ser intrínseca à metáfora da alavanca que se desdobra em uma arena, como referido anteriormente. Mais uma razão para revermos a nossa crença no direito, especialmente no penal, como instrumento de mudança social.

CONSIDERAÇÕES FINAIS

Como conclusão, quero insistir uma vez mais no eixo articulador de toda a minha argumentação: o inescapável atravessamento de questões teóricas, éticas e políticas ligadas a ponderações sobre a agência dos sujeitos, de tal modo que, ao tratarmos de preconceito, discriminação, desigualdade e vitimização ligados ao envelhecimento, a nossa atenção analítica e as nossas estratégias de enfrentamento não se reduzam à indignação e à crítica, mas procurem realizar um esforço analítico de busca das matrizes de inteligibilidade que tornam possíveis e que mantêm ativas essas condições.

Sem pretender mais do que fazer um "diário de bordo" da minha viagem de volta às questões que me serviram de pretexto e de ponto de partida para este ensaio, deixo o meu registro parcial e limitado que, na sua singularidade, pode apontar para modos de problematizar as políticas de

---

[15] Não me refiro aqui apenas à valorização de estratégias não penais, como a mediação ou a justiça restaurativa, mas à construção de políticas públicas que incentivem o protagonismo com valores e comportamentos socialmente relevantes de enfrentamento da discriminação, do preconceito, da exclusão e da desigualdade social.

intervenção unívocas numa sociedade plural. Em poucas palavras: não creio que haja solução universal; é preciso respeitar a agentividade e desenvolver modalidades de intervenção na via da pluralidade, sempre no sentido da escuta atenta e respeitosa junto à população idosa.

É o que me faz ponderar que a nossa resposta social mais eficaz deveria ser dirigida ao enfrentamento de situações concretas, identificando as "sensibilidades" locais envolvidas, de modo a evitar o curto-circuito das soluções universais que produzem homogeneização e redução da pluralidade. Assim, estaríamos mais bem equipados para responder à pergunta sobre como poderíamos construir os intoleráveis sociais no campo do envelhecimento, ou seja, aquilo que ao mesmo tempo é inaceitável e insuportável (FASSIN, 2005, p.19). Penso aqui, mais uma vez, na perspectiva ética desenhada por J. Butler sobre como nós mesmos conduzimos a nossa existência e, assim, construímos o nosso devir. Em suas palavras, "nossa maneira de responder a uma ofensa pode oferecer uma ocasião de precisar uma perspectiva ética e mesmo do devir humano" (BUTLER, 2009, p.139-140).

Penso que se impõe com urgência a necessidade de uma revisão dos fundamentos teóricos, éticos e políticos no campo do envelhecimento, a qual apenas pode ser alcançada pelo diálogo franco e aberto, mostrando-se os avanços e impasses de cada abordagem. Acredito que é construindo vias de expressão e de respeito à pluralidade dos modos de vida que nós entraremos na rota das escolhas éticas de intervenção, sempre procurando respeitar as diferenças entre os sujeitos e dando atenção permanente à sua segurança.

Se há algum mundo comum a ser construído, ele será resultante da pluralidade dos agentes. Um mundo comum não é um consenso, mas uma controvérsia em que os elementos trazidos pelas "partes" devem ser validados pelo confronto com o contexto em que eles são vivenciados, e não com posturas apriorísticas. Trata-se de valorizar o que cada abordagem visibiliza e o que ela invisibiliza – e, por essa via, modificar a nossa própria concepção do envelhecimento. Por isso a necessidade de evitarmos os curtos-circuitos analíticos e políticos que levam diretamente a "soluções universais" e enfrentarmos as distintas abordagens que se nos apresentam sem pretender encontrar uma via única. Aliás, num contexto de polarização e de declínio do Estado Social em favor de um Estado Penal e Liberal, como parece ser o caso do Brasil, torna-se ainda mais complexo pensar o lugar dos cidadãos como protagonistas sociais e a adoção de uma postura dialógica. Mas esse é e sempre foi o nosso maior desafio. E, em tal contexto, parece tornar-se ainda mais difícil e urgente o esforço decolonial, com todas as suas incertezas, para pensarmos e agirmos numa sociedade plural e para enfrentarmos os desafios cotidianos decorrentes do aumento da longevidade e do envelhecimento.

REFERÊNCIAS BIBLIOGRÁFICAS

BARTHE, Y. "Elementos para uma sociologia da vitimização". In: RIFIOTIS, T.; SEGATA, J. *Políticas etnográficas no campo da moral*. Porto Alegre: UFRGS, 2019.

BUTLER, J. *Dar cuenta de sí mismo. Violencia ética y responsabilidad*. Buenos Aires: Amorrortu, 2009.

_____. *Qu'est-ce qu'une vie bonne?* Paris: Éditions Payot & Rivages, 2014.

DEBERT, G. G.; OLIVEIRA, A. M. "A feminização da violência contra o idoso e as delegacias de polícia". *Mediações*. Revista de Ciências Sociais, v. 17, n. 2, p. 196-213, 2012.

DERRIDA, J. *Força de lei. O fundamento místico da autoridade*. São Paulo: Martins Fontes, 2007.

FASSIN, D. "L'ordre moral du monde. Essai d'anthropologie de l'intolérable. In: BOURDELAIS, Patrice; FASSIN, Didier [org.]. *Les constructions de l'intolérable. Études d'anthropologie et d'histoire sur les frontières de l'espace moral*. Paris: La Découverte, 2005, p. 17-50.

_____. La biopolitique n'est pas une politique de la vie. *Sociologie et Sociétés*, v. 38, n. 2, p. 35-48, 2006. Disponível em: https://www.erudit.org/fr/revues/socsoc/2006-v38-n2-socsoc1813/016371ar. Acesso em: 10 jun. 2022.

_____. *La Vie: Mode d'emploi critique*. France: Éditions du Seuil, 2018.

_____. *La Valeur des vies: Éthique de la crise sanitaire. Par ici la sortie!* Paris: Éditions du Seuil, 2020a, p. 1-10. Disponível em: https://www.ias.edu/sites/default/files/fassin%2C%20la%20valeur.pdf. Acesso: 12 jun. 2022.

_____. *L'ilusion dangereuse de l'égalité devant l'épidémie*. 2020b. Disponível em: https://www.college-de-france.fr/site/didier-fassin/L-illusion-dangereuse-de-legalite-devant-lepidemie.htm. Acesso em: 12 jun. 2021.

FOUCAULT, M. "Le jeu de Michel Foucault". In: _____. *Dits et écrits*. Tomo II. Paris: Gallimard, 1994 [1977], p. 298-329.

_____. "Le souci de la vérité. Propos recueillis par François Ewald. In: *Magazine Littéraire*, n. 207, mai 1984.

GARAPON, A. Michel Foucault: un visionnaire du droit contemporain. *Raisons Politiques*, v. 52, 2013. Disponível em: https://www.cairn.info/revue-raisons-politiques-2013-4-page-39.htm. Acesso em: 12 nov. 2022.

LATOUR, B. *Jamais fomos modernos: ensaio de antropologia simétrica*. São Paulo: Editora 34, 2000.

NERI, A. L. "As políticas de atendimento aos direitos da pessoa idosa expressos no Estatuto do Idoso". *A Terceira Idade*, Sesc-SP, v. 16, n. 34, p. 7-24, 2005.

PAPERMAN, P. "Éthique du care. Un changement de regard sur la vulnérabilité". *Gérontologie et Société*, v. 33, n. 133, p. 51-61, 2010. Disponível em: https://www.cairn.info/revue-gerontologie-et-societe-2010-2-page-51.htm. Acesso em: 10 maio 2022.

PIRANDELLO, L. *O falecido Mattia Pascal: Seis personagens à procura de um autor*. São Paulo: Abril Cultural, 1978.

PIRES, A. "A racionalidade penal moderna, o público e os Direitos Humanos". *Novos Estudos Cebrap*, n. 68, p. 39-60, 2004.

RIFIOTIS, T. "Entre l'État, les institutions et les sujets: Considérations sur l'assujettissement, la résistance et les moralités". *Anuário Antropológico*, v. 43, n. 2, p. 337-359, 2018.

_____. "Violência, Justiça e Direitos Humanos: reflexões sobre a judicialização das relações sociais no campo da 'violência de gênero'". *Cadernos Pagu*, Unicamp, n. 45, p. 261-295, 2015.

_____. "Direitos Humanos e outros direitos: aporias sobre processos de judicialização e institucionalização de movimentos sociais". In: RIFIOTIS, T.; HYRA, T. *Educação em Direitos Humanos. Discursos críticos e temas contemporâneos*. Florianópolis: Editora da UFSC, 2010. (Traduzido da versão em espanhol, publicada pela Paidós, 2007).

_____. "Judicialização dos direitos humanos, lutas por reconhecimento e políticas públicas no Brasil: configurações de sujeito". *Revista de Antropologia* (USP. Impresso), v. 57, n. 1, p. 119-149, 2014.

_____. "Direitos Humanos: sujeito de direitos e direitos do sujeito". In: RIFIOTIS, T.; VIEIRA, D. [org.]. *Um olhar antropológico sobre violência e justiça: etnografias, ensaios e estudos de narrativas*. Florianópolis: Editora da UFSC, 2012.

_____. "O idoso e a sociedade moderna: desafios da gerontologia". *Pro-Posições*, v. 18, n. 1, p. 137-151, 2007a. Disponível em: http://periodicos.sbu.unicamp.br/ojs/index.php/proposic/article/view/8643583. Acesso: 10 maio 2022.

_____. "Ancestrality and age Conflicts in Black-African Societies". In: AGUILAR, Mario. [org.]. *Rethinking Age in Africa: Colonial, post-colonial and contemporary interpretations*. Trenton (NJ): Africa World Press, 2007b, p. 199-227.

_____. "Direitos Humanos e outros direitos: aporias sobre os processos de judicialização e institucionalização dos movimentos sociais". In: RIFIOTIS, T.; HIRA, T. [org.]. *Educação em Direitos Humanos. Discursos críticos e temas contemporâneos*. Florianópolis: Editora da UFSC, 2008.

_____; DASSI, T.; VIEIRA, D. "Judicialização das relações sociais e configurações de sujeito entre jovens cumprindo medidas socioeducativas em Santa Catarina". *Anuário Antropológico*, v. 41, p. 35-55, 2016.

RIFIOTIS, F. C.; RIFIOTIS, T. "Conselho Tutelar como tecnologia de governo: relações agonísticas entre proteção e vigilância". *Runa – Archivo para las Ciencias del Hombre*, v. 40, p. 239-256, 2019.

SANTOS, S. M. A. *Idosos, família e cultura. Um estudo sobre a construção do papel do cuidador*. Campinas: Alínea, 2003.

_____; RIFIOTIS, T. "Cuidadores familiares de idosos dementados: uma reflexão sobre o cuidado e o papel dos conflitos na dinâmica da família cuidadora". In: SIMSON, O. R. M.; NERI, A. L.; CACHIONI, M. [org.]. *As Múltiplas Faces da Velhice no Brasil*. São Paulo: Editora Átomo & Alínea, 2003.

_____; RIFIOTIS, T. "Cuidadores familiares de idosos dementados: um estudo crítico de práticas quotidianas e políticas sociais de judicialização e reprivatização". In: GROSSI, M. P.; SCHWABE, E. [org.]. *Política e Cotidiano: estudos antropológicos sobre gênero, família e sexualidade*. Blumenau: Nova Letra, 2006.

SEN, A. *A ideia de justiça*. São Paulo: Companhia das Letras, 2011.

VALE DE ALMEIDA, M. "O corpo na Teoria Antropológica". *Revista de Comunicação e Linguagens*, n. 33, p. 49-66, 2004.

VILMA BOKANY
RACHEL MORENO

POR QUE ESTUDAR O ENVELHECIMENTO NO BRASIL?

Em 2006, o Núcleo de Estudos e Opinião Pública da Fundação Perseu Abramo (FPA), em parceria com o Sesc-SP e o Sesc Nacional, realizou a pesquisa *Idosos no Brasil – Vivências, desafios e expectativas na terceira idade*. Os resultados permitiram ampliar a reflexão sobre os desafios que o aumento da expectativa de vida dos brasileiros traz ao poder público e sugerir alternativas para a ampliação de direitos e melhoria das condições de vida desse segmento populacional.

Passados mais de dez anos, verifica-se que houve um expressivo crescimento desse extrato social. Segundo a população estimada pelo Censo do IBGE, em 2006, quando da realização da primeira edição da pesquisa, as pessoas idosas, com mais de 60 anos, correspondiam a 9,2% da população brasileira. No Censo Demográfico de 2010, pessoas na faixa etária de 60 anos ou mais correspondiam a 10,8% dessa mesma população. O primeiro teste nacional do Censo Demográfico 2022, divulgado em março desse ano, mostrou que a população idosa, de 60 anos ou mais, somava 16,7% do total de recenseados, ou seja, houve um crescimento da ordem de 50% na participação desse segmento no conjunto da população brasileira ao longo de uma década.

Os números mostram que o processo de envelhecimento da população brasileira vem crescendo progressivamente, experimentando a queda contínua da taxa de natalidade e diminuição da taxa de mortalidade, com significativo aumento da expectativa de vida. As projeções anteriores à pandemia de covid-19 era de que o Brasil viria a ser, na próxima década, o sexto país com maior número de idosos no mundo. O Brasil comemora os avanços do aumento da expectativa de vida, mas sofre com políticas restritivas que não acompanham esse avanço.

Para além de alertar para a necessidade de políticas públicas específicas para esse segmento etário e oferecer subsídios para o debate público a respeito da pessoa idosa, a pesquisa *Idosos no Brasil* – 2ª edição, proposta pela FPA em parceria com o Sesc-SP, em 2019, também apontou para a necessidade de observar mudanças importantes no imaginário social sobre a pessoa idosa, refletido na imagem e autoimagem dessas pessoas, bem como verificar a projeção do preconceito, nas relações sociais e exclusão social, opções de comunicação, aprendizagem, entretenimento e lazer, necessidades na área de saúde, previdência, trabalho, educação, cultura e lazer entre outras temáticas.

A pesquisa apresentada nesta publicação, além de recuperar e atualizar os dados levantados na pesquisa anterior, de 2006, pretende trazer as novas demandas da população acima de 60 anos e os desafios para garantia dos direitos e melhoria da qualidade de vida da pessoa idosa, servindo como referência para alimentar estudiosos e gestores que discutem o envelhecimento no Brasil.

Assim, este estudo visa não apenas mensurar expressões objetivas de como vivem os idosos no Brasil, levantando seus hábitos cotidianos e suas principais carências nas diversas áreas, mas, sobretudo, trazer suas percepções em relação ao contexto social e ao momento particular da trajetória de vida em que estão inseridos, com o objetivo de pautar por um novo olhar sobre o processo de envelhecimento no Brasil.

METODOLOGIAS E AMOSTRA DA PESQUISA

Para dar conta desse desafio, esta edição ampliou o escopo da pesquisa anterior utilizando duas técnicas complementares. Uma fase qualitativa, que visa compreender, em profundidade, o que pensam os entrevistados e que permitiu explorar novas questões. Esta técnica metodológica permite a análise de forma ampla e profunda dos tópicos de interesse a partir das posições individuais sobre o assunto em questão.

A fase qualitativa desse estudo foi realizada por meio de 40 entrevistas em profundidade, com pessoas de 60 anos ou mais. A fim de perceber as diferenças regionais e os subsegmentos por gênero e faixa etária, foram realizadas oito entrevistas em uma das capitais de cada macrorregião, entre as quais São Paulo, representando a região Sudeste; Salvador, a região Nordeste; Porto Alegre, a região Sul; Belém, região Norte e Campo Grande, a Centro-Oeste.

Em cada capital foram entrevistadas cinco mulheres e três homens, considerando três faixas etárias a partir dos 60 anos, sendo três entrevistas com idosos/as de 60 a 69 anos; duas com pessoas de 70 a 79 anos, e três, acima de 80 anos. Foi levada em conta, ainda, a renda familiar distribuída em dois grupos, sendo cinco entrevistadas/os com renda familiar de até dois salários mínimos e três na faixa de dois a cinco salários mínimos, em cada cidade. Essas pessoas foram selecionadas por empresa especializada em recrutamento, contratadas em cada praça.

Cada entrevista durou cerca de duas horas e foram realizadas a partir de um roteiro pré-definido, abordando temas como: termo preferido para ser tratado (idoso/ 3ª idade/ velho/ melhor idade/outra); estigmatizações; visibilidade dos idosos para si próprios e aos olhos das demais gerações; experiência, valorização de saberes e história; hábitos de vida, como e com quem vivem; hábitos de consumo material e imaterial; consciência de direitos; aposentadoria/ autonomia financeira, percepções sobre a Reforma da Previdência; percepções de mudanças sociais ocorridas ao longo das últimas décadas no que diz respeito à estrutura pública, tecnologia, política e valores; coisas boas e ruins de envelhecer; problemas potenciais como acessibilidade, inclusão, fragilidades, violência, estigmas, solidão; possíveis configurações de família/afeto, sexualidade e diversidade; finitude, morte e cuidados paliativos; sonhos, prospecções para o futuro; prazeres; cuidados de si e formas de resistência; protagonismo – autonomia; contribuição da pessoa idosa em um mundo em mudança acelerada.

Devido à subjetividade que o tema abarca e a profundidade que essa etapa da pesquisa exige, as entrevistas foram orientadas por pesquisadores especialistas encarregados de aplicar um roteiro não diretivo. Optou-se por trabalhar com pesquisadores profissionais também com idade acima de 60 anos, um homem e uma mulher, de modo a estabelecer uma relação de empatia e confiança, que facilitasse a aproximação com as pessoas entrevistadas.

O campo da etapa qualitativa se deu em outubro de 2019 e antecedeu uma segunda fase, quantitativa, permitindo adequar a formulação de novas perguntas de modo estruturado, possibilitando quantificar os resultados na fase posterior e compará-los com o levantamento feito em 2006.

Na etapa quantitativa, construiu-se uma amostra semelhante à de 2006, o que torna os resultados comparáveis com a primeira edição da pesquisa. O universo pesquisado foi a população brasileira urbana adulta (16 anos ou mais), dividida em dois subuniversos, o da terceira idade (60 anos e mais) e o de jovens e adultos (16 a 59 anos).

A amostra foi composta por 2.369 entrevistas com pessoas idosas (60 anos e mais), divididos em duas subamostras, (amostra A – 1.185 entrevistas; amostra B – 1.184 entrevistas) e 1.775 entrevistas com o restante da população não idosa (16 a 59 anos), totalizando 4.144 entrevistas. A amostragem construída foi do tipo probabilística nos primeiros estágios (com sorteio dos municípios, dos setores censitários e dos domicílios), combinada com controle de cotas de sexo e idade (de acordo com o Censo 2010, estimativa PNAD – Pesquisa Nacional por Amostra de Domicílios – 2018), para a seleção dos indivíduos no estágio final.

Essa amostra permite margem de erro de até +2,0 pontos percentuais (p.p.) para a amostra global ponderada de 4.144 entrevistas; de 2,1 p.p. para os resultados no subuniverso da terceira idade – e até 3,0 para as perguntas aplicadas apenas as subamostras A ou B –, assim como para os resultados no subuniverso de 16 a 59 anos, sempre com intervalo de confiança de 95%.

A dispersão geográfica contemplada nessa amostra cobriu 234 municípios (de pequenos, médios e grandes portes), distribuídos nas cinco regiões do país. A abordagem foi domiciliar, com aplicação face a face de questionário estruturado, com cerca de 85 perguntas em cada subamostra.

O questionário foi elaborado a partir de análise dos resultados da pesquisa anterior e as questões que mantinham atualidade e relevância permaneceram, adotando-se, sempre que possível, as mesmas formulações. Os novos temas e questões foram trabalhados pelas instituições parceiras a partir de sugestões do corpo técnico, bem como do levantamento e análise das políticas públicas que afetam a pessoa idosa, desenvolvidas no período entre as duas edições da pesquisa. No total, foram aproximadamente 120 questões, distribuídas nas duas amostras de pessoas idosas e dirigidas ao público não idoso.

Os temas abordados na pesquisa percorreram o perfil sociodemográfico, identidade e autoimagem do idoso, preocupações com a morte, o Estatuto do Idoso e direitos, educação, saúde, relações familiares e laços afetivos, conhecimento e impressões sobre as instituições de longa permanência, violência contra a pessoa idosa, trabalho remunerado e renda e conhecimento e impressões sobre a reforma previdenciária recém-lançada em novembro de 2019, período que antecedeu a coleta de dados.

Os questionários foram pré-testados em todas as coordenações regionais, de modo a poder captar particularidades, como palavras ou termos utilizados regionalmente, que dificultassem a compreensão dos enunciados, para adequá-los. O pré-teste também teve por objetivo ajustar os questionários a um tempo médio de 45 minutos de aplicação.

O treinamento do conjunto de pesquisadores que foram a campo foi realizado presencialmente pelas equipes técnicas envolvidas na formulação da pesquisa, em todas as coordenações regionais, nas capitais de onde partiram as equipes de campo que cobriam cada estado ou conjunto de estados. O treinamento envolveu duas etapas: a primeira, de sensibilização para o tema, por meio de discussão acerca da importância da pesquisa e do trabalho realizado com os idosos e as questões que os afetam. Foram exibidos vídeos com situações envolvendo esse segmento populacional, para refletir sobre as questões junto às equipes de pesquisadores, de modo a neutralizar possíveis dificuldades que, porventura, viessem a ocorrer em campo.

A segunda etapa do treinamento apresentou os procedimentos a serem adotados em campo para aplicação de entrevista face a face em abordagem domiciliar e a discussão dos questionários propriamente. O trabalho de capacitação foi realizado em um dia completo, utilizando-se o período da manhã para a sensibilização e a tarde para instruções sobre os questionários e procedimentos de campo.

Todo o material de campo foi checado na proporção de 30% das entrevistas de cada entrevistador e, se encontrado algum erro sistemático de procedimento ou falha na aplicação do formulário, o material foi refeito e substituído. O período de campo da fase quantitativa foi de 25 de janeiro a 2 de março de 2020.

Recebido o material, todas as entrevistas passaram por leitura crítica e as perguntas abertas e exploratórias foram categorizadas de acordo com critérios de adequação semântica, para criação de códigos a serem aplicados a todos os conteúdos discursivos, padronizando as respostas em grandes categorias e desmembradas em subníveis de conjunto de respostas semelhantes.

Os dados foram digitados, consistidos e processados pelo programa de processamento de dados estatísticos SPSS e todas as variáveis sociodemográficas, além de algumas variáveis específicas de cada tema foram cruzadas, gerando mais de 40 tabelas de cruzamentos e possibilitando leituras de estratos específicos tanto entre os idosos quanto entre os não idosos.

Os dados quantitativos estão apresentados em percentuais, e é importante ressaltar que em perguntas que admitem múltiplas respostas, a soma de percentuais ultrapassa 100%. Em diversas perguntas optou-se por apresentar também as médias dos resultados, mas vale lembrar que muitas vezes as médias podem ser enganosas, por vivermos em um país profundamente desigual em termos regionais, de gênero, raça e padrões de renda domiciliar e classes sociais, valendo, portanto, aprofundar a análise observando os dados em seus respectivos estratos, como pessoas idosas do Nordeste, as idosas negras, população com renda inferior a dois salários mínimos etc.

Aproveitamos a oportunidade para tornar público nossos agradecimentos às mais de 200 pessoas envolvidas nesse processo de campo, entre pesquisadores, checadores e coordenadores de campo locais, aqui representados pelos diretores das respectivas empresas contratadas para cumprir esse desafio: Américo Canto da ACERTAR, responsável pelos estados PA, TO, MA; Marivaldo Nascimento de Souza (AC); João Alves do IPEN, responsável por AM; Carlos Roberto Nunes da Check Pesquisa de Mercado, responsável por AL, MA, PB, PE, PI, RN, SE; José Renato e Ricardo Tadeu da RTP Pesquisas, responsável por BA e RJ; Milton Akikazu Yano, da Ícone Pesquisa, responsável por MS e MT; Marcio Joly, da Curitiba Pesquisas, responsável pelo PR; Clóvis Vidueiro, da De Fatos e Dados, responsável por RS e SC; José de Matos da Real Marketing, responsável por MG, ES, GO e DF; Amélia Regina Camargo da São Paulo Pesquisas, responsável por SP e RO; Salete Silva da Brazil Field Opinião e Mercado, responsável por CE; e a João Alvarenga e Edleide Ramos da Eco Pesquisa, responsável pela coordenação do campo nacional.

Nossos agradecimentos também à equipe de crítica, codificação, análise e acompanhamento de todo o processo da pesquisa, da Eco Pesquisas, liderados por Deise de Alba e Wagner Rosas e à Rita Dias, responsável pelo desenho amostral, processamento de dados e acompanhamento de todo trabalho. E, em especial, ao saudoso Gustavo Venturi, coordenador geral da pesquisa, que nos deixou em janeiro de 2022 e esteve à frente na coordenação da pesquisa como um todo, nossa sincera gratidão.

Por fim, e não menos importante, nosso especial agradecimento às 2.369 pessoas idosas e 1.775 entrevistados não idosos que colaboraram conosco, nos cedendo seu tempo e manifestando suas opiniões sobre o longo leque de questões que compõe essa pesquisa.

Fica aqui o convite para que os leitores acessem os resultados completos dessa pesquisa, que estão disponíveis nos sites de ambas as instituições parceiras. Boa leitura!

POR QUE ESTUDAR O ENVELHECIMENTO NO BRASIL?

Nossa análise traz como marco a década de 2021 a 2030, que foi estabelecida pela Organização Mundial de Saúde (OMS)[1] como a "Década do envelhecimento saudável". Paradoxalmente, a década começou com a pandemia de covid-19, que levou à morte milhares de idosos em todo o mundo. No Brasil, em 2020, quando ainda não havia vacina disponível, os idosos correspondiam

---

[1] Declarada pela Assembleia Geral das Nações Unidas em dezembro de 2020. Disponível em https://www.paho.org/pt/decada-do-envelhecimento-saudavel-nas-americas-2021-2030. Acesso em: 21 out. 2022.

a 75% dos óbitos por covid-19. A pandemia evidenciou a desigualdade no processo de envelhecimento e o quanto as políticas públicas voltadas aos idosos pouco avançaram nessa década, no sentido de proteger e assegurar os direitos e preservar a qualidade de vida da pessoa idosa, muito embora há tempos pesquisas já alertassem para esse problema.

Diante da emergência do momento trazida pela pandemia, que coincidiu com a data do término de nosso campo, destacamos alguns elementos que consideramos relevantes para a compreensão da situação da pessoa idosa no período que sucedeu as primeiras análises dos resultados da pesquisa, coincidentemente o período mais crítico da pandemia: o expressivo número de idosos que declararam morar sozinhos, o preconceito e a discriminação percebidos contra a pessoa idosa; e a dificuldade de acesso a direitos e serviços básicos. Situações precedentes à pandemia, que foram, porém, evidenciadas nesse momento crítico, que requereu isolamento, amparo emocional e auxílio efetivo às pessoas idosas. Por outro lado, procuramos também trazer uma breve análise sobre as coisas boas e ruins do envelhecimento, tentando, com isso, trazer luz a uma perspectiva de envelhecimento harmonioso.

SOLIDÃO, MOTIVOS E CONSEQUÊNCIAS

Ao longo da última década as famílias se tornaram menores. Em 2006, a média de pessoas por domicílio era 4,0 e atualmente reduziu para 3,5 pessoas por domicílio. Comparativamente, os idosos atualmente residem em domicílios com, em média, 2,9 pessoas (era 3,3 em 2006), enquanto os não idosos residem em domicílios com, em média, 3,6 pessoas (4,1 em 2006).

Uma parcela de 17% dos idosos moram sozinhos e 33% com mais uma pessoa, em geral, o marido ou esposa (52%). E, finalmente, há um segmento que mora com o/a(s) filho(s) ou filha(s) (49%), e eventualmente com netos e bisnetos (26%).

A redução dos núcleos familiares, o esgarçamento dos vínculos bem como o próprio ritmo de vida imposto pela dinâmica do trabalho e das preocupações com o dia a dia trazem a solidão na velhice como um tema que merece um olhar atento. Um dos dados levantados na fase qualitativa do estudo, onde os entrevistados puderam falar mais abertamente sobre seus sentimentos e que, devido a sua subjetividade, se torna difícil medir em perguntas objetivas possíveis de quantificar, foi o peso da solidão entre os idosos. As entrevistas qualitativas apontaram que à medida que se envelhece, a solidão se acentua, com o distanciamento dos filhos e família. O cenário da pandemia potencializou a solidão, imposta pelo isolamento social.

Um dos depoimentos colhido na fase qualitativa, de uma entrevista que se estendeu por 4 horas de conversa, evidencia a solidão, na medida em que a entrevistada relata que apesar de morar exclusivamente com seu filho, ele apenas lhe dizia "oi" pela manhã e se trancava em seu quarto. A entrevistada disse estar esquecendo as palavras porque já não as usava mais, pois não tinha com quem conversar... Segundo os entrevistados, "os amigos também se vão", alguns levados pela morte e outros pela própria dinâmica da vida que afasta as pessoas. As razões da interrupção do contato são múltiplas. Mudança, distância, falta de carro, dificuldade para pegar ônibus, além do reflexo do desânimo, seja da própria pessoa entrevistada como de seus amigos, para ir ao encontro um do outro.

A tecnologia tem papel importante para suprir essa carência de contato. O telefone ou o whatsapp auxiliam minimamente na tentativa de suprir a carência de contato social. A igreja também representa uma instância importante para ocupar este espaço e tem um lugar crescente na vida das pessoas que participaram das entrevistas, mais particularmente entre as mulheres. As religiões evangélicas são as que mais avançam no sentido de garantir a sociabilidade e a função social, dando sentido e fortalecendo a frequência de contato. Por vezes, as atividades da igreja ocupam mais de metade da semana, o que propicia não só o trabalho para a igreja – recepção, infraestrutura, conversa – como a discussão dos problemas do cotidiano, que os grupos se propõem a trabalhar na vizinhança, e a política, não raro com o pastor recomendando o voto. Mas há também os que são críticos e que questionam o papel da igreja ante as questões do cotidiano, assim como nas questões políticas, propriamente.

COISAS BOAS E RUINS DO ENVELHECIMENTO

Outro dado que também chama a atenção, sobretudo durante o período da pandemia de covid-19, é o idadismo – preconceito e discriminação devido à idade. O preconceito contra a pessoa idosa, que já era alto na pesquisa anterior (84%), manteve patamares semelhantes. Cerca de oito em cada dez brasileiros (82%) acreditam que existe preconceito em relação às pessoas idosas e esse índice não difere entre pessoas idosas e não idosas (81% e 83%, respectivamente).

A despeito do preconceito vivido ou percebido entre as pessoas com mais de 60 anos, a taxa dos que dizem que há mais coisas boas em envelhecer, equivale a das que dizem que há mais coisas ruins (35%, ambas), enquanto 24% afirmam que depende e 3% não vê diferença. Entre as coisas boas identificadas no envelhecimento, o grande consenso está na valorização da experiência, pensada também como um legado a se passar aos mais jovens. Destaca-se o reconhecimento que as pessoas têm em relação à vivência dos idosos (43%), taxa que aumentou significativamente em relação à pesquisa anterior (35%), porém mais reconhecida pelas pessoas não idosas (44%) do que pelas idosas (37%). A satisfação com sua vivência aparece permeada pela experiência de vida (16%); a maturidade para lidar com a vida a partir dos conhecimentos adquiridos (9%); a satisfação pelo tempo vivido, por ter chegado à idade avançada, vista como um privilégio (9%); a sabedoria adquirida ao longo da vida e ao fato de continuar se sentindo produtivo, podendo realizar tudo o que sempre fez (5%, ambos).

A família e a redução de preocupações também constituem aspectos importantes de uma visão positiva sobre o envelhecimento (ambas razões citadas por 25% da amostra total), sendo a família mais reconhecida entre as pessoas idosas (30%) e a ausência de preocupação (por 22% das pessoas idosas), além do tempo livre de que podem usufruir (20% do total e 19% entre os idosos), descrita na fase qualitativa como a possibilidade de passar mais tempo com a família e, que chega mais tarde para os homens, devido à aposentadoria mais tardia. As mulheres apontam para o fato de que por já terem criado os filhos, suas preocupações diminuem e passam a usufruir do companheirismo dos filhos, apontado pelas mulheres como uma das vantagens do envelhecer.

A conquista da aposentadoria e o fato de terem boa saúde são traços positivos e valorizados entre "as coisas boas do envelhecer", por 12% e 11% dos idosos, respectivamente, bem como a consequente independência que ambos os aspectos trazem à positivação do envelhecimento. Finalmente, os direitos adquiridos pelos idosos (especificamente filas preferenciais, assentos preferenciais e o passe livre em transportes públicos) são também percebidos como "o bom do envelhecer".

A doença aparece em contraponto, como o principal aspecto negativo de ser idoso, apontado por 74% da amostra total, tendo aumentado em 24 p.p. a menção a essa resposta em comparação a pesquisa de 2006. Com larga distância da segunda opção, a falta de liberdade provocada sobretudo por maior dependência (apontada por 22% da amostra total e 16% das pessoas idosas) e do preconceito, pior coisa para 12%, taxa que reduziu 14 pontos percentuais em relação à pesquisa anterior.

Nas palavras dos entrevistados, entre as coisas ruins do envelhecer, está o surgimento de algumas doenças ou dores causadas por um esforço físico mais acentuado e com o que se deve aprender a conviver. Talvez, mais do que as doenças, depender dos outros é considerado o problema maior. A consciência dos limites é um fato que se estabelece com o passar do tempo e gera frustrações. A autonomia e a ausência de limitações são valorizadas e vistas como muito importante. O ideal para as pessoas idosas entrevistadas seria não depender de ninguém.

A percepção de seus limites de saúde e energia aparece na fala dos entrevistados da fase qualitativa do estudo, quase como um pedido de desculpas, como se fosse exclusivamente consequência das limitações dos idosos, portanto culpa deles. Em caso de problemas de saúde que impliquem em limitação, assim como as quedas que levam ao agravamento de problemas preexistentes e restrições de mobilidade, a ausência de estrutura ou políticas públicas parecem ficar em segundo plano na visão dos entrevistados, e é relatada quase sem críticas por eles. No entanto, a falta de estrutura, manutenção das calçadas, implementação de novas políticas públicas e mesmo de execução plena das já existentes, são fatos que dependem do poder público.

Metade dos idosos da amostra (50%) disseram não se sentir idosos, o que pode tornar o termo idoso, para designá-los, por vezes controverso para alguns, muito embora para outros soe como o mais adequado. A maioria parece associar o termo "idoso" à "idade", que eles reconhecem que têm – o que faz com que a designação não os incomode. Terceira idade também é visto como um termo neutro, que não desvaloriza ninguém. Já melhor idade não convém, pois a juventude é considerada a melhor idade para a maior parte das pessoas com 60 anos ou mais. A designação velho/a é a que mais incomoda e é a mais rejeitada, associada a coisas em desuso e que não servem mais. Mas há quem "não se importe" de ser tratado como tal.

Quando questionados sobre como se sentem com a idade que têm, 70% citaram referências positivas e 42% negativas, além de 8% que citaram tanto referências positivas quanto negativas. Dentre as referências positivas citadas, o fato de ter ânimo e vontade de viver lidera o *ranking*, com 54% de menções, motivo que aumentou 27 p.p. em relação à década passada. Sentir-se bem, satisfeito e com disposição é outra das causas para o sentimento positivo em relação à idade, apontado por 36%, além da boa saúde e independência física, que respectivamente 21% e 13% gozam.

A maior parcela dos idosos acreditam que os jovens os veem de maneira negativa (75%) e 19% citam referências. As referências negativas sobre a visão dos jovens a respeito das pessoas idosas remetem ao desprezo (27%) e desrespeito (26%), além do preconceito (9%) e incompreensão (7%). Já os que citam referências positivas mencionam sentimentos de respeito e afeto para com o idoso, porém com índices bem inferiores (8% e 3%), além de características positivas dos idosos como experiência e atenção (8%, ambos).

Na fase qualitativa da pesquisa, a resposta a como os idosos se sentem tratados hoje, a menção a que antigamente se tinha mais respeito e mais educação, que se manifestavam na escuta do que os mais velhos diziam e o respeito a seus conselhos surge expressivamente. Atualmente percebem que não são tratados com o devido respeito, desde nos serviços públicos, como ônibus, que por vezes não param ao seu sinal, até a interação com os jovens, que muitas vezes os atropelam para passar na frente; ocupam os assentos reservados aos idosos; os consideram desinformados e decadentes; não os respeitam; mal os escutam; e colocam a sua própria liberdade acima de tudo. Reconhecem que aprendem com os mais jovens, mas que a experiência acumulada pelos idosos os faz ter muito a ensinar e trocar.

Ao contrário do que se costuma pensar, na dinâmica familiar brasileira, os idosos ocupam um papel importante. Cerca de sete em cada dez pessoas com mais de 60 anos afirma ser o principal responsável pelo domicílio (68%). A renda mensal das famílias brasileiras caiu sensivelmente nos últimos anos. A taxa das famílias que recebem até dois salários mínimos aumentou 8 p.p. desde 2006 (era 36% e atualmente é 44%), enquanto entre as que recebem acima de cinco salários mínimos regrediu 12 pontos (de 19% em 2006 para 7%). Exclusivamente entre as famílias em que residem pessoas idosas, essa proporção não varia significativamente.

Uma a cada quatro pessoas acima de 60 anos trabalha (25%), sendo que 14% não possui o direito à aposentadoria e 11%, ainda que aposentado, necessita trabalhar. A taxa dos que trabalham mesmo já estando aposentados aumentou 3 p.p. em relação a 2006. A maior parcela dos idosos que trabalham está no mercado informal (15%) e 9% estão no mercado formal. Sobre os idosos que não trabalham (75%), 53% são aposentados e há também 5% que não possui qualquer tipo de renda.

As entrevistas em profundidade revelaram que as pessoas com mais de 60 anos vivem com extrema parcimônia, mesmo que isso gere algum nível de contrariedade. Gostariam de poder ir ao cinema, teatro, *shows*, comer fora, ao futebol, viajar. Mas este tipo de prazer parece bastante limitado e mais restrito aos homens. As mulheres se restringem a prazeres ainda mais simples, baratos e corriqueiros, como comprar uma verdura ou uma fruta de que gostam, o que reflete não só seu menor poder aquisitivo, como a sua prioridade em ajudar a outros da família com sua renda.

Mais frequentemente são aposentados, que recebem um salário mínimo de aposentadoria ou da pensão do cônjuge falecido. Há aqueles que mesmo depois de aposentados, também trabalham e valorizam o fato. Consideram que "trabalhar é bom" não só pela renda que assim auferem, como também pelo fato de se sentirem úteis e produtivos, além de inseridos.

As mulheres, em geral, recorrem ao artesanato que vendem. Há, entre elas, quem afirme que "nunca trabalhou", muito embora tenha desempenhado papel de dona de casa, mãe, cuidadora ou tenha trabalhado informalmente com artesanato ou venda de produtos/cosméticos, chegando até mesmo a comprar sua casa própria com esse seu "não trabalho", ao qual continuam a recorrer, para suprir as despesas. E há ainda os que, sem nenhuma renda fixa e garantida, se juntam a algum parente ou amigo e autoempreendem.

Esse conjunto de informações corroboram com a percepção, dita anteriormente, de que a situação dos idosos piorou, que soma 47% no total da amostra e aumentou dez pontos percentuais em relação a 2006 (37%) e é maior entre os não idosos (48%) do que entre os idosos (41%). A falta de respeito (24%), saúde (23%) ou condições de aposentadoria (13%), que somada a menções às condições financeiras (9%), totalizando 22%, são apontados como principais motivos para a situação dos idosos ter piorado.

Por outro lado, as referências a que a situação dos idosos atualmente está melhor, totaliza 33% de menções (32% entre não idosos e 39% entre as pessoas com 60 anos ou mais), e perdeu 16 pontos percentuais em relação ao total da amostra do levantamento anterior (49%). Destaca-se a ampliação de direitos (24%), porém com queda expressiva de mais de 10 p.p. (35%, na pesquisa de 2006), quando havia uma expectativa de expansão de direitos, sobretudo trazida pelo marco do estatuto dos direitos do idoso, em 2003.

VIOLÊNCIA CONTRA OS IDOSOS

Apesar dos relatos sobre desrespeito que emergiram em uma conversa mais profunda, a maior parcela dos idosos não reconhece esses fatos como uma forma de violência. Ao serem questionados sobre se já sofreram alguma situação de violência, a maior parcela, 81%, afirma nunca ter sofrido. Notícia favorável em comparação ao mesmo dado apurado em 2006, quando 65% declararam essa situação, o que indica uma possível assimilação das campanhas pelos direitos e respeito à pessoa idosa, que ganharam força na última década.

São raros os relatos de violência entre os idosos entrevistados na amostra qualitativa e, quando ocorre, em geral, reporta casos ocorridos com terceiros. De modo mais amplo, quando questionados sobre a violência sofrida após os 60 anos, o que obtivemos de resposta reflete, na verdade, um aumento da violência urbana.

Os homens atribuem este fator e maior cautela devido à limitação de sua capacidade de reação à violência, em função da idade. Ampliam o leque de violência, para além da física, incluindo a violência verbal, como também manifesta. As mulheres, que não têm o hábito de reagir fisicamente à violência, também se referem ao cuidado e preocupação com o aumento da violência urbana.

Na amostra quantitativa, no entanto, 19% das pessoas com 60 anos ou mais relatam algum caso de violência, abuso, maltrato ou desrespeito. Dentre as onze situações investigadas, ser ofendido, tratado com ironia ou gozação, ser humilhado ou menosprezado após os 60 anos é a mais recorrente, sendo citada por 9% das pessoas idosas, 8 p.p. a menos que na edição da pesquisa de 2006 (17%). Essa é também a violência pior e mais frequente (5%, ambas). Dentre outras formas de violência sofridas pelos idosos sobressaem a recusa a emprego e ficar sem remédios ou tratamento quando necessário, ambas apontadas por 6%.

É em casa que ocorrem as piores situações de violência contra o idoso: 7% dos que sofreram alguma situação de violência mencionam esse espaço como o principal, sobretudo as mulheres com idade acima de 80 anos (13%). A casa é seguida por espaços públicos, como em atendimento público (3%), rua, consulta médica, hospital ou serviços de saúde; no trabalho (2%, em cada), no comércio ou no ônibus (1%, ambos).

Pouco mais da metade dos idosos que sofreram algum tipo de violência nunca contou a ninguém de casa (10%), nem de fora de casa (13%). Apenas 1% fez algum tipo de denúncia formal, seja em Disque Denúncia, Delegacias ou Promotoria, e 16% não tomaram qualquer providência para pôr fim ao problema de violência sofrida. Nesse contexto, é inconcebível não estarmos preparados para lidar com o etarismo, preconceito contra as pessoas idosas que se traduz em formas de violência, às vezes não explícita, mas por meio de brincadeira, gozação ou mesmo falta de cuidado e atenção que, não raro, se dá no seio da própria família.

DIREITOS

Diante da atual situação da pessoa idosa, há uma importante demanda por direitos. Segundo os idosos, os direitos mais importantes, na soma de todas as menções, são "direitos sociais" (66%), como "saúde" com 44% das citações, seguido por "transporte" (18%), "aposentadoria" (13%), "emprego" (7%) e "moradia" (6%). Direitos que fundamentalmente dependem do Estado. Entre os "direitos individuais ou civis", citados por 43%, despontam "bom trato/paciência/respeito", com 22%, seguido por "prioridades", 20%, e entre os direitos políticos, citados por 6%, sobressai o direito de ter opinião/participação.

Na amostra qualitativa, percebe-se pelas respostas que falta aos idosos a consciência de seus direitos. A maioria das pessoas com mais de 60 anos entrevistadas parece conhecer fundamentalmente o direito à saúde e ao transporte gratuito, mais conhecidos nos municípios. O direito à passagem intermunicipal gratuita é ainda pouco conhecido ou utilizado. O direito ao assento prioritário no transporte, ainda que garantido, tem que ser frequentemente disputado.

Já o direito à saúde na verdade é mais uma demanda do que um direito efetivo, em função de sua precarização dos últimos anos. Além do Sistema Único de Saúde (SUS), é previsto que a população tenha também acesso à medicação de uso contínuo, entretanto, as farmácias já não os têm em disponibilidade e exigem uma receita médica renovável a cada 3 meses, ritmo que o SUS não garante, obrigando-os a, muitas vezes, comprar os remédios de que precisam.

O direito a filas preferenciais não necessariamente garante atendimento mais rápido ou preferencial. E outros direitos como à alimentação e ao lazer, além do direito de ir e vir, são menos familiares. Diante disso, há uma recorrente necessidade de informações, que pode abrir novos horizontes para a pessoa idosa.

Em média, a idade ideal para se ter políticas para o cuidado dos idosos é aos 60 anos (40%) e a lista de ações e políticas que desejam para si é ampla, passando pelo direito a:

- **RENDA** por meio de aposentadoria para todos (independentemente de quanto tempo tenha trabalhado); aposentadoria e salário mínimo dignos, entre outras.
- **POLÍTICAS DE CULTURA, LAZER E QUALIDADE DE VIDA** desconto em cinema, teatro, eventos; cursos e oficinas para a 3ª idade; centros de encontro e convivência nos bairros, com ginástica, jogos, cursos, debates etc.
- **EDUCAÇÃO** qualidade do ensino público; cursos na universidade sobre idosos; formação e informação política.
- **TRANSPORTE** bilhete único; lugares gratuitos em ônibus.
- **TRABALHO** cota de trabalho; vagas de emprego para os idosos.
- **SAÚDE** atendimento médico e hospitalar de qualidade; política de saúde preventiva; remédios gratuitos etc.
- **ACESSIBILIDADE DAS CALÇADAS**
- **SEGURANÇA NAS RUAS E FISCALIZAÇÃO**
- **MORADIA** acessibilidade e espaços de atendimento e hospedagem aos sem-família, população de rua e idosos que não têm uma família cuidadora.

É de se notar que parte das sugestões corresponde aos Direitos da População Idosa, já existentes, que eles desconhecem. Mas uma maior qualidade de vida, além do reconhecimento da necessidade de uma vida digna, em decorrência de sua contribuição, parece ser a demanda de todos.

O fato é que o país está envelhecendo a passos largos e que essa é uma mudança que traz demandas, mas também pode abrir oportunidades, de outra natureza, para a sociedade se repensar. Os cuidados, anteriormente atribuídos exclusivamente à família, tendem a ficar mais restritos, uma vez que as famílias vêm sofrendo modificações e reduções importantes. A importância do idoso e o reconhecimento de sua contribuição para a sociedade brasileira precisam ser garantidas e asseguradas e o Estado deverá ter uma atuação maior no atendimento às necessidades das pessoas idosas. A pandemia de covid-19 serviu como um bom exemplo para deixar esse cenário mais evidente. E que o atendimento a essas necessidades é uma decisão política.

SELEÇÃO DE GRÁFICOS

[Base] **2006** Total: 3759
2020 Total: 4144 | Não Idosos: 1775 | Idosos: 2369

1 PERFIL SOCIODEMOGRÁFICO

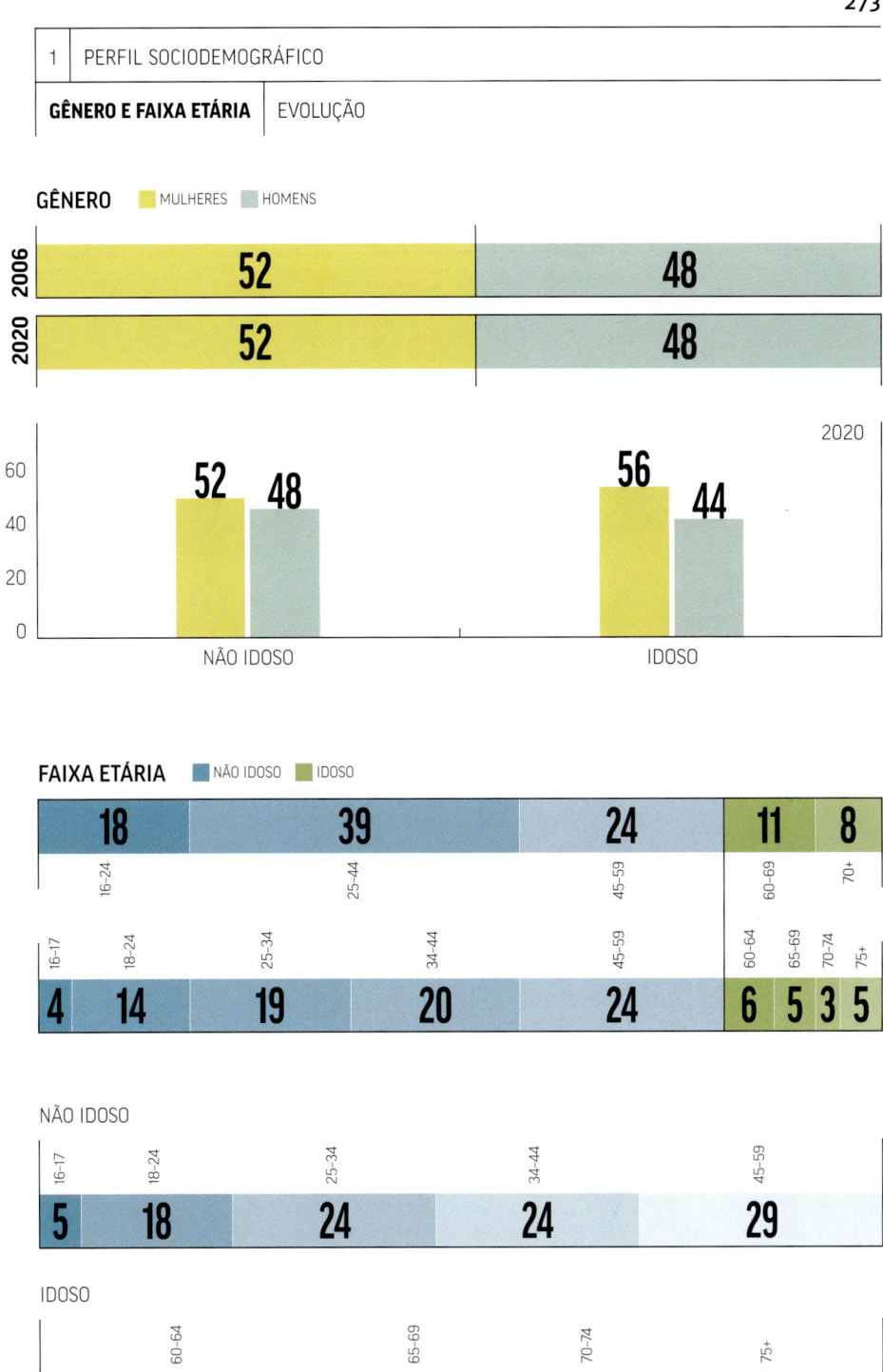

GÊNERO E FAIXA ETÁRIA | EVOLUÇÃO

GÊNERO — MULHERES | HOMENS

Ano	Mulheres	Homens
2006	52	48
2020	52	48

2020

	Mulheres	Homens
NÃO IDOSO	52	48
IDOSO	56	44

FAIXA ETÁRIA — NÃO IDOSO | IDOSO

16-24	25-44	45-59	60-69	70+
18	39	24	11	8

16-17	18-24	25-34	34-44	45-59	60-64	65-69	70-74	75+
4	14	19	20	24	6	5	3	5

NÃO IDOSO

16-17	18-24	25-34	34-44	45-59
5	18	24	24	29

IDOSO

60-64	65-69	70-74	75+
32	24	18	26

[Base] Total da amostra (estimulada e única em %)
[PCota2] Qual é a sua idade?

1	PERFIL SOCIODEMOGRÁFICO
RAÇA E COR	EVOLUÇÃO

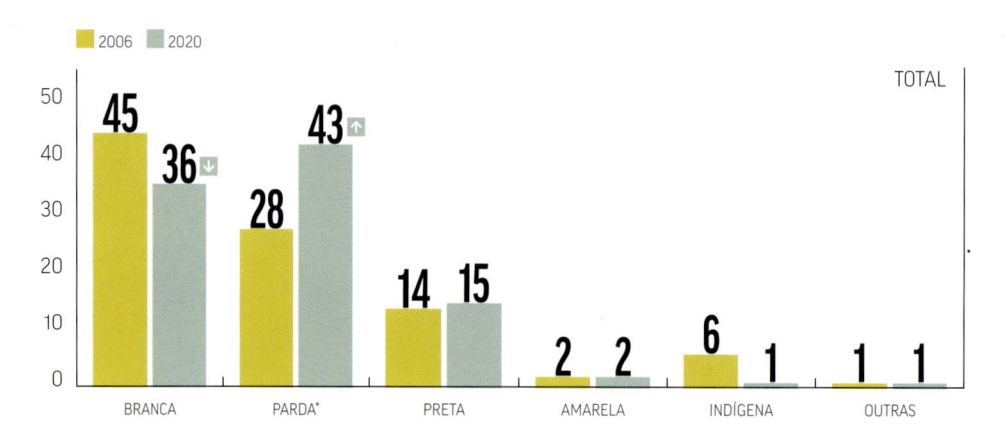

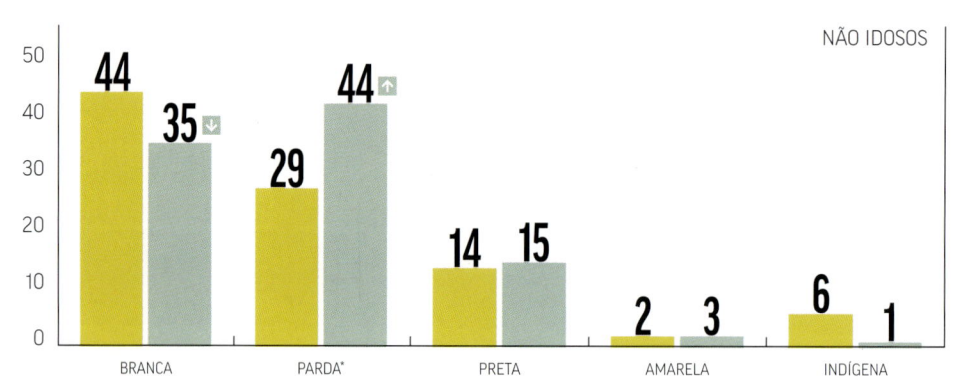

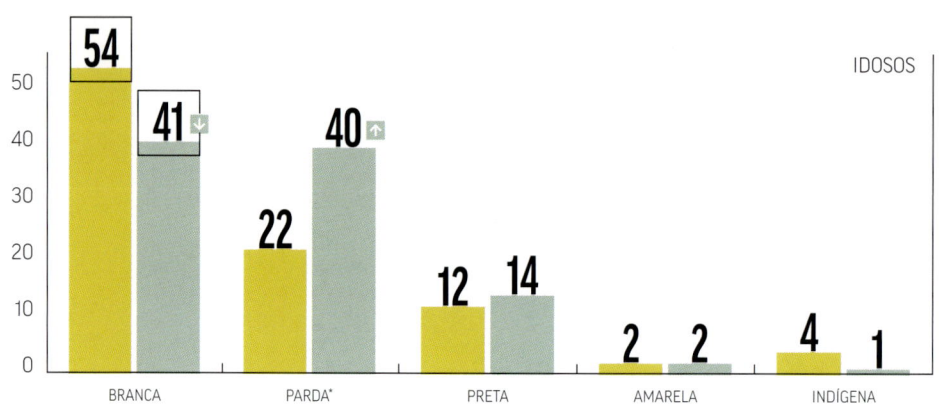

■ 2006 ■ 2020

TOTAL

	BRANCA	PARDA*	PRETA	AMARELA	INDÍGENA	OUTRAS
2006	45	28	14	2	6	1
2020	36 ↓	43 ↑	15	2	1	1

NÃO IDOSOS

	BRANCA	PARDA*	PRETA	AMARELA	INDÍGENA
2006	44	29	14	2	6
2020	35 ↓	44 ↑	15	3	1

IDOSOS

	BRANCA	PARDA*	PRETA	AMARELA	INDÍGENA
2006	54	22	12	2	4
2020	41 ↓	40 ↑	14	2	1

*Inclui menções espontâneas a morena — 2006 = 7% e 2020 = 1%
[Base] Total da amostra (em %)
[P104] O/a sr/a diria que a sua cor ou raça é:

| 1 | PERFIL SOCIODEMOGRÁFICO |

SITUAÇÃO ATUAL NA PEA | COMPARATIVO

2006: 22 | 77 | 1
11 | 11 | 12 | 1 | 10 | 53 | 1

2020: 25 | 73 | 1
14 | 11 | 6 | 1 | 7 | 53 | 5

- TRABALHA
- NÃO TRABALHA
- OUTRA SITUAÇÃO
- ESTÁ TRABALHANDO E NÃO É APOSENTADO(A)
- É APOSENTADO(A) E TRABALHA
- DONA DE CASA
- DESEMPREGADO(A)
- PENSIONISTA
- APOSENTADO(A) E NÃO TRABALHA
- NÃO TEM NENHUMA FONTE DE RENDA

ENTRE QUEM NÃO TRABALHA — 2006 | 2020

TOTAL

	NUNCA FEZ TRABALHO REMUNERADO	JÁ TRABALHOU MAS PAROU E ESTÁ SEM TRABALHAR	APOSENTADO(A) E NÃO TRABALHA
2006	8	16	53
2020	7	13	53

HOMENS

	NUNCA FEZ TRABALHO REMUNERADO	JÁ TRABALHOU MAS PAROU E ESTÁ SEM TRABALHAR	APOSENTADO(A) E NÃO TRABALHA
2006	0	4	61
2020	1	4	60

MULHERES

	NUNCA FEZ TRABALHO REMUNERADO	JÁ TRABALHOU MAS PAROU E ESTÁ SEM TRABALHAR	APOSENTADO(A) E NÃO TRABALHA
2006	14	25	46
2020	11	20	49

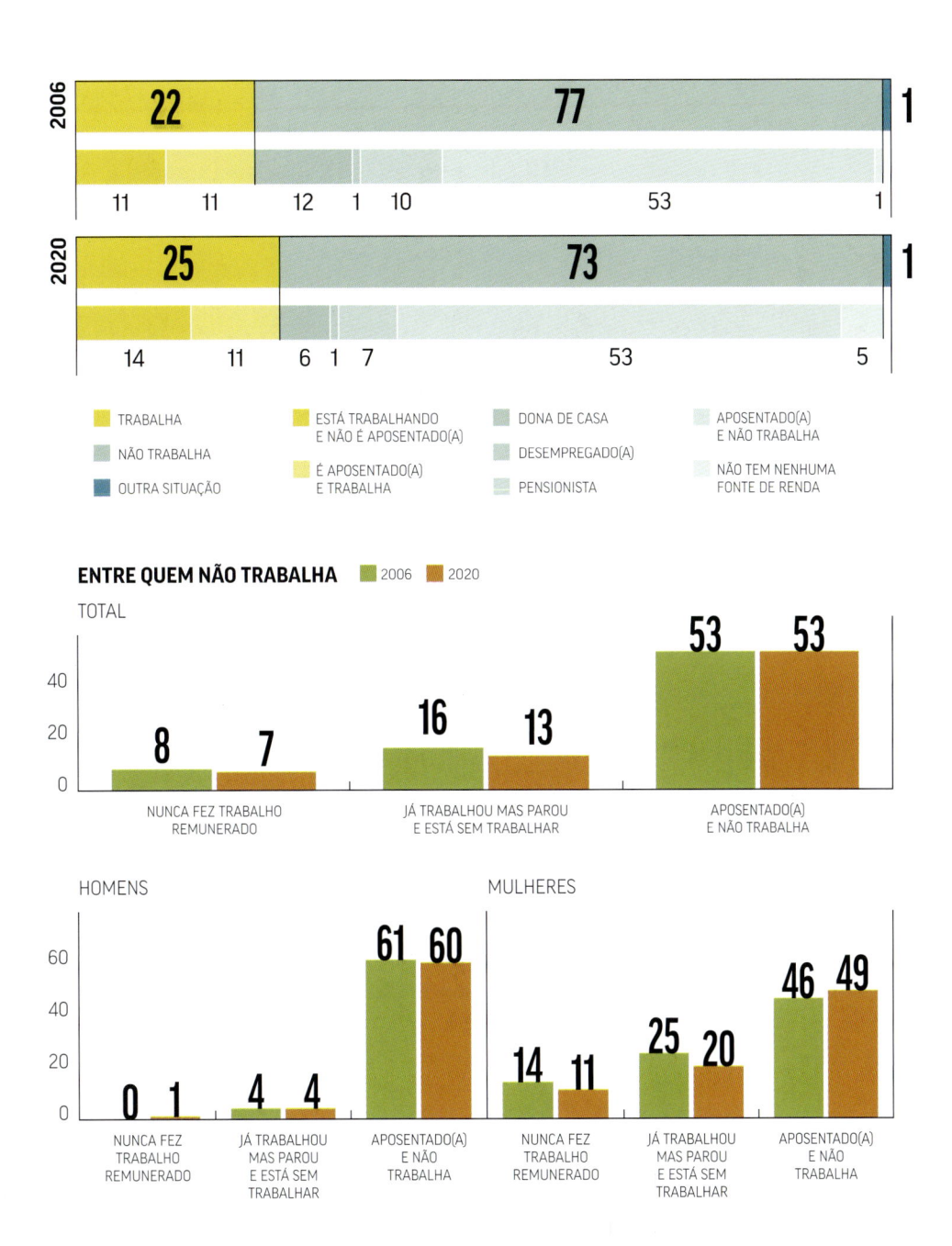

[nota] Em 2006, os 8% dos entrevistados que declararam não ter renda (Fonte de renda), responderam a pergunta indicando pessoas que não moram na residência pesquisada como pessoa mais próxima. Em 2020, os entrevistados que moram sozinhos não responderam essa pergunta, mas foram incluidos na base (17%).
[Base] Amostras A + B (estimulada e única, em %)
[P81] Falando só de trabalho remunerado, ou seja, qualquer atividade que o/a sr/a ganha dinheiro para fazer, o/a sr/ a está fazendo algum trabalho atualmente? O/a sr/a já está aposentado e ainda trabalha __? | [P82] O(A) sr(a) nunca fez trabalho remunerado ou já trabalhou mas parou e está sem trabalhar?

1 PERFIL SOCIODEMOGRÁFICO

SITUAÇÃO ATUAL NA PEA | COMPARATIVO 2020 POR RAÇA/COR ENTRE QUEM NÃO TRABALHA

■ 2006 ■ 2020

TOTAL

	2006	2020
NUNCA FEZ TRABALHO REMUNERADO	8	7
JÁ TRABALHOU MAS PAROU E ESTÁ SEM TRABALHAR	16	13
APOSENTADO(A) E NÃO TRABALHA	53	53

HOMENS

	2006	2020
NUNCA FEZ TRABALHO REMUNERADO	0	1
JÁ TRABALHOU MAS PAROU E ESTÁ SEM TRABALHAR	4	4
APOSENTADO(A) E NÃO TRABALHA	61	60

MULHERES

	2006	2020
NUNCA FEZ TRABALHO REMUNERADO	14	11
JÁ TRABALHOU MAS PAROU E ESTÁ SEM TRABALHAR	25	20
APOSENTADO(A) E NÃO TRABALHA	46	49

■ TOTAL ■ BRANCOS/AS ■ PARDOS/AS ■ PRETOS/AS

TOTAL

	TOTAL	BRANCOS/AS	PARDOS/AS	PRETOS/AS
NUNCA FEZ TRABALHO REMUNERADO	7	6	6	8
JÁ TRABALHOU MAS PAROU E ESTÁ SEM TRABALHAR	13	11	15	11
APOSENTADO(A) E NÃO TRABALHA	53	58	52	52

HOMENS

	TOTAL	BRANCOS/AS	PARDOS/AS	PRETOS/AS
NUNCA FEZ TRABALHO REMUNERADO	1	0	1	1
JÁ TRABALHOU MAS PAROU E ESTÁ SEM TRABALHAR	4	3	5	5
APOSENTADO(A) E NÃO TRABALHA	60	64	57	52

MULHERES

	TOTAL	BRANCOS/AS	PARDOS/AS	PRETOS/AS
NUNCA FEZ TRABALHO REMUNERADO	11	11	10	13
JÁ TRABALHOU MAS PAROU E ESTÁ SEM TRABALHAR	20	18	24	15
APOSENTADO(A) E NÃO TRABALHA	49	52	46	52

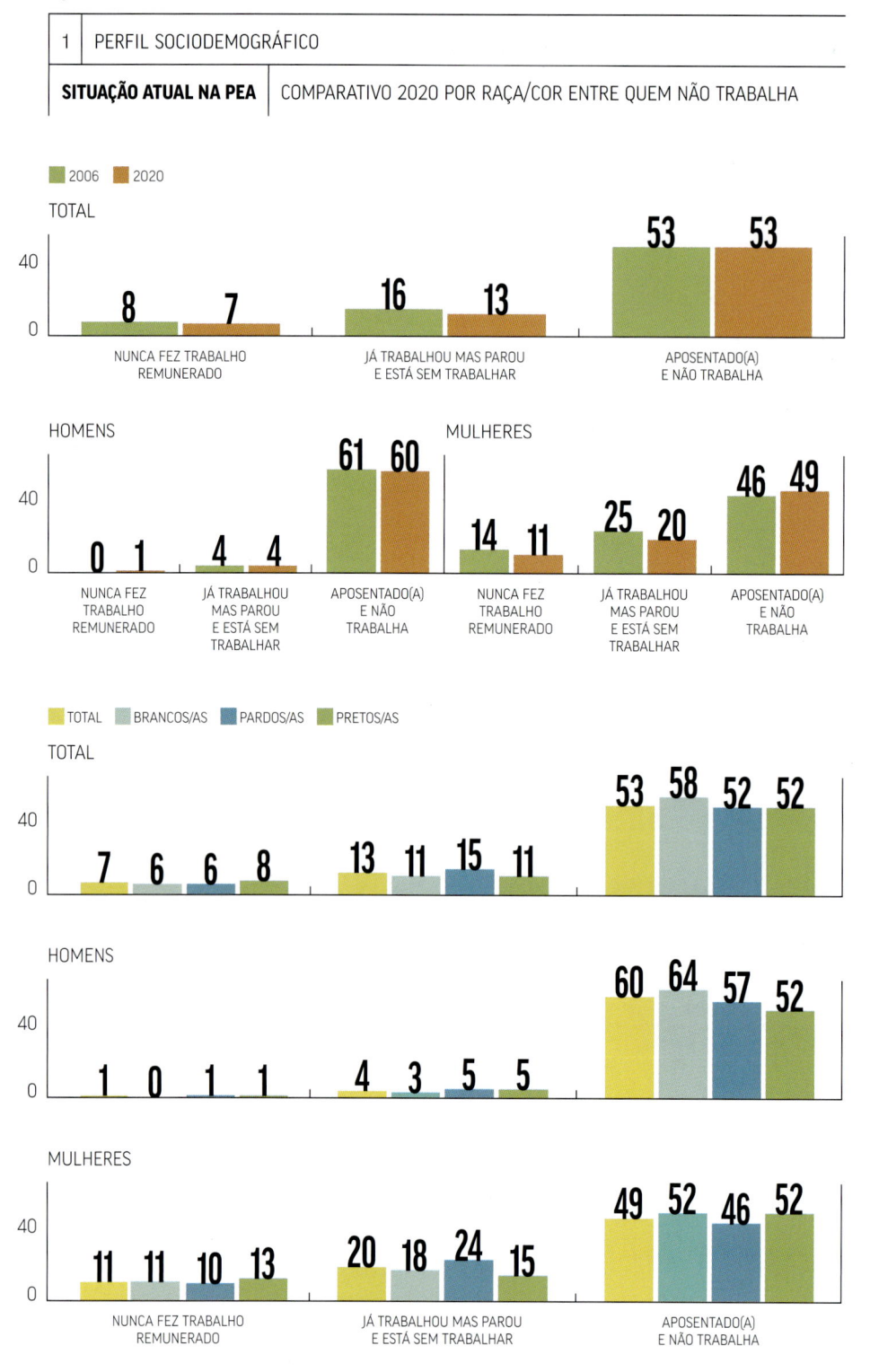

[Base] Amostras A + B (estimulada e única, em %)
[P81] Falando só de trabalho remunerado, ou seja, qualquer atividade que o/a sr/a ganha dinheiro para fazer, o/a sr/ a está fazendo algum trabalho atualmente? O/a sr/a já está aposentado e ainda trabalha__? | [P82] O(A) sr(a) nunca fez trabalho remunerado ou já trabalhou mas parou e está sem trabalhar?

1 PERFIL SOCIODEMOGRÁFICO

SITUAÇÃO ATUAL NA PEA | COMPARATIVO HOMENS × MULHERES

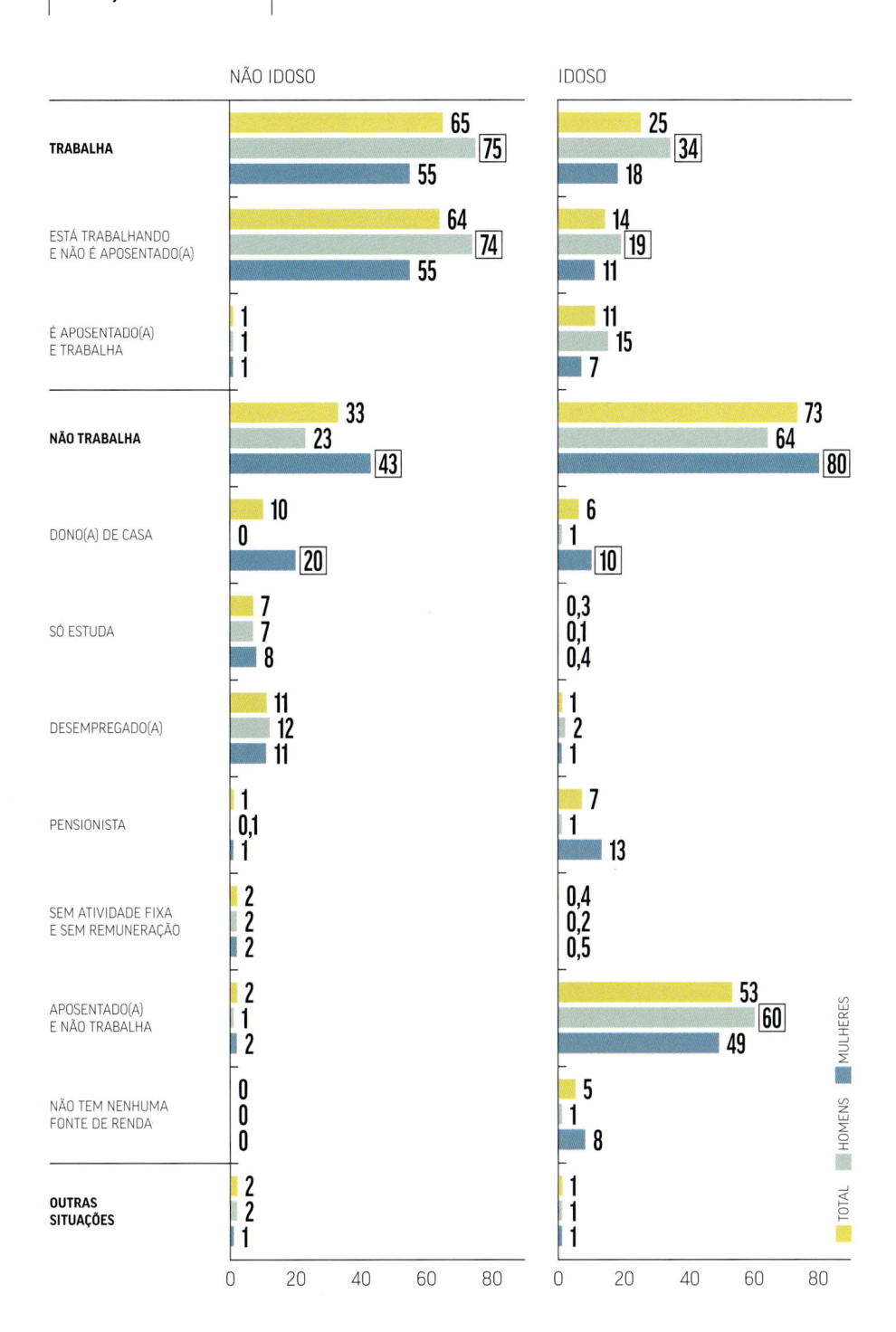

NÃO IDOSO | IDOSO

	NÃO IDOSO	IDOSO
TRABALHA	Total: 65 / Homens: 75 / Mulheres: 55	Total: 25 / Homens: 34 / Mulheres: 18
ESTÁ TRABALHANDO E NÃO É APOSENTADO(A)	64 / 74 / 55	14 / 19 / 11
É APOSENTADO(A) E TRABALHA	1 / 1 / 1	11 / 15 / 7
NÃO TRABALHA	33 / 23 / 43	73 / 64 / 80
DONO(A) DE CASA	10 / 0 / 20	6 / 1 / 10
SÓ ESTUDA	7 / 7 / 8	0,3 / 0,1 / 0,4
DESEMPREGADO(A)	11 / 12 / 11	1 / 2 / 1
PENSIONISTA	1 / 0,1 / 1	7 / 1 / 13
SEM ATIVIDADE FIXA E SEM REMUNERAÇÃO	2 / 2 / 2	0,4 / 0,2 / 0,5
APOSENTADO(A) E NÃO TRABALHA	2 / 1 / 2	53 / 60 / 49
NÃO TEM NENHUMA FONTE DE RENDA	0 / 0 / 0	5 / 1 / 8
OUTRAS SITUAÇÕES	2 / 2 / 1	1 / 1 / 1

Legenda: TOTAL / HOMENS / MULHERES

[Base] Amostras A + B (estimulada e única, em %)
[P81] Falando só de trabalho remunerado, ou seja, qualquer atividade que o/a sr/a ganha dinheiro para fazer, o/a sr/ a está fazendo algum trabalho atualmente? O/a sr/a já está aposentado e ainda trabalha__?

1 PERFIL SOCIODEMOGRÁFICO

SITUAÇÃO ATUAL NA PEA | COMPARATIVO RAÇA/COR

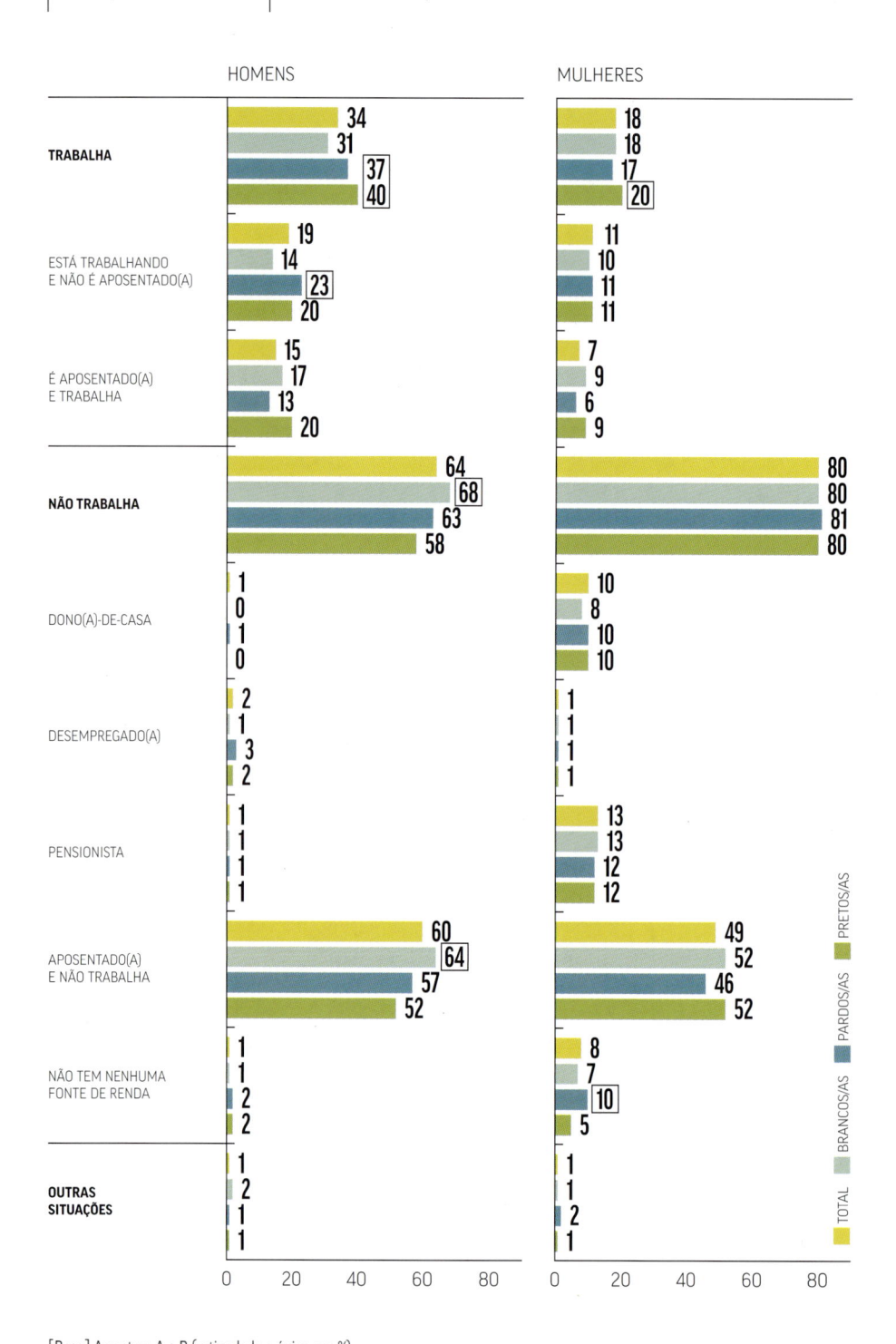

	HOMENS				MULHERES			
	TOTAL	BRANCOS/AS	PARDOS/AS	PRETOS/AS	TOTAL	BRANCOS/AS	PARDOS/AS	PRETOS/AS
TRABALHA	34	31	37	40	18	18	17	20
ESTÁ TRABALHANDO E NÃO É APOSENTADO(A)	19	14	23	20	11	10	11	11
É APOSENTADO(A) E TRABALHA	15	17	13	20	7	9	6	9
NÃO TRABALHA	64	68	63	58	80	80	81	80
DONO(A)-DE-CASA	1	0	1	0	10	8	10	10
DESEMPREGADO(A)	2	1	3	2	1	1	1	1
PENSIONISTA	1	1	1	1	13	13	12	12
APOSENTADO(A) E NÃO TRABALHA	60	64	57	52	49	52	46	52
NÃO TEM NENHUMA FONTE DE RENDA	1	1	2	2	8	7	10	5
OUTRAS SITUAÇÕES	1	2	1	1	1	1	2	1

[Base] Amostras A + B (estimulada e única, em %)
[P81] Falando só de trabalho remunerado, ou seja, qualquer atividade que o/a sr/a ganha dinheiro para fazer, o/a sr/ a está fazendo algum trabalho atualmente? O/a sr/a já está aposentado e ainda trabalha__?

1 | PERFIL SOCIODEMOGRÁFICO

PRINCIPAL ATIVIDADE E TEMPO DE TRABALHO | EVOLUÇÃO

	2006	2020
MERCADO FORMAL	5	9
Funcionário/a público/a	1	2
Assalariado/a com carteira assinada	1	4
Conta própria regular (paga ISS)/MEI	2	2
Autônomo(a) universitário (profissional liberal)	-	1
Empregador(a) (mais de dois empregados/as)	1	1
MERCADO INFORMAL	15	15
Assalariado/a sem carteira assinada	1	2
Conta própria temporário/a (bico/ free lancer)	12	12
Auxiliar de família sem remuneração fixa	-	0,1
Outras situações	2	1

MÉDIA DO TEMPO TOTAL DE TRABALHO (ANOS/MESES)	2006	2020
Idosos	39a6m	37a1m
Homens	45a2m	42 anos
Mulheres	34a2m	32a7m
FAIXA ETÁRIA		
60 a 64 anos	36a1m	34a2m
65 a 69 anos	38a11m	35a5m
70 a 74 anos	40a2m	39a1m
75 ou mais	44a4m	41a5m

[Base] Amostras A + B (estimulada e única, em %)
[P83] No seu trabalho principal o(a) sr(a) é:...? | [P84] Ao todo, quantos anos o(a) sr(a) já trabalhou?

1 PERFIL SOCIODEMOGRÁFICO

PRINCIPAL ATIVIDADE NO TRABALHO | COMPARATIVO RAÇA/COR

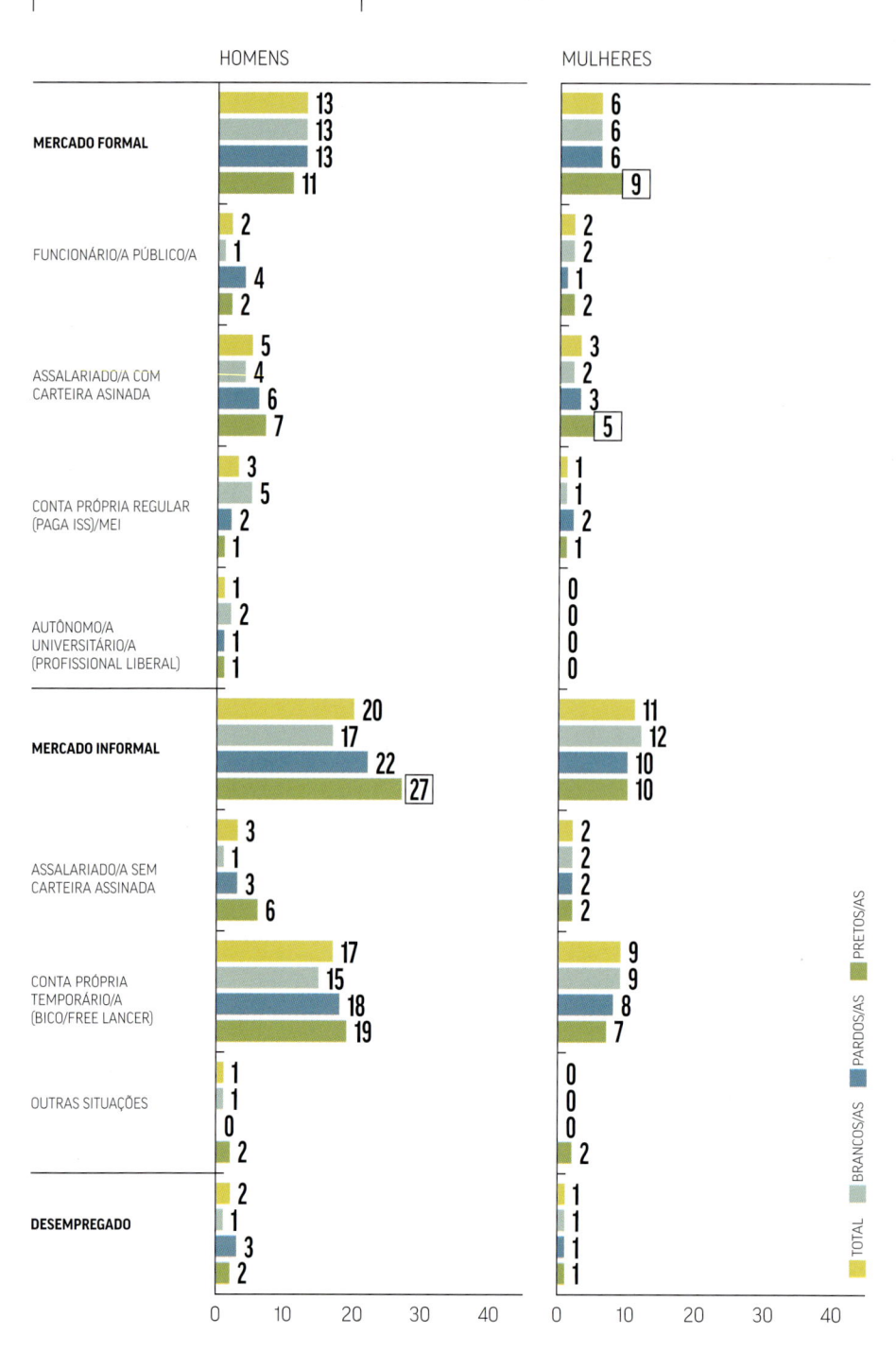

	HOMENS	MULHERES
MERCADO FORMAL	13 / 13 / 13 / 11	6 / 6 / 6 / [9]
FUNCIONÁRIO/A PÚBLICO/A	2 / 1 / 4 / 2	2 / 2 / 1 / 2
ASSALARIADO/A COM CARTEIRA ASINADA	5 / 4 / 6 / 7	3 / 2 / 3 / [5]
CONTA PRÓPRIA REGULAR (PAGA ISS)/MEI	3 / 5 / 2 / 1	1 / 1 / 2 / 1
AUTÔNOMO/A UNIVERSITÁRIO/A (PROFISSIONAL LIBERAL)	1 / 2 / 1 / 1	0 / 0 / 0 / 0
MERCADO INFORMAL	20 / 17 / 22 / [27]	11 / 12 / 10 / 10
ASSALARIADO/A SEM CARTEIRA ASSINADA	3 / 1 / 3 / 6	2 / 2 / 2 / 2
CONTA PRÓPRIA TEMPORÁRIO/A (BICO/FREE LANCER)	17 / 15 / 18 / 19	9 / 9 / 8 / 7
OUTRAS SITUAÇÕES	1 / 1 / 0 / 2	0 / 0 / 0 / 2
DESEMPREGADO	2 / 1 / 3 / 2	1 / 1 / 1 / 1

Legenda (de cima para baixo em cada grupo): TOTAL / BRANCOS/AS / PARDOS/AS / PRETOS/AS

[Base] Amostras A + B (estimulada e única, em %)
[P83] No seu trabalho principal o(a) sr(a) é:...? | [P84] Ao todo, quantos anos o(a) sr(a) já trabalhou?

1 | PERFIL SOCIODEMOGRÁFICO

TEMPO DE TRABALHO | COMPARATIVO GÊNERO/RAÇA/COR

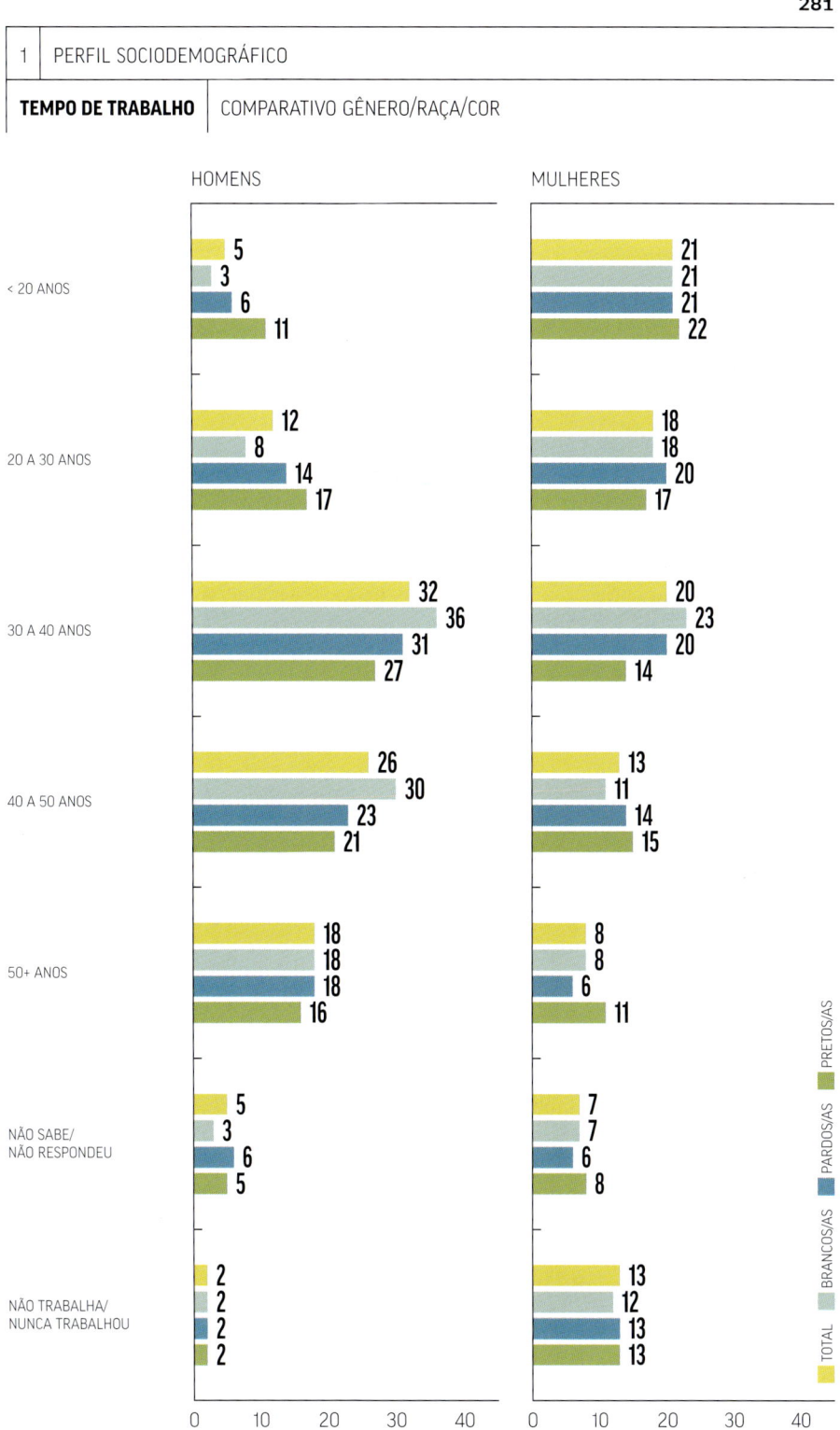

HOMENS

< 20 ANOS
- TOTAL: 5
- BRANCOS/AS: 3
- PARDOS/AS: 6
- PRETOS/AS: 11

20 A 30 ANOS
- TOTAL: 12
- BRANCOS/AS: 8
- PARDOS/AS: 14
- PRETOS/AS: 17

30 A 40 ANOS
- TOTAL: 32
- BRANCOS/AS: 36
- PARDOS/AS: 31
- PRETOS/AS: 27

40 A 50 ANOS
- TOTAL: 26
- BRANCOS/AS: 30
- PARDOS/AS: 23
- PRETOS/AS: 21

50+ ANOS
- TOTAL: 18
- BRANCOS/AS: 18
- PARDOS/AS: 18
- PRETOS/AS: 16

NÃO SABE/ NÃO RESPONDEU
- TOTAL: 5
- BRANCOS/AS: 3
- PARDOS/AS: 6
- PRETOS/AS: 5

NÃO TRABALHA/ NUNCA TRABALHOU
- TOTAL: 2
- BRANCOS/AS: 2
- PARDOS/AS: 2
- PRETOS/AS: 2

MULHERES

< 20 ANOS
- TOTAL: 21
- BRANCOS/AS: 21
- PARDOS/AS: 21
- PRETOS/AS: 22

20 A 30 ANOS
- TOTAL: 18
- BRANCOS/AS: 18
- PARDOS/AS: 20
- PRETOS/AS: 17

30 A 40 ANOS
- TOTAL: 20
- BRANCOS/AS: 23
- PARDOS/AS: 20
- PRETOS/AS: 14

40 A 50 ANOS
- TOTAL: 13
- BRANCOS/AS: 11
- PARDOS/AS: 14
- PRETOS/AS: 15

50+ ANOS
- TOTAL: 8
- BRANCOS/AS: 8
- PARDOS/AS: 6
- PRETOS/AS: 11

NÃO SABE/ NÃO RESPONDEU
- TOTAL: 7
- BRANCOS/AS: 7
- PARDOS/AS: 6
- PRETOS/AS: 8

NÃO TRABALHA/ NUNCA TRABALHOU
- TOTAL: 13
- BRANCOS/AS: 12
- PARDOS/AS: 13
- PRETOS/AS: 13

[Base] Amostras A + B (estimulada e única, em %)
[P84] Ao todo, quantos anos o(a) sr(a) já trabalhou?

1 PERFIL SOCIODEMOGRÁFICO

RENDA DOMICILIAR MENSAL | EVOLUÇÃO

■ 2006 ■ 2020

Região NE (68%) | Norte (59%)
Vive sozinho (71%) | Separado/desquitado (52%)
Mercado informal (53%) | Desempregado (60%)
Não PEA (51%)

TOTAL

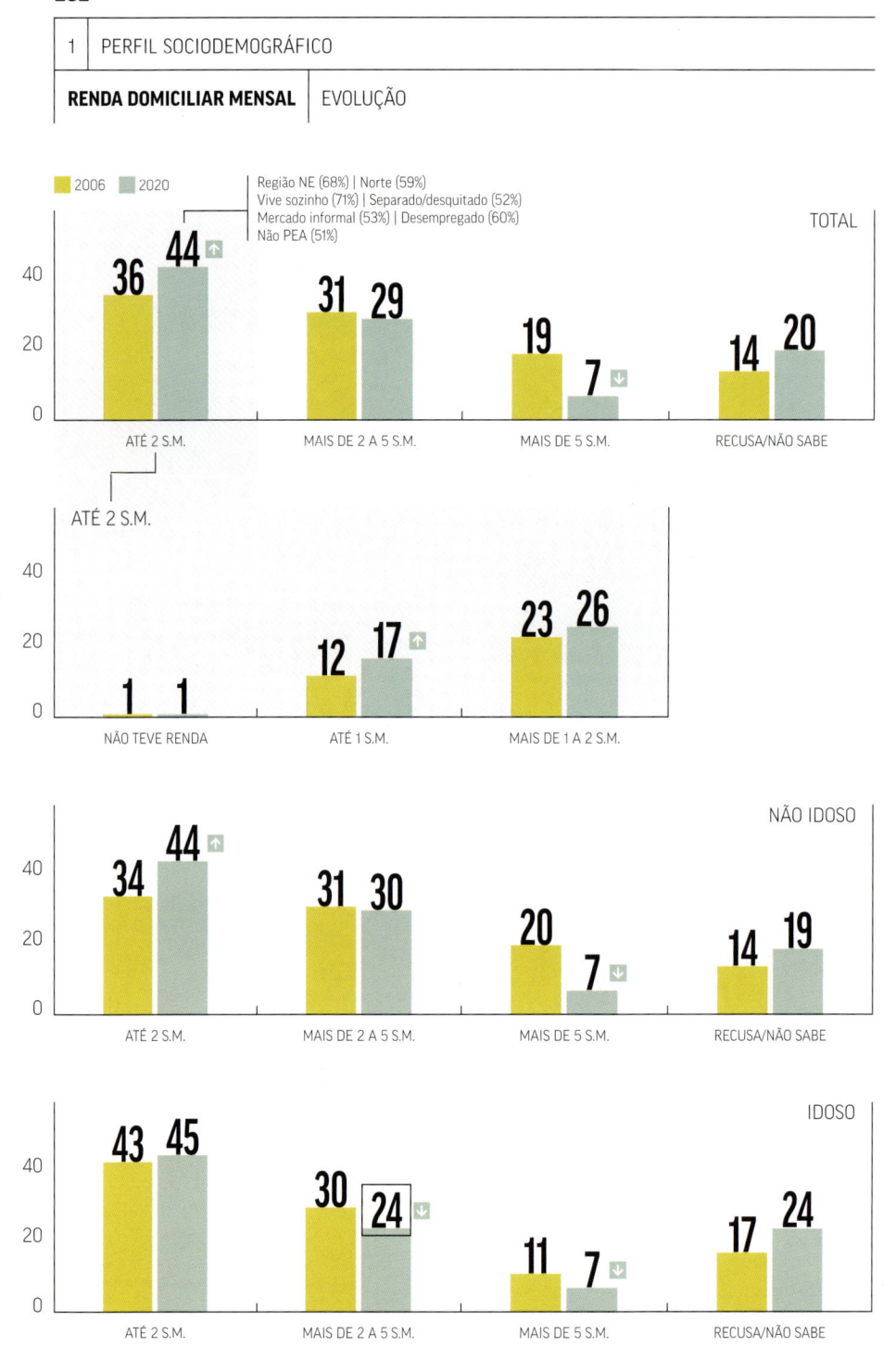

	ATÉ 2 S.M.	MAIS DE 2 A 5 S.M.	MAIS DE 5 S.M.	RECUSA/NÃO SABE
2006	36	31	19	14
2020	44 ↑	29	7 ↓	20

ATÉ 2 S.M.

	NÃO TEVE RENDA	ATÉ 1 S.M.	MAIS DE 1 A 2 S.M.
2006	1	12	23
2020	1	17 ↑	26

NÃO IDOSO

	ATÉ 2 S.M.	MAIS DE 2 A 5 S.M.	MAIS DE 5 S.M.	RECUSA/NÃO SABE
2006	34	31	20	14
2020	44 ↑	30	7 ↓	19

IDOSO

	ATÉ 2 S.M.	MAIS DE 2 A 5 S.M.	MAIS DE 5 S.M.	RECUSA/NÃO SABE
2006	43	30	11	17
2020	45	24 ↓	7 ↓	24

[Base] Total da amostra (em %)
[P78/P102] Renda domicílio – renda familiar + renda individual de quem mora sozinho | [nota] Em 2006 a pergunta foi para todos. Em 2020 separada entre quem mora sozinho e mora com outras pessoas Esse resultado é soma das duas perguntas de 2020.

1 PERFIL SOCIODEMOGRÁFICO

RENDA DOMICILIAR MENSAL | COMPARATIVO RAÇA/COR

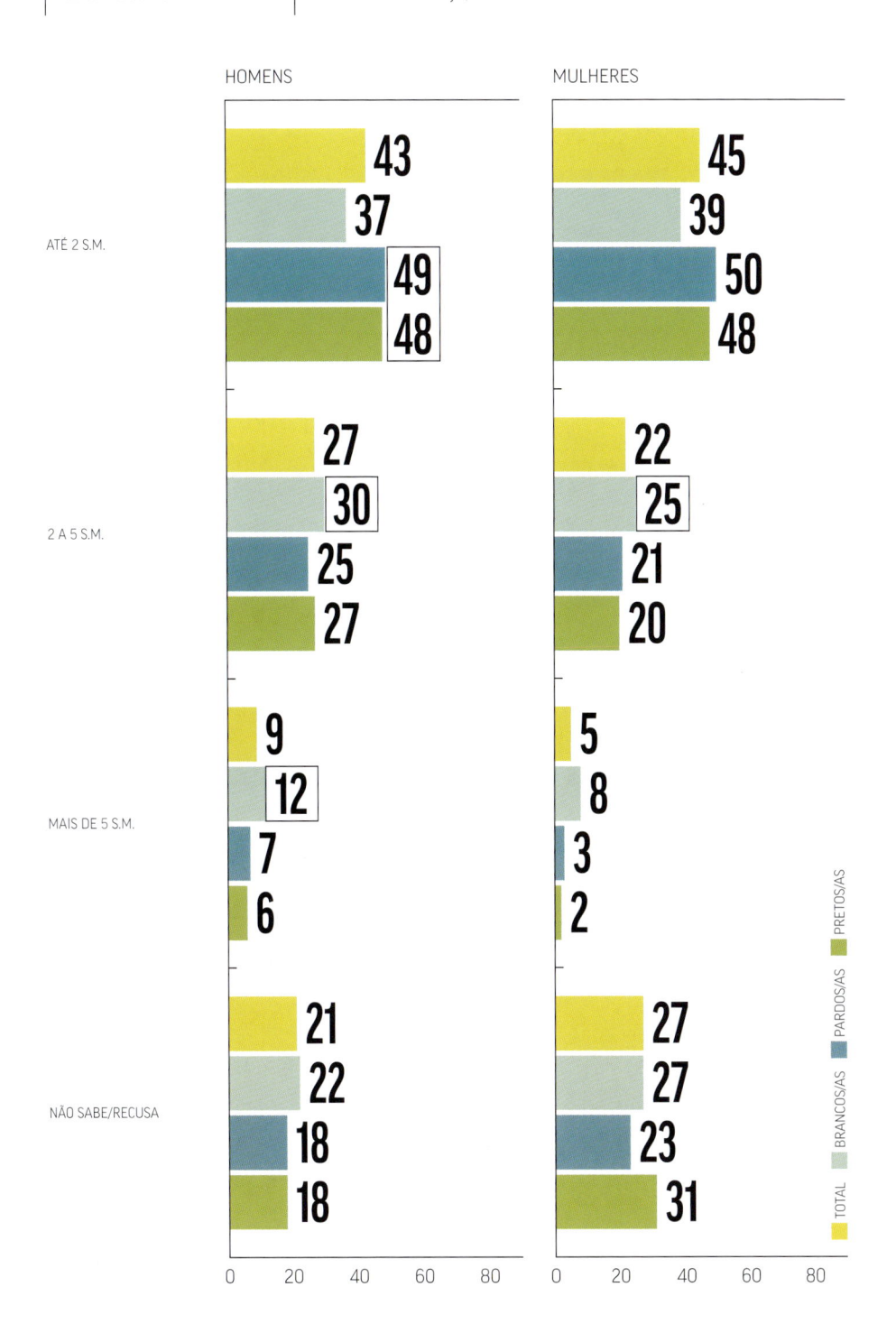

HOMENS

ATÉ 2 S.M.
- TOTAL: 43
- BRANCOS/AS: 37
- PARDOS/AS: 49
- PRETOS/AS: 48

2 A 5 S.M.
- TOTAL: 27
- BRANCOS/AS: 30
- PARDOS/AS: 25
- PRETOS/AS: 27

MAIS DE 5 S.M.
- TOTAL: 9
- BRANCOS/AS: 12
- PARDOS/AS: 7
- PRETOS/AS: 6

NÃO SABE/RECUSA
- TOTAL: 21
- BRANCOS/AS: 22
- PARDOS/AS: 18
- PRETOS/AS: 18

MULHERES

ATÉ 2 S.M.
- TOTAL: 45
- BRANCOS/AS: 39
- PARDOS/AS: 50
- PRETOS/AS: 48

2 A 5 S.M.
- TOTAL: 22
- BRANCOS/AS: 25
- PARDOS/AS: 21
- PRETOS/AS: 20

MAIS DE 5 S.M.
- TOTAL: 5
- BRANCOS/AS: 8
- PARDOS/AS: 3
- PRETOS/AS: 2

NÃO SABE/RECUSA
- TOTAL: 27
- BRANCOS/AS: 27
- PARDOS/AS: 23
- PRETOS/AS: 31

[Base] Total da amostra A + B (em %)
[P78/P102] Renda domicílio - renda familiar + renda individual de quem mora sozinho

1 PERFIL SOCIODEMOGRÁFICO

CHEFE DA FAMÍLIA/RESPONSÁVEL PELA FAMÍLIA | COMPARATIVO

	TOTAL	NÃO IDOSO	IDOSO
ENTREVISTADO/A MORA SOZINHO/A	8	6	17
O/A PRÓPRIO/A ENTREVISTADO/A	39	37	50
MARIDO/ESPOSA/PARCEIRO/A	23	25	18
PAI/MÃE	20	25	1
FILHO/A	3	2	10
IRMÃO/Ã	2	2	2
AVÓS	1	1	0
GENRO/NORA	1	0	2
SOGRO/A	1	1	0
TIO/A	1	1	0
NÃO SABE/NÃO RESPONDEU	2	2	1

ENTREVISTADO/A MORA SOZINHO/A + O/A PRÓPRIO/A ENTREVISTADO/A:
- TOTAL: 48
- NÃO IDOSO: 43
- IDOSO: 68

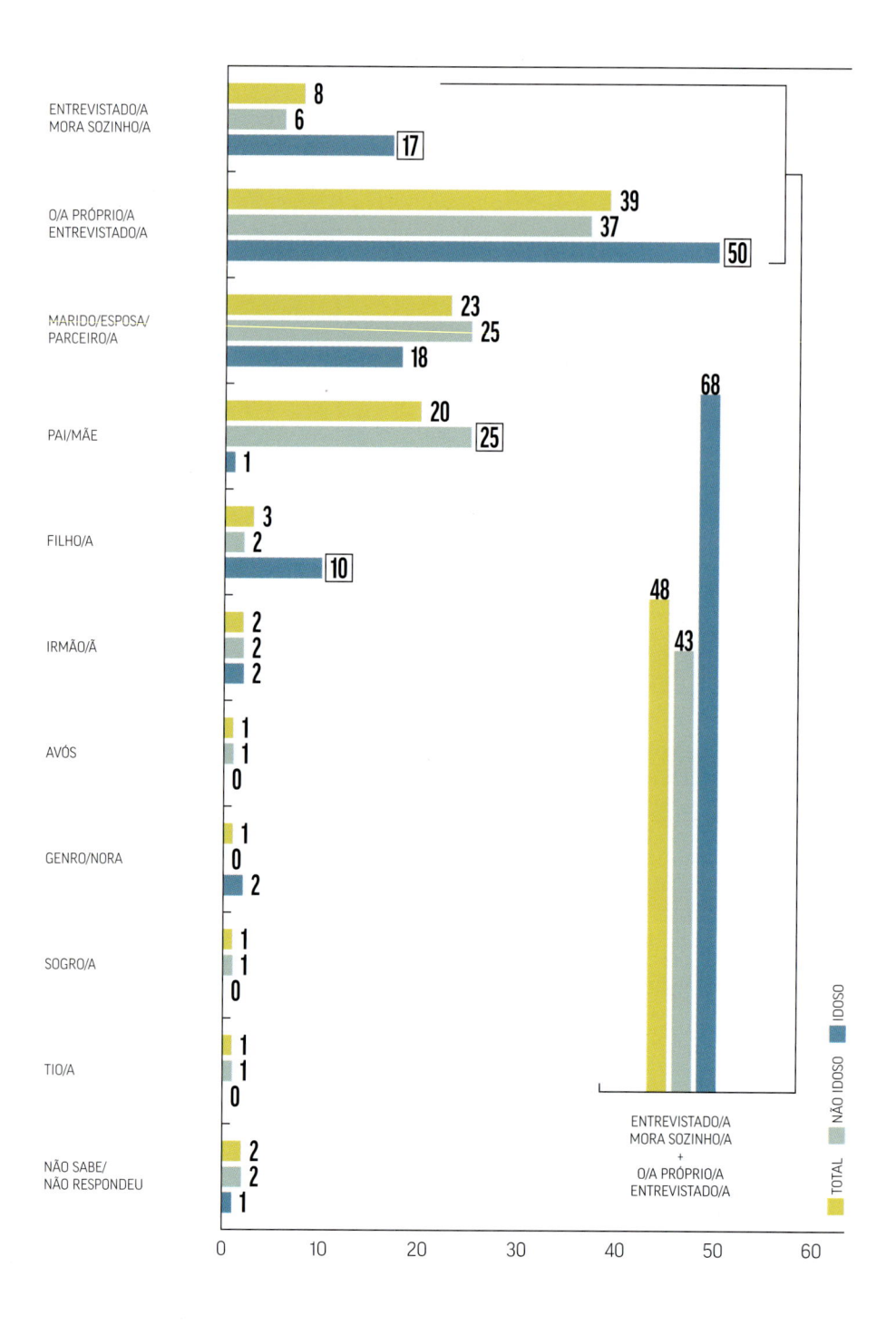

[Base] Total das amostras (espontânea e múltipla, em %)
[P100] Qual é a pessoa principal responsável pelo domicílio?

| 1 | PERFIL SOCIODEMOGRÁFICO |

CHEFE DA FAMÍLIA/RESPONSÁVEL PELA FAMÍLIA | COMPARATIVO

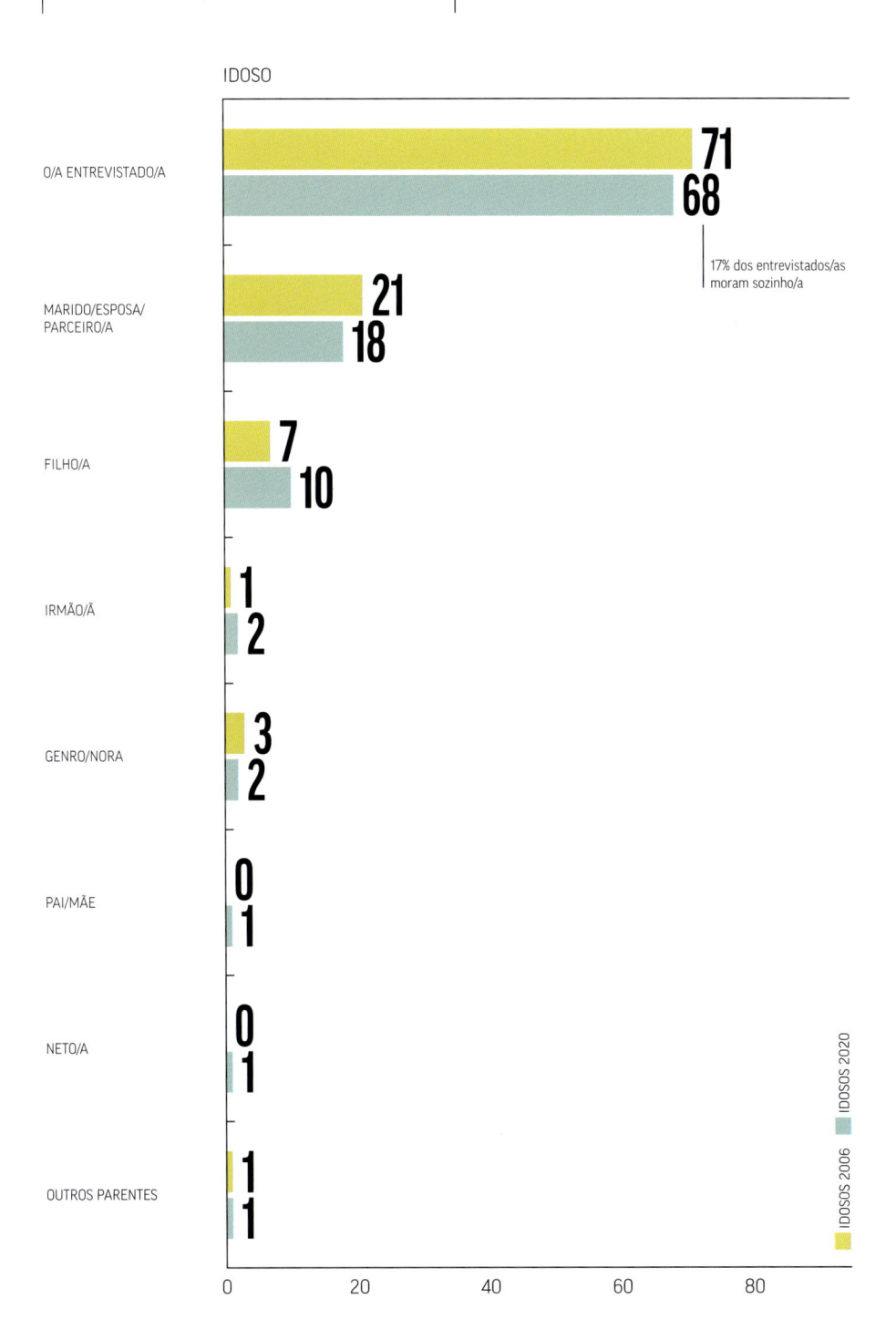

IDOSO

Parentesco	IDOSOS 2006	IDOSOS 2020
O/A ENTREVISTADO/A	71	68
MARIDO/ESPOSA/PARCEIRO/A	21	18
FILHO/A	7	10
IRMÃO/Ã	1	2
GENRO/NORA	3	2
PAI/MÃE	0	1
NETO/A	0	1
OUTROS PARENTES	1	1

17% dos entrevistados/as moram sozinho/a

[Base] Total das amostras (espontânea e múltipla, em %)
[P100] Qual é a pessoa principal responsável pelo domicílio?

1 PERFIL SOCIODEMOGRÁFICO

CHEFE DA FAMÍLIA/RESPONSÁVEL PELA FAMÍLIA | COMPARATIVO HOMENS × MULHERES

	NÃO IDOSO			IDOSO		
	TOTAL	HOMENS	MULHERES	TOTAL	HOMENS	MULHERES
ENTREVISTADO(A) MORA SOZINHO(A)	6	9	3	17	17	18
O(A) PRÓPRIO(A) ENTREVISTADO(A)	37	44	30	50	63	40
MARIDO/ESPOSA/PARCEIRO(A)	25	12	36	18	11	25
PAI/MÃE	25	28	23	1	0	1
FILHO(A)	2	1	3	10	6	12
IRMÃO(A)	2	2	2	2	2	2
OUTROS	5	6	5	3	1	4

[Base] Total das amostras (espontânea e múltipla, em %)
[P100] Qual é a pessoa principal responsável pelo domicílio?

1 PERFIL SOCIODEMOGRÁFICO

CHEFE DA FAMÍLIA/RESPONSÁVEL PELA FAMÍLIA | COMPARATIVO RAÇA/COR

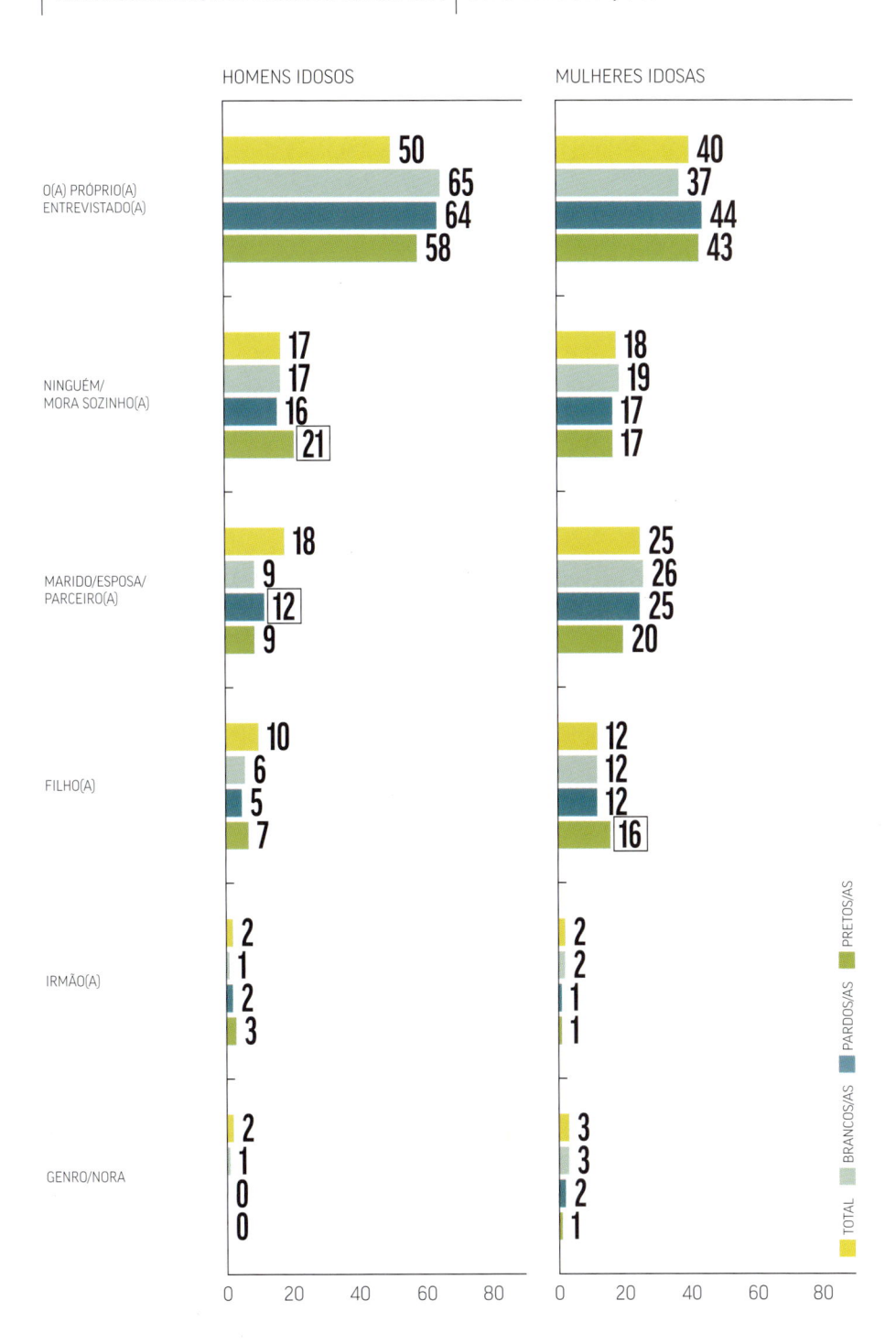

HOMENS IDOSOS | MULHERES IDOSAS

	HOMENS IDOSOS	MULHERES IDOSAS
O(A) PRÓPRIO(A) ENTREVISTADO(A)	Total: 50 / Brancos/as: 65 / Pardos/as: 64 / Pretos/as: 58	Total: 40 / Brancos/as: 37 / Pardos/as: 44 / Pretos/as: 43
NINGUÉM/ MORA SOZINHO(A)	17 / 17 / 16 / [21]	18 / 19 / 17 / 17
MARIDO/ESPOSA/ PARCEIRO(A)	18 / 9 / [12] / 9	25 / 26 / 25 / 20
FILHO(A)	10 / 6 / 5 / 7	12 / 12 / 12 / [16]
IRMÃO(A)	2 / 1 / 2 / 3	2 / 2 / 1 / 1
GENRO/NORA	2 / 1 / 0 / 0	3 / 3 / 2 / 1

Legenda: TOTAL / BRANCOS/AS / PARDOS/AS / PRETOS/AS

[Base] Total das amostras A + B (espontânea e múltipla, em %)
[P100] Qual é a pessoa principal responsável pelo domicílio?

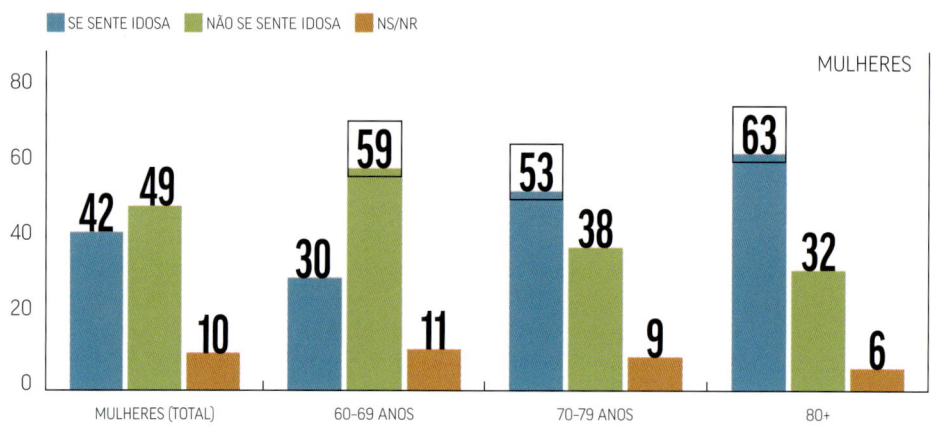

2	IDENTIDADE E AUTOIMAGEM DO IDOSO
SENTIMENTO EM RELAÇÃO À IDADE	EVOLUÇÃO

TOTAL (2006 / 2020)

	2006	2020
SE SENTE IDOSO(A)	38	40
NÃO SE SENTE IDOSO(A)	52	50
EM PARTE/ÀS VEZES	9	8

HOMENS (SE SENTE IDOSO / NÃO SE SENTE IDOSO / NS/NR)

	SE SENTE IDOSO	NÃO SE SENTE IDOSO	NS/NR
HOMENS (TOTAL)	39	52	9
60-69 ANOS	28	64	8
70-79 ANOS	48	40	11
80+	72	22	7

MULHERES (SE SENTE IDOSA / NÃO SE SENTE IDOSA / NS/NR)

	SE SENTE IDOSA	NÃO SE SENTE IDOSA	NS/NR
MULHERES (TOTAL)	42	49	10
60-69 ANOS	30	59	11
70-79 ANOS	53	38	9
80+	63	32	6

[Base] Total da amostra A+ B (única, em %)
[P2] O/a sr/a se sente idoso?

2 IDENTIDADE E AUTOIMAGEM DO IDOSO

SENSAÇÃO COM A IDADE QUE TEM | COMPARATIVO

**ENTRE IDOSOS QUE DECLARARAM QUE
NÃO SE SENTE IDOSO OU NÃO SABE**

	2006	2020
REFERÊNCIAS POSITIVAS	**69**	**70**
Ter ânimo/vontade de viver	27	54 ↑
Sinto-me bem/satisfeito/contente/alegre/feliz	48	36
Ter boa saúde/não ter doenças/não sinto os problemas de saúde que vêm com a idade (não ter dores)	13	21 ↑
Ter independência física/fazer as coisas só/não precisa de ninguém	11	13
Ter independência (ser livre/fazer o que se quer/ter aposentadoria)	1	5 ↑
Sensações (sentir-se realizado/a/sensação de missão cumprida (profissionalmente/pessoalmente/financeiramente)	0	5 ↑
Ter proteção/carinho familiar/compreensão	4	4
Ter experiência de vida/sabedoria/ensinar os mais jovens/ ter passado por muitas coisas (ter amadurecimento)	2	4
Ter paz/tranquilidade/sossego	0	4
Agradecendo deus/vivendo conforme deus quer	0	2
Ter amigos	1	2
REFERÊNCIAS NEGATIVAS	**39**	**42**
Doenças/debilidades	35	39
Indisposição para atividades	2	7
Desânimo emocional/tristeza/angústia (sem vontade de viver/ sem ânimo/sem iniciativa/angústia/tristeza)	7	5
Dependência física/depende de outros para andar/ tomar banho/dar trabalho (para comer)	2	4
Exclusão do mercado de trabalho (não consegue mais emprego)	2	1
Falta de proteção/de cuidados/de carinho familiar	2	0
Solidão/isolamento (fico só/sinto-me sozinho/a/abandonado/a)	1	1
REFERÊNCIAS POSITIVAS E NEGATIVAS (não me preocupo com a velhice/não penso nisso/aceito a velhice)	**8**	**8**

[Base] Amostra A (espontânea e múltipla, em %)
[P3] Como que o(a) sr(a) se sente com a idade que tem? Como o(a) sr(a) sente a velhice? Como assim? O que mais?

| 2 | IDENTIDADE E AUTOIMAGEM DO IDOSO |

QUANDO SE CHEGA À VELHICE | COMPARATIVO

	2006	2020
REFERÊNCIAS POSITIVAS E NEGATIVAS	19	96
Referências a idades	6	93
Se aposenta/não trabalha mais	2	4
Não tem idade/é um estado de espírito/quando se sente velho	8	3 ↓
Quando tem os direitos adquiridos (algumas prioridades/filas preferenciais/gratuidade nos ônibus/em viagens/postos de saúde/farmácias gratuitas/meia entrada em eventos)	0	2
Pela lei que estabelece a 3ª idade	1	2
REFERÊNCIAS NEGATIVAS	89	90
Debilidades/diferenças físicas	61	67 ↑
Dependência física/emocional/depende de outros/andar/banho/dar trabalho/falta de autonomia	27	30
Indisposição para atividades	7	20 ↑
Exclusão do mercado de trabalho	2	9 ↑
Viver do passado/não acompanhar mais o mundo presente/não ter mais sonhos/ter arrependimento do que viveu e do que não viveu	1	7
Desânimo emocional/tristeza/angústia/stress	29	5 ↓
Solidão/isolamento (quando se isola/busco a solidão)	1	1
REFERÊNCIAS POSITIVAS	1	5
Ter experiência de vida/sabedoria/ensinar os mais jovens/ter passado por muitas coisas	-	2
Quando melhora a qualidade de vida (mais tempo com a família (filhos/netos)/relaxar/curtir/descansar/viajar)	0	2
Ter paz/tranquilidade/sossego	-	1
Quando cuida mais da saúde/faz prevenção/tem mais recursos de saúde (para de fumar/beber/faz exercício)	0	1
NÃO SABE/NÃO LEMBRA	2	1

Menos de 50 (49/48/46/45/40)	2
Após os 50 anos	7
Após os 60/65 anos	44
Após os 70 anos	23
Após os 80 anos	16
Após os 100 anos	1
Não tem idade para velhice	3

[Base] Amostras A + C (espontânea e múltipla, em %) | [P4] Na sua opinião, quando se pode dizer que uma pessoa chegou à velhice, ou que ela ficou idosa? Por que com essa idade uma pessoa se torna idosa? Se NÃO citou idade, pergunte: Mais ou menos, com que idade o/a sr/a acha que isso acontece? | [nota] Em 2006, foram aplicadas 2 perguntas para aferir quando se chega a velhice, o que prejudica a comparabilidade: [P3] Mesmo que não se sintam idosas, a partir dos 60 anos as pessoas são consideradas idosas. Para o(a) sr(a), como é ser idoso(a)? | [P3a] Mais ou menos com que idade o/a sr/a acha que isso acontece?

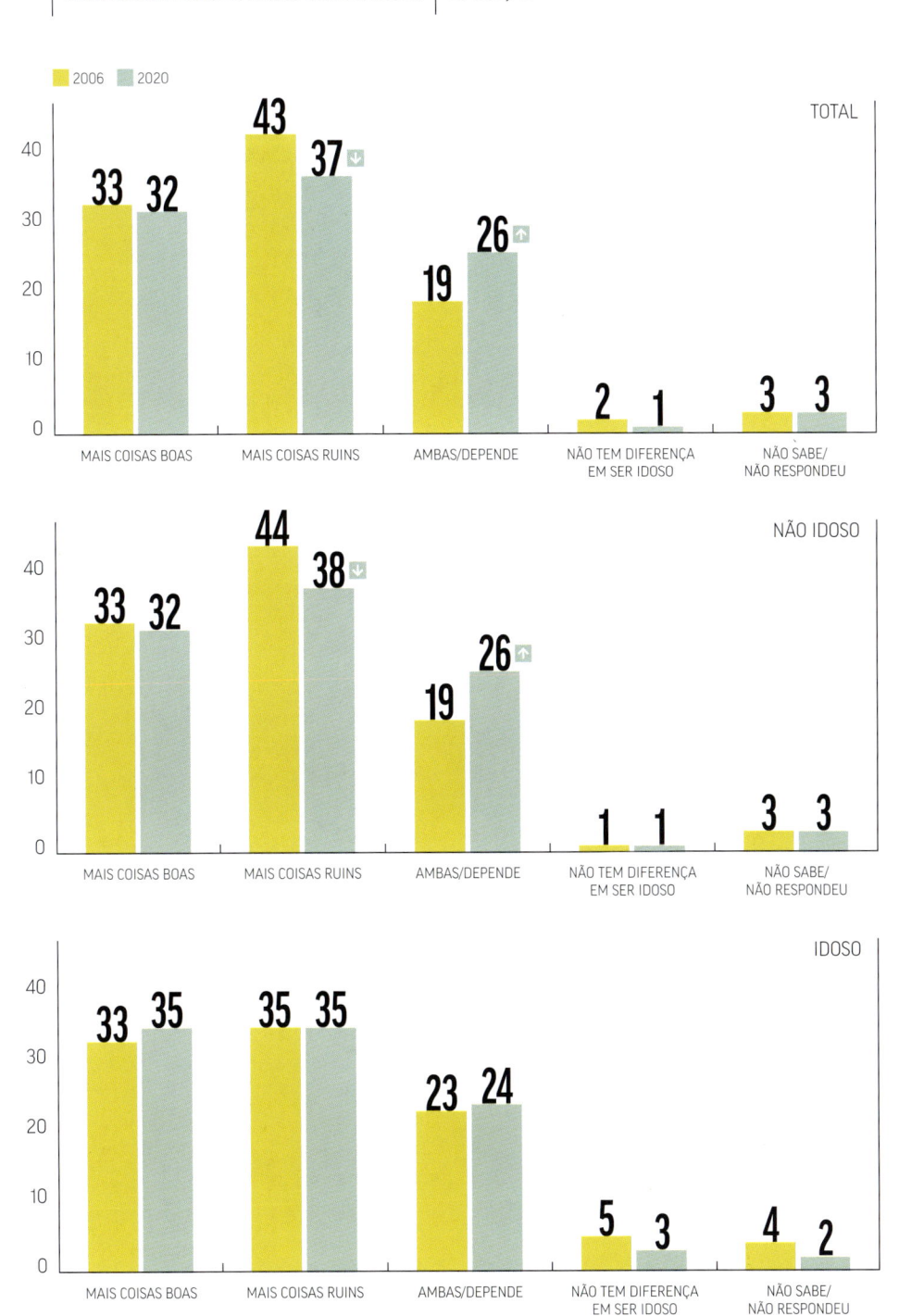

2	IDENTIDADE E AUTOIMAGEM DO IDOSO
MAIS COISAS BOAS OU RUINS EM SER IDOSO	EVOLUÇÃO

■ 2006 ■ 2020

TOTAL

	MAIS COISAS BOAS	MAIS COISAS RUINS	AMBAS/DEPENDE	NÃO TEM DIFERENÇA EM SER IDOSO	NÃO SABE/ NÃO RESPONDEU
2006	33	43	19	2	3
2020	32	37 ⬇	26 ⬆	1	3

NÃO IDOSO

	MAIS COISAS BOAS	MAIS COISAS RUINS	AMBAS/DEPENDE	NÃO TEM DIFERENÇA EM SER IDOSO	NÃO SABE/ NÃO RESPONDEU
2006	33	44	19	1	3
2020	32	38 ⬇	26 ⬆	1	3

IDOSO

	MAIS COISAS BOAS	MAIS COISAS RUINS	AMBAS/DEPENDE	NÃO TEM DIFERENÇA EM SER IDOSO	NÃO SABE/ NÃO RESPONDEU
2006	33	35	23	5	4
2020	35	35	24	3	2

[Base] Total da amostra (estimulada e única, em %)
[P5] O/a sr/a diria que existem mais coisas boas ou mais coisas ruins em ser idoso/a ?

2	IDENTIDADE E AUTOIMAGEM DO IDOSO
COISAS POSITIVAS EM SER IDOSO	SÍNTESE/COMPARATIVO

	2006	2020	SALDO	
Vivência	35	43	8	↑
Família	22	25	3	
Despreocupações	14	25	11	↑
Tempo livre	15	20	5	↑
Aposentadoria	11	17	6	↑
Saúde (boa apesar da idade)	3	6	3	
Sensações (sentir-se realizado)	3	5	2	
Transporte (gratuito, reservado)	8	5	-3	
Sentimentos para com os idosos (respeito, valorização)	7	2	-5	↓
Liberdades	1	2	1	
Direitos sociais adquiridos	12	1	-11	↓
Nenhuma/nada	10	9	-1	
Não sabe/não lembra	4	2	-2	

[Base] Amostras B+C (espontânea e múltipla, em %)
[P6] Quais são as coisas boas de envelhecer? Como assim? Por que isso é bom? O que mais é bom em ser idoso/a?

2	IDENTIDADE E AUTOIMAGEM DO IDOSO
COISAS NEGATIVAS EM SER IDOSO	SÍNTESE

	2006	2020	SALDO	
Doenças/debilidades/falta de saúde	50	74	24	↑
Falta de liberdades (ter mais dependências)	21	22	1	
Preconceito/discriminação	26	12	-14	↓
Família (ter menos/falta assistência/falta de cuidados/atenção da família/ filhos)	15	9	-6	↓
Sensações (solidão, tristeza, rabugento)	10	9	-1	
Desrespeito aos direitos sociais adquiridos	10	7	-3	
Saúde pública	5	4	-1	
Dificuldades para se aposentar	*	1	1	
Falta de ajuda/amparo do governo (não liberam crédito e quando liberam só com juros altos/ faltam rampas de acesso/áreas de lazer)	1	1	0	
Falta de respeito aos direitos dos idosos	1	1	0	
Preocupações	10	7	-3	
Preocupações financeiras	6	4	-2	
Estar chegando ao fim da vida (não se espera mais coisas boas da vida/pensa na morte/espera por ela)	2	2	0	
Incomodar as pessoas/dar trabalho	2	1	-1	
Conflito de gerações (a falta de comunicação com os jovens)	*	2	2	
Impossibilidade de lazer/divertimento	2	1	-1	
Alimentação (a alimentação fica mais restrita)	1	1	0	
Nenhuma/nada	2	3	1	
Não sabe/não lembra	2	1	-1	

[Base] Amostras B+C (espontânea e múltipla, em %)
[P7] E quais são as coisas ruins de envelhecer? Como assim? Por que isso é ruim? O que mais é ruim de ser idoso?

2 IDENTIDADE E AUTOIMAGEM DO IDOSO

COMPARAÇÃO DA SITUAÇÃO ATUAL DOS IDOSOS COM QUANDO ERAM JOVENS | EVOLUÇÃO

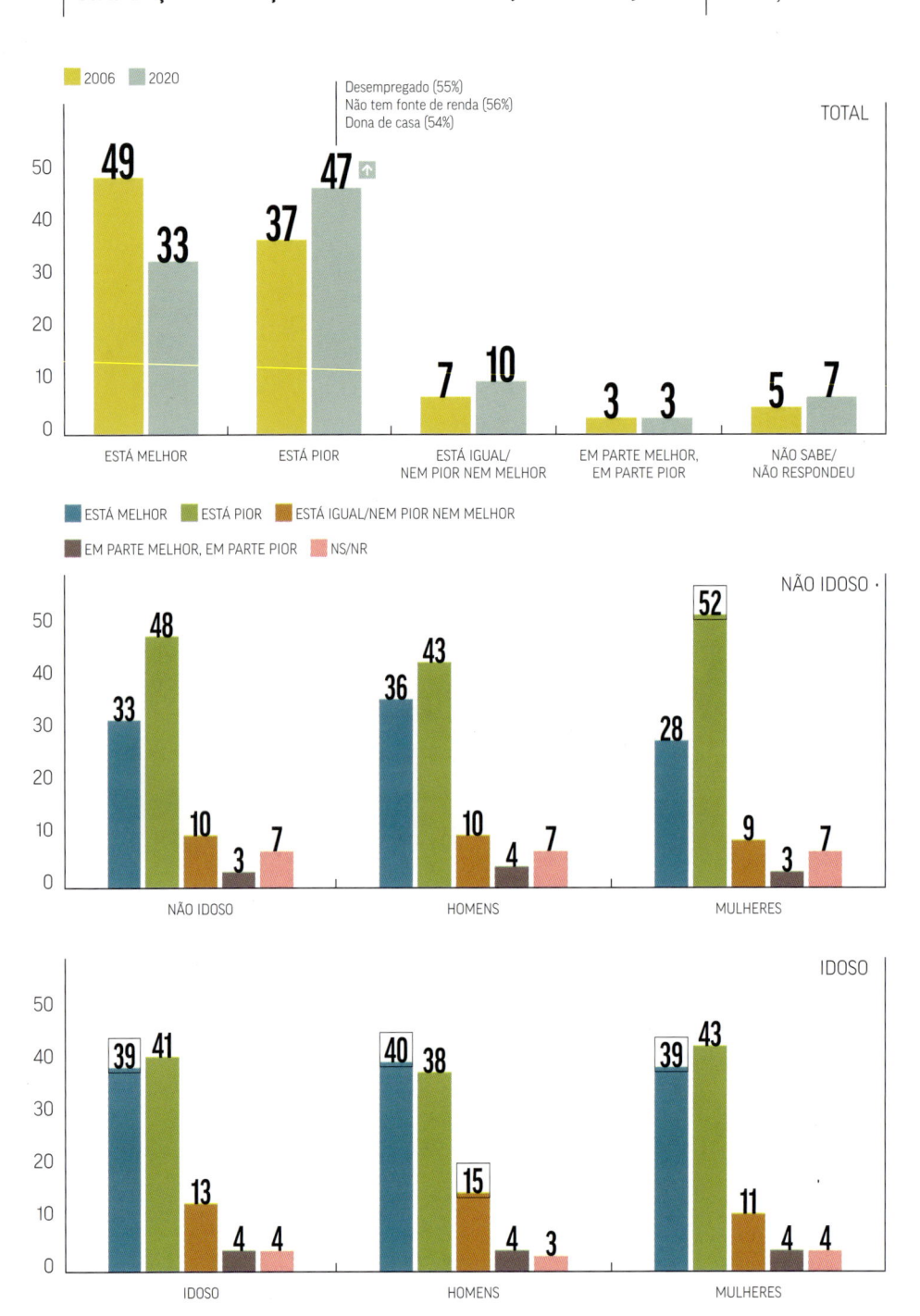

TOTAL (2006 / 2020)

	2006	2020
ESTÁ MELHOR	49	33
ESTÁ PIOR	37	47
ESTÁ IGUAL/NEM PIOR NEM MELHOR	7	10
EM PARTE MELHOR, EM PARTE PIOR	3	3
NÃO SABE/NÃO RESPONDEU	5	7

Desempregado (55%)
Não tem fonte de renda (56%)
Dona de casa (54%)

NÃO IDOSO

	NÃO IDOSO	HOMENS	MULHERES
ESTÁ MELHOR	33	36	28
ESTÁ PIOR	48	43	52
ESTÁ IGUAL/NEM PIOR NEM MELHOR	10	10	9
EM PARTE MELHOR, EM PARTE PIOR	3	4	3
NS/NR	7	7	7

IDOSO

	IDOSO	HOMENS	MULHERES
ESTÁ MELHOR	39	40	39
ESTÁ PIOR	41	38	43
ESTÁ IGUAL/NEM PIOR NEM MELHOR	13	15	11
EM PARTE MELHOR, EM PARTE PIOR	4	4	4
NS/NR	4	3	4

[Base] Total da amostra (estimulada e única, em %)
[P10] O/a sr/a diria que a situação dos idosos no Brasil hoje está melhor ou está pior do que a cerca de 20 ou 30 anos atrás? | **2006** Comparando os dias de hoje com a época em que o/a sr/a era mais jovem, o/a sr/a diria que a situação dos idosos no Brasil hoje está melhor ou pior?

| 2 | IDENTIDADE E AUTOIMAGEM DO IDOSO |

RAZÃO DA COMPARAÇÃO DA SITUAÇÃO ATUAL DOS IDOSOS COM QUANDO ERAM JOVENS

SÍNTESE/COMPARATIVO

	2006	2020
REFERÊNCIA: ESTÁ PIOR	**36**	**57**
Falta de respeito	13	24
Saúde	10	23 ↑
Aposentadoria	4	13 ↑
Condições financeiras	4	9 ↑
Família (abandono)	5	6 ↑
Segurança (são alvo de assaltos/roubos)	2	4
Trabalho/emprego (ninguém quer empregá-los)	3	3
Dependência das pessoas/impossibilidade de se cuidar sozinho(a)	-	2
REFERÊNCIA: ESTÁ MELHOR	**60**	**43**
Direitos	35	24 ↓
Saúde	17	15 ↓
Respeito	5	11
Lazer	9	9
Aposentadoria	6	7 ↑
Melhoria de qualidade de vida	5	3
Idosos têm mais acesso à informação/estão mais cientes (cursos para idosos)	-	2
Associações/asilos	2	1
REFERÊNCIA: ESTÁ IGUAL	**3**	**3**
NADA	**-**	**1**
NÃO SABE/NÃO LEMBRA	**3**	**2**

[Base] Amostra B (espontânea e múltipla, em %)
[P11] Por quê? O que mais o/a sr/a acha que está está melhor ou está pior do que a cerca de 20 ou 30 anos atrás?

2 | IDENTIDADE E AUTOIMAGEM DO IDOSO

PRECONCEITO EM RELAÇÃO AOS IDOSOS | EVOLUÇÃO

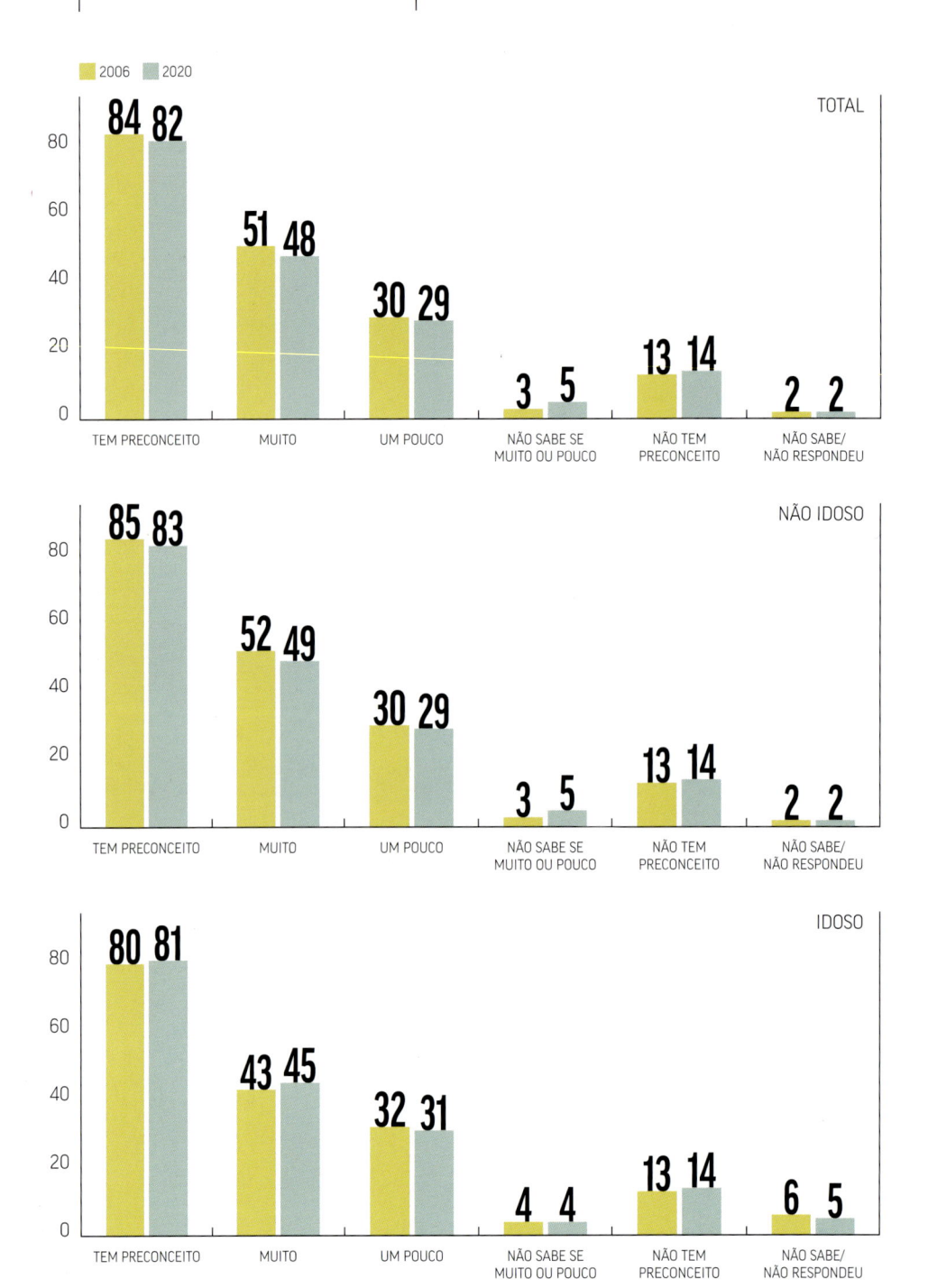

■ 2006   ■ 2020

TOTAL

	TEM PRECONCEITO	MUITO	UM POUCO	NÃO SABE SE MUITO OU POUCO	NÃO TEM PRECONCEITO	NÃO SABE/ NÃO RESPONDEU
2006	84	51	30	3	13	2
2020	82	48	29	5	14	2

NÃO IDOSO

	TEM PRECONCEITO	MUITO	UM POUCO	NÃO SABE SE MUITO OU POUCO	NÃO TEM PRECONCEITO	NÃO SABE/ NÃO RESPONDEU
2006	85	52	30	3	13	2
2020	83	49	29	5	14	2

IDOSO

	TEM PRECONCEITO	MUITO	UM POUCO	NÃO SABE SE MUITO OU POUCO	NÃO TEM PRECONCEITO	NÃO SABE/ NÃO RESPONDEU
2006	80	43	32	4	13	6
2020	81	45	31	4	14	5

[Base] Total da amostra (estimulada e única, em %)
[P12] Na sua opinião, no Brasil as pessoas têm preconceito em relação aos idosos?

| 2 | IDENTIDADE E AUTOIMAGEM DO IDOSO |

PERCEPÇÃO DE PRECONCEITO EM RELAÇÃO AOS IDOSOS | COMPARATIVO RAÇA/COR

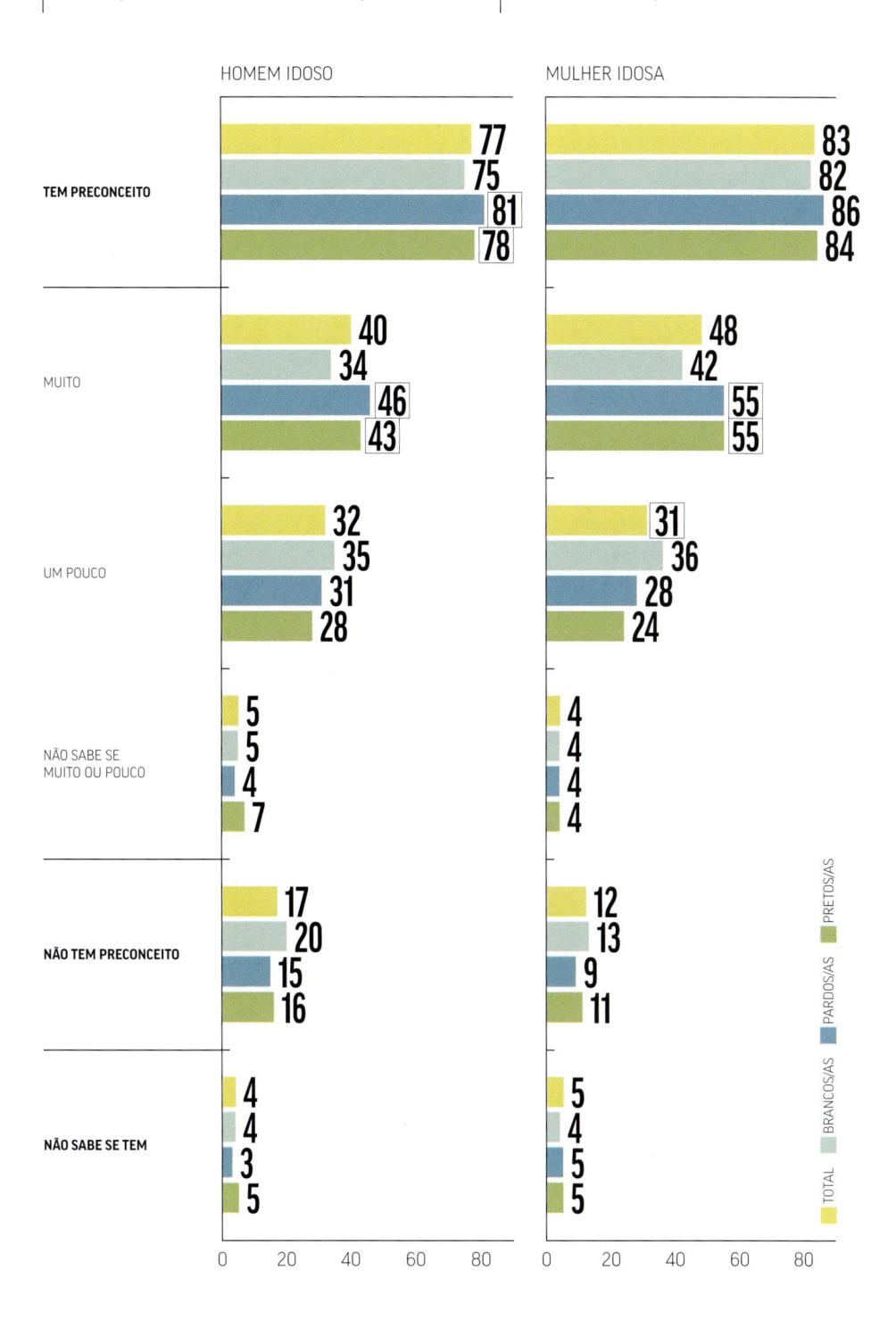

	HOMEM IDOSO	MULHER IDOSA
TEM PRECONCEITO	Total: 77 / Brancos/as: 75 / Pardos/as: 81 / Pretos/as: 78	Total: 83 / Brancos/as: 82 / Pardos/as: 86 / Pretos/as: 84
MUITO	Total: 40 / Brancos/as: 34 / Pardos/as: 46 / Pretos/as: 43	Total: 48 / Brancos/as: 42 / Pardos/as: 55 / Pretos/as: 55
UM POUCO	Total: 32 / Brancos/as: 35 / Pardos/as: 31 / Pretos/as: 28	Total: 31 / Brancos/as: 36 / Pardos/as: 28 / Pretos/as: 24
NÃO SABE SE MUITO OU POUCO	Total: 5 / Brancos/as: 5 / Pardos/as: 4 / Pretos/as: 7	Total: 4 / Brancos/as: 4 / Pardos/as: 4 / Pretos/as: 4
NÃO TEM PRECONCEITO	Total: 17 / Brancos/as: 20 / Pardos/as: 15 / Pretos/as: 16	Total: 12 / Brancos/as: 13 / Pardos/as: 9 / Pretos/as: 11
NÃO SABE SE TEM	Total: 4 / Brancos/as: 4 / Pardos/as: 3 / Pretos/as: 5	Total: 5 / Brancos/as: 4 / Pardos/as: 5 / Pretos/as: 5

[Base] Total da amostra (estimulada e única, em %)
[P12] Na sua opinião, no Brasil as pessoas têm preconceito em relação aos idosos?

2	IDENTIDADE E AUTOIMAGEM DO IDOSO	
COMO OS IDOSOS ACHAM QUE SÃO VISTOS PELOS JOVENS		SÍNTESE/COMPARATIVO

	2006	2020
REFERÊNCIAS NEGATIVAS	76	75
Sentimentos para com os idosos	54	51
Desprezo	29	27
Desrespeito	24	26
Preconceito/discriminação/maltrato	13	9
Incompreensão	6	7
Distanciamento da condição de idoso	4	4
Características dos idosos	44	47
Incapacidade	31	40 ↑
Ultrapassados	9	7
Desinformados/sem conhecimentos	10	5
REFERÊNCIAS POSITIVAS	19	19
Sentimentos para com os idosos	17	10
Respeito	15	8 ↓
Afeto	3	3
Características dos idosos	4	8
Experiência	4	8
Atenção	4	8
REFERÊNCIAS POSITIVAS E NEGATIVAS SIMULTANEAMENTE	3	7
Alguns jovens respeitam os idosos e outros não (uns tratam bem, outros não/uns valorizam, outros não/depende de como foram educados)	3	7
REFERÊNCIAS NEUTRAS (COMO PESSOAS NORMAIS/COM NATURALIDADE)	2	2
NÃO SABE/NÃO LEMBRA	4	4

[Base] Amostra B (espontânea e múltipla, em %)
[P13] Como o(a) sr(a) acha que as pessoas mais jovens vêem os idosos? Por que o(a) sr(a) acha isso?

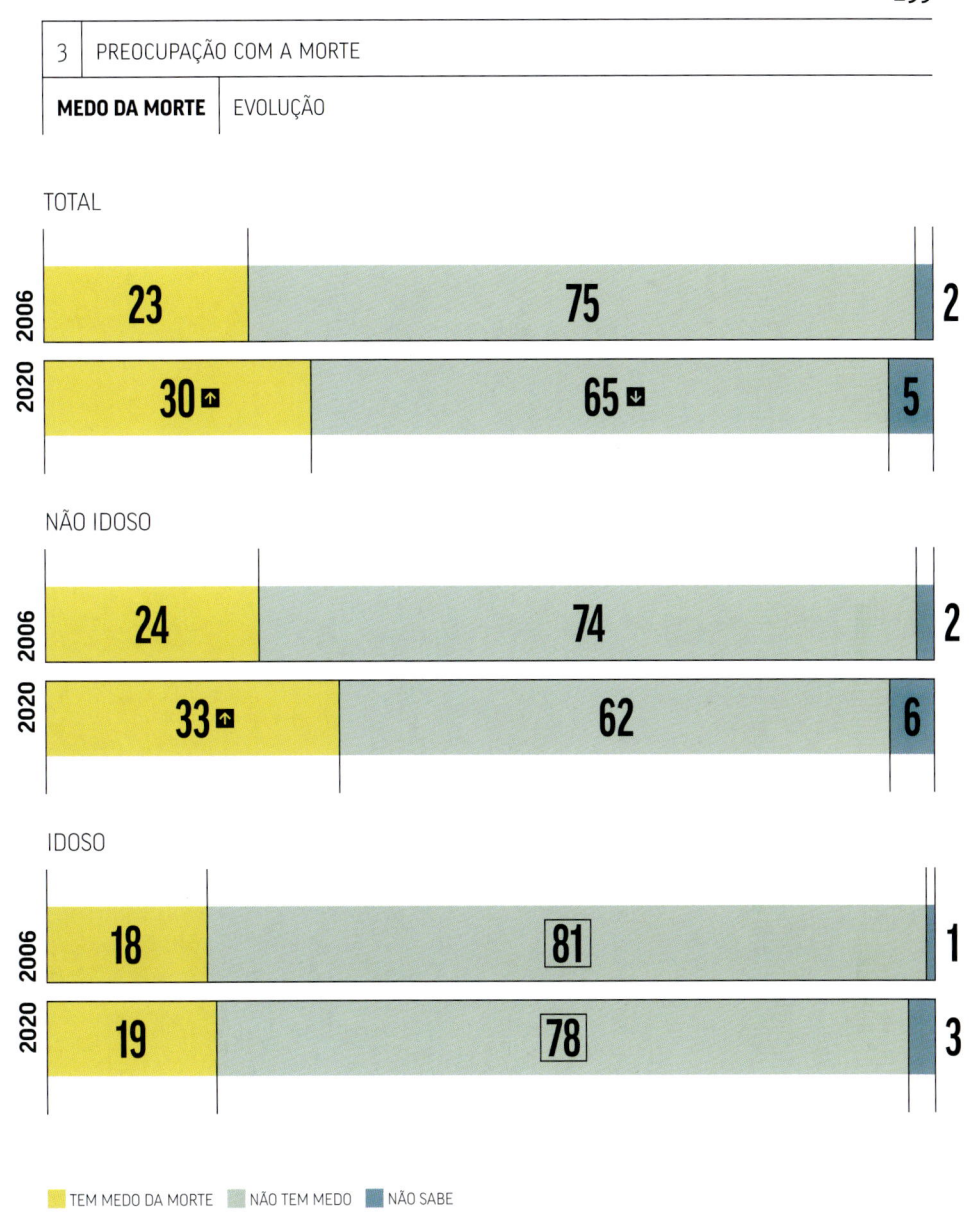

3	PREOCUPAÇÃO COM A MORTE
MEDO DA MORTE	EVOLUÇÃO

TOTAL

Ano	Tem medo da morte	Não tem medo	Não sabe
2006	23	75	2
2020	30 ↑	65 ↓	5

NÃO IDOSO

Ano	Tem medo da morte	Não tem medo	Não sabe
2006	24	74	2
2020	33 ↑	62	6

IDOSO

Ano	Tem medo da morte	Não tem medo	Não sabe
2006	18	81	1
2020	19	78	3

■ TEM MEDO DA MORTE ■ NÃO TEM MEDO ■ NÃO SABE

[Base] Amostras A + B (estimulada e única, em %)
[P18] O(A) sr(a) tem medo da morte?

3 | PREOCUPAÇÃO COM A MORTE

MEDO DA MORTE | COMPARATIVO RAÇA/COR POR FASE DA VIDA

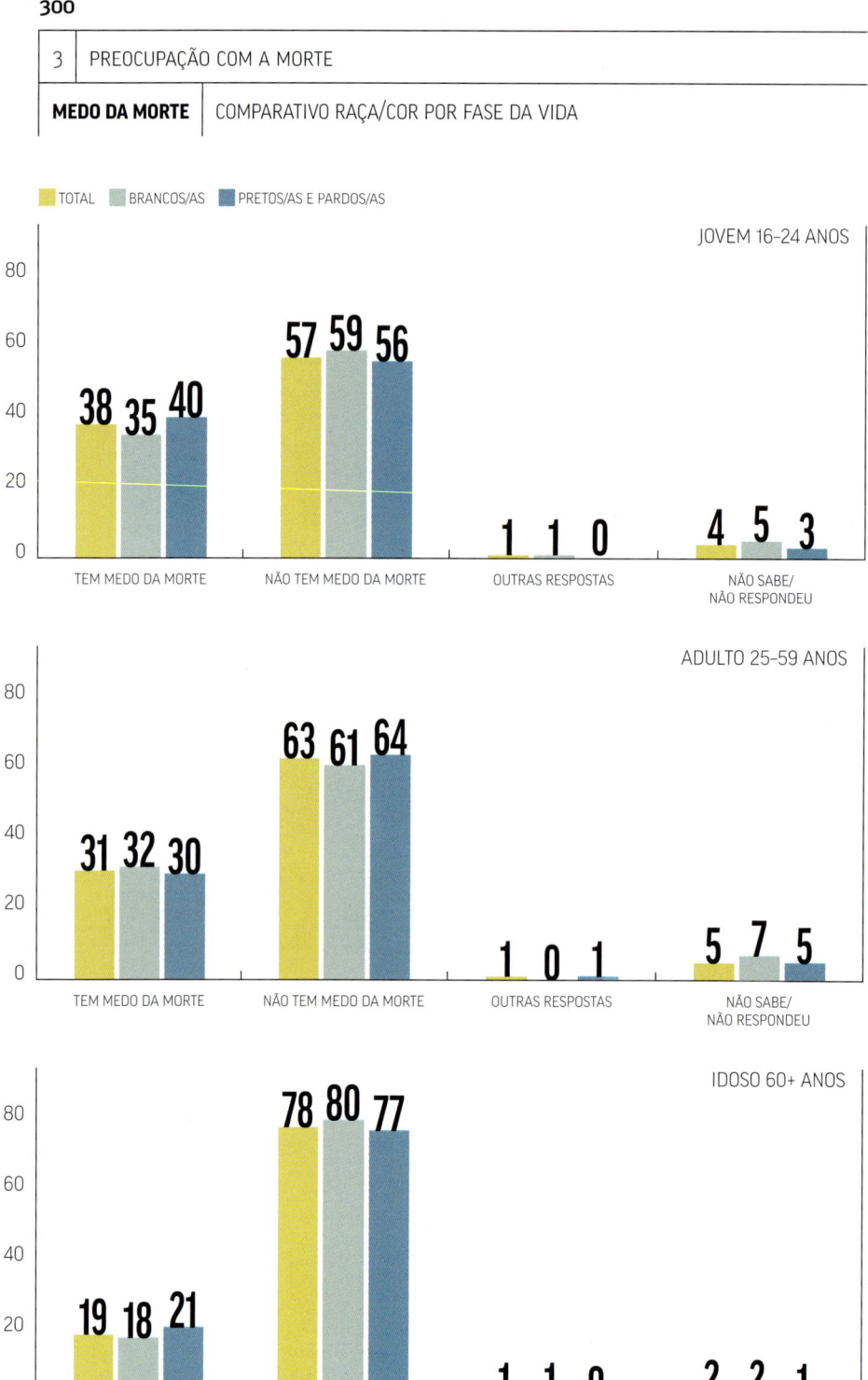

Legenda: TOTAL | BRANCOS/AS | PRETOS/AS E PARDOS/AS

JOVEM 16-24 ANOS

	TOTAL	BRANCOS/AS	PRETOS/AS E PARDOS/AS
TEM MEDO DA MORTE	38	35	40
NÃO TEM MEDO DA MORTE	57	59	56
OUTRAS RESPOSTAS	1	1	0
NÃO SABE/NÃO RESPONDEU	4	5	3

ADULTO 25-59 ANOS

	TOTAL	BRANCOS/AS	PRETOS/AS E PARDOS/AS
TEM MEDO DA MORTE	31	32	30
NÃO TEM MEDO DA MORTE	63	61	64
OUTRAS RESPOSTAS	1	0	1
NÃO SABE/NÃO RESPONDEU	5	7	5

IDOSO 60+ ANOS

	TOTAL	BRANCOS/AS	PRETOS/AS E PARDOS/AS
TEM MEDO DA MORTE	19	18	21
NÃO TEM MEDO DA MORTE	78	80	77
OUTRAS RESPOSTAS	1	1	0
NÃO SABE/NÃO RESPONDEU	2	2	1

[Base] Total da amostra (estimulada e única, em %)
[P18] O(A) sr(a) tem medo da morte ?

3 | PREOCUPAÇÃO COM A MORTE

RAZÕES DE TEMER (OU NÃO) A MORTE | SÍNTESE

	IDOSO	HOMENS	MULHERES
RAZÕES PARA NÃO	**77**	**80**	**75**
Relacionadas à falta de domínio sobre a morte	56	61	51
É inevitável	53	59	49
É imprevisível	4	4	4
Já me vi de perto com ela	1	2	1
Relacionadas ao que virá/metafísica	17	15	19
A vida pertence a Deus	11	9	13
Há uma transcendência na vida	6	5	7
É desconhecida	1	1	0
Relacionadas à ausência de preocupação (não penso sobre o assunto)	5	6	5
Relacionadas à vida em si/prazer de viver (já vivi uma vida boa/já vivi muito)	5	5	5
Relacionadas ao desejo (vai ser um descanso para mim/para os familiares/trazer paz)	4	4	4
RAZÕES PARA SIM	**22**	**19**	**24**
Relacionadas ao que fica/deixa	8	5	10
Tenho medo de deixar a família sem cuidados (quero criar os filhos/netos)	5	4	5
Tenho medo/não quero deixar família/amigos (vou sentir saudades)	3	1	5
Relacionadas ao que virá/metafísica	6	7	5
É desconhecida (tenho medo/não sabemos o que vai acontecer depois que morrer/para onde vou)	5	6	4
Tenho medo por causa do pecado (de ir para o inferno)	1	1	1
Relacionadas ao momento da morte (dá medo de sofrer/sentir dor/solidão/ficar na cama/debilitado/medo de ser enterrado/a vivo/a)	6	5	7
Relacionadas à vida em si/prazer de viver	5	5	5
Tenho muita coisa para ser vivida/a vida é muito boa/gosto de viver/dá pena deixar a vida	5	5	5
Relacionadas à falta ou não de domínio sobre a morte	1	1	0
Não me preparei para este momento (de forma religiosa ou não)	1	1	0
NÃO SABE/NÃO LEMBRA	**1**	**1**	**1**
NÃO RESPONDEU/NÃO APLICOU	**1**	**0**	**1**

[Base] Amostra A (espontânea e múltipla, em %)
[P19] Por que o(a) sr(a) tem medo da morte?

3 | PREOCUPAÇÃO COM A MORTE

CONCORDÂNCIA COM AFIRMAÇÕES REFERENTES À MORTE | EVOLUÇÃO

Afirmação	NÃO IDOSO 2006	NÃO IDOSO 2020	IDOSO 2006	IDOSO 2020
A MORTE NÃO ME ASSUSTA, POIS FAZ PARTE DA VIDA	84	75 ↓	90	86
NÃO É DA MORTE QUE TENHO MEDO, MAS SIM DE SOFRER OU SENTIR DOR	75	78	87	84
A MORTE É SÓ UMA PASSAGEM PARA OUTRA VIDA	71	68	80	76
O QUE MAIS ME PREOCUPA COM A MORTE SÃO AS PESSOAS QUE IREI DEIXAR	83	77 ↓	78	70 ↓
NÃO ESTOU PREPARADO/A PARA A MORTE, POIS AINDA QUERO REALIZAR MUITAS COISAS	80	79	66	66
NÃO TENHO MEDO DA MORTE, MAS NÃO GOSTARIA DE ESTAR SOZINHO QUANDO A MORTE CHEGAR	59	61	72	64 ↓
A MORTE NÃO ME ASSUSTA, MAS TENHO PENA DE DEIXAR A VIDA	64	59 ↓	63	63
A MORTE ME ASSUSTA PORQUE NÃO SEI O QUE VEM DEPOIS	38	47 ↑	42	47

[Base] Amostras B + C (estimulada e única, em %)
[P20] Em relação à morte, o(a) sr(a) concorda ou discorda das seguintes frases O(A) sr(a) concorda ou discorda que:

| 4 | ESTATUTO DO IDOSO E DIREITOS |

IDADE IDEAL PARA SE TER POLÍTICAS PARA CUIDADO DOS IDOSOS

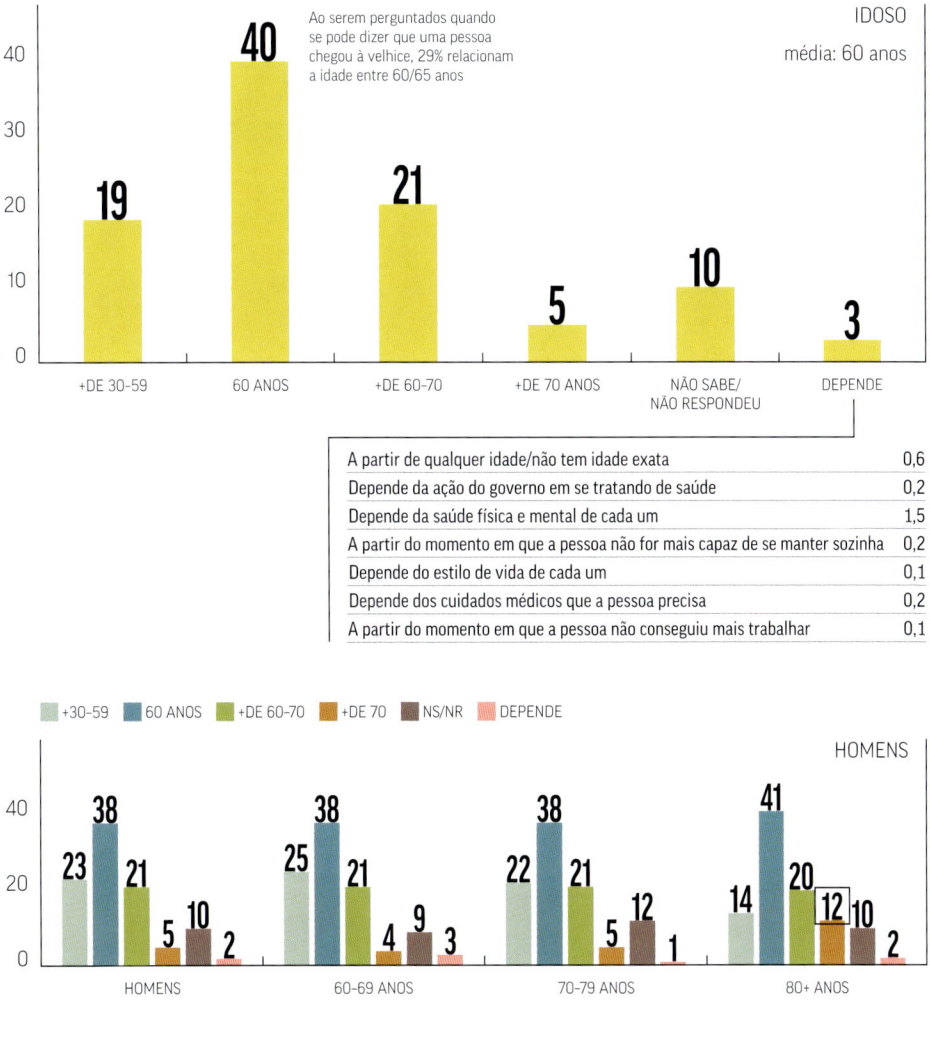

IDOSO
média: 60 anos

Ao serem perguntados quando se pode dizer que uma pessoa chegou à velhice, 29% relacionam a idade entre 60/65 anos

Categoria	%
+DE 30-59	19
60 ANOS	40
+DE 60-70	21
+DE 70 ANOS	5
NÃO SABE/NÃO RESPONDEU	10
DEPENDE	3

A partir de qualquer idade/não tem idade exata	0,6
Depende da ação do governo em se tratando de saúde	0,2
Depende da saúde física e mental de cada um	1,5
A partir do momento em que a pessoa não for mais capaz de se manter sozinha	0,2
Depende do estilo de vida de cada um	0,1
Depende dos cuidados médicos que a pessoa precisa	0,2
A partir do momento em que a pessoa não conseguiu mais trabalhar	0,1

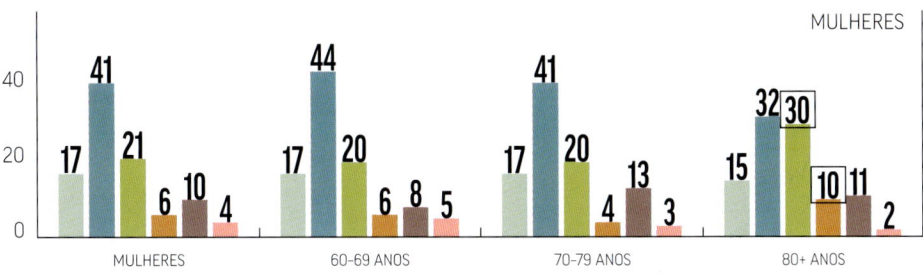

Legenda: +30-59 | 60 ANOS | +DE 60-70 | +DE 70 | NS/NR | DEPENDE

HOMENS

	+30-59	60 ANOS	+DE 60-70	+DE 70	NS/NR	DEPENDE
HOMENS	23	38	21	5	10	2
60-69 ANOS	25	38	21	4	9	3
70-79 ANOS	22	38	21	5	12	1
80+ ANOS	14	41	20	12	10	2

MULHERES

	+30-59	60 ANOS	+DE 60-70	+DE 70	NS/NR	DEPENDE
MULHERES	17	41	21	6	10	4
60-69 ANOS	17	44	20	6	8	5
70-79 ANOS	17	41	20	4	13	3
80+ ANOS	15	32	30	10	11	2

[Base] Amostra B (estimulada e única, em %)
[P21] Na sua opinião, deve ter políticas para o cuidado das pessoas mais velhas a partir de que idade?

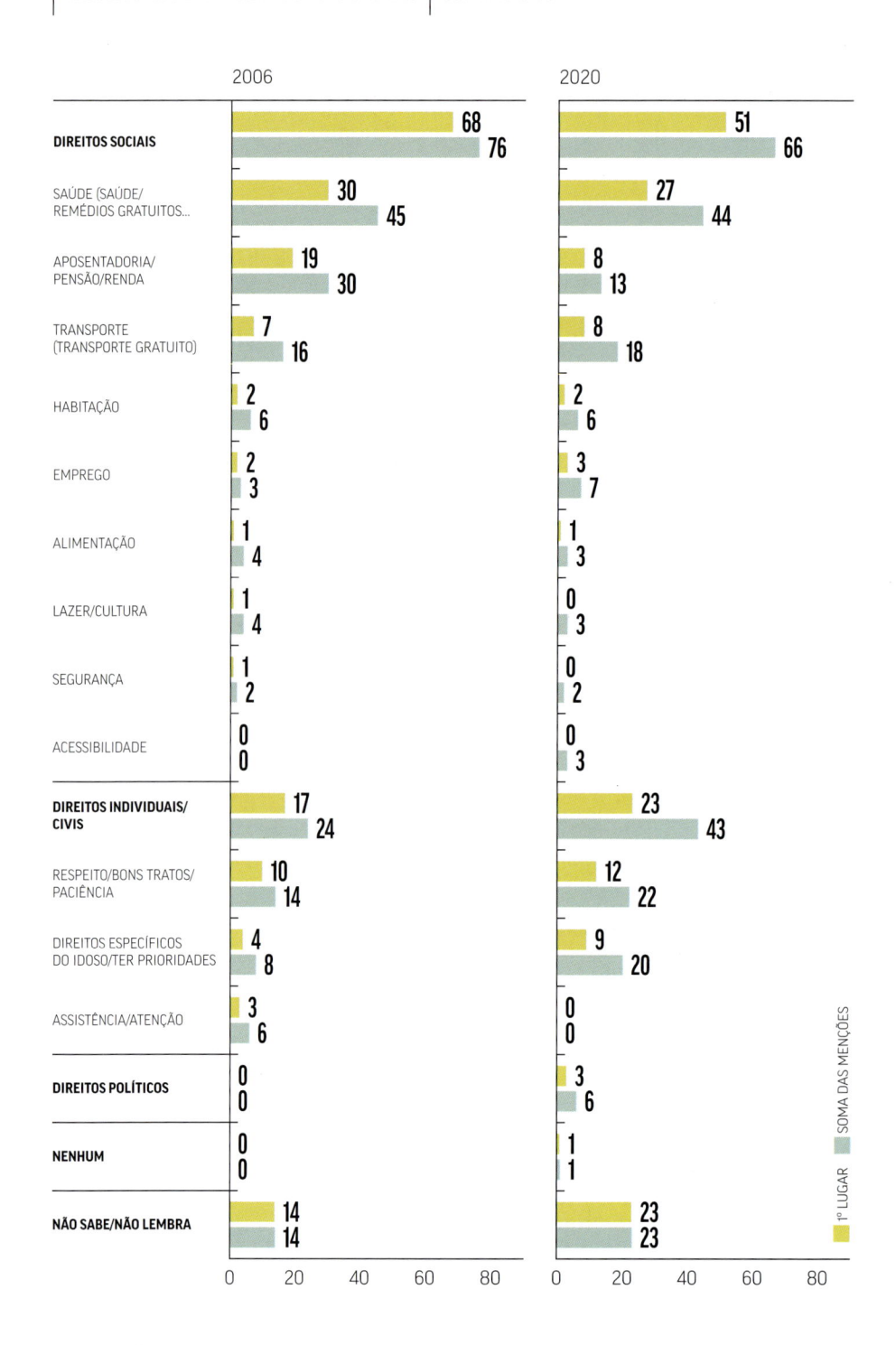

4 | ESTATUTO DO IDOSO E DIREITOS

RESPEITO AOS DIREITOS MAIS IMPORTANTES | COMPARATIVO

	2006		2020	
	1º LUGAR	SOMA DAS MENÇÕES	1º LUGAR	SOMA DAS MENÇÕES
DIREITOS SOCIAIS	68	76	51	66
SAÚDE (SAÚDE/REMÉDIOS GRATUITOS...)	30	45	27	44
APOSENTADORIA/PENSÃO/RENDA	19	30	8	13
TRANSPORTE (TRANSPORTE GRATUITO)	7	16	8	18
HABITAÇÃO	2	6	2	6
EMPREGO	2	3	3	7
ALIMENTAÇÃO	1	4	1	3
LAZER/CULTURA	1	4	0	3
SEGURANÇA	1	2	0	2
ACESSIBILIDADE	0	0	0	3
DIREITOS INDIVIDUAIS/CIVIS	17	24	23	43
RESPEITO/BONS TRATOS/PACIÊNCIA	10	14	12	22
DIREITOS ESPECÍFICOS DO IDOSO/TER PRIORIDADES	4	8	9	20
ASSISTÊNCIA/ATENÇÃO	3	6	0	0
DIREITOS POLÍTICOS	0	0	3	6
NENHUM	0	0	1	1
NÃO SABE/NÃO LEMBRA	14	14	23	23

[Base] Amostra B (espontânea e múltipla, em %)
[P22] Qual é o direito mais importante para as pessoas idosas, que deveria ser respeitado?

| 4 | ESTATUTO DO IDOSO E DIREITOS |

RESPEITO AOS DIREITOS MAIS IMPORTANTES | SOMA DAS MENÇÕES

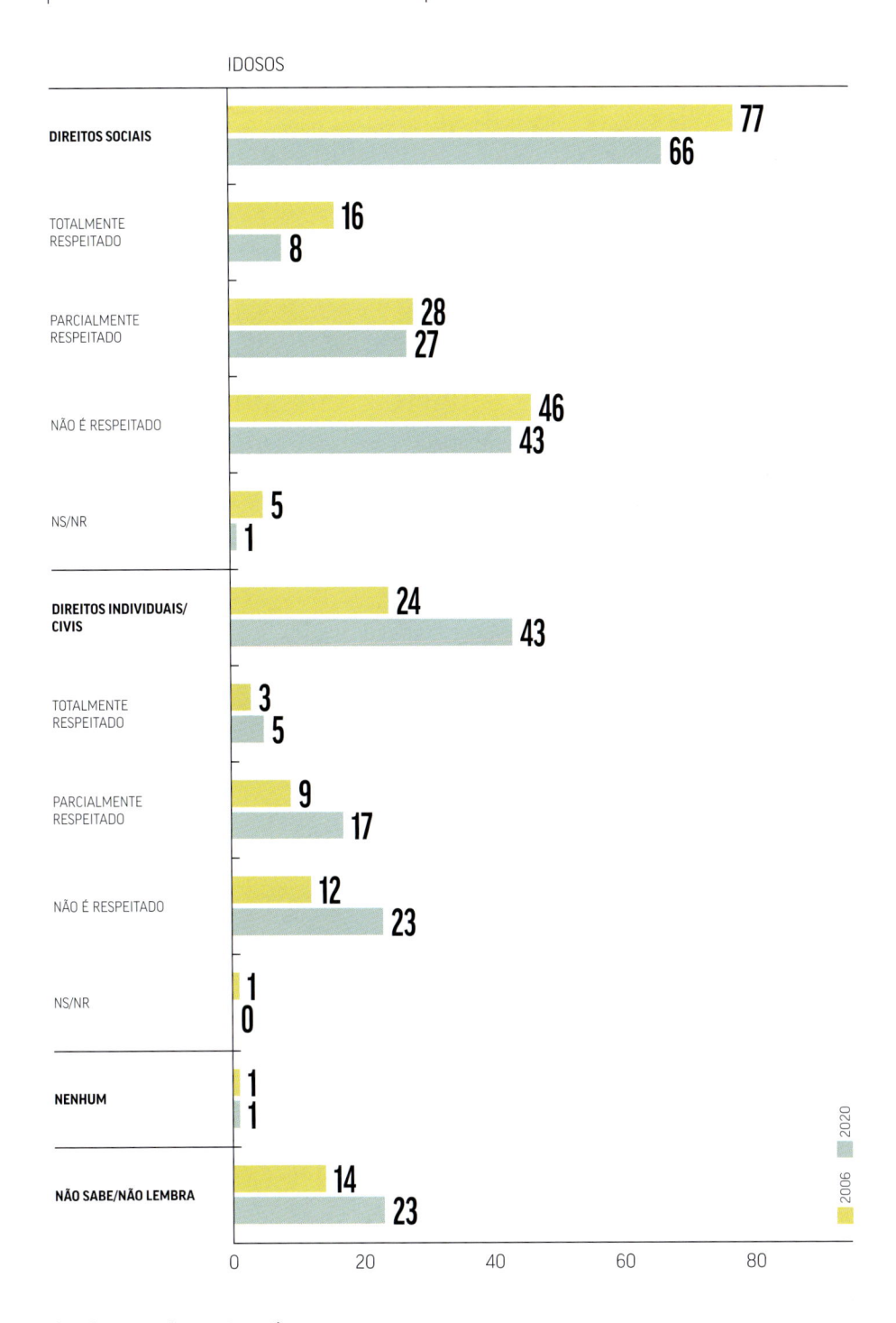

IDOSOS

	2006	2020
DIREITOS SOCIAIS	77	66
TOTALMENTE RESPEITADO	16	8
PARCIALMENTE RESPEITADO	28	27
NÃO É RESPEITADO	46	43
NS/NR	5	1
DIREITOS INDIVIDUAIS/CIVIS	24	43
TOTALMENTE RESPEITADO	3	5
PARCIALMENTE RESPEITADO	9	17
NÃO É RESPEITADO	12	23
NS/NR	1	0
NENHUM	1	1
NÃO SABE/NÃO LEMBRA	14	23

[Base] Amostra B (estimulada, em %)
[P23] O/a sr/a diria que, atualmente no Brasil, o direito de (fale, um de cada vez, cada direito citado na P22) é totalmente respeitado, parcialmente respeitado, ou não é respeitado?

4	ESTATUTO DO IDOSO E DIREITOS	
RESPEITO AOS DIREITOS MAIS IMPORTANTES		COMPARATIVO GÊNERO – SOMA DAS MENÇÕES

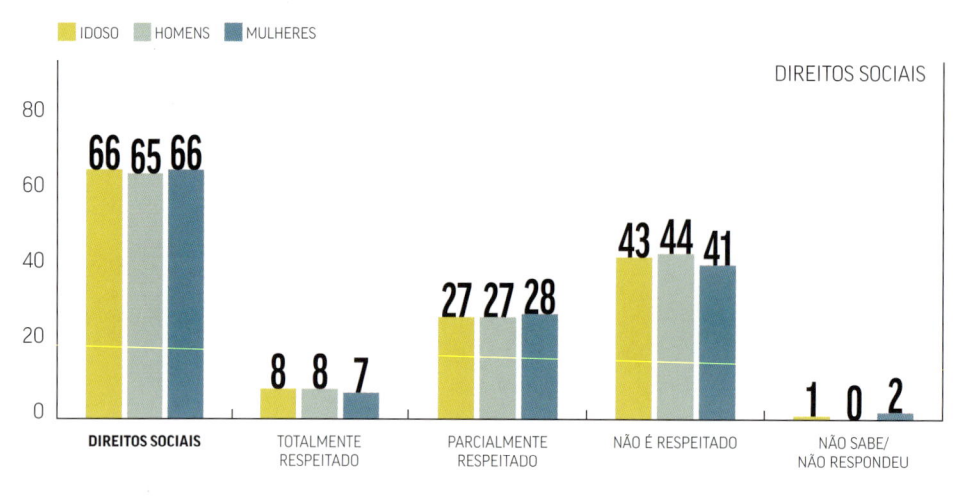

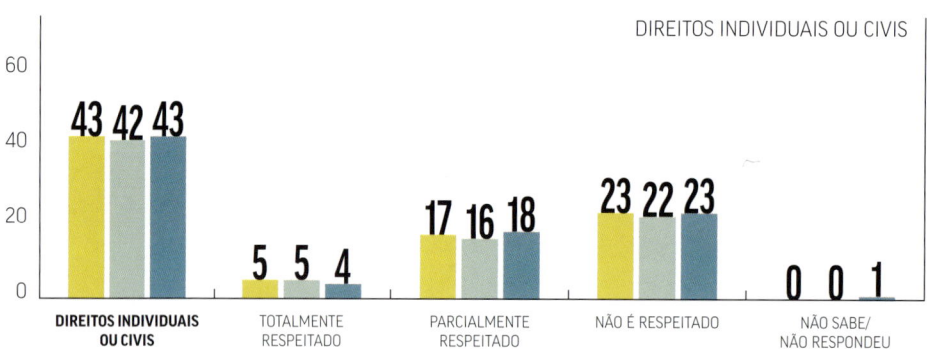

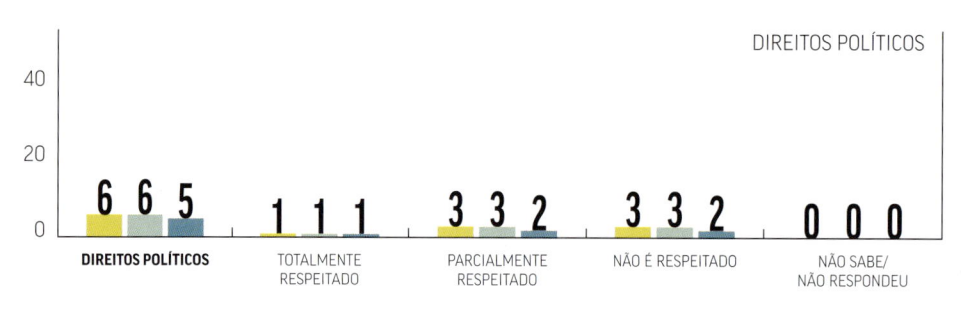

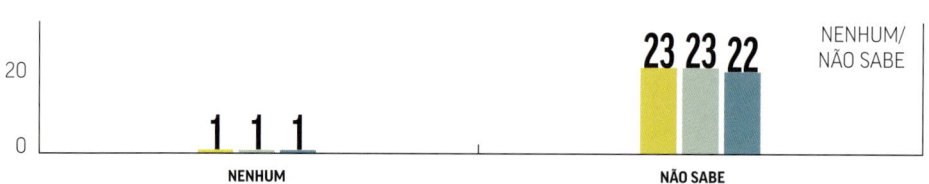

Legenda: IDOSO | HOMENS | MULHERES

DIREITOS SOCIAIS

	IDOSO	HOMENS	MULHERES
DIREITOS SOCIAIS	66	65	66
TOTALMENTE RESPEITADO	8	8	7
PARCIALMENTE RESPEITADO	27	27	28
NÃO É RESPEITADO	43	44	41
NÃO SABE/NÃO RESPONDEU	1	0	2

DIREITOS INDIVIDUAIS OU CIVIS

	IDOSO	HOMENS	MULHERES
DIREITOS INDIVIDUAIS OU CIVIS	43	42	43
TOTALMENTE RESPEITADO	5	5	4
PARCIALMENTE RESPEITADO	17	16	18
NÃO É RESPEITADO	23	22	23
NÃO SABE/NÃO RESPONDEU	0	0	1

DIREITOS POLÍTICOS

	IDOSO	HOMENS	MULHERES
DIREITOS POLÍTICOS	6	6	5
TOTALMENTE RESPEITADO	1	1	1
PARCIALMENTE RESPEITADO	3	3	2
NÃO É RESPEITADO	3	3	2
NÃO SABE/NÃO RESPONDEU	0	0	0

NENHUM/NÃO SABE

	IDOSO	HOMENS	MULHERES
NENHUM	1	1	1
NÃO SABE	23	23	22

[Base] Amostra B (estimulada, em %)
[P23] O/a sr/a diria que, atualmente no Brasil, o direito de (fale, um de cada vez, cada direito citado na P22) é totalmente respeitado, parcialmente respeitado, ou não é respeitado?

4 | ESTATUTO DO IDOSO E DIREITOS

OPINIÃO SOBRE A RESERVA DE ASSENTOS NOS TRANSPORTES PÚBLICOS

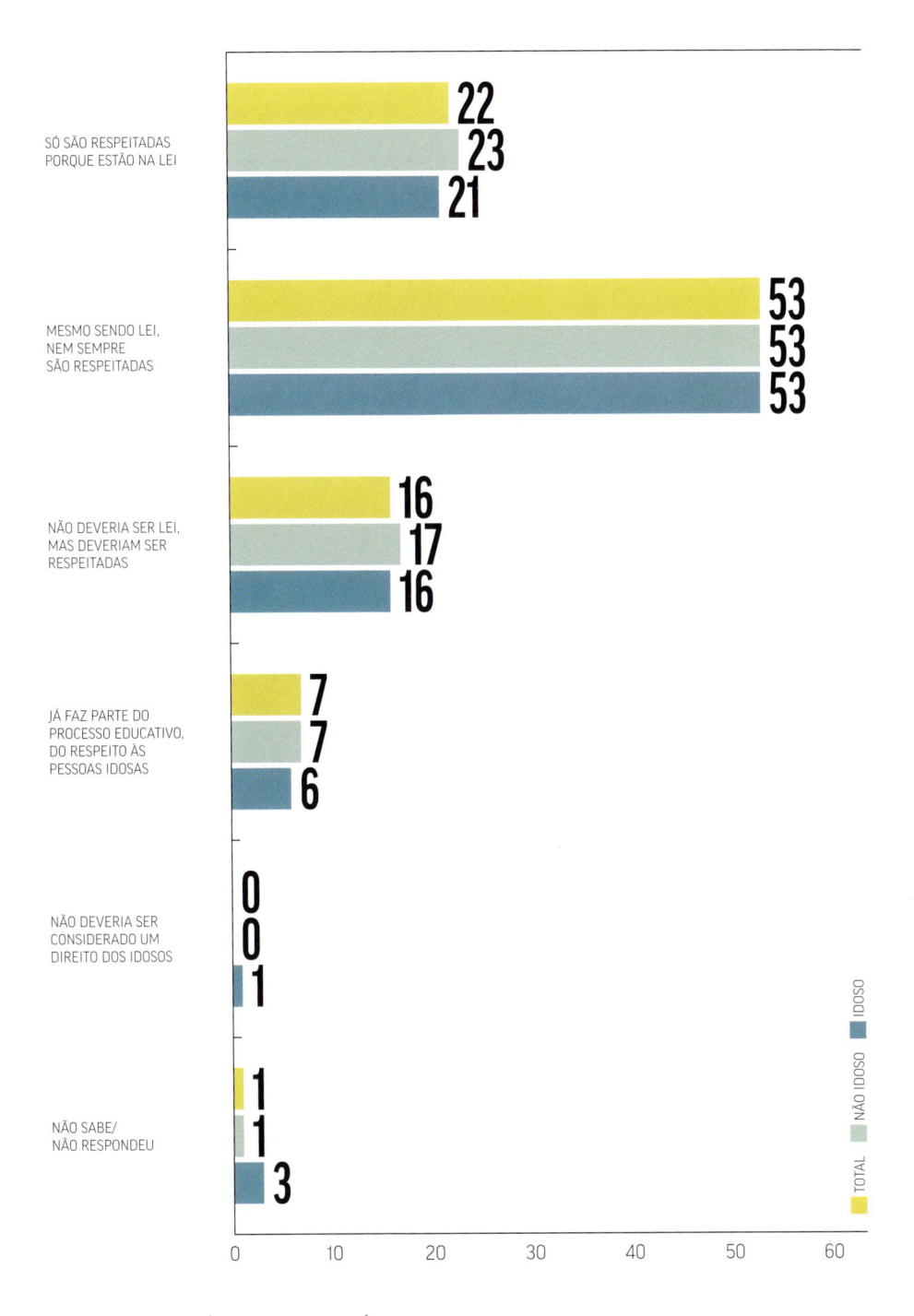

	TOTAL	NÃO IDOSO	IDOSO
SÓ SÃO RESPEITADAS PORQUE ESTÃO NA LEI	22	23	21
MESMO SENDO LEI, NEM SEMPRE SÃO RESPEITADAS	53	53	53
NÃO DEVERIA SER LEI, MAS DEVERIAM SER RESPEITADAS	16	17	16
JÁ FAZ PARTE DO PROCESSO EDUCATIVO, DO RESPEITO ÀS PESSOAS IDOSAS	7	7	6
NÃO DEVERIA SER CONSIDERADO UM DIREITO DOS IDOSOS	0	0	1
NÃO SABE/ NÃO RESPONDEU	1	1	3

[Base] Total da amostra (estimulada e única, em %)
[P39] Qual destas alternativas se aproxima mais da sua opinião sobre a reserva de assentos no transporte público e sobre a prioridade para idosos nas filas:

5 EDUCAÇÃO

MEIOS COMO APRENDE OU SE INFORMA MAIS | COMPARATIVO

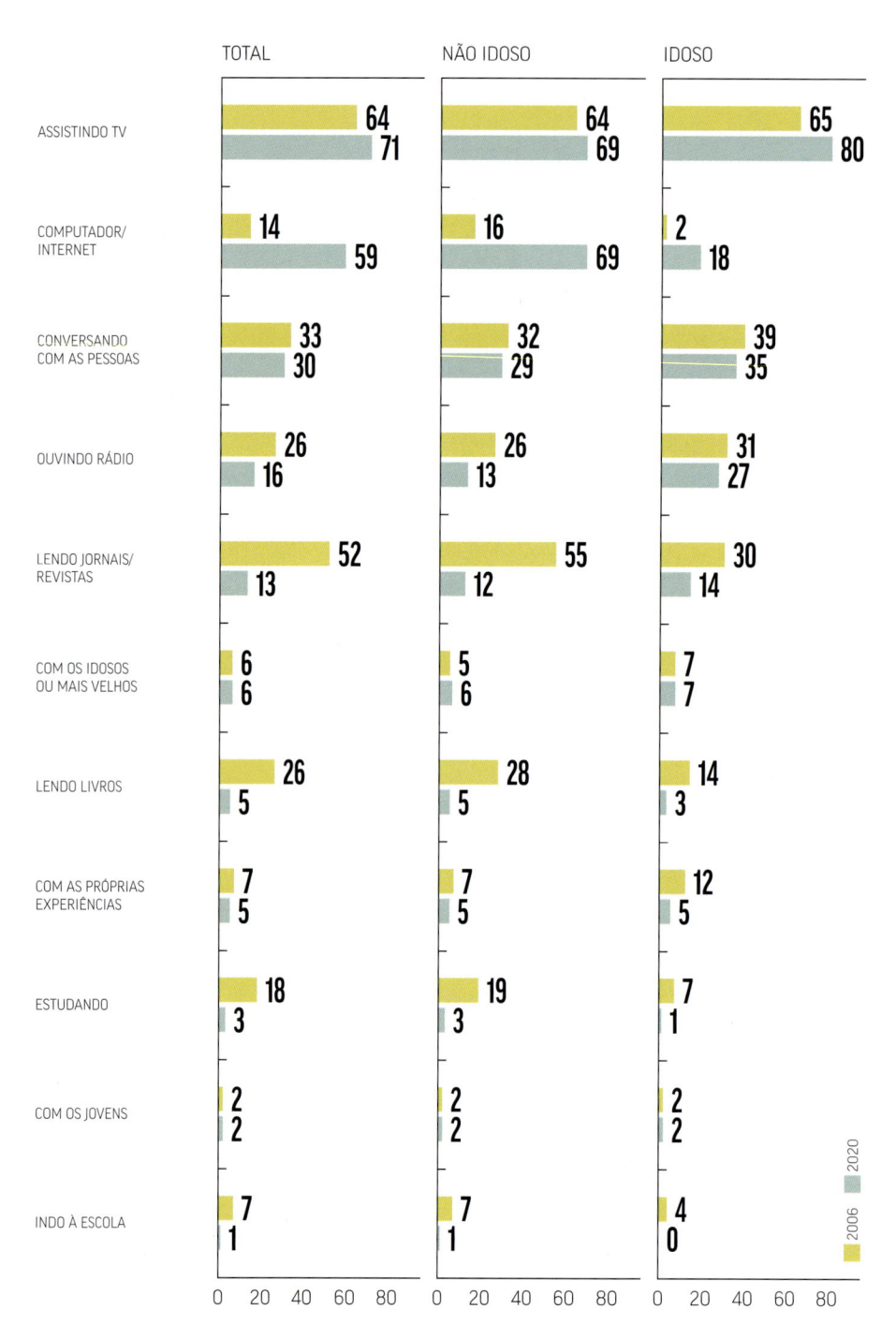

	TOTAL	NÃO IDOSO	IDOSO
ASSISTINDO TV	64 / 71	64 / 69	65 / 80
COMPUTADOR/ INTERNET	14 / 59	16 / 69	2 / 18
CONVERSANDO COM AS PESSOAS	33 / 30	32 / 29	39 / 35
OUVINDO RÁDIO	26 / 16	26 / 13	31 / 27
LENDO JORNAIS/ REVISTAS	52 / 13	55 / 12	30 / 14
COM OS IDOSOS OU MAIS VELHOS	6 / 6	5 / 6	7 / 7
LENDO LIVROS	26 / 5	28 / 5	14 / 3
COM AS PRÓPRIAS EXPERIÊNCIAS	7 / 5	7 / 5	12 / 5
ESTUDANDO	18 / 3	19 / 3	7 / 1
COM OS JOVENS	2 / 2	2 / 2	2 / 2
INDO À ESCOLA	7 / 1	7 / 1	4 / 0

(valores: 2006 / 2020)

[Base] Amostras A + C (estimulada e múltipla, em %)
[P31] De um modo geral, como o/a sr/a se informa mais sobre os assuntos que te interessam? Por quais outros meios o/a sr/a costuma se informar?

5	EDUCAÇÃO
GRAU DE ESCOLARIDADE	EVOLUÇÃO

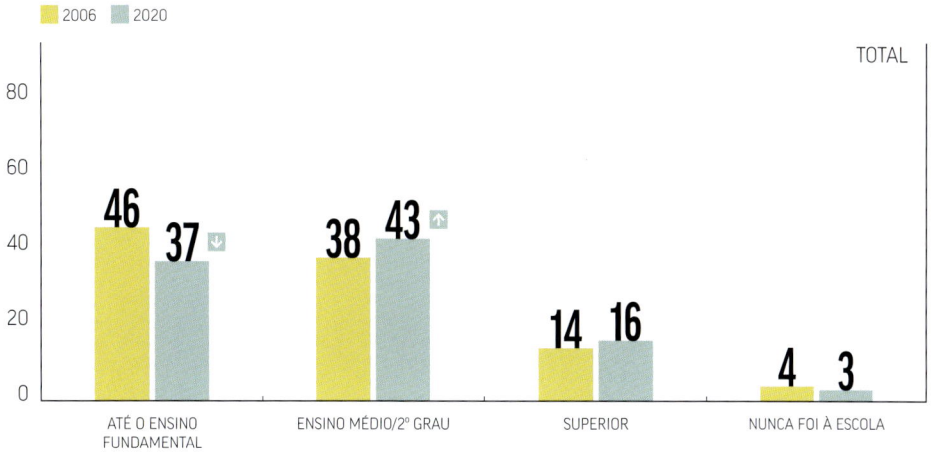

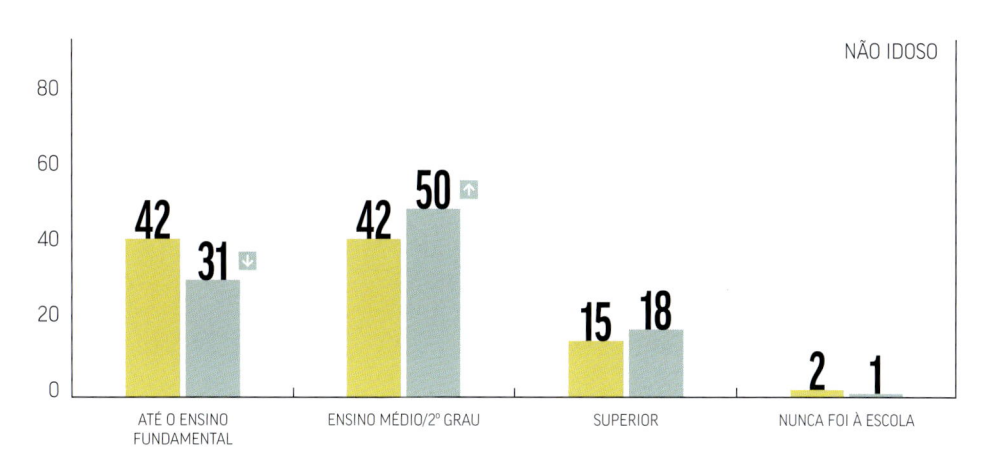

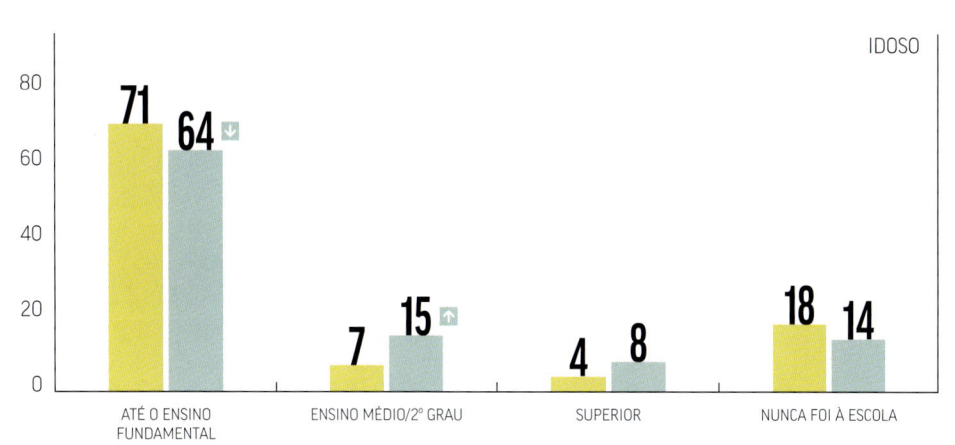

■ 2006 ■ 2020

TOTAL

	ATÉ O ENSINO FUNDAMENTAL	ENSINO MÉDIO/2º GRAU	SUPERIOR	NUNCA FOI À ESCOLA
2006	46	38	14	4
2020	37 ↓	43 ↑	16	3

NÃO IDOSO

	ATÉ O ENSINO FUNDAMENTAL	ENSINO MÉDIO/2º GRAU	SUPERIOR	NUNCA FOI À ESCOLA
2006	42	42	15	2
2020	31 ↓	50 ↑	18	1

IDOSO

	ATÉ O ENSINO FUNDAMENTAL	ENSINO MÉDIO/2º GRAU	SUPERIOR	NUNCA FOI À ESCOLA
2006	71	7	4	18
2020	64 ↓	15 ↑	8	14

[Base] Total da amostra (estimulada e única, em %)
[P18] Escolaridade?

5 EDUCAÇÃO

GRAU DE ESCOLARIDADE

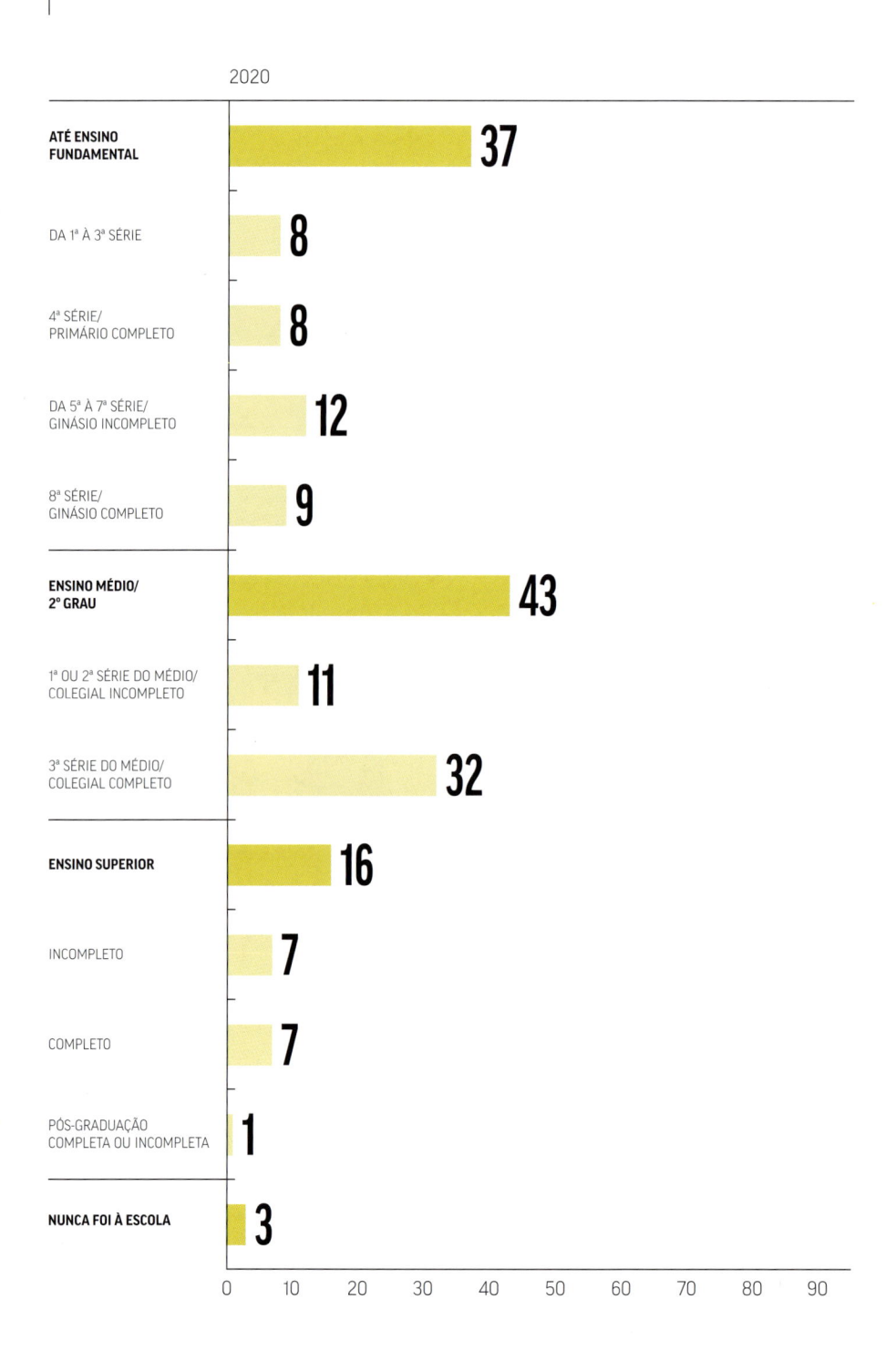

2020

Categoria	%
ATÉ ENSINO FUNDAMENTAL	37
DA 1ª À 3ª SÉRIE	8
4ª SÉRIE/ PRIMÁRIO COMPLETO	8
DA 5ª À 7ª SÉRIE/ GINÁSIO INCOMPLETO	12
8ª SÉRIE/ GINÁSIO COMPLETO	9
ENSINO MÉDIO/ 2º GRAU	43
1ª OU 2ª SÉRIE DO MÉDIO/ COLEGIAL INCOMPLETO	11
3ª SÉRIE DO MÉDIO/ COLEGIAL COMPLETO	32
ENSINO SUPERIOR	16
INCOMPLETO	7
COMPLETO	7
PÓS-GRADUAÇÃO COMPLETA OU INCOMPLETA	1
NUNCA FOI À ESCOLA	3

[Base] Total da amostra (estimulada e única, em %)
[P18] Escolaridade?

5	EDUCAÇÃO
GRAU DE ESCOLARIDADE	COMPARATIVO RAÇA/COR

Legenda: TOTAL | BRANCOS/AS | PARDOS/AS | PRETOS/AS

TOTAL

	TOTAL	BRANCOS/AS	PARDOS/AS	PRETOS/AS
ENSINO FUNDAMENTAL	37	34	39	38
ENSINO MÉDIO/2º GRAU	43	42	44	46
SUPERIOR	16	21	13	12
NUNCA FOI À ESCOLA	3	3	3	4

HOMENS IDOSOS

	TOTAL	BRANCOS/AS	PARDOS/AS	PRETOS/AS
ENSINO FUNDAMENTAL	62	56	65	71
ENSINO MÉDIO/2º GRAU	16	18	16	15
SUPERIOR	8	13	6	2
NUNCA FOI À ESCOLA	13	13	13	13

MULHERES IDOSAS

	TOTAL	BRANCOS/AS	PARDOS/AS	PRETOS/AS
ENSINO FUNDAMENTAL	65	63	67	67
ENSINO MÉDIO/2º GRAU	14	14	15	10
SUPERIOR	7	12	5	4
NUNCA FOI À ESCOLA	14	11	12	20

[Base] Total da amostra (estimulada e única, em %)
[P18] Escolaridade?

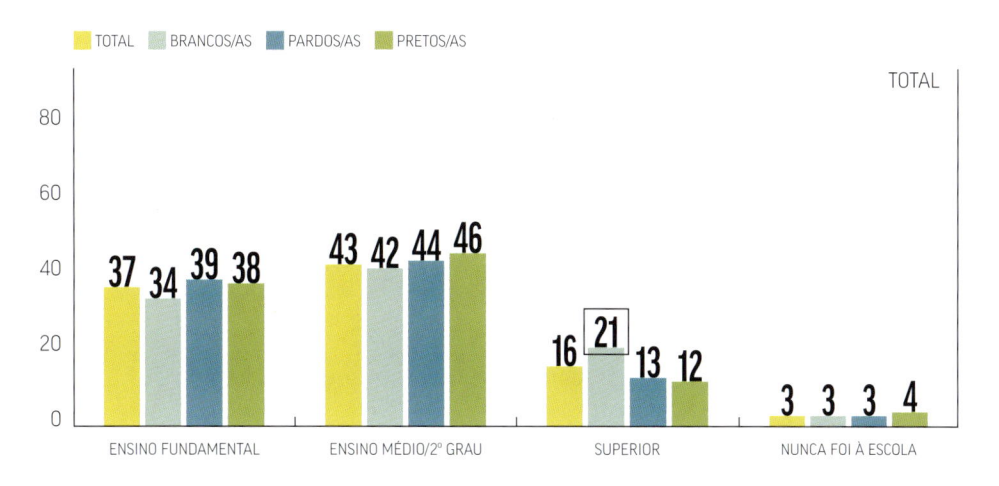

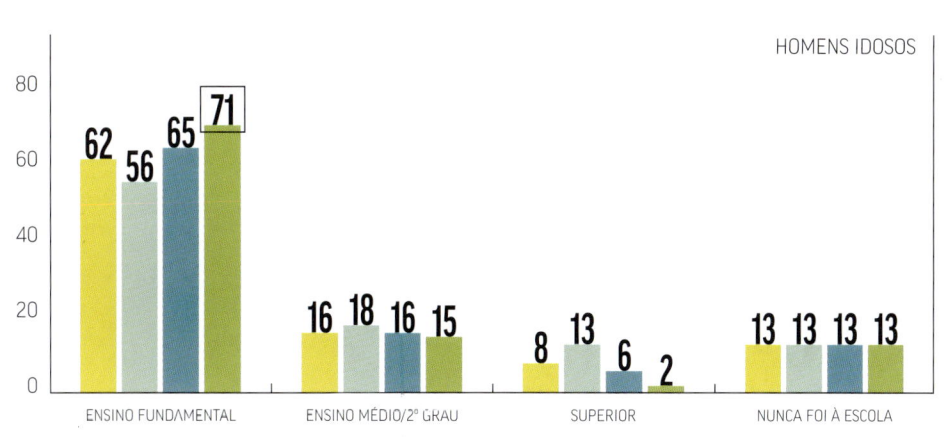

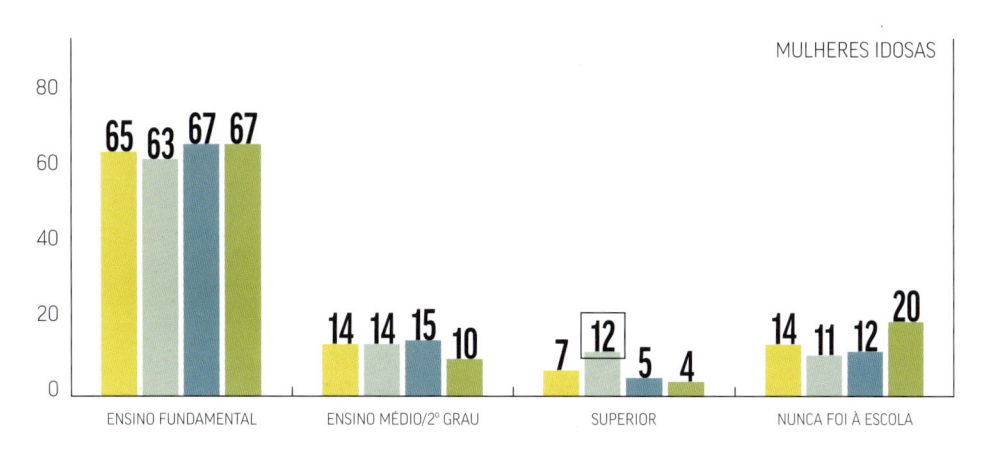

5 EDUCAÇÃO

GRAU DE ESCOLARIDADE/FACILIDADE EM LER E ESCREVER | EVOLUÇÃO

■ NUNCA FOI À ESCOLA ■ FUNDAMENTAL ■ ENSINO MÉDIO/2º GRAU ■ SUPERIOR

| 3 | 37 | 42 | 16 |

■ SABE LER E ESCREVER ■ NÃO SABE

| 77 | 7 |

■ CONSIDERA FÁCIL ■ CONSIDERA DIFÍCIL ■ SABE LER E ESCREVER APENAS O NOME

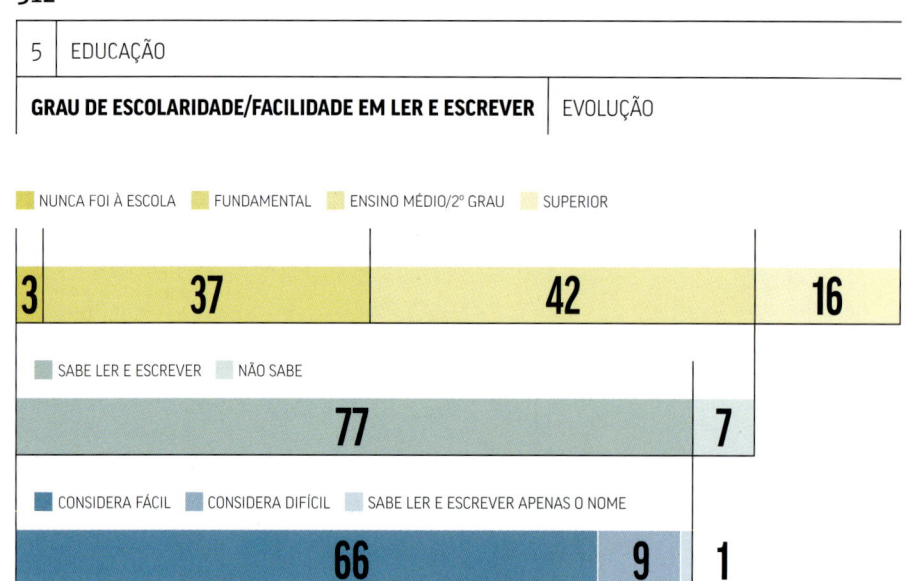

| 66 | 9 | 1 |

	2006	2020
ATÉ ENSINO FUNDAMENTAL OU SE NUNCA FOI À ESCOLA	**49%**	**41%**
BASES	3759	4144
SABE LER E ESCREVER	43	34
Considera fácil	31	26
Considera difícil	10	8
Sabe ler e escrever apenas o nome	1	1
NÃO SABE LER E ESCREVER	6	6

	TOTAL	ATÉ FUNDAMENTAL	NUNCA FOI À ESCOLA	1ª A 4ª SÉRIE (1º AO 5º ANO)	DE 5ª A 8ª SÉRIE (6º AO 9º ANO)	ENSINO MÉDIO
PESO	100%	41%	3%	16%	22%	43%
ATÉ ENSINO MÉDIO OU SE NUNCA FOI À ESCOLA	**84**	**41**	**3**	**16**	**22**	**43**
SABE LER E ESCREVER	77	84	19	79	97	98
Considera fácil	66	63	6	47	83	94
Considera difícil	9	18	5	28	14	4
Sabe ler e escrever apenas o nome	1	3	7	5	1	0
NÃO SABE LER E ESCREVER	7	16	80	20	3	2

[Base] Total das amostras (estimulada e única, em %)
[P25/P26/P27] O(a) sr(a) sabe ler e escrever? Escrever e ler é uma atividade que o(a) sr(a) considera: __?

5 | EDUCAÇÃO
CONTATO COM A INTERNET | EVOLUÇÃO

CONHECIMENTO E FREQUÊNCIA DE USO DA INTERNET

2006: 63 | 37
2020: 81 | 19

	TOTAL	HOMENS	MULHERES
SABE O QUE É	81	80	81
USA SEMPRE	23	23	23
USOU ALGUMAS VEZES	20	20	20
NUNCA USOU	38	37	38
NÃO SABE O QUE É	19	18	19

FREQUÊNCIA DE USO DE REDES SOCIAIS

	SEMPRE	DE VEZ EM QUANDO	RARAMENTE	NUNCA USOU
TOTAL	67	10	4	19
NÃO IDOSO	77	11	4	8
IDOSO	25	7	6	62

FREQUÊNCIA DE USO DE APLICATIVOS

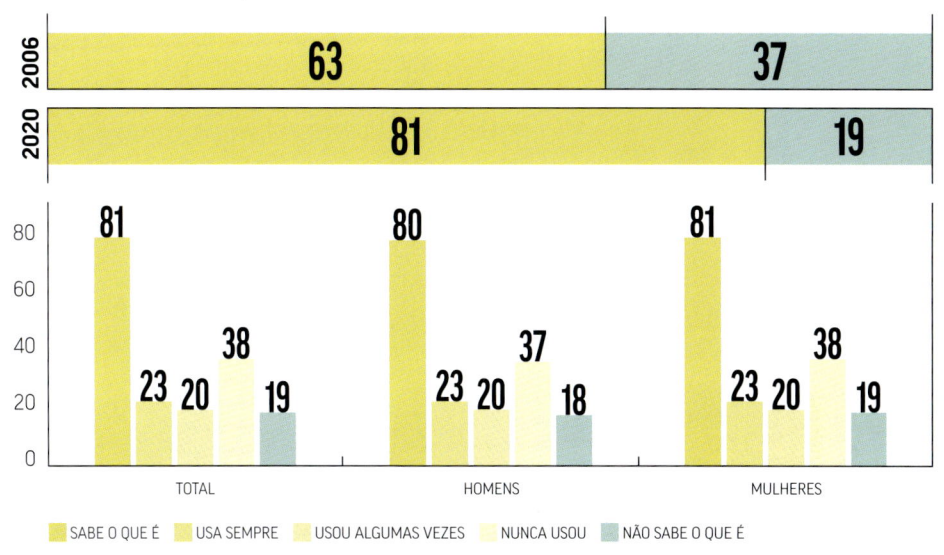

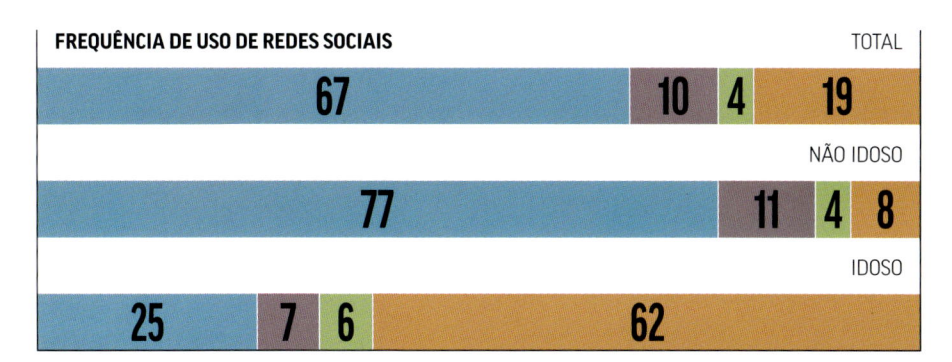

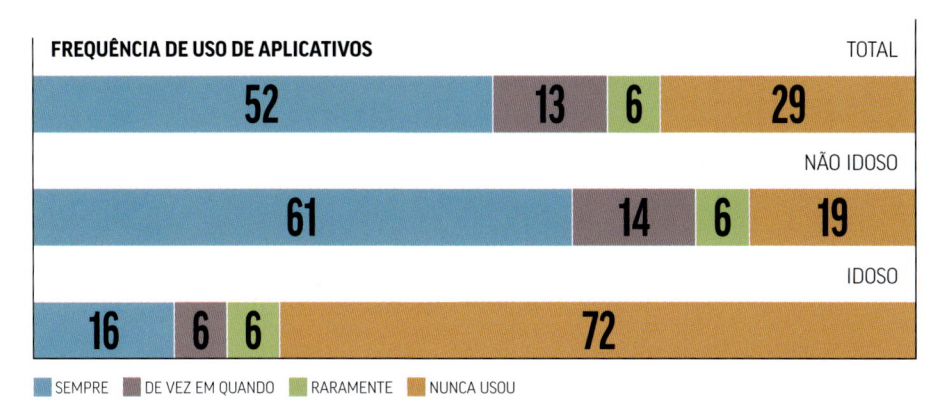

	SEMPRE	DE VEZ EM QUANDO	RARAMENTE	NUNCA USOU
TOTAL	52	13	6	29
NÃO IDOSO	61	14	6	19
IDOSO	16	6	6	72

[Base] Amostras A + B (estimulada e única, em %) | [P32] Falando da Internet, o/a sr/a diria que: | [P33a/b] O/a sr/a costuma utilizar alguma rede social, como WhatsApp, Facebook ou outra? E algum tipo de aplicativo para acessar banco, notícias ou outra informação? Com que frequência?

5 EDUCAÇÃO

CONTATO COM A INTERNET | GÊNERO/RAÇA/COR: USO DE INTERNET

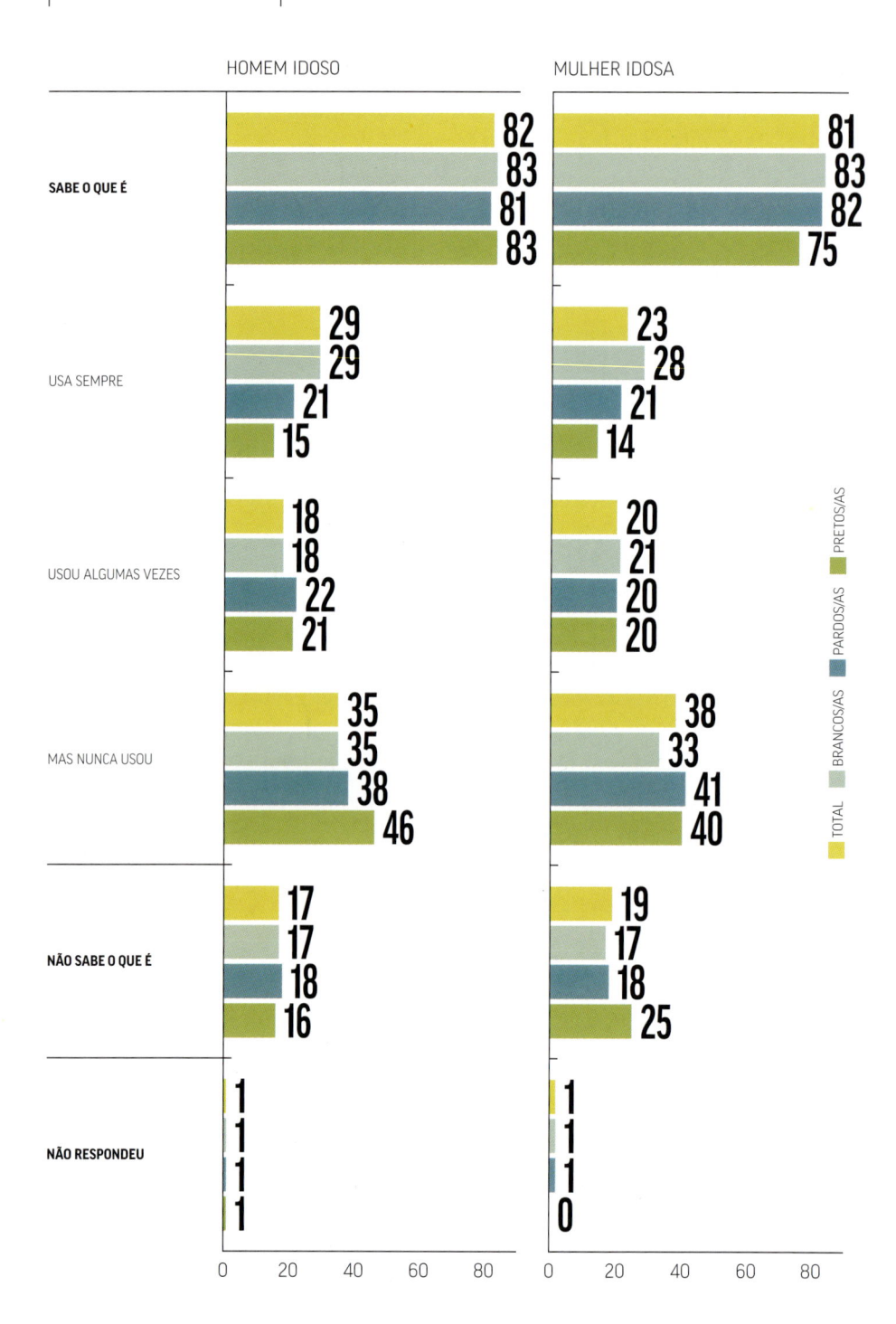

	HOMEM IDOSO	MULHER IDOSA
SABE O QUE É	Total: 82, Brancos/as: 83, Pardos/as: 81, Pretos/as: 83	Total: 81, Brancos/as: 83, Pardos/as: 82, Pretos/as: 75
USA SEMPRE	Total: 29, Brancos/as: 29, Pardos/as: 21, Pretos/as: 15	Total: 23, Brancos/as: 28, Pardos/as: 21, Pretos/as: 14
USOU ALGUMAS VEZES	Total: 18, Brancos/as: 18, Pardos/as: 22, Pretos/as: 21	Total: 20, Brancos/as: 21, Pardos/as: 20, Pretos/as: 20
MAS NUNCA USOU	Total: 35, Brancos/as: 35, Pardos/as: 38, Pretos/as: 46	Total: 38, Brancos/as: 33, Pardos/as: 41, Pretos/as: 40
NÃO SABE O QUE É	Total: 17, Brancos/as: 17, Pardos/as: 18, Pretos/as: 16	Total: 19, Brancos/as: 17, Pardos/as: 18, Pretos/as: 25
NÃO RESPONDEU	Total: 1, Brancos/as: 1, Pardos/as: 1, Pretos/as: 1	Total: 1, Brancos/as: 1, Pardos/as: 1, Pretos/as: 0

[Base] Amostras A + B (estimulada e única, em %)
[P32] Falando da Internet, o/a sr/a diria que: | [P33a/b] O/a sr/a costuma utilizar alguma rede social, como WhatsApp, Facebook ou outra? E algum tipo de aplicativo para acessar banco, notícias ou outra informação? Com que frequência?

5 | EDUCAÇÃO

CONTATO COM A INTERNET | GÊNERO/RAÇA/COR: USO DE REDES SOCIAIS

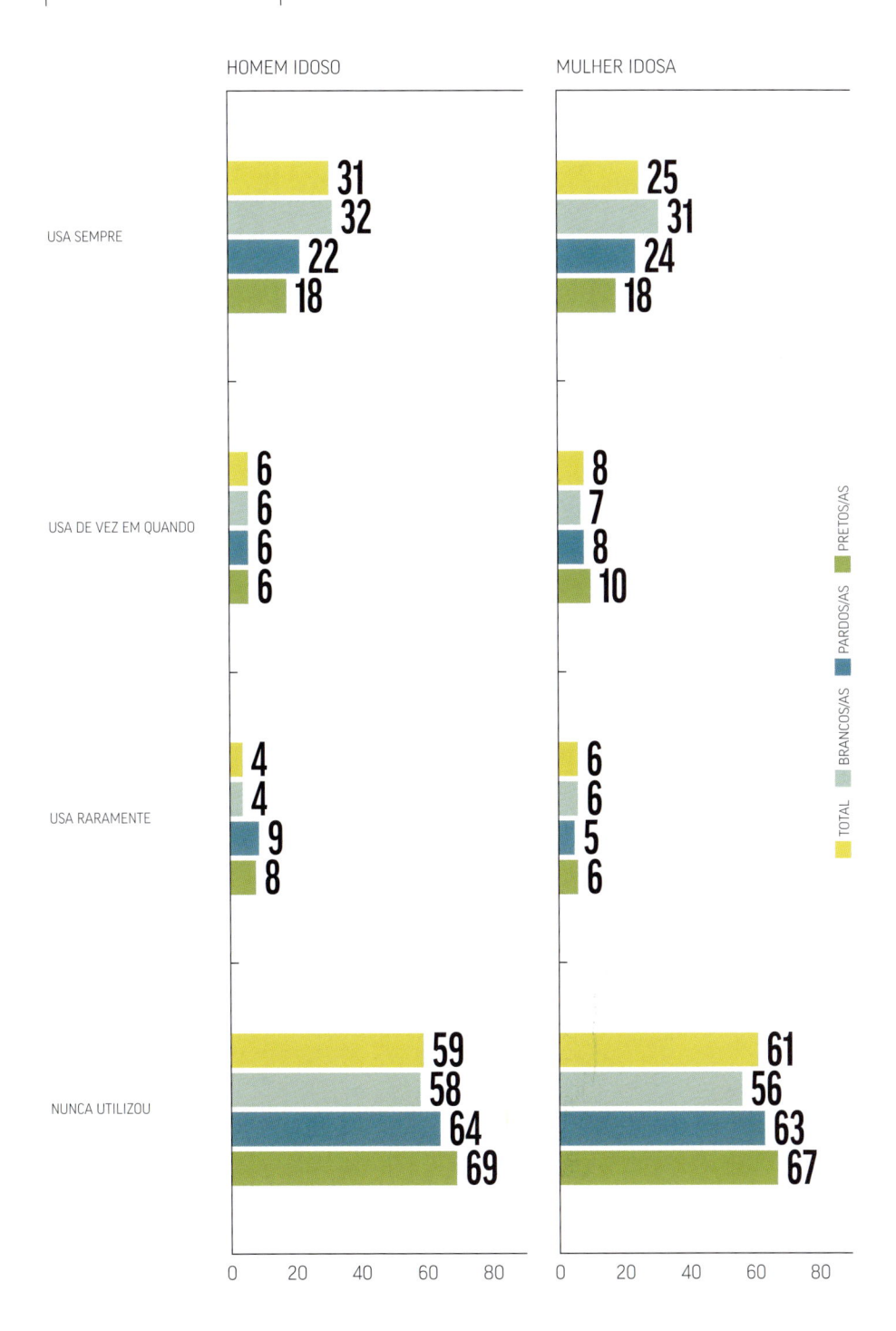

HOMEM IDOSO

USA SEMPRE
- TOTAL: 31
- BRANCOS/AS: 32
- PARDOS/AS: 22
- PRETOS/AS: 18

USA DE VEZ EM QUANDO
- TOTAL: 6
- BRANCOS/AS: 6
- PARDOS/AS: 6
- PRETOS/AS: 6

USA RARAMENTE
- TOTAL: 4
- BRANCOS/AS: 4
- PARDOS/AS: 9
- PRETOS/AS: 8

NUNCA UTILIZOU
- TOTAL: 59
- BRANCOS/AS: 58
- PARDOS/AS: 64
- PRETOS/AS: 69

MULHER IDOSA

USA SEMPRE
- TOTAL: 25
- BRANCOS/AS: 31
- PARDOS/AS: 24
- PRETOS/AS: 18

USA DE VEZ EM QUANDO
- TOTAL: 8
- BRANCOS/AS: 7
- PARDOS/AS: 8
- PRETOS/AS: 10

USA RARAMENTE
- TOTAL: 6
- BRANCOS/AS: 6
- PARDOS/AS: 5
- PRETOS/AS: 6

NUNCA UTILIZOU
- TOTAL: 61
- BRANCOS/AS: 56
- PARDOS/AS: 63
- PRETOS/AS: 67

[Base] Amostras A + B (estimulada e única, em %)
[P32] Falando da Internet, o/a sr/a diria que: | [P33a/b] O/a sr/a costuma utilizar alguma rede social, como WhatsApp, Facebook ou outra? E algum tipo de aplicativo para acessar banco, notícias ou outra informação? Com que frequência?

| 5 | EDUCAÇÃO |

CONTATO COM A INTERNET | GÊNERO/RAÇA/COR: USO DE APLICATIVOS

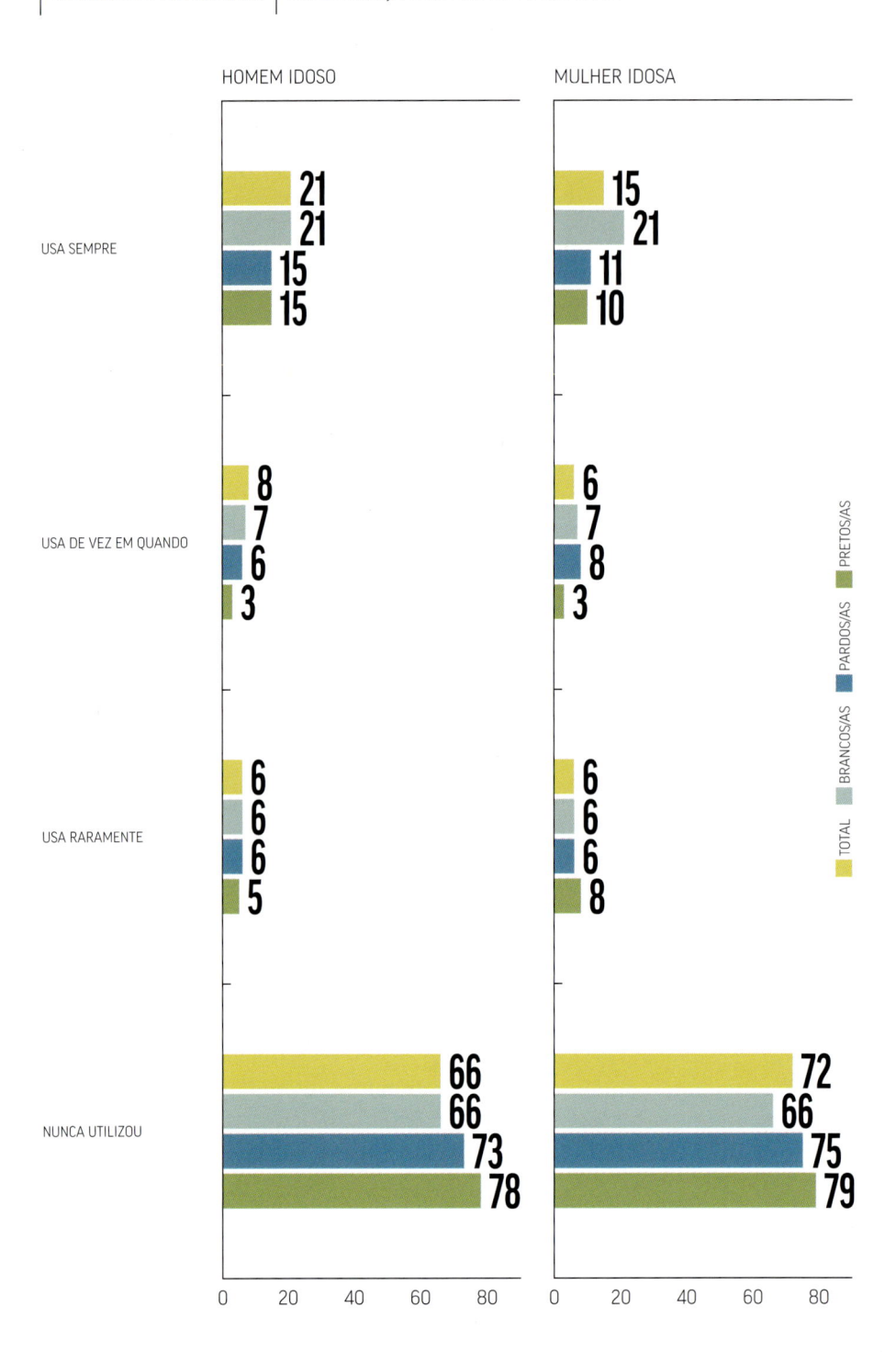

HOMEM IDOSO

USA SEMPRE
- TOTAL: 21
- BRANCOS/AS: 21
- PARDOS/AS: 15
- PRETOS/AS: 15

USA DE VEZ EM QUANDO
- TOTAL: 8
- BRANCOS/AS: 7
- PARDOS/AS: 6
- PRETOS/AS: 3

USA RARAMENTE
- TOTAL: 6
- BRANCOS/AS: 6
- PARDOS/AS: 6
- PRETOS/AS: 5

NUNCA UTILIZOU
- TOTAL: 66
- BRANCOS/AS: 66
- PARDOS/AS: 73
- PRETOS/AS: 78

MULHER IDOSA

USA SEMPRE
- TOTAL: 15
- BRANCOS/AS: 21
- PARDOS/AS: 11
- PRETOS/AS: 10

USA DE VEZ EM QUANDO
- TOTAL: 6
- BRANCOS/AS: 7
- PARDOS/AS: 8
- PRETOS/AS: 3

USA RARAMENTE
- TOTAL: 6
- BRANCOS/AS: 6
- PARDOS/AS: 6
- PRETOS/AS: 8

NUNCA UTILIZOU
- TOTAL: 72
- BRANCOS/AS: 66
- PARDOS/AS: 75
- PRETOS/AS: 79

[Base] Amostras A + B (estimulada e única, em %)
[P32] Falando da Internet, o/a sr/a diria que: | [P33a/b] O/a sr/a costuma utilizar alguma rede social, como WhatsApp, Facebook ou outra? E algum tipo de aplicativo para acessar banco, notícias ou outra informação? Com que frequencia?

| 5 | EDUCAÇÃO |

CONHECIMENTOS OU SABERES QUE POSSUI

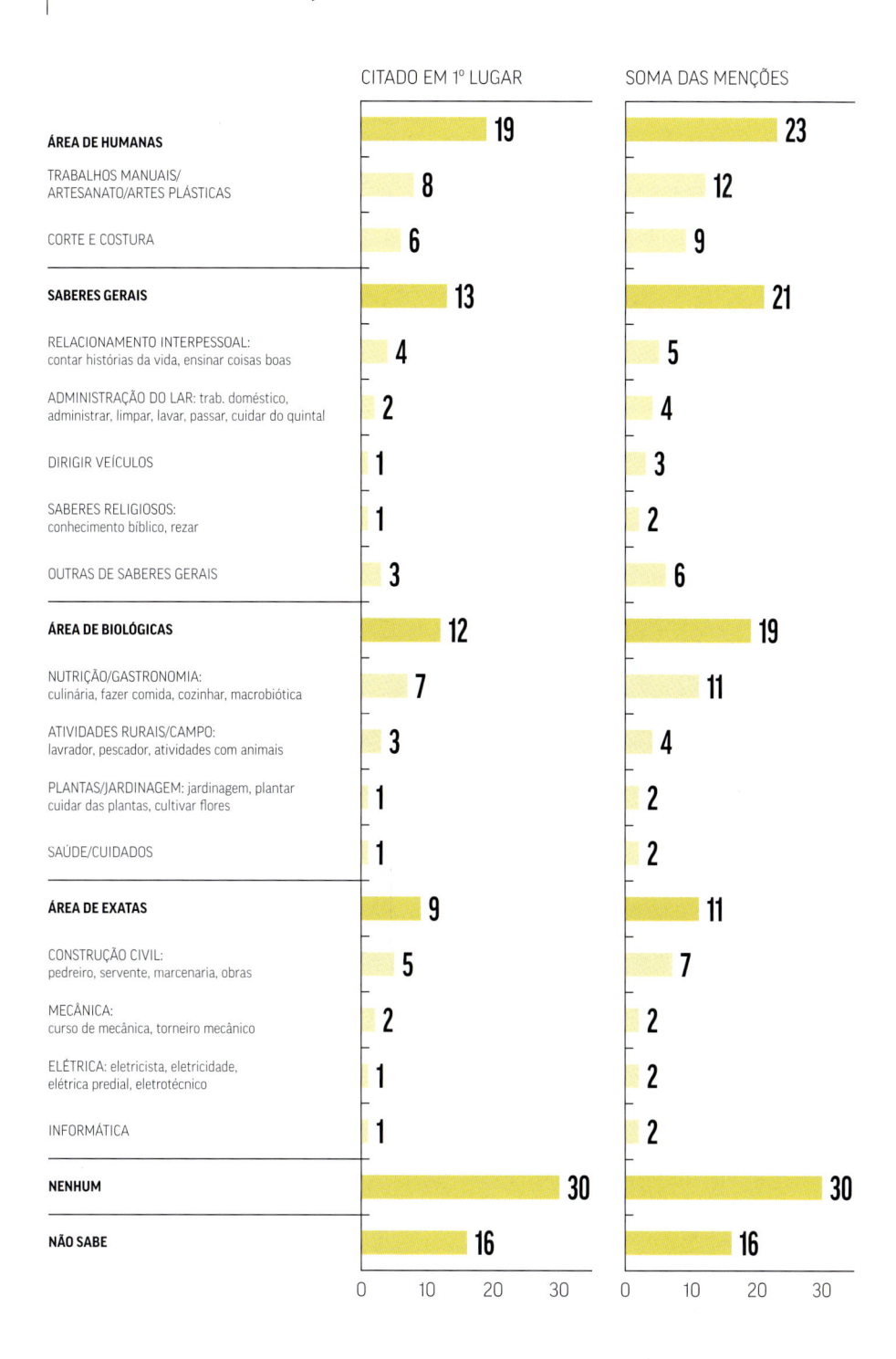

	CITADO EM 1º LUGAR	SOMA DAS MENÇÕES
ÁREA DE HUMANAS	19	23
TRABALHOS MANUAIS/ARTESANATO/ARTES PLÁSTICAS	8	12
CORTE E COSTURA	6	9
SABERES GERAIS	13	21
RELACIONAMENTO INTERPESSOAL: contar histórias da vida, ensinar coisas boas	4	5
ADMINISTRAÇÃO DO LAR: trab. doméstico, administrar, limpar, lavar, passar, cuidar do quintal	2	4
DIRIGIR VEÍCULOS	1	3
SABERES RELIGIOSOS: conhecimento bíblico, rezar	1	2
OUTRAS DE SABERES GERAIS	3	6
ÁREA DE BIOLÓGICAS	12	19
NUTRIÇÃO/GASTRONOMIA: culinária, fazer comida, cozinhar, macrobiótica	7	11
ATIVIDADES RURAIS/CAMPO: lavrador, pescador, atividades com animais	3	4
PLANTAS/JARDINAGEM: jardinagem, plantar cuidar das plantas, cultivar flores	1	2
SAÚDE/CUIDADOS	1	2
ÁREA DE EXATAS	9	11
CONSTRUÇÃO CIVIL: pedreiro, servente, marcenaria, obras	5	7
MECÂNICA: curso de mecânica, torneiro mecânico	2	2
ELÉTRICA: eletricista, eletricidade, elétrica predial, eletrotécnico	1	2
INFORMÁTICA	1	2
NENHUM	30	30
NÃO SABE	16	16

[Base] Amostra A (espontânea, em %)
[P28a] Além do conhecimento formal existem outros saberes. Que outros conhecimentos ou saberes o/a sr/a. diria que possui?

5 EDUCAÇÃO

INTERESSE POR ALGUM CURSO | COMPARATIVO

2006

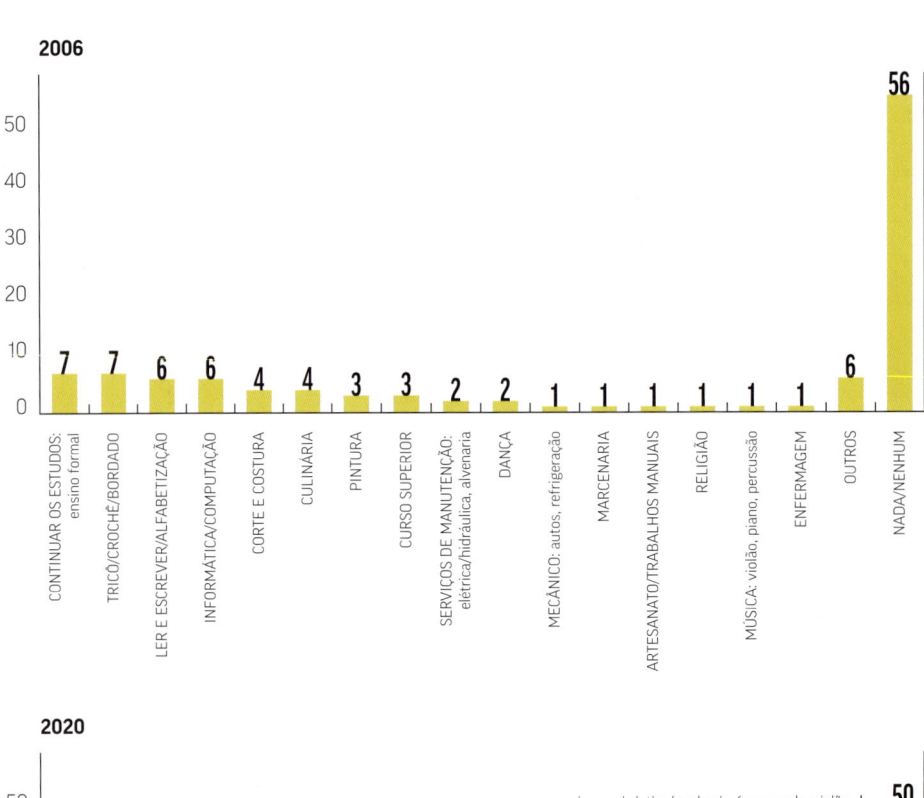

Categoria	%
CONTINUAR OS ESTUDOS: ensino formal	7
TRICÔ/CROCHÊ/BORDADO	7
LER E ESCREVER/ALFABETIZAÇÃO	6
INFORMÁTICA/COMPUTAÇÃO	6
CORTE E COSTURA	4
CULINÁRIA	4
PINTURA	3
CURSO SUPERIOR	3
SERVIÇOS DE MANUTENÇÃO: elétrica/hidráulica, alvenaria	2
DANÇA	2
MECÂNICO: autos, refrigeração	1
MARCENARIA	1
ARTESANATO/TRABALHOS MANUAIS	1
RELIGIÃO	1
MÚSICA: violão, piano, percussão	1
ENFERMAGEM	1
OUTROS	6
NADA/NENHUM	56

2020

Categoria	%
INFORMÁTICA/COMPUTAÇÃO	7
CORTE E COSTURA	6
LER E ESCREVER/ALFABETIZAÇÃO	6
CONTINUAR OS ESTUDOS: ensino formal	5
CURSO SUPERIOR	5
DANÇA	5
TRICÔ/CROCHÊ/BORDADO	5
CULINÁRIA	4
PINTURA	4
RELIGIÃO	3
MARCENARIA	3
MÚSICA	3
ENFERMAGEM	2
ELETRICISTA/ELÉTRICA	1
MECÂNICA	1
CURSO DE LÍNGUAS: espanhol, inglês	1
CUIDADOR DE IDOSOS	1
DIRIGIR/MOTORISTA	1
ARTESANATO	1
OUTROS	4
NADA/NENHUM	50

manicure, ginástica/academia, fazer renda, violão, pós-graduação, cabeleireiro, voar de asa delta, escrever cartas, pedreiro (mestre de obras), atualidades (do país/reciclagem de todos os meus conhecimentos), missionário, terapia alternativa (reiki), cuidar de crianças, confeitaria, curso/treinamento de vendas, segurança, podologia, salvar vidas, natação, laboratório técnico, piloto de corrida, decupagem, libras, piloto de avião, saúde, artefatos de cimento, guarda municipal, energia solar, jogar xadrez, pintura em tecidos, desenho.

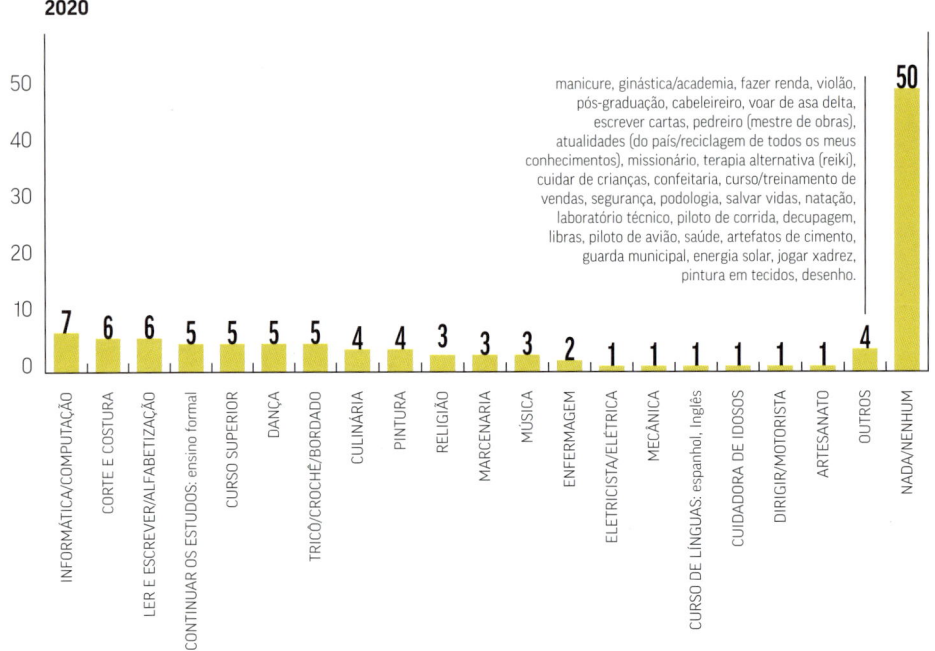

[Base] Amostra A (espontânea e múltipla, em %)
[P29] Se pudesse decidir livremente, sem se preocupar com qualquer problema, o/a sr/a gostaria de fazer ou participar?

6 | SAÚDE

SERVIÇOS DE SAÚDE QUE UTILIZA | COMPARATIVO

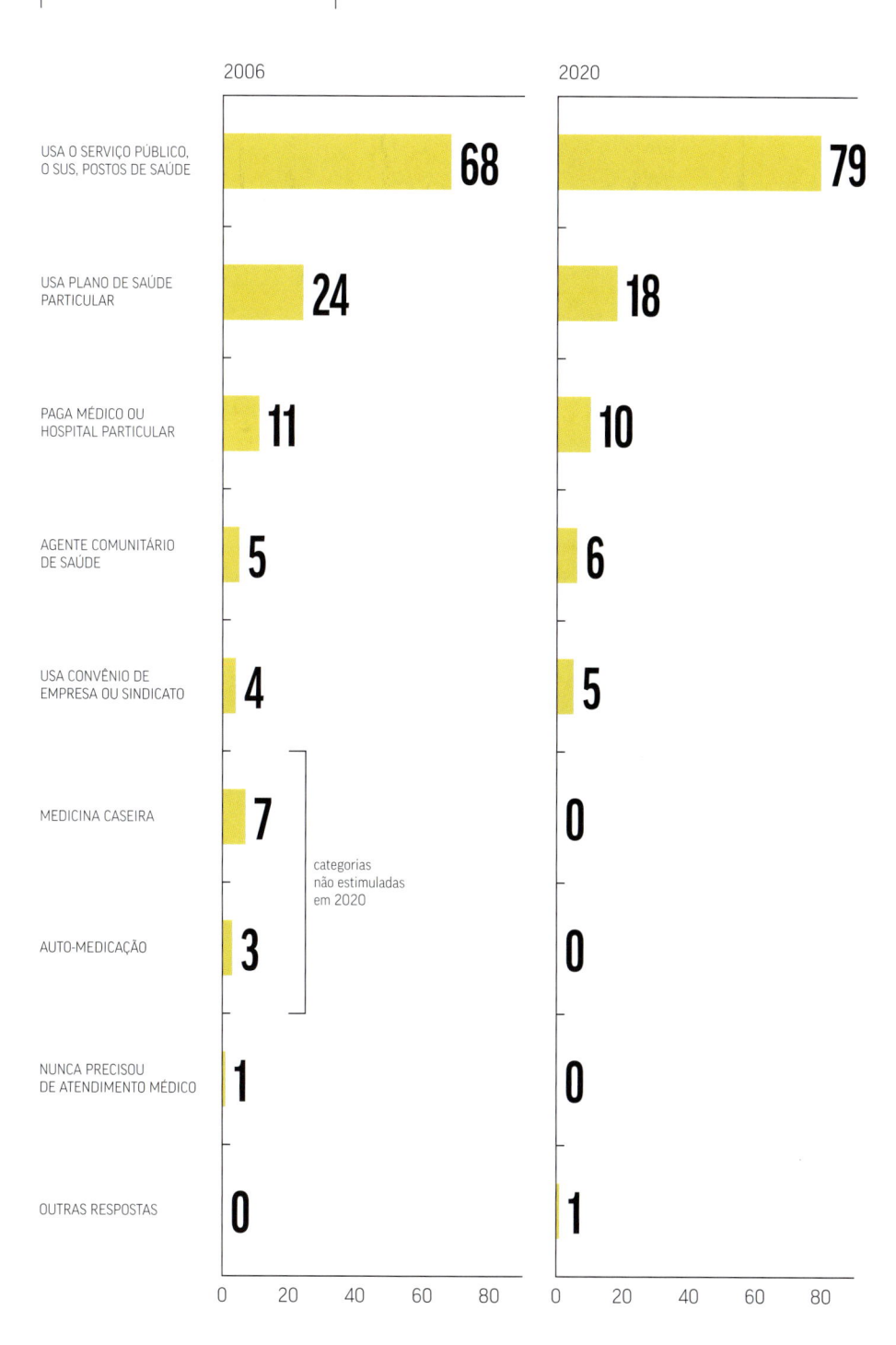

2006

- USA O SERVIÇO PÚBLICO, O SUS, POSTOS DE SAÚDE: 68
- USA PLANO DE SAÚDE PARTICULAR: 24
- PAGA MÉDICO OU HOSPITAL PARTICULAR: 11
- AGENTE COMUNITÁRIO DE SAÚDE: 5
- USA CONVÊNIO DE EMPRESA OU SINDICATO: 4
- MEDICINA CASEIRA: 7
- AUTO-MEDICAÇÃO: 3
- NUNCA PRECISOU DE ATENDIMENTO MÉDICO: 1
- OUTRAS RESPOSTAS: 0

2020

- USA O SERVIÇO PÚBLICO, O SUS, POSTOS DE SAÚDE: 79
- USA PLANO DE SAÚDE PARTICULAR: 18
- PAGA MÉDICO OU HOSPITAL PARTICULAR: 10
- AGENTE COMUNITÁRIO DE SAÚDE: 6
- USA CONVÊNIO DE EMPRESA OU SINDICATO: 5
- MEDICINA CASEIRA: 0
- AUTO-MEDICAÇÃO: 0
- NUNCA PRECISOU DE ATENDIMENTO MÉDICO: 0
- OUTRAS RESPOSTAS: 1

categorias não estimuladas em 2020

[Base] Amostras A + B (estimulada e múltipla, em %)
[P34] Quando o/a sr/a precisa de atendimento médico, o/a sr/a:

6 | SAÚDE

SERVIÇOS DE SAÚDE QUE UTILIZA | COMPARATIVO RAÇA/COR

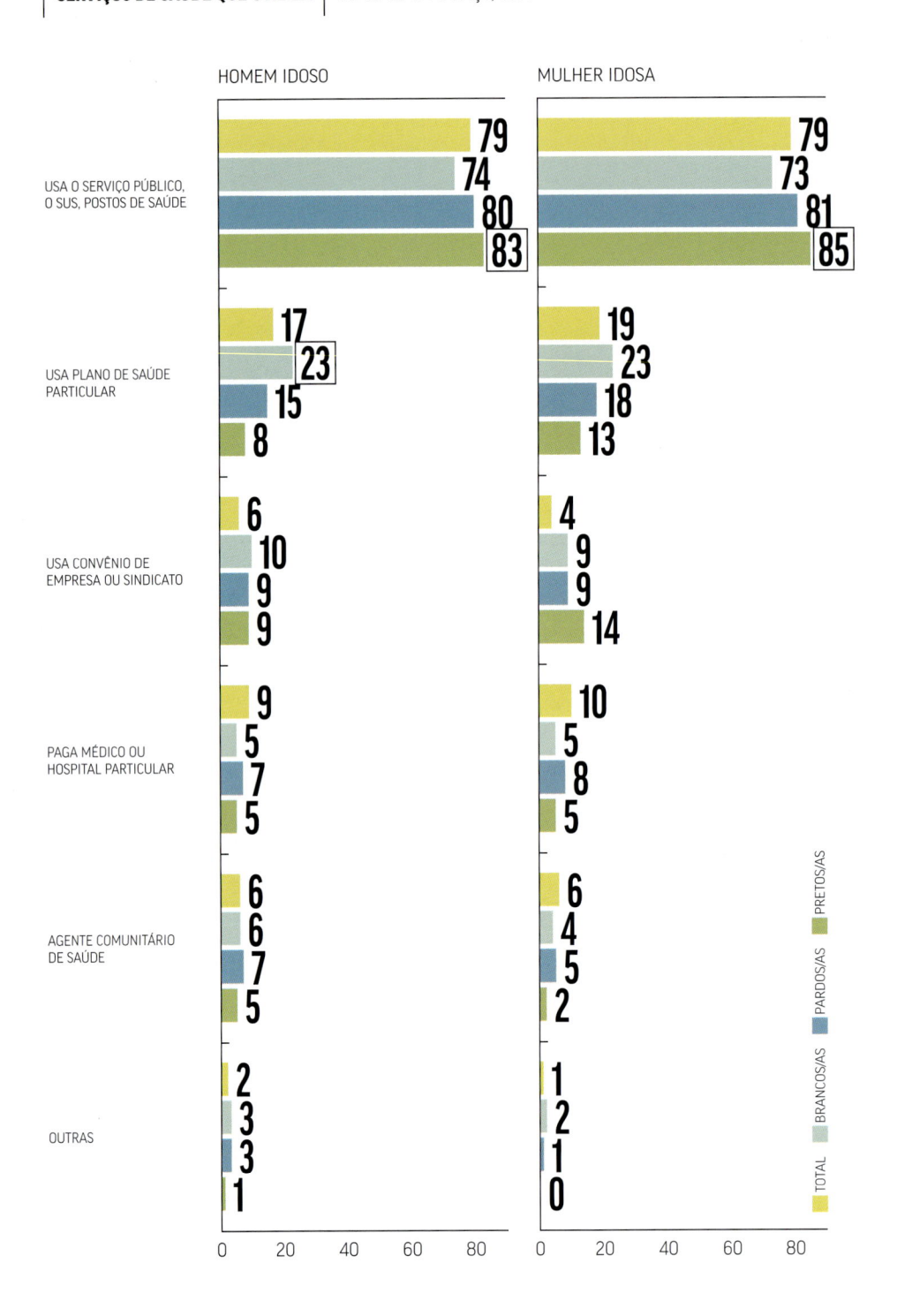

HOMEM IDOSO

USA O SERVIÇO PÚBLICO, O SUS, POSTOS DE SAÚDE
- TOTAL: 79
- BRANCOS/AS: 74
- PARDOS/AS: 80
- PRETOS/AS: 83

USA PLANO DE SAÚDE PARTICULAR
- TOTAL: 17
- BRANCOS/AS: 23
- PARDOS/AS: 15
- PRETOS/AS: 8

USA CONVÊNIO DE EMPRESA OU SINDICATO
- TOTAL: 6
- BRANCOS/AS: 10
- PARDOS/AS: 9
- PRETOS/AS: 9

PAGA MÉDICO OU HOSPITAL PARTICULAR
- TOTAL: 9
- BRANCOS/AS: 5
- PARDOS/AS: 7
- PRETOS/AS: 5

AGENTE COMUNITÁRIO DE SAÚDE
- TOTAL: 6
- BRANCOS/AS: 6
- PARDOS/AS: 7
- PRETOS/AS: 5

OUTRAS
- TOTAL: 2
- BRANCOS/AS: 3
- PARDOS/AS: 3
- PRETOS/AS: 1

MULHER IDOSA

USA O SERVIÇO PÚBLICO, O SUS, POSTOS DE SAÚDE
- TOTAL: 79
- BRANCOS/AS: 73
- PARDOS/AS: 81
- PRETOS/AS: 85

USA PLANO DE SAÚDE PARTICULAR
- TOTAL: 19
- BRANCOS/AS: 23
- PARDOS/AS: 18
- PRETOS/AS: 13

USA CONVÊNIO DE EMPRESA OU SINDICATO
- TOTAL: 4
- BRANCOS/AS: 9
- PARDOS/AS: 9
- PRETOS/AS: 14

PAGA MÉDICO OU HOSPITAL PARTICULAR
- TOTAL: 10
- BRANCOS/AS: 5
- PARDOS/AS: 8
- PRETOS/AS: 5

AGENTE COMUNITÁRIO DE SAÚDE
- TOTAL: 6
- BRANCOS/AS: 4
- PARDOS/AS: 5
- PRETOS/AS: 2

OUTRAS
- TOTAL: 1
- BRANCOS/AS: 2
- PARDOS/AS: 1
- PRETOS/AS: 0

[Base] Total das amostras (estimulada e múltipla, em %)
[P34] (TODOS) Quando o/a sr/a precisa de atendimento médico, o/a sr/a:

6 | SAÚDE

FORMA DE OBTENÇÃO DE REMÉDIOS | COMPARATIVO

2006

- PAGA: **71**
- PROCURA GRATUITAMENTE NOS POSTOS DE SAÚDE, SUS: **51**
- PEDE QUE ALGUM FAMILIAR PAGUE: **5**
- USA MEDICAÇÃO CASEIRA: **3**
- NUNCA USOU NENHUM REMÉDIO: **1**

2020

- PAGA: **71**
- PROCURA GRATUITAMENTE NOS POSTOS DE SAÚDE, SUS: **62** ↑
- PEDE QUE ALGUM FAMILIAR PAGUE: **4**
- USA MEDICAÇÃO CASEIRA: **4**
- NUNCA USOU NENHUM REMÉDIO: **1**

[Base] Amostra B (espontânea e múltipla, em %)
[P35] Quando o/a sr/a precisa de remédios, como faz para obter?

6 SAÚDE

FORMA DE OBTENÇÃO DE REMÉDIOS | COMPARATIVO RAÇA/COR

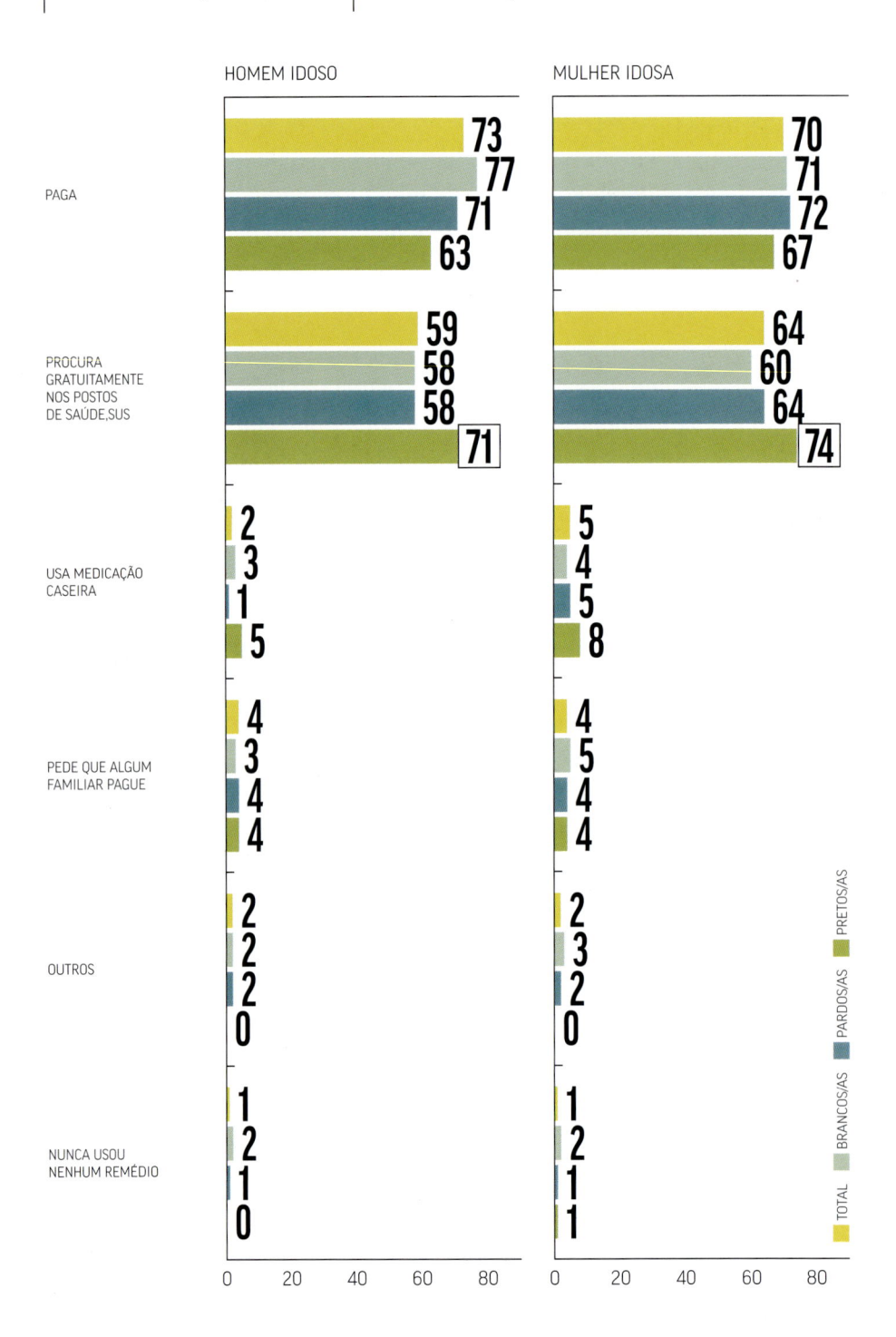

HOMEM IDOSO

PAGA
- TOTAL: 73
- BRANCOS/AS: 77
- PARDOS/AS: 71
- PRETOS/AS: 63

PROCURA GRATUITAMENTE NOS POSTOS DE SAÚDE, SUS
- TOTAL: 59
- BRANCOS/AS: 58
- PARDOS/AS: 58
- PRETOS/AS: 71

USA MEDICAÇÃO CASEIRA
- TOTAL: 2
- BRANCOS/AS: 3
- PARDOS/AS: 1
- PRETOS/AS: 5

PEDE QUE ALGUM FAMILIAR PAGUE
- TOTAL: 4
- BRANCOS/AS: 3
- PARDOS/AS: 4
- PRETOS/AS: 4

OUTROS
- TOTAL: 2
- BRANCOS/AS: 2
- PARDOS/AS: 2
- PRETOS/AS: 0

NUNCA USOU NENHUM REMÉDIO
- TOTAL: 1
- BRANCOS/AS: 2
- PARDOS/AS: 1
- PRETOS/AS: 0

MULHER IDOSA

PAGA
- TOTAL: 70
- BRANCOS/AS: 71
- PARDOS/AS: 72
- PRETOS/AS: 67

PROCURA GRATUITAMENTE NOS POSTOS DE SAÚDE, SUS
- TOTAL: 64
- BRANCOS/AS: 60
- PARDOS/AS: 64
- PRETOS/AS: 74

USA MEDICAÇÃO CASEIRA
- TOTAL: 5
- BRANCOS/AS: 4
- PARDOS/AS: 5
- PRETOS/AS: 8

PEDE QUE ALGUM FAMILIAR PAGUE
- TOTAL: 4
- BRANCOS/AS: 5
- PARDOS/AS: 4
- PRETOS/AS: 4

OUTROS
- TOTAL: 2
- BRANCOS/AS: 3
- PARDOS/AS: 2
- PRETOS/AS: 0

NUNCA USOU NENHUM REMÉDIO
- TOTAL: 1
- BRANCOS/AS: 2
- PARDOS/AS: 1
- PRETOS/AS: 1

[Base] Total das amostras (estimulada e múltipla, em %)
[P35] Quando o/a sr/a precisa de remédios, como faz para obter?

6 | SAÚDE

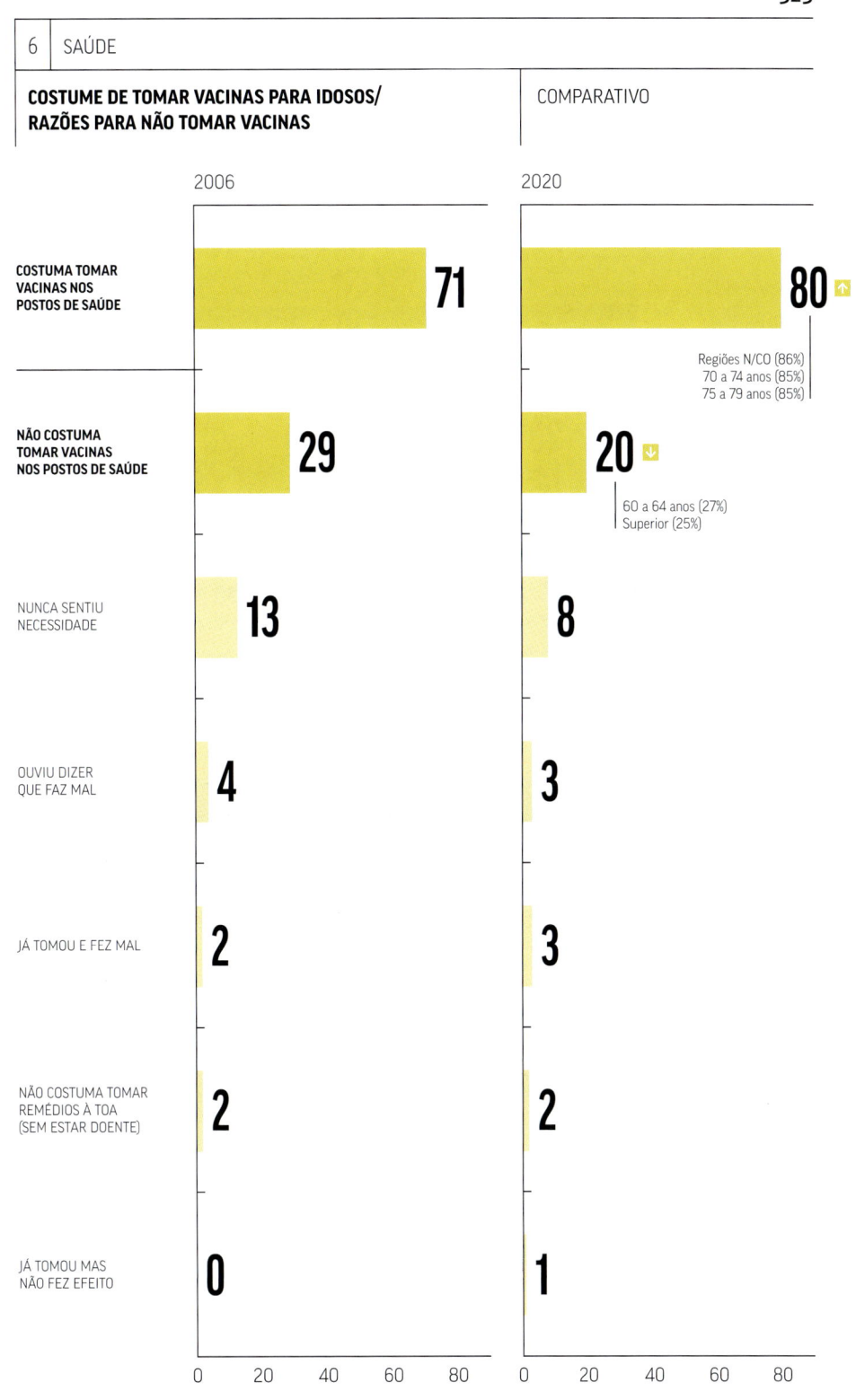

COSTUME DE TOMAR VACINAS PARA IDOSOS / RAZÕES PARA NÃO TOMAR VACINAS | COMPARATIVO

2006 | 2020

	2006	2020
COSTUMA TOMAR VACINAS NOS POSTOS DE SAÚDE	71	80 ↑
NÃO COSTUMA TOMAR VACINAS NOS POSTOS DE SAÚDE	29	20 ↓
NUNCA SENTIU NECESSIDADE	13	8
OUVIU DIZER QUE FAZ MAL	4	3
JÁ TOMOU E FEZ MAL	2	3
NÃO COSTUMA TOMAR REMÉDIOS À TOA (SEM ESTAR DOENTE)	2	2
JÁ TOMOU MAS NÃO FEZ EFEITO	0	1

Destaques 2020 (COSTUMA TOMAR):
- Regiões N/CO (86%)
- 70 a 74 anos (85%)
- 75 a 79 anos (85%)

Destaques 2020 (NÃO COSTUMA TOMAR):
- 60 a 64 anos (27%)
- Superior (25%)

[Base] Amostra B (espontânea e múltipla, em %)
[P36] O/a sr/a costuma tomar vacinas oferecidas gratuitamente nos postos de saúde para as pessoas idosas? | [P37] (se não) Por que o/a sr/a não costuma tomar as vacinas oferecidas gratuitamente nos postos de saúde?

6 SAÚDE

COSTUME DE TOMAR VACINAS PARA IDOSOS/ RAZÕES PARA NÃO TOMAR VACINAS | COMPARATIVO GÊNERO/RAÇA-COR

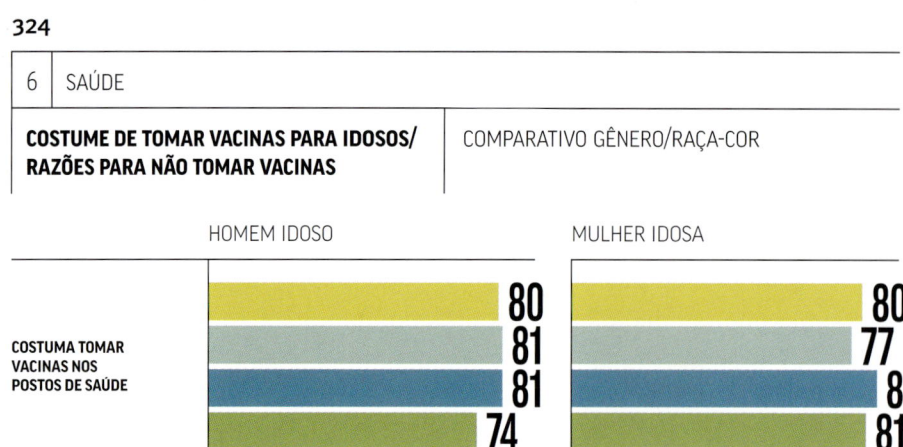

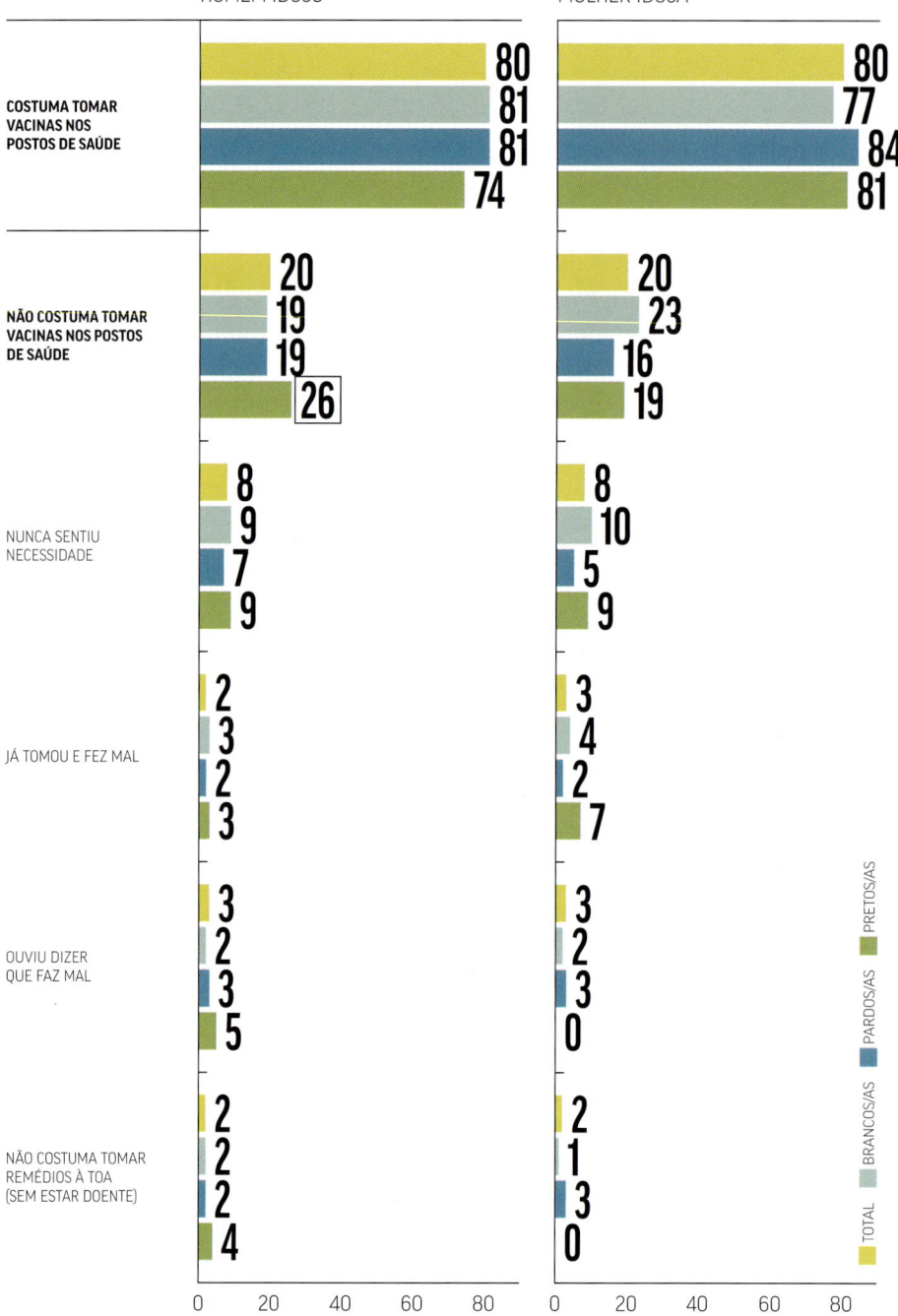

	HOMEM IDOSO	MULHER IDOSA
COSTUMA TOMAR VACINAS NOS POSTOS DE SAÚDE	TOTAL: 80 / BRANCOS/AS: 81 / PARDOS/AS: 81 / PRETOS/AS: 74	TOTAL: 80 / BRANCOS/AS: 77 / PARDOS/AS: 84 / PRETOS/AS: 81
NÃO COSTUMA TOMAR VACINAS NOS POSTOS DE SAÚDE	TOTAL: 20 / BRANCOS/AS: 19 / PARDOS/AS: 19 / PRETOS/AS: 26	TOTAL: 20 / BRANCOS/AS: 23 / PARDOS/AS: 16 / PRETOS/AS: 19
NUNCA SENTIU NECESSIDADE	TOTAL: 8 / BRANCOS/AS: 9 / PARDOS/AS: 7 / PRETOS/AS: 9	TOTAL: 8 / BRANCOS/AS: 10 / PARDOS/AS: 5 / PRETOS/AS: 9
JÁ TOMOU E FEZ MAL	TOTAL: 2 / BRANCOS/AS: 3 / PARDOS/AS: 2 / PRETOS/AS: 3	TOTAL: 3 / BRANCOS/AS: 4 / PARDOS/AS: 2 / PRETOS/AS: 7
OUVIU DIZER QUE FAZ MAL	TOTAL: 3 / BRANCOS/AS: 2 / PARDOS/AS: 3 / PRETOS/AS: 5	TOTAL: 3 / BRANCOS/AS: 2 / PARDOS/AS: 3 / PRETOS/AS: 0
NÃO COSTUMA TOMAR REMÉDIOS À TOA (SEM ESTAR DOENTE)	TOTAL: 2 / BRANCOS/AS: 2 / PARDOS/AS: 2 / PRETOS/AS: 4	TOTAL: 2 / BRANCOS/AS: 1 / PARDOS/AS: 3 / PRETOS/AS: 0

[Base] Amostra B (espontânea e múltipla, em %)
[P36] O/a sr/a costuma tomar vacinas oferecidas gratuitamente nos postos de saúde para as pessoas idosas? | [P37] (se não) Por que o/a sr/a não costuma tomar as vacinas oferecidas gratuitamente nos postos de saúde?

6 | SAÚDE

MAU ATENDIMENTO, DISCRIMINAÇÃO OU MAUS-TRATOS NO SISTEMA DE SAÚDE DEVIDO À IDADE, NOS ÚLTIMOS 5 ANOS

EVOLUÇÃO

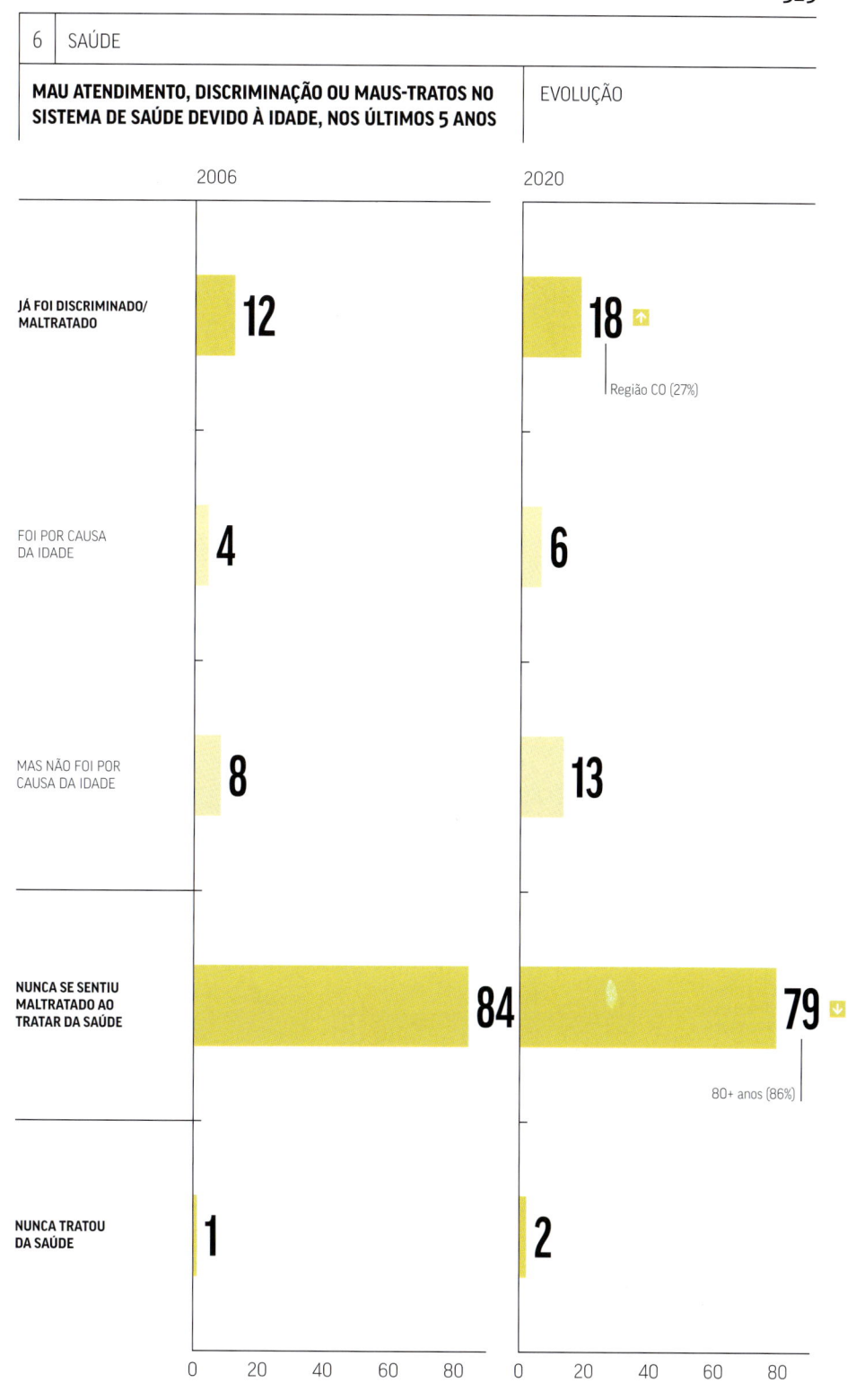

	2006	2020
JÁ FOI DISCRIMINADO/MALTRATADO	12	18 ↑ (Região CO 27%)
FOI POR CAUSA DA IDADE	4	6
MAS NÃO FOI POR CAUSA DA IDADE	8	13
NUNCA SE SENTIU MALTRATADO AO TRATAR DA SAÚDE	84	79 ↓ (80+ anos 86%)
NUNCA TRATOU DA SAÚDE	1	2

[Base] Amostras A + B (estimulada e única, em %)
[P38] Nos últimos 5 anos, o/a sr/a se sentiu mal atendido, discriminado ou mal tratado alguma vez em que precisou tratar da sua saúde? (se sim) O/a sr/a acha que isso foi por causa de sua idade?

6 | SAÚDE

MAU ATENDIMENTO, DISCRIMINAÇÃO OU MAUS-TRATOS NO SISTEMA DE SAÚDE DEVIDO À IDADE, NOS ÚLTIMOS 5 ANOS — COMPARATIVO RAÇA/COR

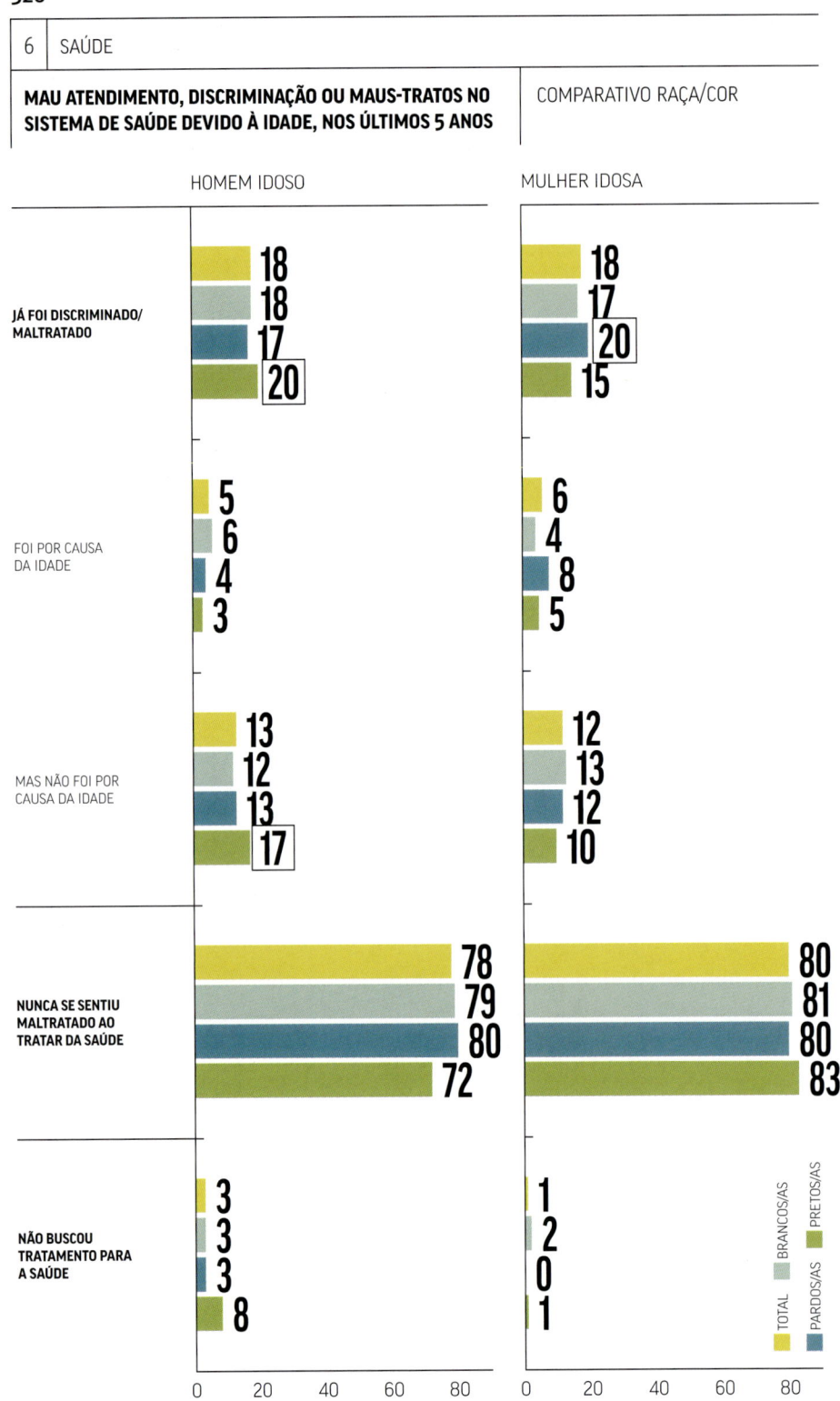

Legenda: TOTAL | BRANCOS/AS | PARDOS/AS | PRETOS/AS

	HOMEM IDOSO	MULHER IDOSA
	TOTAL / BRANCOS/AS / PARDOS/AS / PRETOS/AS	TOTAL / BRANCOS/AS / PARDOS/AS / PRETOS/AS
JÁ FOI DISCRIMINADO/MALTRATADO	18 / 18 / 17 / **20**	18 / 17 / **20** / 15
FOI POR CAUSA DA IDADE	5 / 6 / 4 / 3	6 / 4 / 8 / 5
MAS NÃO FOI POR CAUSA DA IDADE	13 / 12 / 13 / **17**	12 / 13 / 12 / 10
NUNCA SE SENTIU MALTRATADO AO TRATAR DA SAÚDE	78 / 79 / 80 / 72	80 / 81 / 80 / 83
NÃO BUSCOU TRATAMENTO PARA A SAÚDE	3 / 3 / 3 / 8	1 / 2 / 0 / 1

[Base] Total das amostras (estimulada e múltipla, em %)
[P38] Nos últimos 5 anos, o/a sr/a se sentiu mal atendido, discriminado ou mal tratado alguma vez em que precisou tratar da sua saúde? (se sim) O/a sr/a acha que isso foi por causa de sua idade?

7 | RELAÇÕES FAMILIARES E LAÇOS AFETIVOS

AJUDA RECEBIDA E OFERECIDA | COMPARATIVO

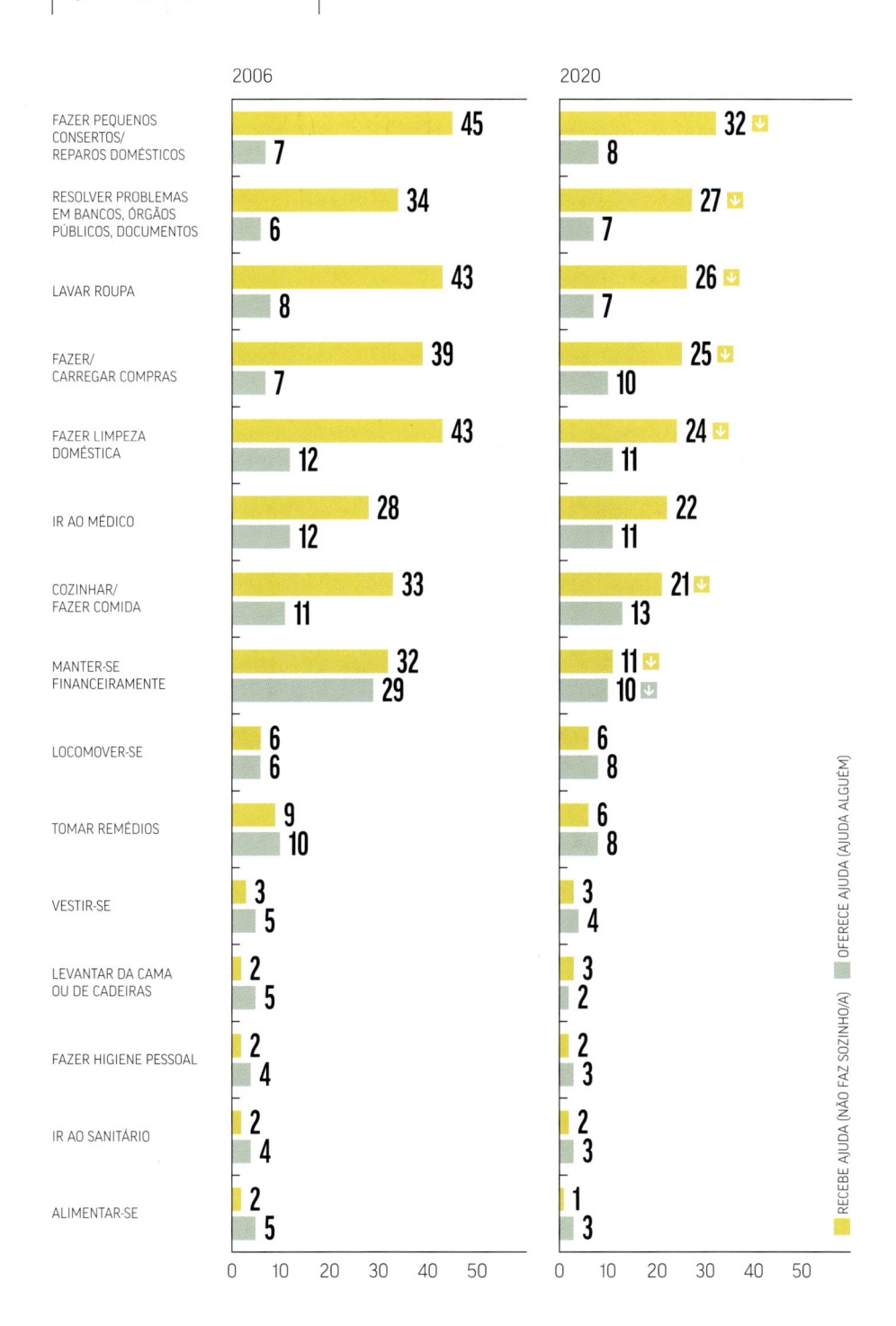

2006 / 2020

Atividade	2006 Recebe ajuda	2006 Oferece ajuda	2020 Recebe ajuda	2020 Oferece ajuda
FAZER PEQUENOS CONSERTOS/ REPAROS DOMÉSTICOS	45	7	32 ⬇	8
RESOLVER PROBLEMAS EM BANCOS, ÓRGÃOS PÚBLICOS, DOCUMENTOS	34	6	27 ⬇	7
LAVAR ROUPA	43	8	26 ⬇	7
FAZER/ CARREGAR COMPRAS	39	7	25 ⬇	10
FAZER LIMPEZA DOMÉSTICA	43	12	24 ⬇	11
IR AO MÉDICO	28	12	22	11
COZINHAR/ FAZER COMIDA	33	11	21 ⬇	13
MANTER-SE FINANCEIRAMENTE	32	29	11 ⬇	10 ⬇
LOCOMOVER-SE	6	6	6	8
TOMAR REMÉDIOS	9	10	6	8
VESTIR-SE	3	5	3	4
LEVANTAR DA CAMA OU DE CADEIRAS	2	5	3	2
FAZER HIGIENE PESSOAL	2	4	2	3
IR AO SANITÁRIO	2	4	2	3
ALIMENTAR-SE	2	5	1	3

RECEBE AJUDA (NÃO FAZ SOZINHO/A) / OFERECE AJUDA (AJUDA ALGUÉM)

[Base] Amostras A + B (espontânea e múltipla, em %)
[P48a/48b] Vou falar algumas coisas que às vezes fazemos sozinhos, às vezes precisamos de ajuda de alguém e em outras ajudamos as pessoas a fazer O(A) sr(a) sozinho(a)? Quem costuma ajudar o(a) sr(a) a: __? | [P49a] O(A) sr(a) ajuda alguém a: __?

7	RELAÇÕES FAMILIARES E LAÇOS AFETIVOS
SENTIMENTO EM RELAÇÃO À FAMÍLIA	COMPARATIVO

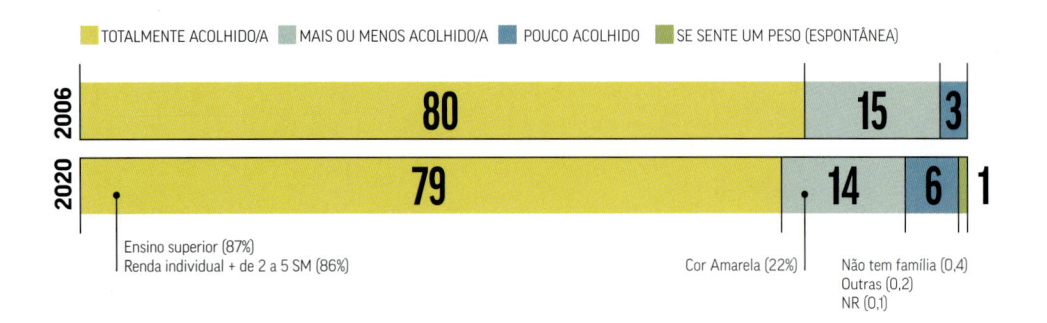

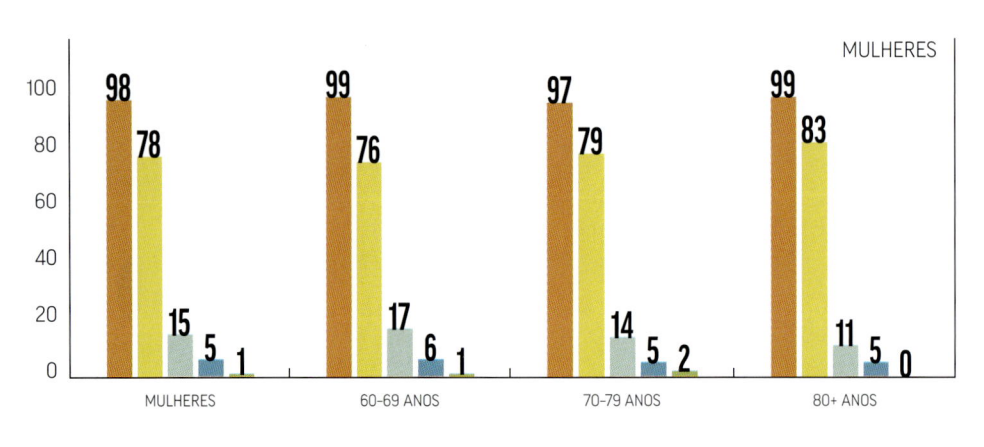

■ TOTALMENTE ACOLHIDO/A ■ MAIS OU MENOS ACOLHIDO/A ■ POUCO ACOLHIDO ■ SE SENTE UM PESO (ESPONTÂNEA)

2006: 80 | 15 | 3

2020: 79 | 14 | 6 | 1

- Ensino superior (87%)
- Renda individual + de 2 a 5 SM (86%)
- Cor Amarela (22%)
- Não tem família (0,4)
- Outras (0,2)
- NR (0,1)

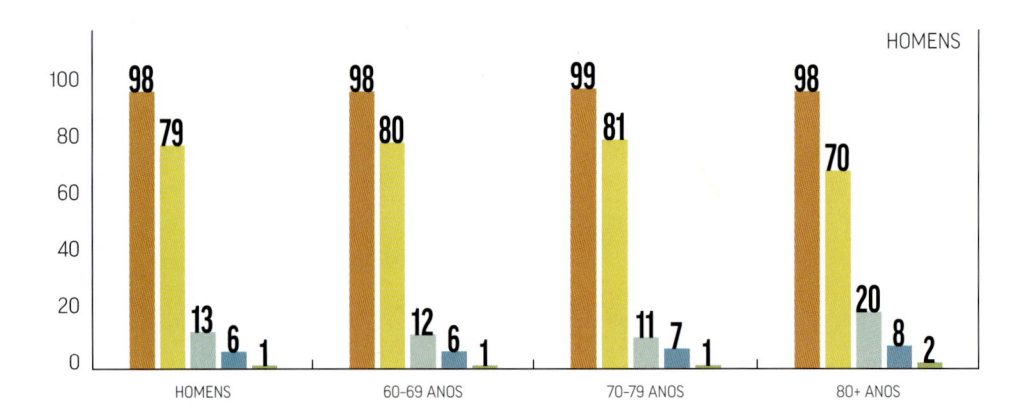

HOMENS

	HOMENS	60-69 ANOS	70-79 ANOS	80+ ANOS
ACOLHIDO	98	98	99	98
TOTALMENTE ACOLHIDO/A	79	80	81	70
MAIS OU MENOS ACOLHIDO/A	13	12	11	20
POUCO ACOLHIDO	6	6	7	8
SE SENTE UM PESO (ESPONTÂNEA)	1	1	1	2

MULHERES

	MULHERES	60-69 ANOS	70-79 ANOS	80+ ANOS
ACOLHIDO	98	99	97	99
TOTALMENTE ACOLHIDO/A	78	76	79	83
MAIS OU MENOS ACOLHIDO/A	15	17	14	11
POUCO ACOLHIDO	5	6	5	5
SE SENTE UM PESO (ESPONTÂNEA)	1	1	2	0

■ ACOLHIDO ■ TOTALMENTE ACOLHIDO/A ■ MAIS OU MENOS ACOLHIDO/A ■ POUCO ACOLHIDO ■ SE SENTE UM PESO (ESPONTÂNEA)

[Base] Amostras A + B (estimulada e única, em %)
2006 [P62] Mudando de assunto, como o/a sr/a se sente em relação à sua família | **2020** [P40] Mudando de assunto, como o/a sr/a se sente em relação à sua família | [nota] *As alternativas de resposta à pergunta foram alteradas na edição de 2020. O termo "à vontade" foi substituído por "acolhido", sem prejuízos de comparação, como demonstram os dados.

7 | RELAÇÕES FAMILIARES E LAÇOS AFETIVOS

RAZÕES DO SENTIMENTO EM RELAÇÃO À FAMÍLIA | COMPARATIVO

	2006	2020
REFERÊNCIAS POSITIVAS	**82**	**81**
Tipo de relação	79	80
Afetuosa	35	55 ↑
Harmônica/unida	49	43 ↓
É tratado com respeito	16	11 ↓
Tradicional	5	2
Com liberdade	8	0,3
Satisfação (me sinto feliz/bem – em ter uma família boa/em ter um/a companheiro/a)	5	3
REFERÊNCIAS NEGATIVAS	**15**	**16**
Tipo de relação	11	16 ↑
Desarmônica/desunida	7	12 ↑
Não é tratado com respeito	-	4
Sem liberdade (não tenho liberdade – tem muita gente/a casa é da sogra/meu marido é autoritário)	2	1
REFERÊNCIAS POSITIVAS E NEGATIVAS SIMULTANEAMENTE (ALGUNS DA FAMÍLIA DÃO ATENÇÃO E OUTROS NÃO)	**-**	**2**

[Base] Amostra B (espontânea e múltipla, em %)
[P40] Mudando de assunto, como o/a sr/a se sente em relação à sua família | [P41] Porque?

7 | RELAÇÕES FAMILIARES E LAÇOS AFETIVOS

FREQUÊNCIA QUE RECEBE VISITAS DE PARENTES E AMIGOS

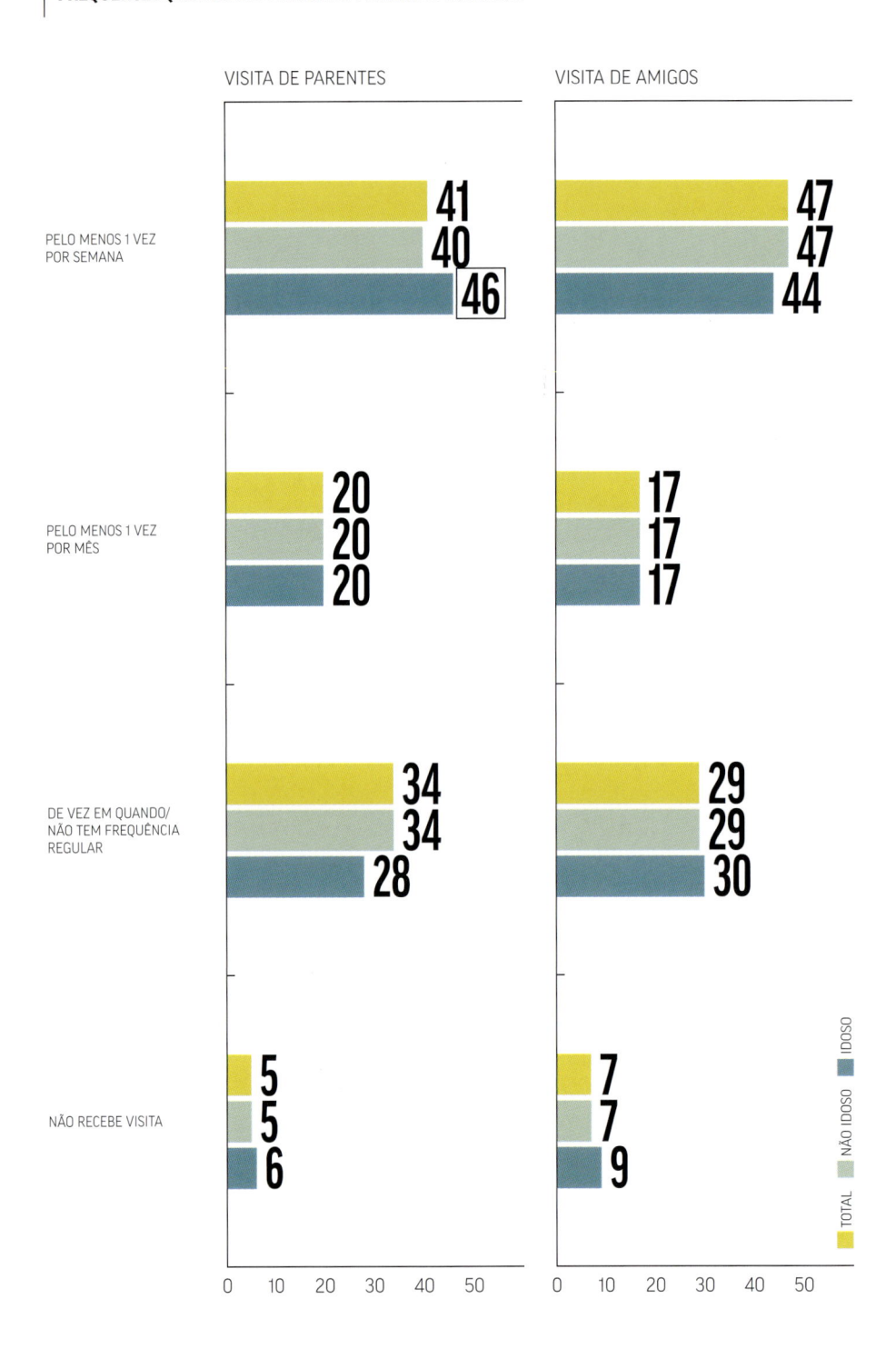

VISITA DE PARENTES

	TOTAL	NÃO IDOSO	IDOSO
PELO MENOS 1 VEZ POR SEMANA	41	40	46
PELO MENOS 1 VEZ POR MÊS	20	20	20
DE VEZ EM QUANDO/ NÃO TEM FREQUÊNCIA REGULAR	34	34	28
NÃO RECEBE VISITA	5	5	6

VISITA DE AMIGOS

	TOTAL	NÃO IDOSO	IDOSO
PELO MENOS 1 VEZ POR SEMANA	47	47	44
PELO MENOS 1 VEZ POR MÊS	17	17	17
DE VEZ EM QUANDO/ NÃO TEM FREQUÊNCIA REGULAR	29	29	30
NÃO RECEBE VISITA	7	7	9

[Base] Amostras A + C (estimulada e única, em %)
[P66a/b] Aproximadamente, com que freqüência o(a) sr(a) recebe visitas de parentes? E de amigos?

7 | RELAÇÕES FAMILIARES E LAÇOS AFETIVOS

FREQUÊNCIA QUE RECEBE VISITAS DE PARENTES E AMIGOS

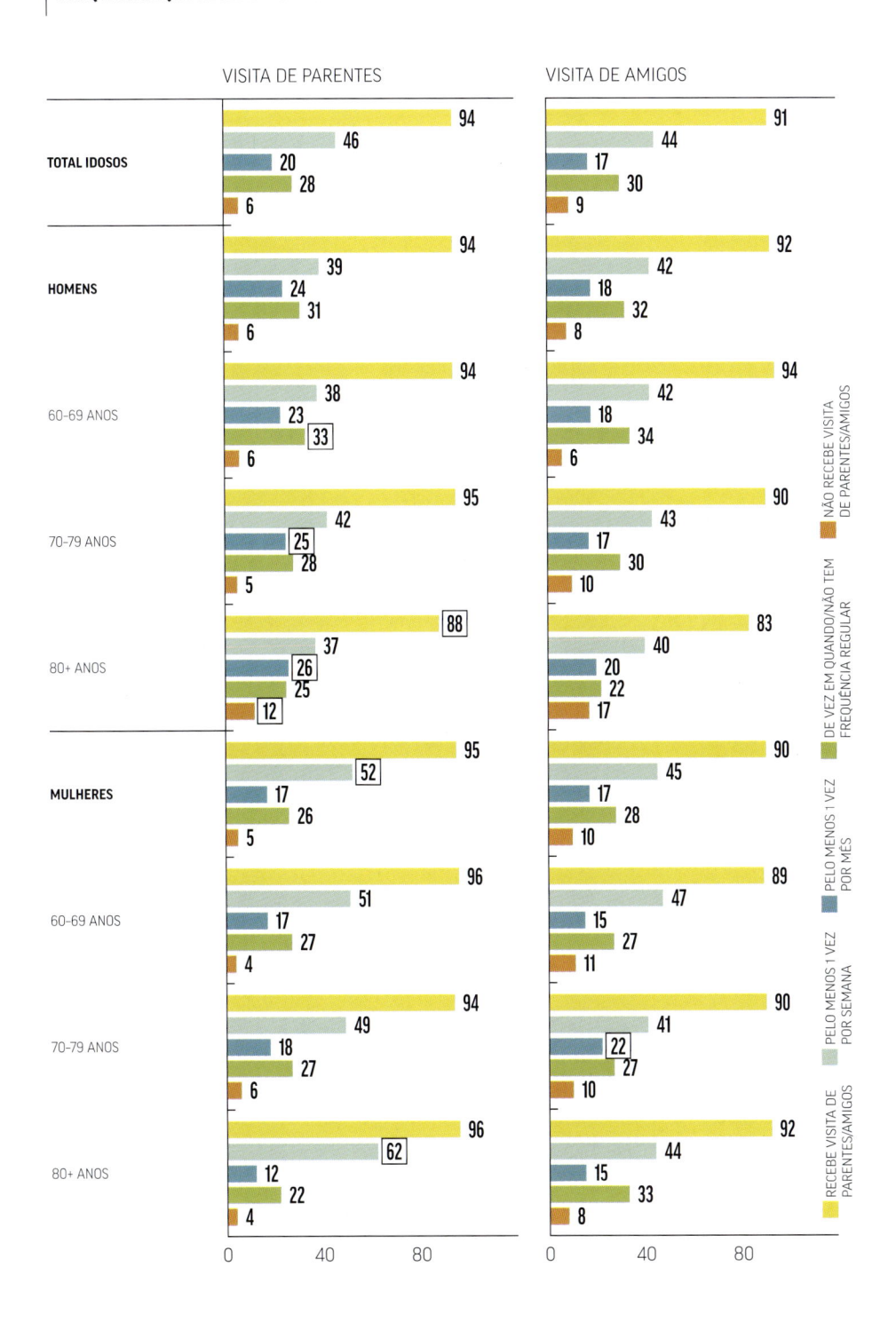

	VISITA DE PARENTES	VISITA DE AMIGOS
	Recebe / Regular / 1x semana / 1x mês / Não recebe	Recebe / Regular / 1x semana / 1x mês / Não recebe
TOTAL IDOSOS	94 / 46 / 20 / 28 / 6	91 / 44 / 17 / 30 / 9
HOMENS	94 / 39 / 24 / 31 / 6	92 / 42 / 18 / 32 / 8
60-69 ANOS	94 / 38 / 23 / 33 / 6	94 / 42 / 18 / 34 / 6
70-79 ANOS	95 / 42 / 25 / 28 / 5	90 / 43 / 17 / 30 / 10
80+ ANOS	88 / 37 / 26 / 25 / 12	83 / 40 / 20 / 22 / 17
MULHERES	95 / 52 / 17 / 26 / 5	90 / 45 / 17 / 28 / 10
60-69 ANOS	96 / 51 / 17 / 27 / 4	89 / 47 / 15 / 27 / 11
70-79 ANOS	94 / 49 / 18 / 27 / 6	90 / 41 / 22 / 27 / 10
80+ ANOS	96 / 62 / 12 / 22 / 4	92 / 44 / 15 / 33 / 8

Legenda:
- NÃO RECEBE VISITA DE PARENTES/AMIGOS
- DE VEZ EM QUANDO/NÃO TEM FREQUÊNCIA REGULAR
- PELO MENOS 1 VEZ POR MÊS
- PELO MENOS 1 VEZ POR SEMANA
- RECEBE VISITA DE PARENTES/AMIGOS

[Base] Amostras A + C (estimulada e única, em %)
[P66a/b] Aproximadamente, com que freqüência o(a) sr(a) recebe visitas de parentes? E de amigos?

| 7 | RELAÇÕES FAMILIARES E LAÇOS AFETIVOS |

FREQUÊNCIA QUE RECEBE VISITAS DE PARENTES

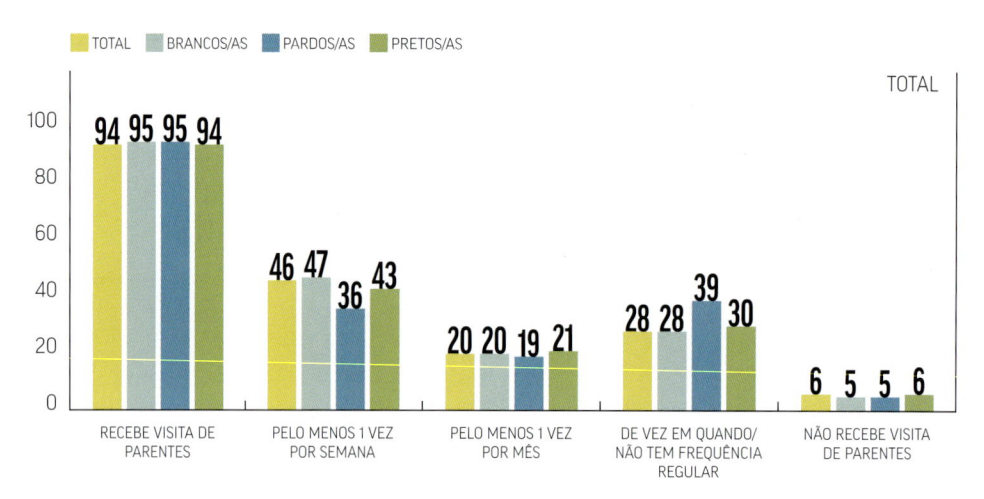

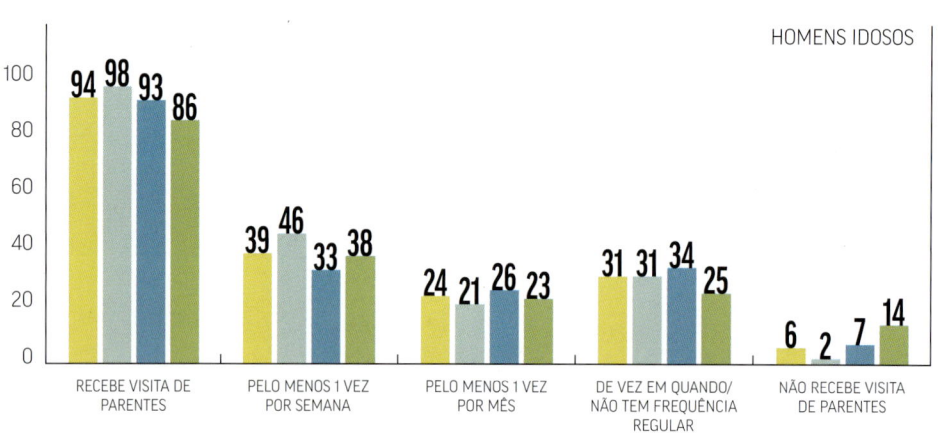

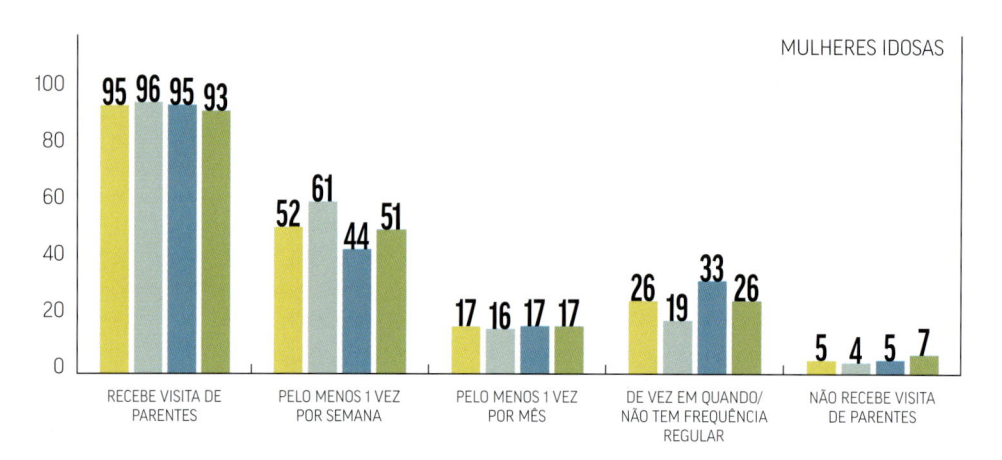

Legenda: TOTAL | BRANCOS/AS | PARDOS/AS | PRETOS/AS

TOTAL

	TOTAL	BRANCOS/AS	PARDOS/AS	PRETOS/AS
RECEBE VISITA DE PARENTES	94	95	95	94
PELO MENOS 1 VEZ POR SEMANA	46	47	36	43
PELO MENOS 1 VEZ POR MÊS	20	20	19	21
DE VEZ EM QUANDO/ NÃO TEM FREQUÊNCIA REGULAR	28	28	39	30
NÃO RECEBE VISITA DE PARENTES	6	5	5	6

HOMENS IDOSOS

	TOTAL	BRANCOS/AS	PARDOS/AS	PRETOS/AS
RECEBE VISITA DE PARENTES	94	98	93	86
PELO MENOS 1 VEZ POR SEMANA	39	46	33	38
PELO MENOS 1 VEZ POR MÊS	24	21	26	23
DE VEZ EM QUANDO/ NÃO TEM FREQUÊNCIA REGULAR	31	31	34	25
NÃO RECEBE VISITA DE PARENTES	6	2	7	14

MULHERES IDOSAS

	TOTAL	BRANCOS/AS	PARDOS/AS	PRETOS/AS
RECEBE VISITA DE PARENTES	95	96	95	93
PELO MENOS 1 VEZ POR SEMANA	52	61	44	51
PELO MENOS 1 VEZ POR MÊS	17	16	17	17
DE VEZ EM QUANDO/ NÃO TEM FREQUÊNCIA REGULAR	26	19	33	26
NÃO RECEBE VISITA DE PARENTES	5	4	5	7

[Base] Amostras A + C (estimulada e única, em %)
[P66a/b] Aproximadamente, com que freqüência o(a) sr(a) recebe visitas de parentes? E de amigos?

| 7 | RELAÇÕES FAMILIARES E LAÇOS AFETIVOS |

FREQUÊNCIA QUE RECEBE VISITAS DE AMIGOS/AS

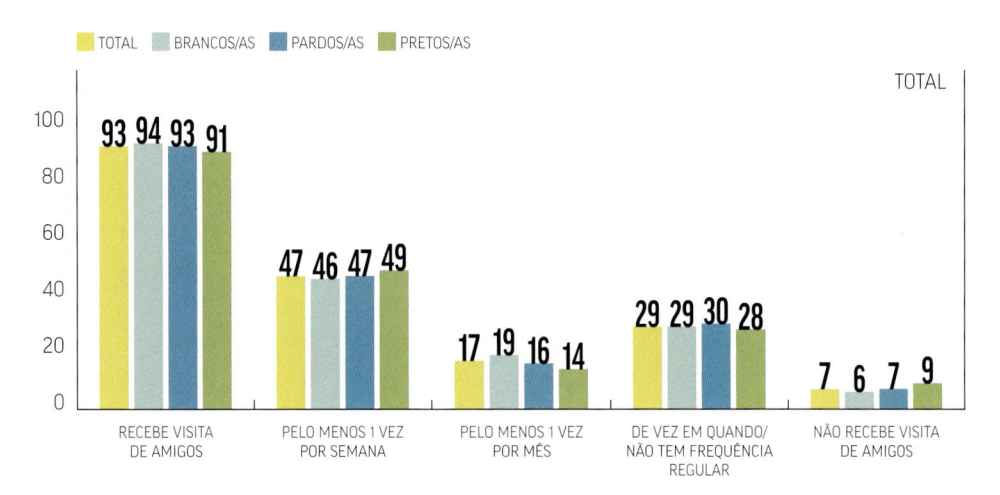

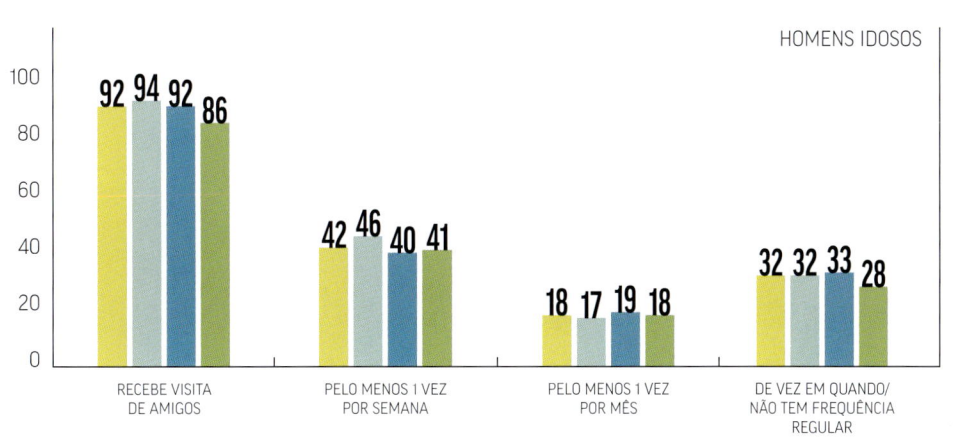

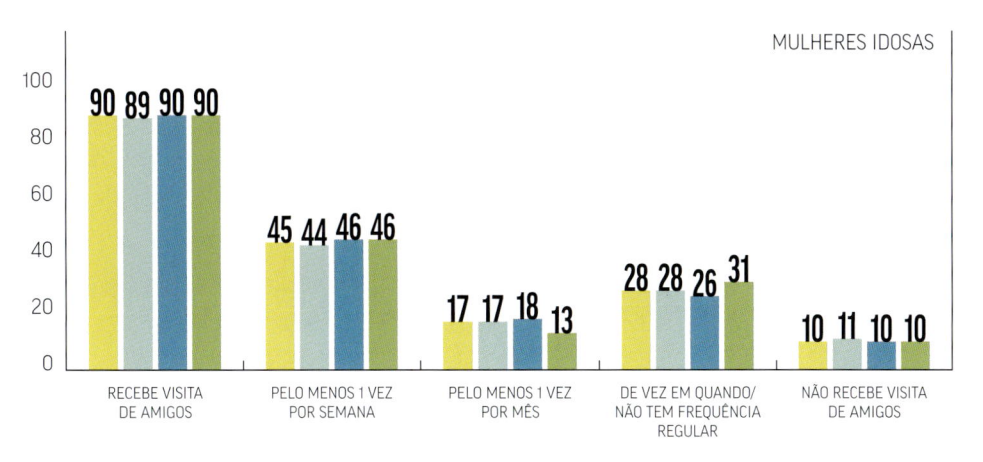

Legenda: TOTAL | BRANCOS/AS | PARDOS/AS | PRETOS/AS

TOTAL

	TOTAL	BRANCOS/AS	PARDOS/AS	PRETOS/AS
RECEBE VISITA DE AMIGOS	93	94	93	91
PELO MENOS 1 VEZ POR SEMANA	47	46	47	49
PELO MENOS 1 VEZ POR MÊS	17	19	16	14
DE VEZ EM QUANDO/ NÃO TEM FREQUÊNCIA REGULAR	29	29	30	28
NÃO RECEBE VISITA DE AMIGOS	7	6	7	9

HOMENS IDOSOS

	TOTAL	BRANCOS/AS	PARDOS/AS	PRETOS/AS
RECEBE VISITA DE AMIGOS	92	94	92	86
PELO MENOS 1 VEZ POR SEMANA	42	46	40	41
PELO MENOS 1 VEZ POR MÊS	18	17	19	18
DE VEZ EM QUANDO/ NÃO TEM FREQUÊNCIA REGULAR	32	32	33	28

MULHERES IDOSAS

	TOTAL	BRANCOS/AS	PARDOS/AS	PRETOS/AS
RECEBE VISITA DE AMIGOS	90	89	90	90
PELO MENOS 1 VEZ POR SEMANA	45	44	46	46
PELO MENOS 1 VEZ POR MÊS	17	17	18	13
DE VEZ EM QUANDO/ NÃO TEM FREQUÊNCIA REGULAR	28	28	26	31
NÃO RECEBE VISITA DE AMIGOS	10	11	10	10

[Base] Amostras A + C (estimulada e única, em %)
[P66a/b] Aproximadamente, com que freqüência o(a) sr(a) recebe visitas de parentes? E de amigos?

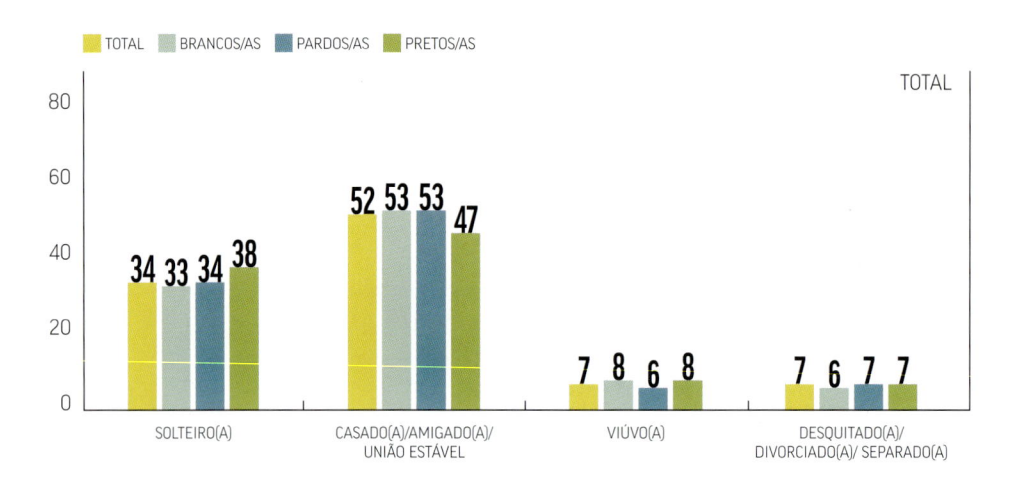

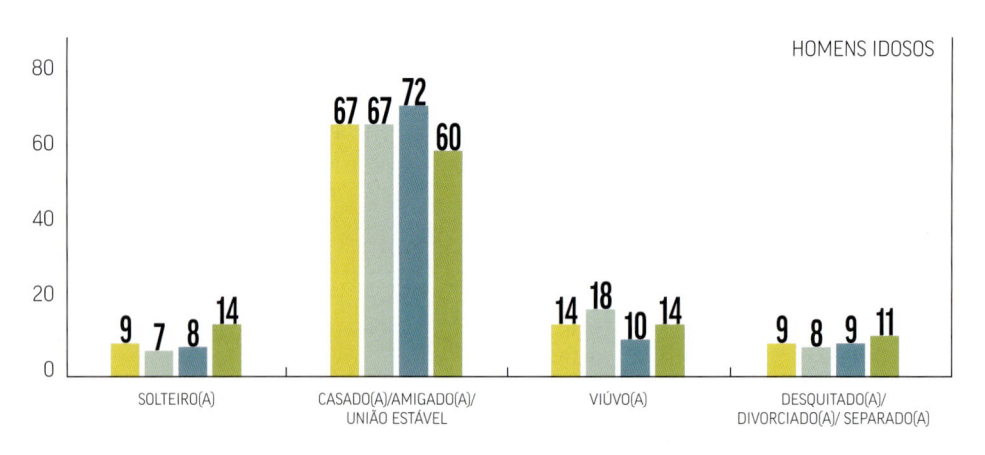

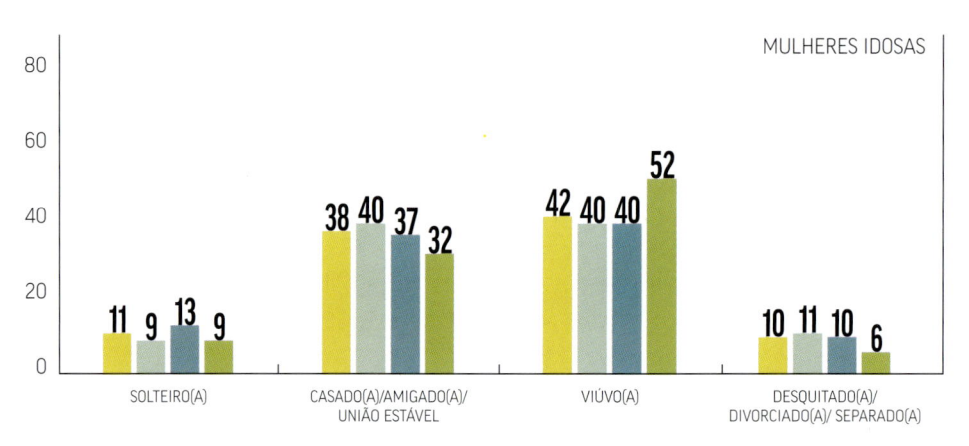

| 7 | RELAÇÕES FAMILIARES E LAÇOS AFETIVOS |

SITUAÇÃO CONJUGAL

Legenda: TOTAL | BRANCOS/AS | PARDOS/AS | PRETOS/AS

TOTAL

	TOTAL	BRANCOS/AS	PARDOS/AS	PRETOS/AS
SOLTEIRO(A)	34	33	34	38
CASADO(A)/AMIGADO(A)/UNIÃO ESTÁVEL	52	53	53	47
VIÚVO(A)	7	8	6	8
DESQUITADO(A)/DIVORCIADO(A)/SEPARADO(A)	7	6	7	7

HOMENS IDOSOS

	TOTAL	BRANCOS/AS	PARDOS/AS	PRETOS/AS
SOLTEIRO(A)	9	7	8	14
CASADO(A)/AMIGADO(A)/UNIÃO ESTÁVEL	67	67	72	60
VIÚVO(A)	14	18	10	14
DESQUITADO(A)/DIVORCIADO(A)/SEPARADO(A)	9	8	9	11

MULHERES IDOSAS

	TOTAL	BRANCOS/AS	PARDOS/AS	PRETOS/AS
SOLTEIRO(A)	11	9	13	9
CASADO(A)/AMIGADO(A)/UNIÃO ESTÁVEL	38	40	37	32
VIÚVO(A)	42	40	40	52
DESQUITADO(A)/DIVORCIADO(A)/SEPARADO(A)	10	11	10	6

[Base] Total da Amostra (estimulada e única, em %)
[P94] Atualmente qual é a sua situação conjugal? (Anote a situação de fato)

| 7 | RELAÇÕES FAMILIARES E LAÇOS AFETIVOS |

QUANTIDADE DE PESSOAS QUE MORAM NO DOMICÍLIO | COMPARATIVO

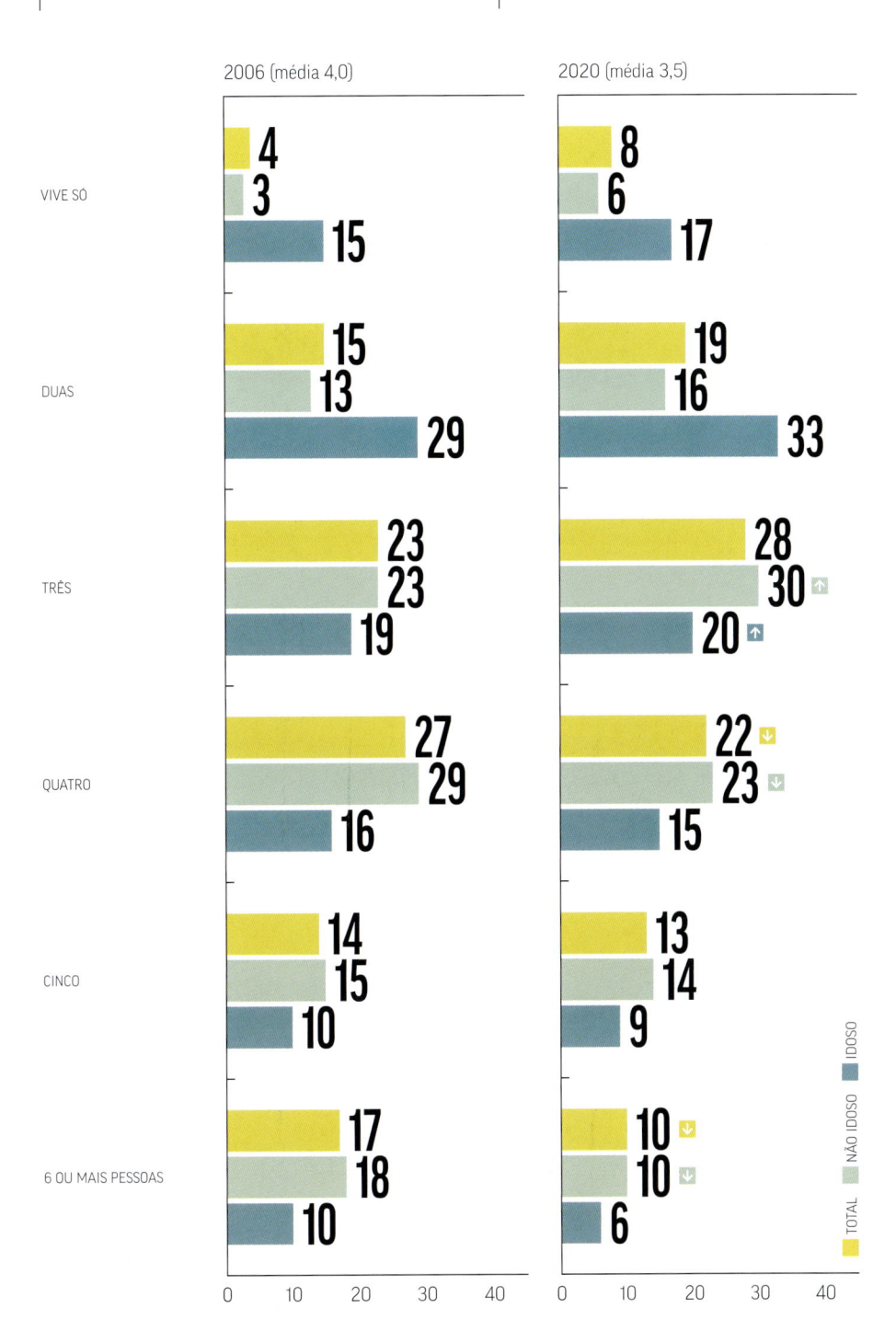

2006 (média 4,0) | 2020 (média 3,5)

	2006			2020		
	TOTAL	NÃO IDOSO	IDOSO	TOTAL	NÃO IDOSO	IDOSO
VIVE SÓ	4	3	15	8	6	17
DUAS	15	13	29	19	16	33
TRÊS	23	23	19	28	30 ↑	20 ↑
QUATRO	27	29	16	22 ↓	23 ↓	15
CINCO	14	15	10	13	14	9
6 OU MAIS PESSOAS	17	18	10	10 ↓	10 ↓	6

[Base] Total das amostras (espontânea e única, em %)
[P98] Aqui na casa em que o(a) sr(a) mora, contando com o(a) sr(a), quantas pessoas vivem, atualmente, de forma permanente?

7	RELAÇÕES FAMILIARES E LAÇOS AFETIVOS
QUANTIDADE DE PESSOAS QUE MORAM NO DOMICÍLIO	COMPARATIVO

MÉDIA DE PESSOAS	2006	2020
Total	4,0	3,5
Idosos	3,3	2,9
Não idosos	4,1	3,6

TOTAL GERAL (média 3,48)

1	2	3	4	5	6+
8	19	28	22	13	10

TOTAL NÃO IDOSOS (média 3,63)

| 6 | 16 | 30 | 23 | 14 | 10 |

HOMENS (média 3,46)

| 9 | 17 | 29 | 22 | 13 | 8 |

MULHERES (média 3,79)

| 3 | 14 | 31 | 25 | 14 | 12 |

TOTAL IDOSOS (média 2,87)

| 17 | 33 | 20 | 15 | 9 | 6 |

HOMENS (média 2,84)

| 17 | 34 | 20 | 15 | 8 | 6 |

MULHERES (média 2,89)

| 18 | 33 | 20 | 14 | 9 | 7 |

■ 1 ■ 2 ■ 3 ■ 4 ■ 5 ■ 6+

[Base] Total das amostras (espontânea e única, em %)
[P98] Aqui na casa em que o(a) sr(a) mora, contando com o(a) sr(a), quantas pessoas vivem, atualmente, de forma permanente?

| 7 | RELAÇÕES FAMILIARES E LAÇOS AFETIVOS |

QUANTIDADE DE PESSOAS QUE MORAM NO DOMICÍLIO | COMPARATIVO

TOTAL GERAL (média 3,5) — NÃO IDOSO (média 3,6) — IDOSO (média 2,9)

TOTAL GERAL

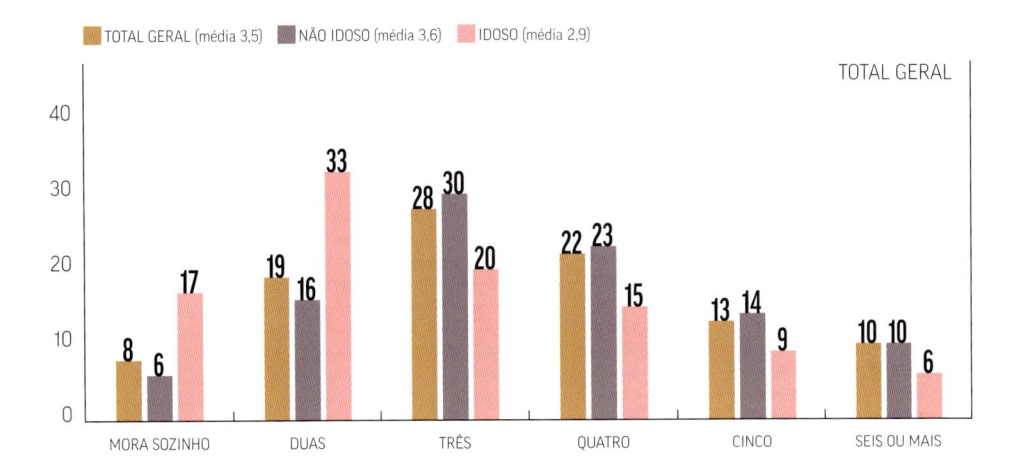

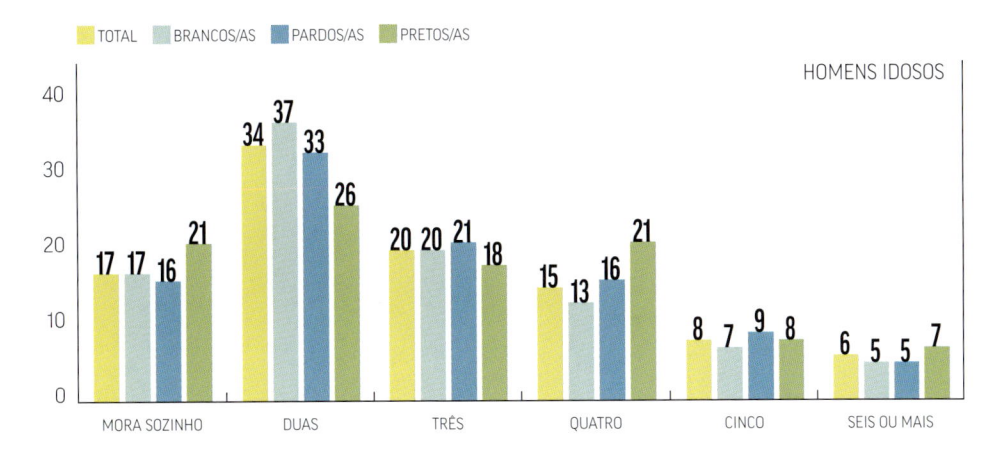

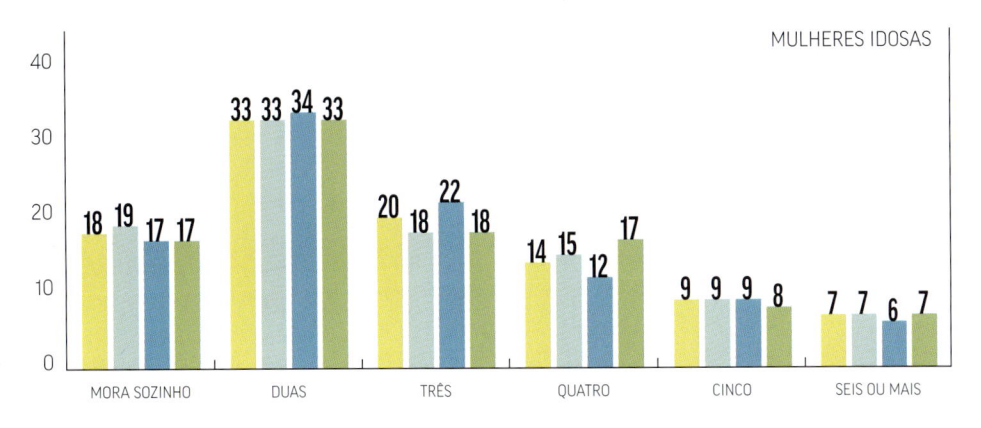

	MORA SOZINHO	DUAS	TRÊS	QUATRO	CINCO	SEIS OU MAIS
TOTAL GERAL	8	19	28	22	13	10
NÃO IDOSO	6	16	30	23	14	10
IDOSO	17	33	20	15	9	6

TOTAL — BRANCOS/AS — PARDOS/AS — PRETOS/AS

HOMENS IDOSOS

	MORA SOZINHO	DUAS	TRÊS	QUATRO	CINCO	SEIS OU MAIS
TOTAL	17	34	20	15	8	6
BRANCOS/AS	17	37	20	13	7	5
PARDOS/AS	16	33	21	16	9	5
PRETOS/AS	21	26	18	21	8	7

MULHERES IDOSAS

	MORA SOZINHO	DUAS	TRÊS	QUATRO	CINCO	SEIS OU MAIS
TOTAL	18	33	20	14	9	7
BRANCOS/AS	19	33	18	15	9	7
PARDOS/AS	17	34	22	12	9	6
PRETOS/AS	17	33	18	17	8	7

[Base] Total das amostras (espontânea e única, em %)
[P98] Aqui na casa em que o(a) sr(a) mora, contando com o(a) sr(a), quantas pessoas vivem, atualmente, de forma permanente?

7 | RELAÇÕES FAMILIARES E LAÇOS AFETIVOS

PARENTES QUE MORAM NO DOMICÍLIO

	TOTAL	POPULAÇÃO NÃO IDOSA			POPULAÇÃO IDOSA		
		NÃO IDOSO	HOMENS	MULHERES	IDOSO	HOMENS	MULHERES
PESO	100%	80%	39%	42%	20%	9%	11%
Filho(a)	53	55	43	65	49	43	54
Marido/esposa/parceiro(a)	51	51	50	52	52	69	38
Pai/mãe	24	29	31	27	2	1	3
Irmão(ã)	16	19	20	18	4	3	5
Neto(a)	9	5	3	8	26	20	31
Genro/nora	4	2	2	3	9	7	11
Tio(a)	2	3	3	2	0,2	0,3	0,1
Avós	2	3	3	2	0,1	-	0,2
Sogro(a)	1	2	1	2	1	1	0,4
Padrastro/madrasta	1	1	1	1	0	-	0,1
Amigos(as)	0,4	0,4	1	0,3	0	1	0,2
Empregado(a) doméstico(a) residente	0,1	0,0	0,1	-	0,3	0,4	0,3
Outros parentes	4	5	6	4	2	2	2
Agregados não parentes	1	2	2	1	1	1	1
Outros	2	3	3	2	1	1	1
Ninguém/mora sozinho(a)	8	6	9	3	17	17	18

[Base] Total das amostras (espontânea e múltipla, em %)
[P99] Entre essas pessoas, quais são suas parentes?

| 7 | RELAÇÕES FAMILIARES E LAÇOS AFETIVOS |

PRINCIPAL RESPONSÁVEL PELO DOMICÍLIO | COMPARATIVO

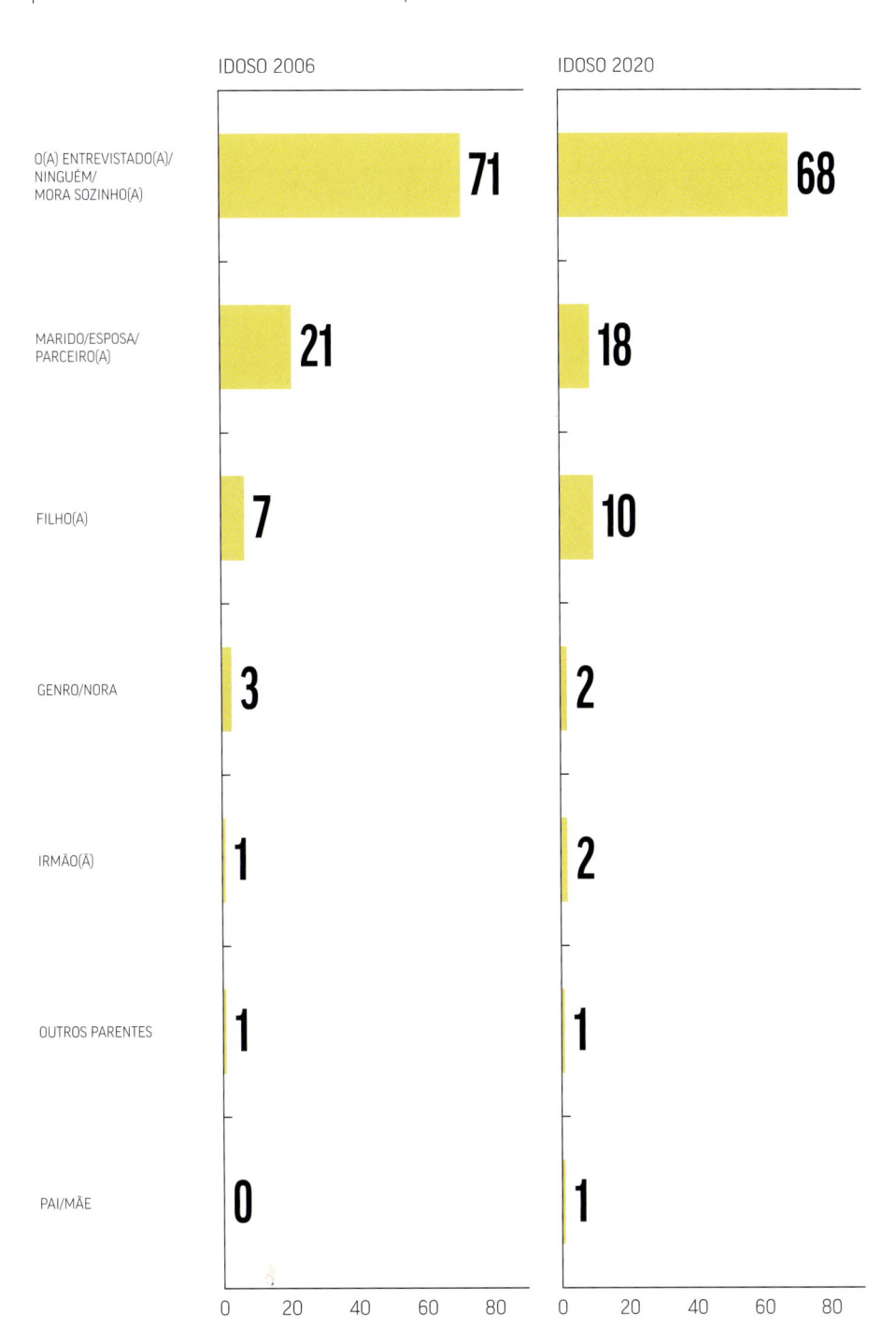

	IDOSO 2006	IDOSO 2020
O(A) ENTREVISTADO(A)/ NINGUÉM/ MORA SOZINHO(A)	71	68
MARIDO/ESPOSA/ PARCEIRO(A)	21	18
FILHO(A)	7	10
GENRO/NORA	3	2
IRMÃO(Ã)	1	2
OUTROS PARENTES	1	1
PAI/MÃE	0	1

[Base] Amostras A + B (espontânea e única, em %)
2006 [P116e] Qual delas é o chefe da família? | **2020** [P100] Qual é a pessoa principal responsável pelo domicílio?

7 | RELAÇÕES FAMILIARES E LAÇOS AFETIVOS

PRINCIPAL RESPONSÁVEL PELO DOMICÍLIO

	TOTAL	POPULAÇÃO NÃO IDOSA			POPULAÇÃO IDOSA		
		NÃO IDOSO	HOMENS	MULHERES	IDOSO	HOMENS	MULHERES
PESO	100%	80%	39%	42%	20%	9%	11%
O(a) próprio(a) entrevistado(a)	39	37	44	30	50	63	40
Marido/esposa/parceiro(a)	23	25	12	36	18	11	25
Pai/mãe	20	25	28	23	1	0	1
Filho(a)	3	2	1	3	10	6	12
Irmão(ã)	2	2	2	2	2	2	2
Avós	1	1	2	1	-	-	-
Sogro(a)	1	1	1	1	0,0	0,1	-
Genro/nora	1	0,4	0,3	1	2	1	3
Tio(a)	1	1	1	0	-	-	-
Padrastro/madrasta	0,2	0,2	0,2	0,2	-	-	-
Neto(a)	0,1	0,1	0,1	0,1	1	0,2	1
Amigos(as)	0,1	0,1	0,1	0,1	0,0	0,1	-
Outros parentes	1	1	1	1	0,2	0,2	0,1
Ninguém/mora sozinho(a)	8	6	9	3	17	17	18

[Base] Total das amostras (espontânea e única, em %)
2020 [P100] Qual é a pessoa principal responsável pelo domicílio?

7 | RELAÇÕES FAMILIARES E LAÇOS AFETIVOS

PESSOA MAIS PRÓXIMA | COMPARATIVO

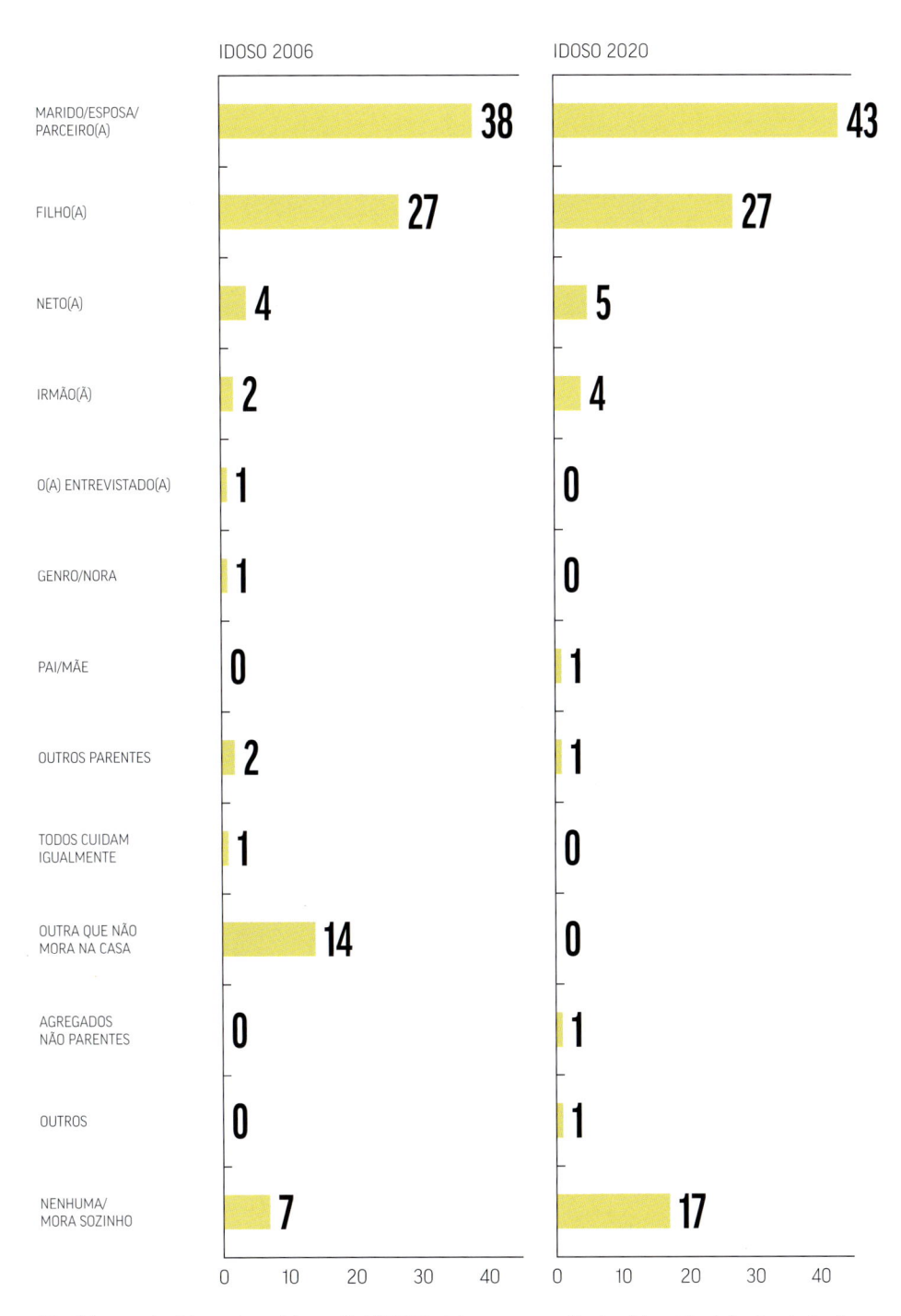

	IDOSO 2006	IDOSO 2020
MARIDO/ESPOSA/PARCEIRO(A)	38	43
FILHO(A)	27	27
NETO(A)	4	5
IRMÃO(Ã)	2	4
O(A) ENTREVISTADO(A)	1	0
GENRO/NORA	1	0
PAI/MÃE	0	1
OUTROS PARENTES	2	1
TODOS CUIDAM IGUALMENTE	1	0
OUTRA QUE NÃO MORA NA CASA	14	0
AGREGADOS NÃO PARENTES	0	1
OUTROS	0	1
NENHUMA/MORA SOZINHO	7	17

[Base] Amostras A + B (espontânea e única, em %) | [P101] Qual dessas pessoas está mais próxima do/a sr/a, lhe dá mais atenção, quem mais lhe acompanha? | [nota] Em 2006, os entrevistados que moram sozinhos (15%), indicaram pessoas que não residem na residência como pessoa mais próxima, em 2020, os entrevistados que moram sozinho não responderam essa pergunta, mas foram incluídos na base (17%).

7 | RELAÇÕES FAMILIARES E LAÇOS AFETIVOS

PESSOA MAIS PRÓXIMA

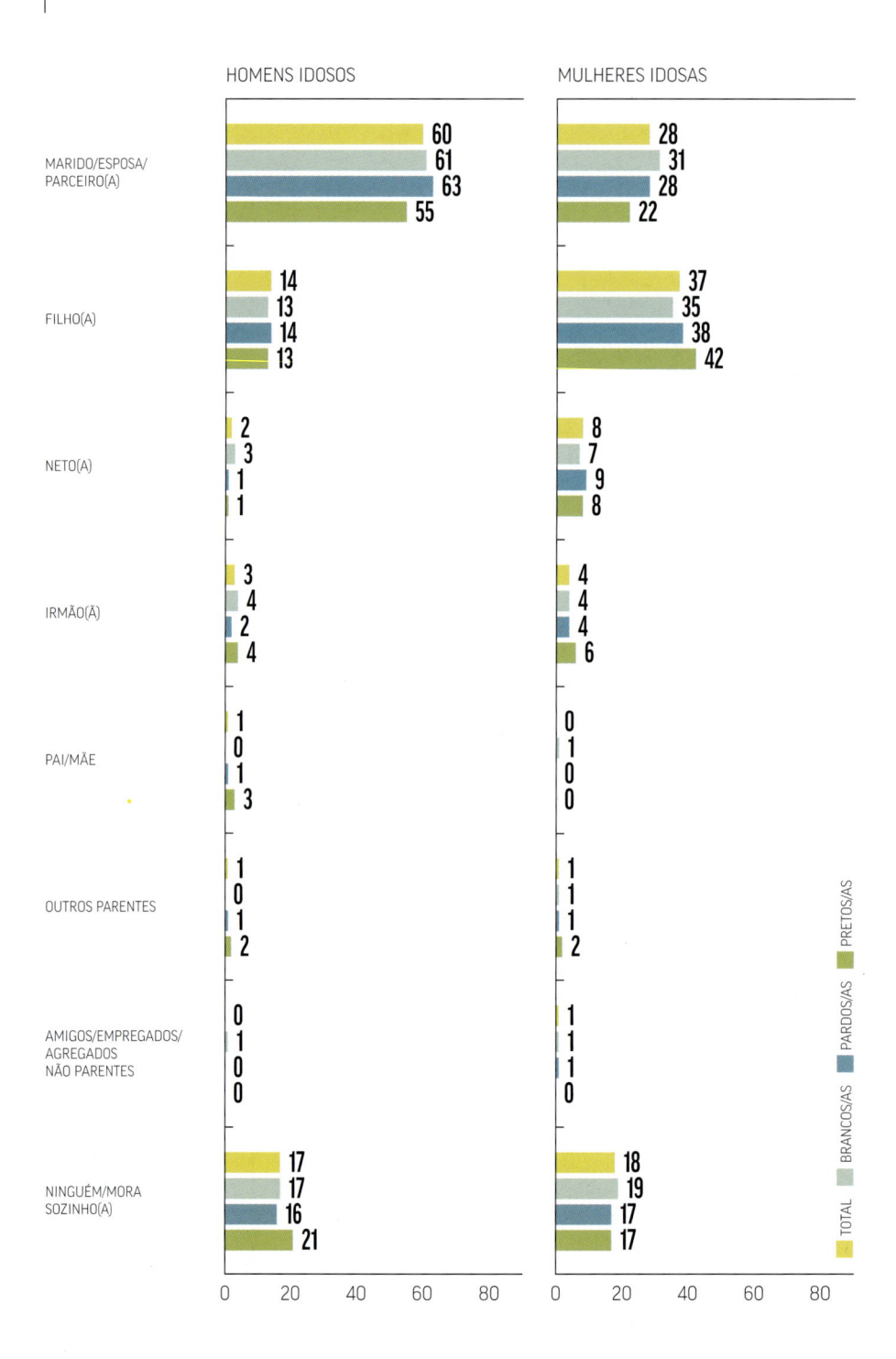

HOMENS IDOSOS / MULHERES IDOSAS

	HOMENS IDOSOS				MULHERES IDOSAS			
	TOTAL	BRANCOS/AS	PARDOS/AS	PRETOS/AS	TOTAL	BRANCOS/AS	PARDOS/AS	PRETOS/AS
MARIDO/ESPOSA/PARCEIRO(A)	60	61	63	55	28	31	28	22
FILHO(A)	14	13	14	13	37	35	38	42
NETO(A)	2	3	1	1	8	7	9	8
IRMÃO(Ã)	3	4	2	4	4	4	4	6
PAI/MÃE	1	0	1	3	0	0	0	0
OUTROS PARENTES	1	0	1	2	1	1	1	2
AMIGOS/EMPREGADOS/AGREGADOS NÃO PARENTES	0	1	0	0	1	1	1	0
NINGUÉM/MORA SOZINHO(A)	17	17	16	21	18	19	17	17

[Base] Amostras A + B (espontânea e única, em %)
[P101] Qual dessas pessoas está mais próxima do/a sr/a, lhe dá mais atenção, quem mais lhe acompanha?

| 8 | INSTITUIÇÕES DE LONGA PERMANÊNCIA |

CONHECIMENTO E GRAU DE ADMISSÃO DE MORAR EM INSTITUIÇÕES DE LONGA PERMANÊNCIA | EVOLUÇÃO

CONHECIMENTO DE AMIGOS E PARENTES QUE VIVEM EM CASAS DE LONGA PERMANÊNCIA (EVOLUÇÃO)

■ CONHECE   ■ NÃO CONHECE

2006

	CONHECE	NÃO CONHECE
TOTAL	11	89
NÃO IDOSOS	10	90
IDOSOS	15	85

2020

	CONHECE	NÃO CONHECE
TOTAL	11	89
NÃO IDOSOS	10	90
IDOSOS	13	87

GRAU DE ADMISSÃO DE MORAR EM UMA INSTITUIÇÃO DE LONGA PERMANÊNCIA

■ MORARIA COM CERTEZA   ■ NÃO MORARIA
■ TALVEZ/DEPENDE   ■ NS/NR

2006

	MORARIA COM CERTEZA	TALVEZ/DEPENDE	NÃO MORARIA	NS/NR
TOTAL	46	24	26	5
NÃO IDOSOS	46	24	25	5
IDOSOS	39	22	33	6

2020

	MORARIA COM CERTEZA	TALVEZ/DEPENDE	NÃO MORARIA	NS/NR
TOTAL	28 ⬇	23	38 ⬆	10 ⬆
NÃO IDOSOS	28 ⬇	23	38 ⬆	11 ⬆
IDOSOS	25 ⬇	24	43 ⬆	8 ⬆

[Base] Amostras A + C (estimuladas e únicas, em %)
2006: [P66] Não é o seu caso, ... O/a sr/a. tem parentes, amigos ou amigas que vivem em algum desses tipos de instituição? | [P67] O/a sr/a. já visitou alguma instituição desse tipo? | [P68] Pelo que o/a sr/a. sabe existem instituições públicas para receber idosos ou só instituições particulares? | [P69] Se um dia, caso o/a sr/a. precise, o/a sr/a. moraria em uma instituição para idosos?
2020: [P44] Tem muitas pessoas mais velhas que vivem em moradia para idosos O/a sr/a tem parentes ou amigo/as que vivem em algum tipo de moradia para pessoas idosas? | [P45] O/a sr/a viveria em uma moradia para idosos?

8 INSTITUIÇÕES DE LONGA PERMANÊNCIA

CONHECIMENTO E GRAU DE ADMISSÃO DE MORAR EM INSTITUIÇÕES DE LONGA PERMANÊNCIA

	TOTAL	NÃO IDOSO	POPULAÇÃO NÃO IDOSA							
			HOMENS	16-24 ANOS	25-44 ANOS	45-59 ANOS	MULHERES	60-69 ANOS	70-79 ANOS	80+ ANOS
	100%	89%	43%	10%	21%	12%	46%	10%	22%	14%
CONHECIMENTO DE AMIGOS E PARENTES QUE VIVEM EM CASAS DE LONGA PERMANÊNCIA										
TEM	11	10	10	8	10	11	11	12	12	8
NÃO TEM	89	90	90	92	90	89	89	88	88	91
GRAU DE ADMISSÃO DE MORAR EM UMA INSTITUIÇÃO DE LONGA PERMANÊNCIA										
MORARIA	51	52	52	49	52	56	51	41	54	52
com certeza	28	28	29	28	28	30	28	19	30	30
talvez/depende	23	23	24	21	24	26	23	22	24	22
NÃO MORARIA	38	38	36	40	36	33	40	43	38	40
NS/NR	10	11	12	11	12	11	10	16	8	8

	TOTAL	IDOSO	POPULAÇÃO IDOSA							
			HOMENS	16-24 ANOS	25-44 ANOS	45-59 ANOS	MULHERES	60-69 ANOS	70-79 ANOS	80+ ANOS
	100%	11%	5%	3%	1%	1%	6%	3%	2%	1%
CONHECIMENTO DE AMIGOS E PARENTES QUE VIVEM EM CASAS DE LONGA PERMANÊNCIA										
TEM	11	13	14	14	15	13	12	10	15	13
NÃO TEM	89	86	85	86	83	85	87	89	84	85
GRAU DE ADMISSÃO DE MORAR EM UMA INSTITUIÇÃO DE LONGA PERMANÊNCIA										
MORARIA	51	49	51	56	46	36	48	51	47	37
com certeza	28	25	24	25	24	19	26	28	24	19
talvez/depende	23	24	27	31	22	17	23	23	23	18
NÃO MORARIA	38	43	42	38	45	53	44	41	45	56
NS/NR	10	8	7	6	9	10	8	8	8	7

[Base] Amostras A+C (estimuladas e únicas, em %)
[P44] Tem muitas pessoas mais velhas que vivem em moradia para idosos O/a sr/a tem parentes ou amigo/as que vivem em algum tipo de moradia para pessoas idosas? | [P45] O/a sr/a viveria em uma moradia para idosos?

8 | INSTITUIÇÕES DE LONGA PERMANÊNCIA

CONHECIMENTO E GRAU DE ADMISSÃO DE MORAR EM INSTITUIÇÕES DE LONGA PERMANÊNCIA

		POPULAÇÃO IDOSA							
	TOTAL	HOMENS	BRANCOS	PARDOS	PRETOS	MULHERES	BRANCAS	PARDAS	PRETAS
CONHECIMENTO DE AMIGOS E PARENTES QUE VIVEM EM CASAS DE LONGA PERMANÊNCIA									
Tem	13	14	15	12	[18]	12	[14]	10	9
Não tem	86	85	82	88	82	87	85	90	89
Não respondeu	1	1	3			1	1		2
GRAU DE ADMISSÃO DE MORAR EM UMA INSTITUIÇÃO DE LONGA PERMANÊNCIA									
MORARIA	49	51	49	52	[57]	48	[54]	44	49
com certeza	25	24	21	22	[36]	26	28	21	29
talvez/depende	24	27	28	29	21	23	26	22	20
NÃO MORARIA	43	42	43	39	41	44	39	[48]	43
NS/NR	8	7	8	9	2	8	7	9	8

[Base] Amostras A+C (estimuladas e únicas, em %)
[P44] Tem muitas pessoas mais velhas que vivem em moradia para idosos O/a sr/a tem parentes ou amigo/as que vivem em algum tipo de moradia para pessoas idosas? | [P45] O/a sr/a viveria em uma moradia para idosos?

| 8 | INSTITUIÇÕES DE LONGA PERMANÊNCIA |

| VIVERIA EM UMA INSTITUIÇÃO DE LONGA PERMANÊNCIA | SÍNTESE |

	2006	2020
RAZÕES PARA SIM	**63**	**45**
Família	19	14 ↓
Falta de opção/ opção de terceiros	25	13 ↓
Dependência	12	11
Tratamento adequado	10	10
Companhia	9	10
Ambiente	4	4
RAZÕES PARA NÃO	**29**	**44**
Família	15	26 ↑
Tratamento inadequado	8	9
Companhia	3	6
Não preciso porque tenho a minha casa/ prefiro minha casa/ meu próprio espaço	1	5
Falta de liberdade	2	4
Ambiente (é um ambiente ruim/triste/abandonado)	3	3
Falta de opção/opção de terceiros (prefiro/ espero morrer a ser colocado num lugar desses)	1	1
Por ter condições financeiras (busca da independência)	1	1
RAZÕES PARA TALVEZ	**3**	**13**
NÃO SABE/NÃO LEMBRA	**4**	**1**

[Base] Amostras A+C (espontânea e múltipla, em %)
[P45] O/a sr/a viveria em uma moradia para idosos? | [P46] Por que?

| 8 | INSTITUIÇÕES DE LONGA PERMANÊNCIA |

| **VIVERIA EM UMA INSTITUIÇÃO DE LONGA PERMANÊNCIA** | SÍNTESE |

				POPULAÇÃO NÃO IDOSA						
	TOTAL	NÃO IDOSO	HOMENS	16-24 ANOS	25-44 ANOS	45-59 ANOS	MULHERES	16-24 ANOS	25-44 ANOS	45-59 ANOS
%	100	89	43	10	21	12	46	10	22	14
RAZÕES PARA SIM	45	45	46	44	44	49	44	33	47	47
Família	14	14	15	13	14	17	13	6	16	14
Falta de opção/opção de terceiros	13	13	14	9	15	[18]	12	12	13	11
Dependência	11	11	10	12	10	9	11	9	10	13
Tratamento adequado	10	10	9	6	11	9	12	9	14	10
Companhia	10	10	11	[16]	8	10	10	6	9	13
Ambiente	4	4	4	6	4	3	4	2	5	4
RAZÕES PARA NÃO	44	43	42	44	41	41	44	[50]	40	47
Família	26	25	24	22	25	23	27	25	26	29
Tratamento inadequado	9	9	7	8	7	6	11	[17]	7	12
Companhia	6	6	7	10	5	7	6	9	5	6
Não preciso porque tenho a minha casa/prefiro minha casa/meu próprio espaço	5	4	4	4	5	3	5	4	3	8
Falta de liberdade	4	3	4	4	5	4	3	3	2	4
Ambiente (é um ambiente ruim/triste/abandonado)	3	3	3	5	2	4	3	3	3	3
Falta de opção/opção de terceiros (prefiro/espero morrer a ser colocado num lugar desses)	1	1	1	1	1	2	1	2	2	1
Por ter condições financeiras (busca da independência)	1	1	1	1	1	1	0,5	0,3	0,4	1
Por não ter condições financeiras	0,4	0,4	0,1	-	-	0,5	1	0,3	1	1
RAZÕES PARA TALVEZ	13	14	15	14	17	12	13	20	13	9
NÃO SABE/NÃO LEMBRA	1	1	1	1	1	2	1	1	1	1

[Base] Amostras A+C (espontânea e múltipla, em %)
[P45] O/a sr/a viveria em uma moradia para idosos? | [P46] Por que?

| 8 | INSTITUIÇÕES DE LONGA PERMANÊNCIA |

| **VIVERIA EM UMA INSTITUIÇÃO DE LONGA PERMANÊNCIA** | SÍNTESE |

			POPULAÇÃO IDOSA							
	TOTAL	IDOSO	HOMENS	60-69 ANOS	70-79 ANOS	80+ ANOS	MULHERES	60-69 ANOS	70-79 ANOS	80+ ANOS
%	100	11	5	3	1	1	6	3	2	1
RAZÕES PARA SIM	45	45	45	48	41	33	44	48	43	34
Família	14	16	16	[19]	11	11	17	[19]	14	12
Falta de opção/opção de terceiros	13	16	16	[18]	14	8	15	16	15	11
Dependência	11	10	11	11	11	12	9	10	9	4
Tratamento adequado	10	11	10	10	10	10	11	12	11	9
Companhia	10	10	9	9	12	3	10	11	9	9
Ambiente	4	4	3	4	1	1	5	5	4	6
RAZÕES PARA NÃO	44	[50]	[49]	46	[52]	[62]	[51]	48	[53]	[60]
Família	26	33	[31]	30	[33]	[36]	[35]	[32]	[36]	[44]
Tratamento inadequado	9	8	9	9	7	11	7	8	7	6
Companhia	6	6	5	6	6	3	7	8	5	9
Não preciso porque tenho a minha casa/prefiro minha casa/meu próprio espaço	5	[13]	[13]	9	[17]	[19]	[14]	[11]	[17]	[23]
Falta de liberdade	4	6	6	5	7	[10]	6	5	8	4
Ambiente (é um ambiente ruim/triste/abandonado)	3	3	3	4	1	3	2	2	2	4
Falta de opção/opção de terceiros (prefiro/espero morrer a ser colocado num lugar desses)	1	2	2	1	3	–	2	1	3	1
Por ter condições financeiras (busca da independência)	1	1	1	2	1	2	1	1	1	3
Por não ter condições financeiras	0,4	1	1	2	–	–	1	0,5	1	–
RAZÕES PARA TALVEZ	13	9	9	10	9	7	9	8	10	10
NÃO SABE/ NÃO LEMBRA	1	1	1	1	3	–	1	1	1	1

[Base] Amostras A+C (espontânea e múltipla, em %)
[P45] O/a sr/a viveria em uma moradia para idosos? | [P46] Por que?

| 8 | INSTITUIÇÕES DE LONGA PERMANÊNCIA |

| GRAU DE CONCORDÂNCIA / DISCORDÂNCIA COM AFIRMAÇÕES REFERENTES A INSTITUIÇÕES DE LONGA PERMANÊNCIA | EVOLUÇÃO |

2006 | **2020**

O PROBLEMA DAS INSTITUIÇÕES PARA IDOSOS É QUE AS BOAS SÃO MUITO CARAS
2006	2020
68 / 7 / 6 / 19	79 / 10 / 6 / 6

TEM HORÁRIO PARA TUDO E O IDOSO PERDE A SUA INDEPENDÊNCIA
2006	2020
71 / 11 / 4 / 14	71 / 17 / 6 / 6

NAS INSTITUIÇÕES O IDOSO DEIXA DE SER UM INCÔMODO PARA A FAMÍLIA
2006	2020
68 / 14 / 8 / 11	70 / 18 / 8 / 4

O IDOSO PERDE O CONTATO COM A FAMÍLIA E OS AMIGOS, AS PESSOAS O ESQUECEM
2006	2020
62 / 18 / 10 / 11	69 / 20 / 8 / 4

TÊM PROFISSIONAIS ADEQUADOS PARA TRATAR DOS IDOSOS
2006	2020
66 / 13 / 7 / 14	67 / 17 / 11 / 6

OS IDOSOS NUNCA ESTÃO SOZINHOS, TÊM COMPANHIA O TEMPO TODO
2006	2020
68 / 16 / 5 / 11	65 / 24 / 8 / 4

DEPOIS QUE O IDOSO ENTRA NUMA INSTITUIÇÃO, NUNCA MAIS SAI
2006	2020
56 / 21 / 8 / 16	62 / 23 / 8 / 7

HÁ MUITAS PESSOAS COM PROBLEMAS MENTAIS NAS INSTITUIÇÕES PARA IDOSOS
2006	2020
63 / 6 / 22	61 / 18 / 11 / 10

NAS INSTITUIÇÕES TRATAM OS IDOSOS COMO CRIANÇAS
2006	2020
56 / 17 / 7 / 20	51 / 29 / 8 / 11

NAS INSTITUIÇÕES OS IDOSOS SÃO MALTRATADOS
2006	2020
30 / 33 / 15 / 21	43 / 27 / 19 / 11

■ CONCORDA   ■ DISCORDA   ■ NEM CONCORDA, NEM DISCORDA (ESPONTÂNEA)   ■ NS/NR

[Base] Amostra A (estimulada e única, em %)
[P47] Eu vou falar algumas coisas que costumam ser ditas sobre as instituições que abrigam idosos, que algumas pessoas acreditam e outras não Gostaria que o/a sr/a me dissesse se concorda ou discorda de cada uma delas

| 8 | INSTITUIÇÕES DE LONGA PERMANÊNCIA |

| GRAU DE CONCORDÂNCIA / DISCORDÂNCIA COM AFIRMAÇÕES REFERENTES A INSTITUIÇÕES DE LONGA PERMANÊNCIA | EVOLUÇÃO |

		CONHECE ALGUÉM QUE VIVE EM ILP?	
	TOTAL	CONHECE	NÃO CONHECE
	100%	13%	86%
ASPECTOS POSITIVOS			
O idoso deixa de ser um incômodo para a família	70	64	71
Tem profissionais adequados para cuidar dos idosos	67	68	67
Os idosos nunca estão sozinhos, têm companhia o tempo todo	65	69	64
ASPECTOS NEGATIVOS			
O problema das moradias para idosos é que as boas são muito caras	79	78	79
Tem horário para tudo e o idoso perde sua independência	71	62	72
O idoso perde o contato com a família e os amigos, as pessoas o esquecem	69	56	70
Há muitas pessoas com problemas mentais	61	54	63
Depois que o idoso entra nunca mais sai	62	50	63
Tratam os idosos como crianças	51	47	52
Os idosos são maltratados	43	35	44

[Base] Amostra A (estimulada e única, em %)
[P47] Eu vou falar algumas coisas que costumam ser ditas sobre as instituições que abrigam idosos, que algumas pessoas acreditam e outras não Gostaria que o/a sr/a me dissesse se concorda ou discorda de cada uma delas

9 | VIOLÊNCIA DESREPEITO E MALTRATO AO IDOSO

ENGANO, TRAPAÇA OU APROPRIAÇÃO INDEVIDA DE BENS | COMPARATIVO

IDOSO 2006

- JÁ FOI ENGANADO(A): 14
- UMA VEZ: 7
- DUAS VEZES: 2
- TRÊS VEZES: 1
- QUATRO VEZES OU MAIS: 2
- NÃO RESPONDEU: 2
- NUNCA FOI ENGANADO(A): 85

IDOSO 2020

- JÁ FOI ENGANADO(A): 13
- UMA VEZ: 5
- DUAS VEZES: 2
- TRÊS VEZES: 1
- QUATRO VEZES OU MAIS: 1
- NÃO RESPONDEU: 5
- NUNCA FOI ENGANADO(A): 87

[Base] Amostra B (estimulada e única, em %)
[P50] Alguma vez o/a sr/a foi enganado/a ou tentaram apropriar-se ou desviar os seus bens, benefícios ou qualquer outro rendimento por ser idoso? Ao todo, quantas vezes?

9 | VIOLÊNCIA DESREPEITO E MALTRATO AO IDOSO

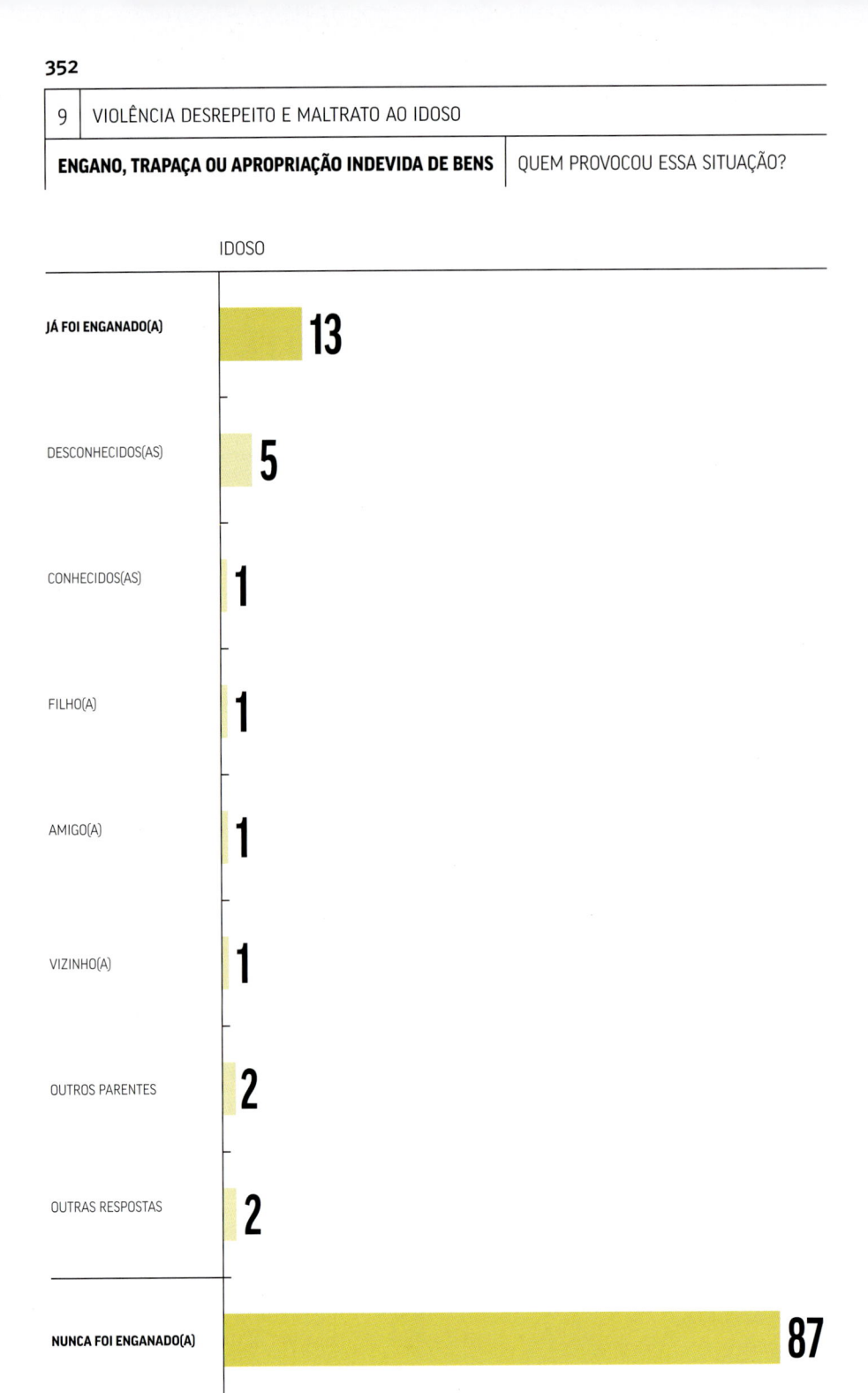

ENGANO, TRAPAÇA OU APROPRIAÇÃO INDEVIDA DE BENS | QUEM PROVOCOU ESSA SITUAÇÃO?

IDOSO

- JÁ FOI ENGANADO(A): 13
- DESCONHECIDOS(AS): 5
- CONHECIDOS(AS): 1
- FILHO(A): 1
- AMIGO(A): 1
- VIZINHO(A): 1
- OUTROS PARENTES: 2
- OUTRAS RESPOSTAS: 2
- NUNCA FOI ENGANADO(A): 87

[Base] Amostra B (estimulada e única, em %)
[P51] Quem provocou essa situação?

9 VIOLÊNCIA DESREPEITO E MALTRATO AO IDOSO

VIOLÊNCIA, DESRESPEITO OU MALTRATO DEPOIS DOS 60 ANOS | EVOLUÇÃO

IDOSO

Situação	2006	2020
FOI OFENDIDO, TRATADO COM IRONIA OU GOZAÇÃO OU FOI HUMILHADO/MENOSPREZADO	17	9 ↓
LHE RECUSARAM ALGUM EMPREGO OU TRABALHO	7	6
FICOU SEM REMÉDIOS OU TRATAMENTO MÉDICO QUANDO PRECISAVA	14	6 ↓
FOI AMEAÇADO OU ATERRORIZADO	7	3
NÃO TEVE CUIDADOS OU CONVIVÊNCIA COM A FAMÍLIA	4	3
PASSOU FOME, FICOU SEM TER O QUE COMER	4	2
FOI SUBMETIDO A TRABALHO EXCESSIVO OU INADEQUADO	3	2
FOI SUBMETIDO A VIOLÊNCIA FÍSICA OU LESÃO CORPORAL (ESPANCADO, FERIDO PROPOSITALMENTE)	5	2
FOI FORÇADO A FAZER COISAS QUE NÃO GOSTARIA	3	2
LHE RECUSARAM ALGUM EMPRÉSTIMO OU CRÉDITO	4	1

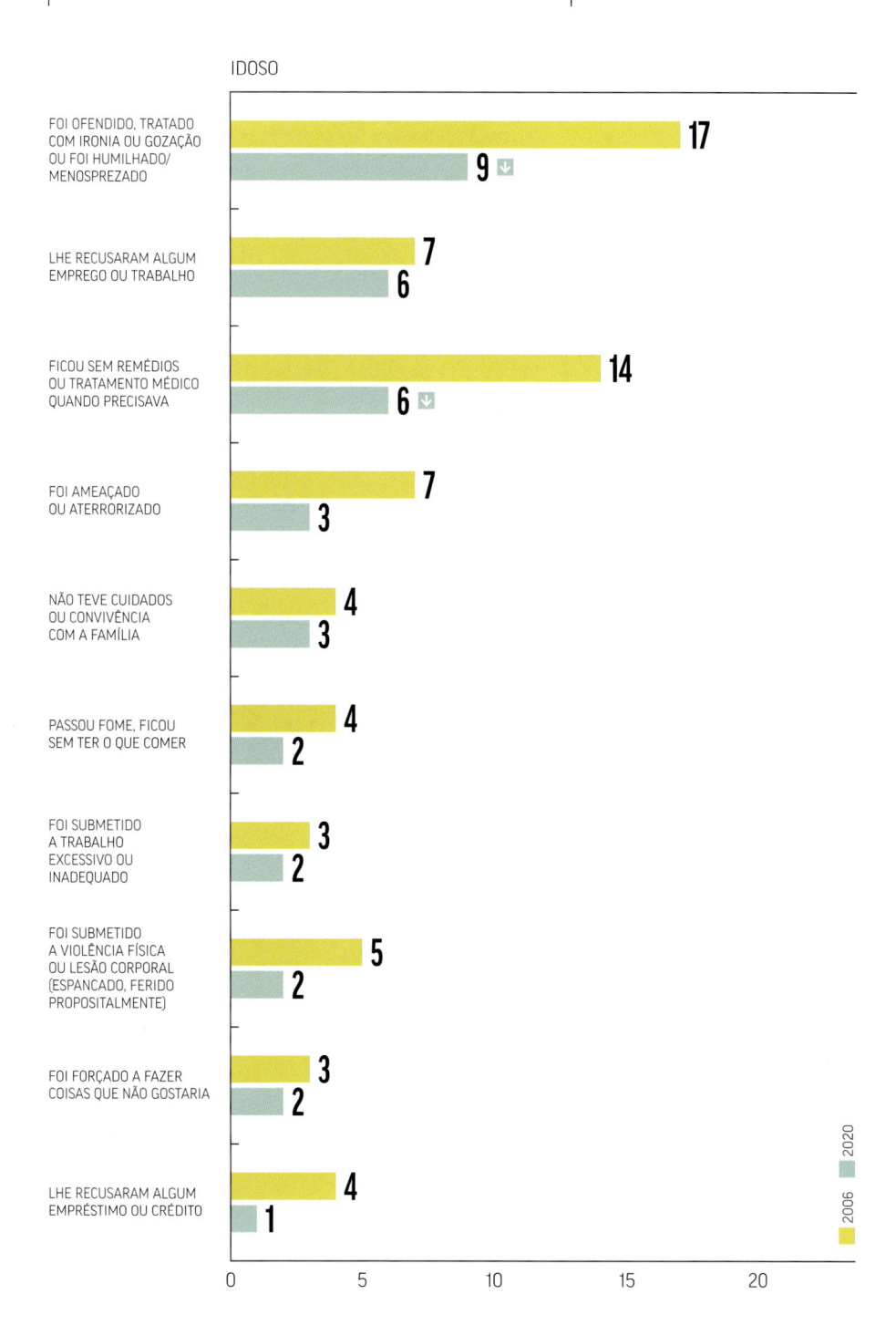

[Base] Amostra B (estimulada e única, em %)
[P54a] Vou citar algumas situações de desrespeito, violência ou maltrato e gostaria de saber se alguma delas já aconteceu com o/a sr/a, depois de fazer 60 anos O/a sr/a já foi?

| 9 | VIOLÊNCIA DESREPEITO E MALTRATO AO IDOSO |

| **VIOLÊNCIA, DESRESPEITO OU MALTRATO DEPOIS DOS 60 ANOS** | GÊNERO/RAÇA/COR |

	POPULAÇÃO IDOSA						
	TOTAL	HOMENS			MULHERES		
		BRANCOS	PARDOS	PRETOS	BRANCAS	PARDAS	PRETAS
%	100	20	16	4	24	21	7
Foi ofendido, tratado com ironia ou gozação ou foi humilhado/menosprezado	9	6	12	4	9	8	13
Ficou sem remédios ou tratamento médico quando precisava	6	7	6	5	6	5	12
Lhe recusaram algum emprego ou trabalho	6	5	6	10	3	6	7
Não teve cuidados ou convivência com a família	3	2	6	6	2	3	3
Foi ameaçado ou aterrorizado	3	2	6	2	3	3	5
Foi submetido a trabalho excessivo ou inadequado	2	2	2	-	1	2	4
Foi submetido a violência física ou lesão corporal (espancado, ferido propositalmente)	2	2	2	4	1	2	2
Passou fome, sem ter o que comer	2	2	1	2	1	3	-
Foi forçado a fazer coisas que não gostaria	2	3	3	-	1	2	4
Lhe recusaram algum empréstimo ou crédito	1	3	0,5	2,1	0,3	2	-
Foi abandonado em hospitais, casas de saúde ou entidades de longa permanência	0,3	-	-	-	0,7	0,4	1

[Base] Amostra B (estimulada e única, em %)
[P54a] Vou citar algumas situações de desrespeito, violência ou maltrato e gostaria de saber se alguma delas já aconteceu com o/a sr/a, depois de fazer 60 anos O/a sr/a já foi?

9 | VIOLÊNCIA DESREPEITO E MALTRATO AO IDOSO

SITUAÇÃO DE VIOLÊNCIA SOFRIDA COM MAIOR FREQUÊNCIA | EVOLUÇÃO

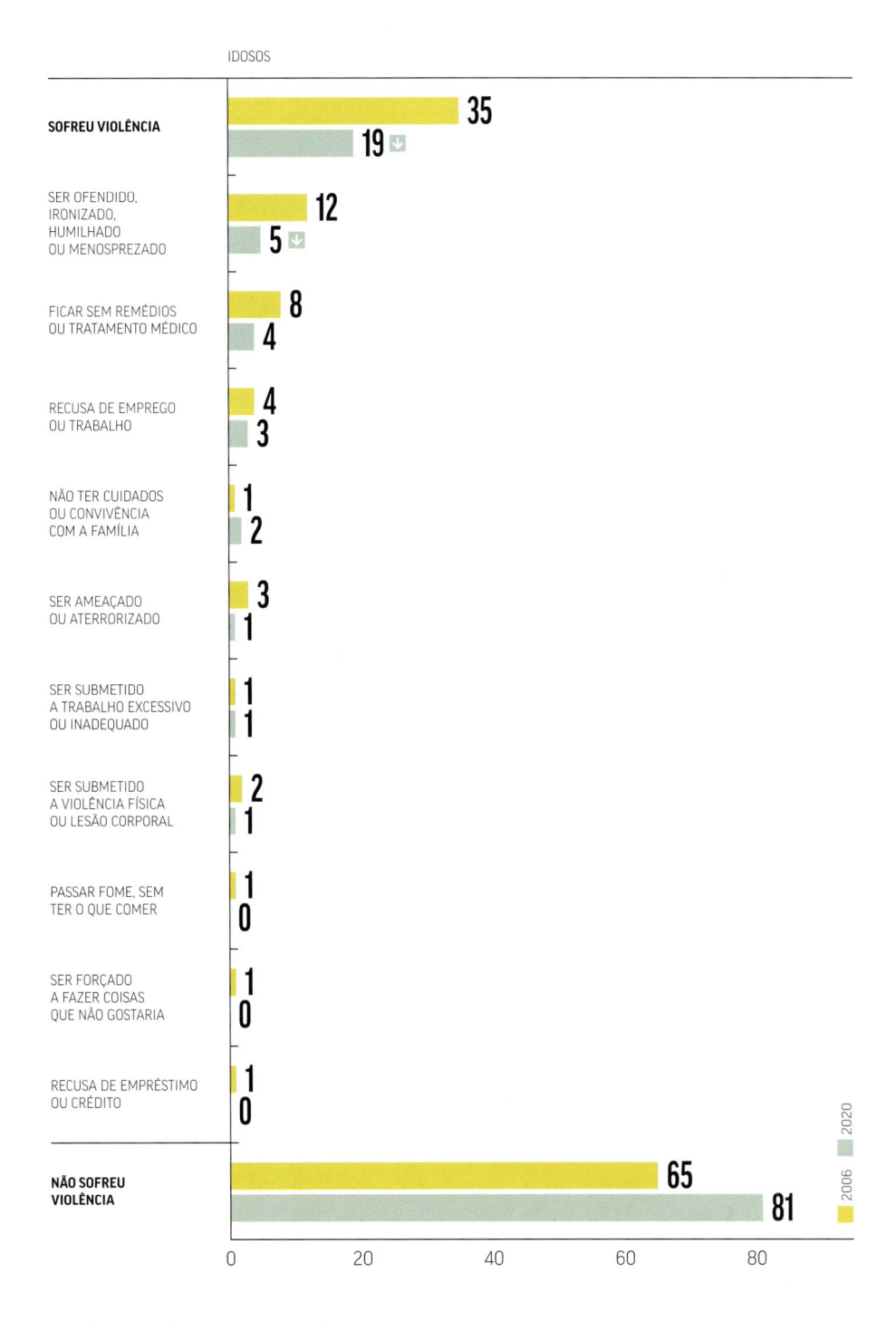

IDOSOS

Situação	2006	2020
SOFREU VIOLÊNCIA	35	19 ⬇
SER OFENDIDO, IRONIZADO, HUMILHADO OU MENOSPREZADO	12	5 ⬇
FICAR SEM REMÉDIOS OU TRATAMENTO MÉDICO	8	4
RECUSA DE EMPREGO OU TRABALHO	4	3
NÃO TER CUIDADOS OU CONVIVÊNCIA COM A FAMÍLIA	1	2
SER AMEAÇADO OU ATERRORIZADO	3	1
SER SUBMETIDO A TRABALHO EXCESSIVO OU INADEQUADO	1	1
SER SUBMETIDO A VIOLÊNCIA FÍSICA OU LESÃO CORPORAL	2	1
PASSAR FOME, SEM TER O QUE COMER	1	0
SER FORÇADO A FAZER COISAS QUE NÃO GOSTARIA	1	0
RECUSA DE EMPRÉSTIMO OU CRÉDITO	1	0
NÃO SOFREU VIOLÊNCIA	65	81

[Base] Amostra B (estimulada e única, em %)
[P54b] E dessas situações qual é a mais frequente?

9 | VIOLÊNCIA DESREPEITO E MALTRATO AO IDOSO

SITUAÇÃO DE VIOLÊNCIA SOFRIDA COM MAIOR FREQUÊNCIA E A PIOR

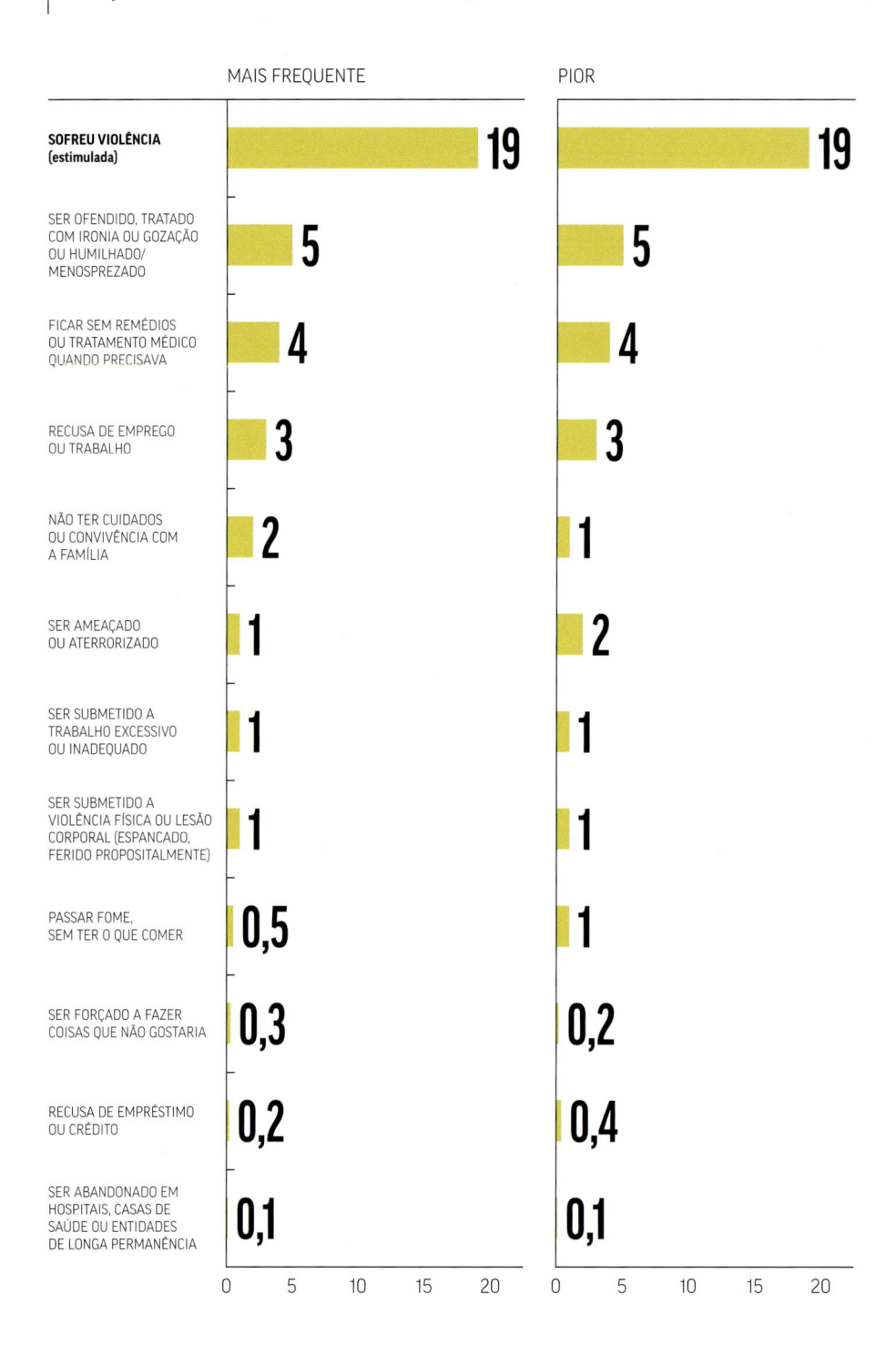

	MAIS FREQUENTE	PIOR
SOFREU VIOLÊNCIA (estimulada)	19	19
SER OFENDIDO, TRATADO COM IRONIA OU GOZAÇÃO OU HUMILHADO/ MENOSPREZADO	5	5
FICAR SEM REMÉDIOS OU TRATAMENTO MÉDICO QUANDO PRECISAVA	4	4
RECUSA DE EMPREGO OU TRABALHO	3	3
NÃO TER CUIDADOS OU CONVIVÊNCIA COM A FAMÍLIA	2	1
SER AMEAÇADO OU ATERRORIZADO	1	2
SER SUBMETIDO A TRABALHO EXCESSIVO OU INADEQUADO	1	1
SER SUBMETIDO A VIOLÊNCIA FÍSICA OU LESÃO CORPORAL (ESPANCADO, FERIDO PROPOSITALMENTE)	1	1
PASSAR FOME, SEM TER O QUE COMER	0,5	1
SER FORÇADO A FAZER COISAS QUE NÃO GOSTARIA	0,3	0,2
RECUSA DE EMPRÉSTIMO OU CRÉDITO	0,2	0,4
SER ABANDONADO EM HOSPITAIS, CASAS DE SAÚDE OU ENTIDADES DE LONGA PERMANÊNCIA	0,1	0,1

[Base] Amostra B (estimulada e única, em %)
[P54b] E dessas situações qual é a mais frequente? | [P54c] E qual que considerou a pior?

9 | VIOLÊNCIA DESREPEITO E MALTRATO AO IDOSO

LOCAL EM QUE OCORREU A PIOR VIOLÊNCIA SOFRIDA E COMUNICAÇÃO DA PIOR VIOLÊNCIA OCORRIDA

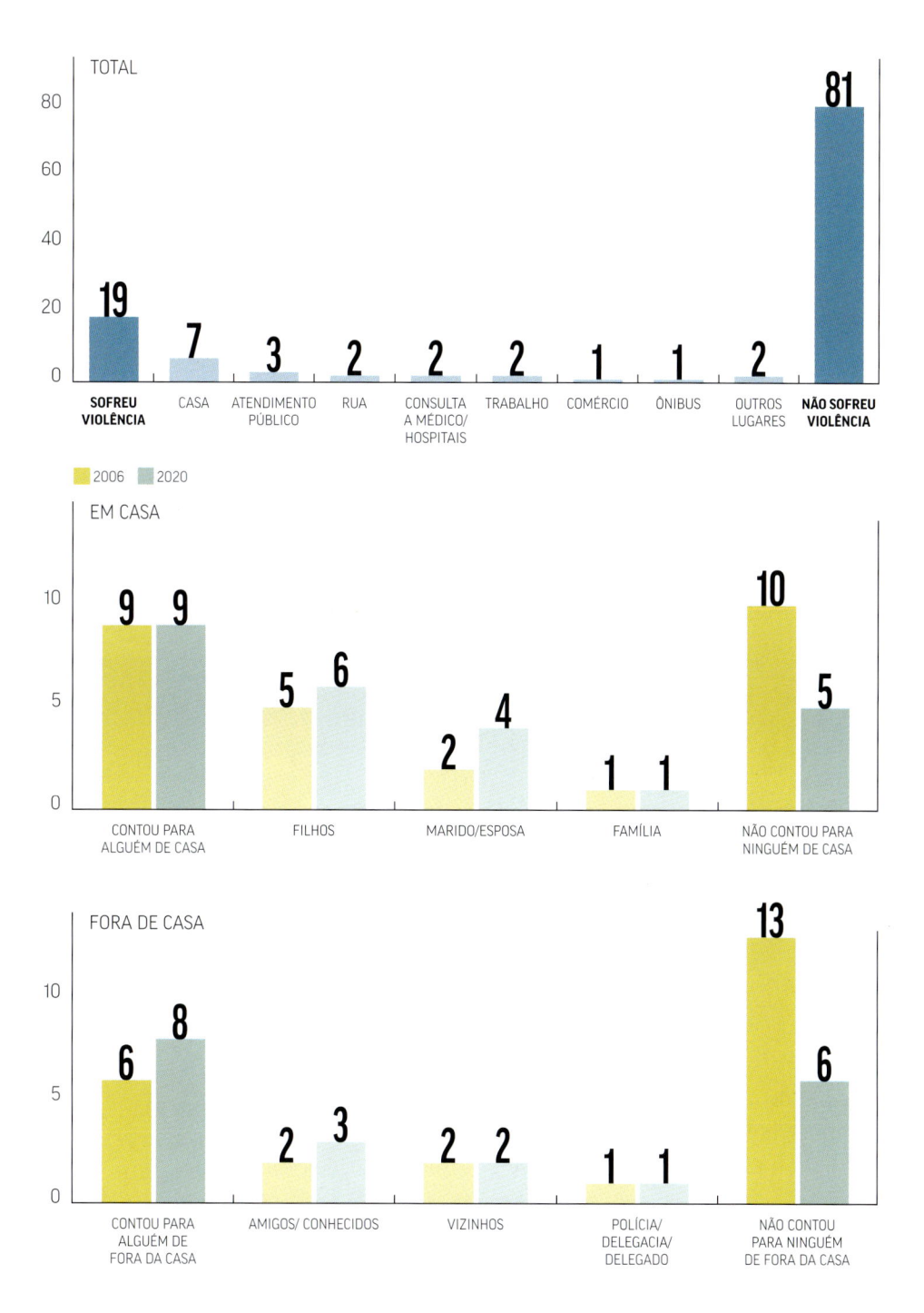

TOTAL

Categoria	%
SOFREU VIOLÊNCIA	19
CASA	7
ATENDIMENTO PÚBLICO	3
RUA	2
CONSULTA A MÉDICO/HOSPITAIS	2
TRABALHO	2
COMÉRCIO	1
ÔNIBUS	1
OUTROS LUGARES	2
NÃO SOFREU VIOLÊNCIA	81

■ 2006   ■ 2020

EM CASA

Categoria	2006	2020
CONTOU PARA ALGUÉM DE CASA	9	9
FILHOS	5	6
MARIDO/ESPOSA	2	4
FAMÍLIA	1	1
NÃO CONTOU PARA NINGUÉM DE CASA	10	5

FORA DE CASA

Categoria	2006	2020
CONTOU PARA ALGUÉM DE FORA DA CASA	6	8
AMIGOS/CONHECIDOS	2	3
VIZINHOS	2	2
POLÍCIA/DELEGACIA/DELEGADO	1	1
NÃO CONTOU PARA NINGUÉM DE FORA DA CASA	13	6

[Base] Amostra B (espontânea e múltipla, em %)
[P55] Onde isso aconteceu? | [P59] O/a sr/a chegou a contar sobre este problema para alguém de sua casa? Para quem?

9 VIOLÊNCIA DESREPEITO E MALTRATO AO IDOSO

DENÚNCIA NO DISK 100 DISQUE DENÚNCIA / DELEGACIA DO IDOSO / PROCUROU A PROMOTORIA DO IDOSO

FORMA DE DENÚNCIA

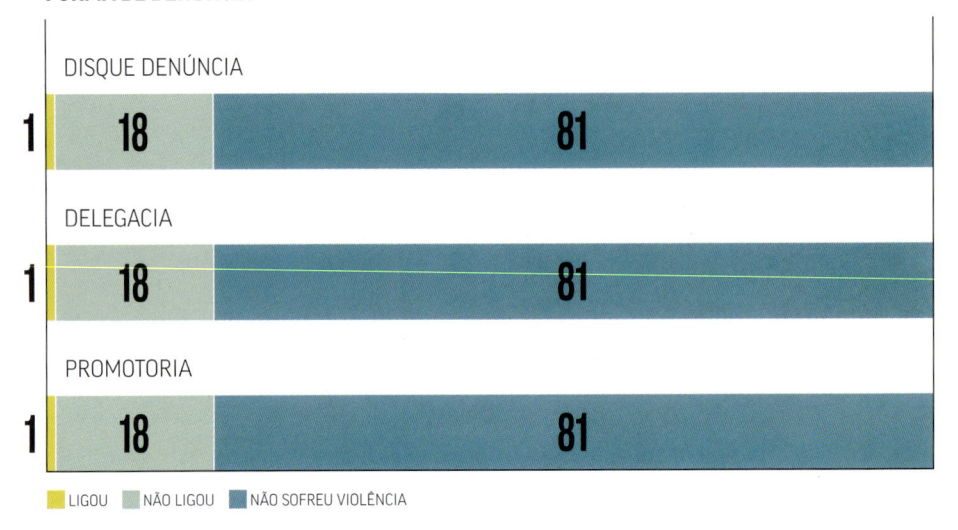

DISQUE DENÚNCIA
1 | 18 | 81

DELEGACIA
1 | 18 | 81

PROMOTORIA
1 | 18 | 81

■ LIGOU ■ NÃO LIGOU ■ NÃO SOFREU VIOLÊNCIA

PROVIDÊNCIA PARA PÔR FIM AO PROBLEMA DE VIOLÊNCIA

3 | 16 | 81

■ SIM, TOMOU PROVIDÊNCIA ■ NÃO TOMOU PROVIDÊNCIA ■ NUNCA SOFREU VIOLÊNCIA DEPOIS DOS 60 ANOS

[Base] Amostra B (espontânea e única, em %)
[P58] O/a sr/a ligou para o Disque 110, para algum Disque Denúncia? | [P59] Foi para alguma Delegacia do Idoso? | [P60] Procurou a Promotoria do Idoso? | [P61] Alguma coisa foi feita para pôr fim a esse problema?

10 | LAZER

O QUE MAIS GOSTA DE FAZER NO TEMPO LIVRE | COMPARATIVO

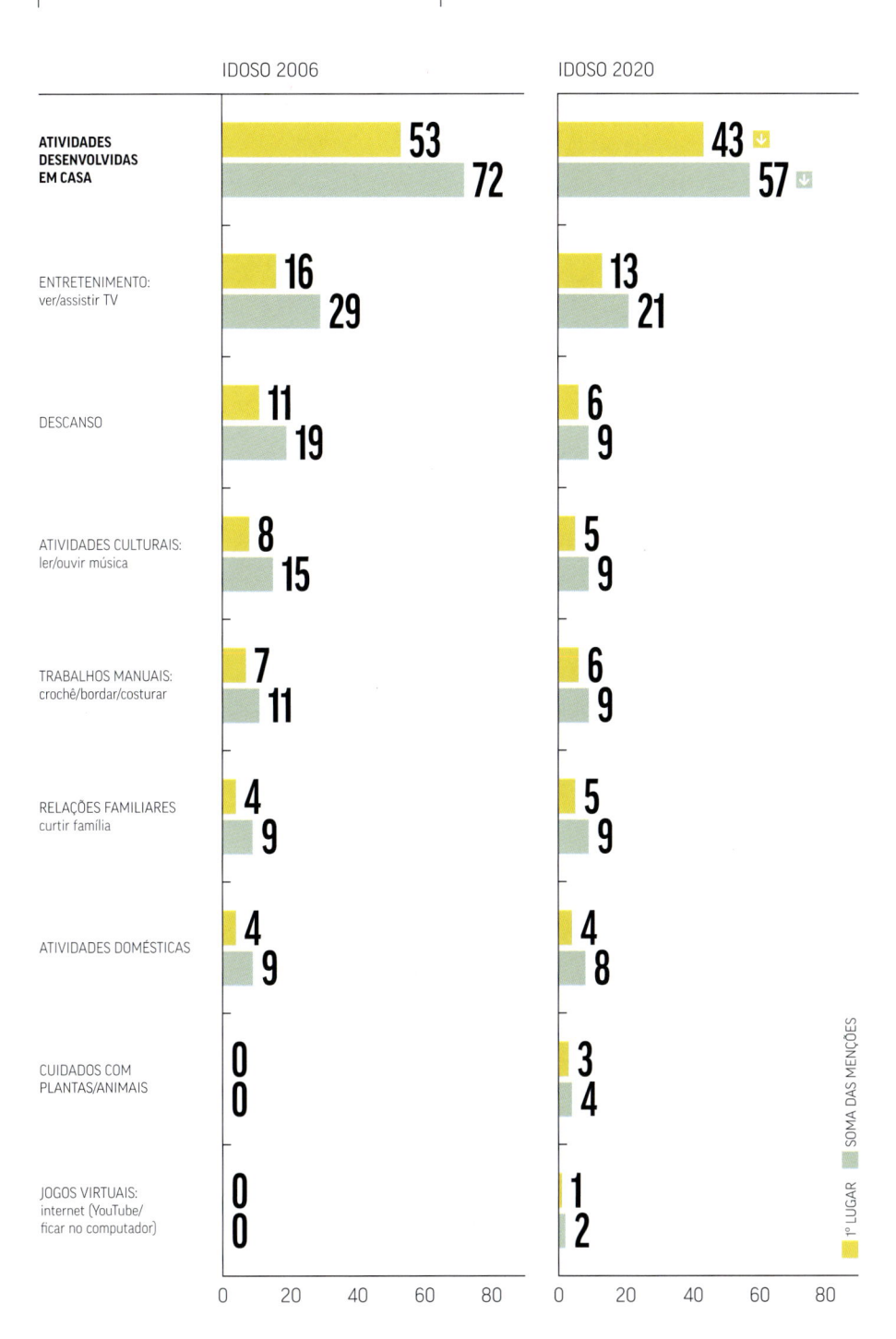

IDOSO 2006 / IDOSO 2020

Categoria	2006 1º LUGAR	2006 SOMA DAS MENÇÕES	2020 1º LUGAR	2020 SOMA DAS MENÇÕES
ATIVIDADES DESENVOLVIDAS EM CASA	53	72	43 ⬇	57 ⬇
ENTRETENIMENTO: ver/assistir TV	16	29	13	21
DESCANSO	11	19	6	9
ATIVIDADES CULTURAIS: ler/ouvir música	8	15	5	9
TRABALHOS MANUAIS: crochê/bordar/costurar	7	11	6	9
RELAÇÕES FAMILIARES curtir família	4	9	5	9
ATIVIDADES DOMÉSTICAS	4	9	4	8
CUIDADOS COM PLANTAS/ANIMAIS	0	0	3	4
JOGOS VIRTUAIS: internet (YouTube/ficar no computador)	0	0	1	2

[Base] Amostra A (espontânea, em %)
[P63] Se pudesse decidir livremente sem se preocupar com qualquer problema, o que o(a) sr(a) gostaria de fazer no seu tempo livre?

10 LAZER

O QUE MAIS GOSTA DE FAZER NO TEMPO LIVRE | COMPARATIVO

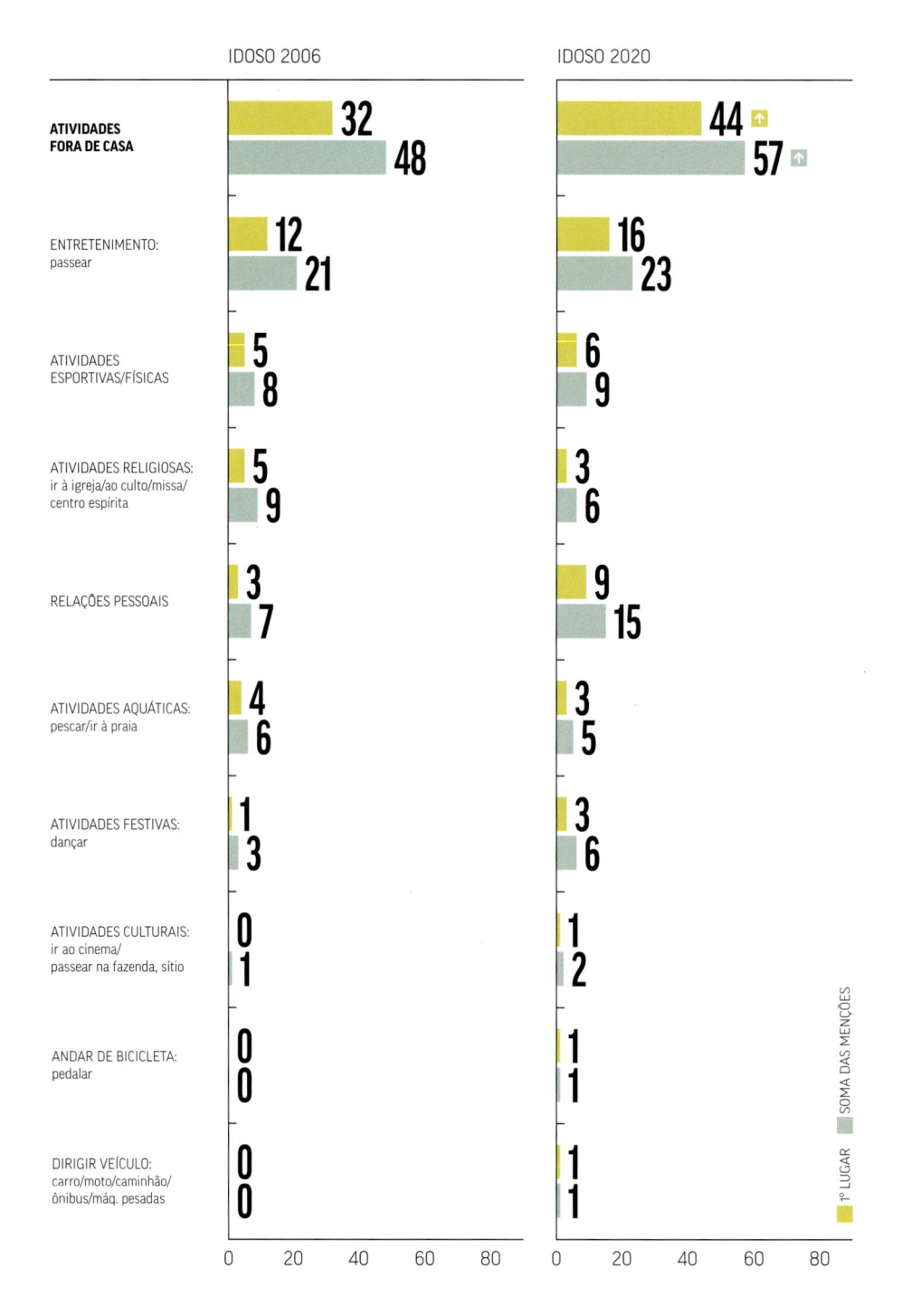

	IDOSO 2006	IDOSO 2020
	1º LUGAR / SOMA DAS MENÇÕES	1º LUGAR / SOMA DAS MENÇÕES
ATIVIDADES FORA DE CASA	32 / 48	44 ↑ / 57 ↑
ENTRETENIMENTO: passear	12 / 21	16 / 23
ATIVIDADES ESPORTIVAS/FÍSICAS	5 / 8	6 / 9
ATIVIDADES RELIGIOSAS: ir à igreja/ao culto/missa/centro espírita	5 / 9	3 / 6
RELAÇÕES PESSOAIS	3 / 7	9 / 15
ATIVIDADES AQUÁTICAS: pescar/ir à praia	4 / 6	3 / 5
ATIVIDADES FESTIVAS: dançar	1 / 3	3 / 6
ATIVIDADES CULTURAIS: ir ao cinema/passear na fazenda, sítio	0 / 1	1 / 2
ANDAR DE BICICLETA: pedalar	0 / 0	1 / 1
DIRIGIR VEÍCULO: carro/moto/caminhão/ônibus/máq. pesadas	0 / 0	1 / 1

[Base] Amostra A (espontânea, em %)
[P63] Se pudesse decidir livremente sem se preocupar com qualquer problema, o que o(a) sr(a) gostaria de fazer no seu tempo livre?

10 | LAZER

O QUE MAIS GOSTA DE FAZER NO TEMPO LIVRE | COMPARATIVO

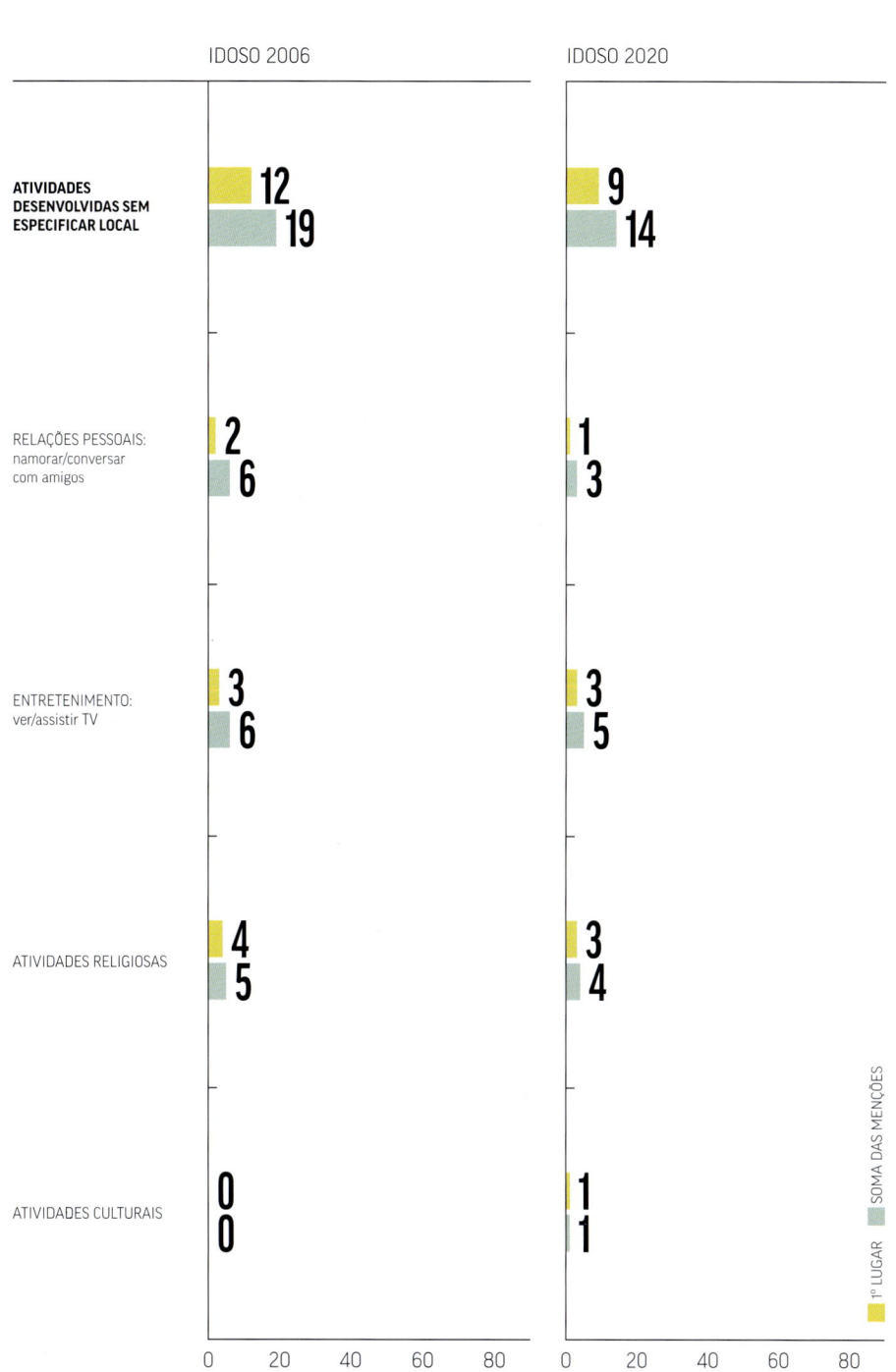

IDOSO 2006 | IDOSO 2020

ATIVIDADES DESENVOLVIDAS SEM ESPECIFICAR LOCAL
- 2006: 12 (1º lugar) / 19 (soma das menções)
- 2020: 9 (1º lugar) / 14 (soma das menções)

RELAÇÕES PESSOAIS: namorar/conversar com amigos
- 2006: 2 / 6
- 2020: 1 / 3

ENTRETENIMENTO: ver/assistir TV
- 2006: 3 / 6
- 2020: 3 / 5

ATIVIDADES RELIGIOSAS
- 2006: 4 / 5
- 2020: 3 / 4

ATIVIDADES CULTURAIS
- 2006: 0 / 0
- 2020: 1 / 1

Legenda: ■ 1º LUGAR ■ SOMA DAS MENÇÕES

[Base] Amostra A (espontânea, em %)
[P63] Se pudesse decidir livremente sem se preocupar com qualquer problema, o que o(a) sr(a) gostaria de fazer no seu tempo livre?

10 | LAZER

O QUE GOSTARIA DE FAZER NO TEMPO LIVRE | COMPARATIVO

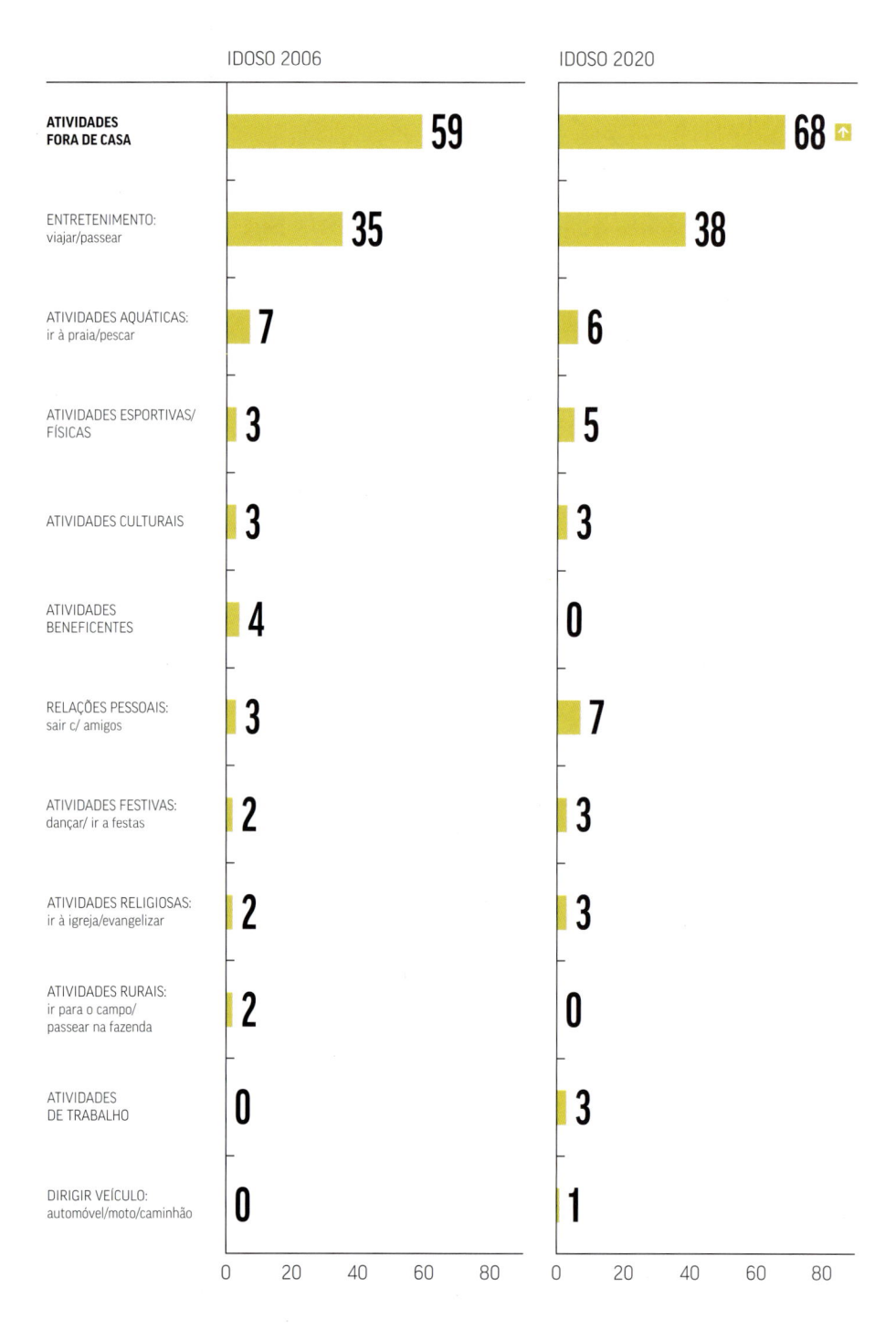

IDOSO 2006 | IDOSO 2020

Categoria	2006	2020
ATIVIDADES FORA DE CASA	59	68 ↑
ENTRETENIMENTO: viajar/passear	35	38
ATIVIDADES AQUÁTICAS: ir à praia/pescar	7	6
ATIVIDADES ESPORTIVAS/FÍSICAS	3	5
ATIVIDADES CULTURAIS	3	3
ATIVIDADES BENEFICENTES	4	0
RELAÇÕES PESSOAIS: sair c/ amigos	3	7
ATIVIDADES FESTIVAS: dançar/ ir a festas	2	3
ATIVIDADES RELIGIOSAS: ir à igreja/evangelizar	2	3
ATIVIDADES RURAIS: ir para o campo/ passear na fazenda	2	0
ATIVIDADES DE TRABALHO	0	3
DIRIGIR VEÍCULO: automóvel/moto/caminhão	0	1

[Base] Amostra A (espontânea e única, em %)
[P63] Se pudesse decidir livremente sem se preocupar com qualquer problema, o que o(a) sr(a) gostaria de fazer no seu tempo livre?

10 | LAZER

O QUE GOSTARIA DE FAZER NO TEMPO LIVRE | COMPARATIVO

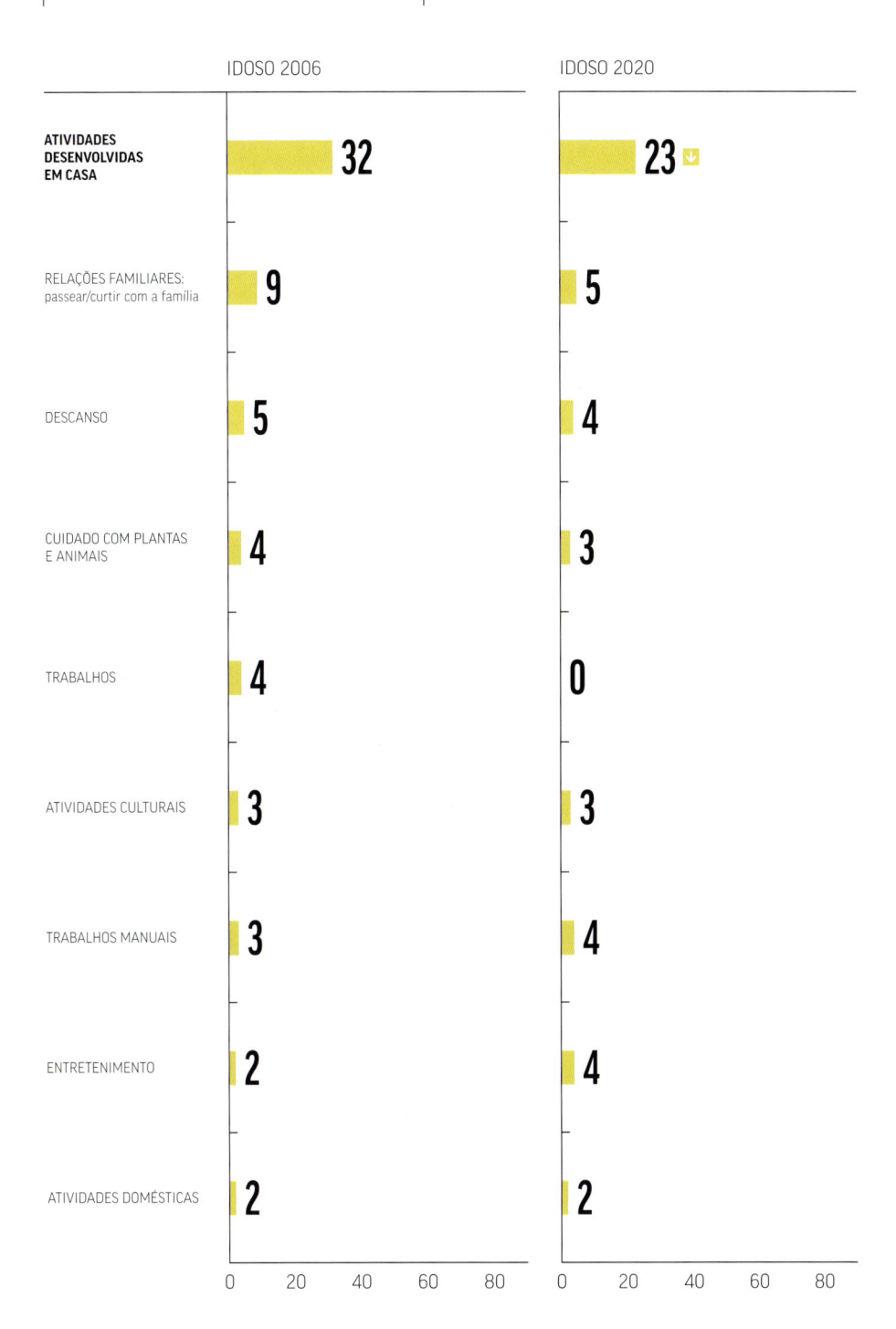

	IDOSO 2006	IDOSO 2020
ATIVIDADES DESENVOLVIDAS EM CASA	32	23 ⬇
RELAÇÕES FAMILIARES: passear/curtir com a família	9	5
DESCANSO	5	4
CUIDADO COM PLANTAS E ANIMAIS	4	3
TRABALHOS	4	0
ATIVIDADES CULTURAIS	3	3
TRABALHOS MANUAIS	3	4
ENTRETENIMENTO	2	4
ATIVIDADES DOMÉSTICAS	2	2

[Base] Amostra A (espontânea e única, em %)
[P63] Se pudesse decidir livremente sem se preocupar com qualquer problema, o que o(a) sr(a) gostaria de fazer no seu tempo livre?

| 10 | LAZER |

O QUE GOSTARIA DE FAZER NO TEMPO LIVRE | COMPARATIVO

	IDOSO 2006	IDOSO 2020
ATIVIDADES DESENVOLVIDAS SEM ESPECIFICAR LOCAL	5	4
RELAÇÕES PESSOAIS: namorar/conversar com amigos	2	1
ENTRETENIMENTO	0	2
ATIVIDADES RELIGIOSAS: ler a Bíblia/rezar	0	1
NENHUMA/NADA/ NÃO TENHO TEMPO LIVRE	7	5
NÃO SABE/NÃO LEMBRA	0	2

[Base] Amostra A (espontânea e única, em %)
[P63] Se pudesse decidir livremente sem se preocupar com qualquer problema, o que o(a) sr(a) gostaria de fazer no seu tempo livre?

10	LAZER
O QUE GOSTARIA DE FAZER NO TEMPO LIVRE	SÍNTESE

	POPULAÇÃO IDOSA							
	TOTAL	HOMENS	60-69 ANOS	70-79 ANOS	80+ ANOS	MULHERES	60-69 ANOS	70-79 ANOS	80+ ANOS
%	100	45	27	17	4	55	31	17	7
ATIVIDADES FORA DE CASA	**68**	**73**	**76**	**69**	**63**	**63**	**68**	**61**	**50**
Entretenimento	38	39	43	34	30	37	45	29	24
Relações pessoais	7	6	6	6	10	7	7	7	11
Atividades aquáticas	6	10	13	8	6	3	2	6	-
Atividades esportivas/físicas	5	7	8	7	3	4	3	4	5
Atividades festivas (dançar/ir ao baile/aprender a dançar)	3	3	2	5	2	4	4	5	4
Atividades culturais	3	4	4	4	5	3	3	2	1
Atividades religiosas	3	1	0,3	3	-	4	2	7	5
Atividades de trabalho	3	3	2	4	7	2	2	2	1
Dirigir veículo (automóvel/moto/caminhão)	1	1	0,5	2	3	-	-	-	-

[Base] Amostra A (espontânea e única, em %)
[P63] Se pudesse decidir livremente sem se preocupar com qualquer problema, o que o(a) sr(a) gostaria de fazer no seu tempo livre?

10 | LAZER

O QUE IMPEDE DE REALIZAR O QUE GOSTA DE FAZER NO TEMPO LIVRE | COMPARATIVO

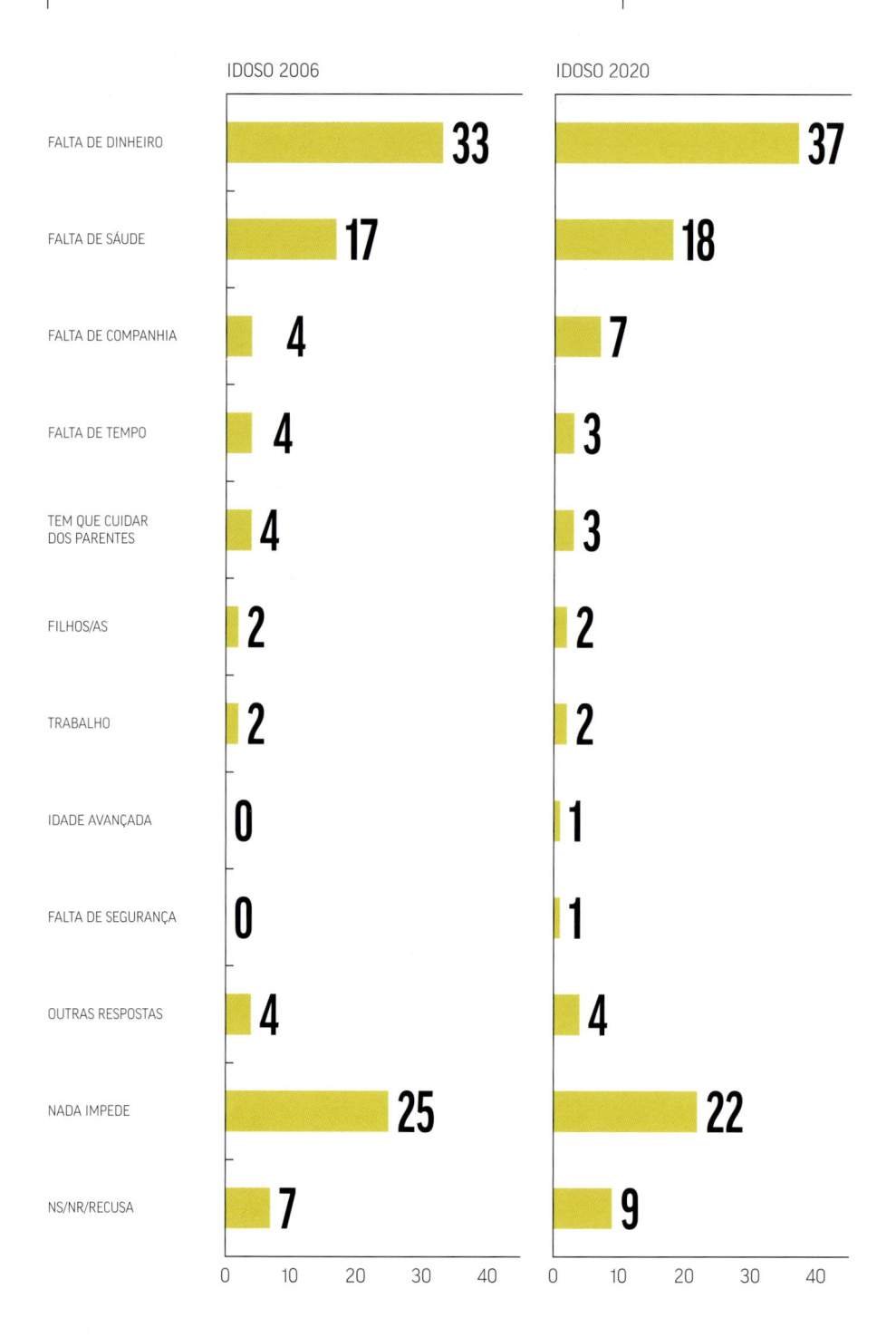

	IDOSO 2006	IDOSO 2020
FALTA DE DINHEIRO	33	37
FALTA DE SAÚDE	17	18
FALTA DE COMPANHIA	4	7
FALTA DE TEMPO	4	3
TEM QUE CUIDAR DOS PARENTES	4	3
FILHOS/AS	2	2
TRABALHO	2	2
IDADE AVANÇADA	0	1
FALTA DE SEGURANÇA	0	1
OUTRAS RESPOSTAS	4	4
NADA IMPEDE	25	22
NS/NR/RECUSA	7	9

[Base] Amostra A (espontânea e múltipla, em %)
[P64] E o que lhe impede de fazer isso hoje?

10	LAZER
O QUE IMPEDE DE REALIZAR O QUE GOSTA DE FAZER NO TEMPO LIVRE	SÍNTESE

	POPULAÇÃO IDOSA							
	TOTAL	HOMENS	60-69 ANOS	70-79 ANOS	80+ ANOS	MULHERES	60-69 ANOS	70-79 ANOS	80+ ANOS
%	100	45	27	17	4	55	31	17	7
Falta de dinheiro	37	38	[45]	34	12	36	[45]	28	16
Falta de saúde (dores na coluna/ no corpo/artrose/artrite)	18	17	9	[28]	[33]	19	12	[25]	[37]
Falta de companhia	7	6	6	5	7	7	7	7	9
Falta de tempo	3	3	5	1	-	3	5	2	-
Tem que cuidar dos parentes	3	1	1	-	-	4	5	3	3
Filhos/as	2	2	2	1	3	2	2	3	2
Trabalho	2	3	4	1	-	1	2	-	-
Idade avançada	1	1	1	2	1	0,2	-	0,4	1
Falta de segurança/medo da violência	1	1	1	0,4	2	0,2	0,2	0,4	-
Cansaço/desânimo	0,5	0,5	1	-	-	1	-	0,4	3
Não possui chácara/espaço/ terreno para plantar	0,4	-	-	-	-	1	1	0,4	-
Distância (mora longe da escola/ da casa dos filhos/do rio)	0,4	0,1	-	0,5	-	1	1	1	-

[Base] Amostra A (espontânea e múltipla, em %)
[P64] E o que lhe impede de fazer isso hoje?

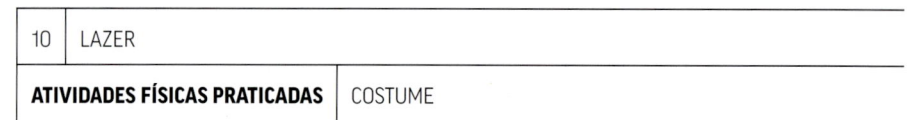

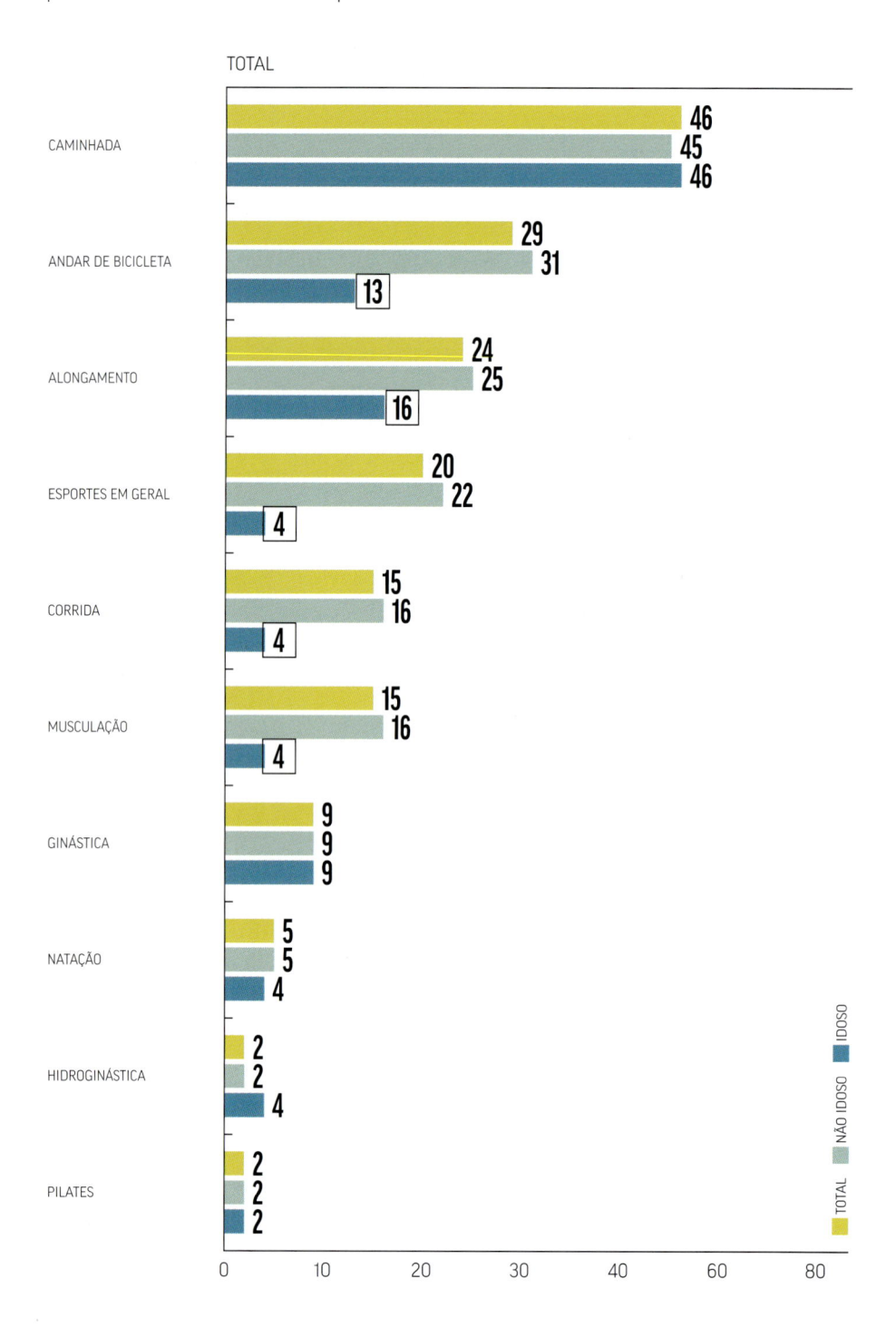

10 LAZER

ATIVIDADES FÍSICAS PRATICADAS | COSTUME

TOTAL

Atividade	TOTAL	NÃO IDOSO	IDOSO
CAMINHADA	46	45	46
ANDAR DE BICICLETA	29	31	13
ALONGAMENTO	24	25	16
ESPORTES EM GERAL	20	22	4
CORRIDA	15	16	4
MUSCULAÇÃO	15	16	4
GINÁSTICA	9	9	9
NATAÇÃO	5	5	4
HIDROGINÁSTICA	2	2	4
PILATES	2	2	2

[Base] Amostra A + C (estimulada e única, em %)
[P68] Vou falar outras atividades e gostaria de saber quais o/a sr/a pratica

10	LAZER
ATIVIDADES DE LAZER PRATICADAS	COSTUME

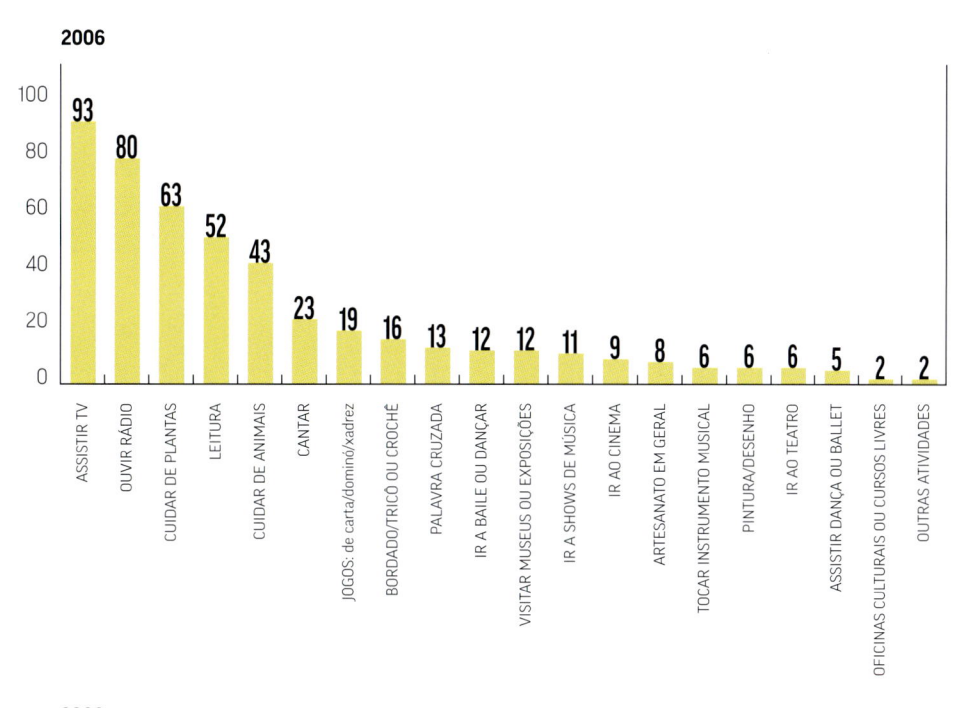

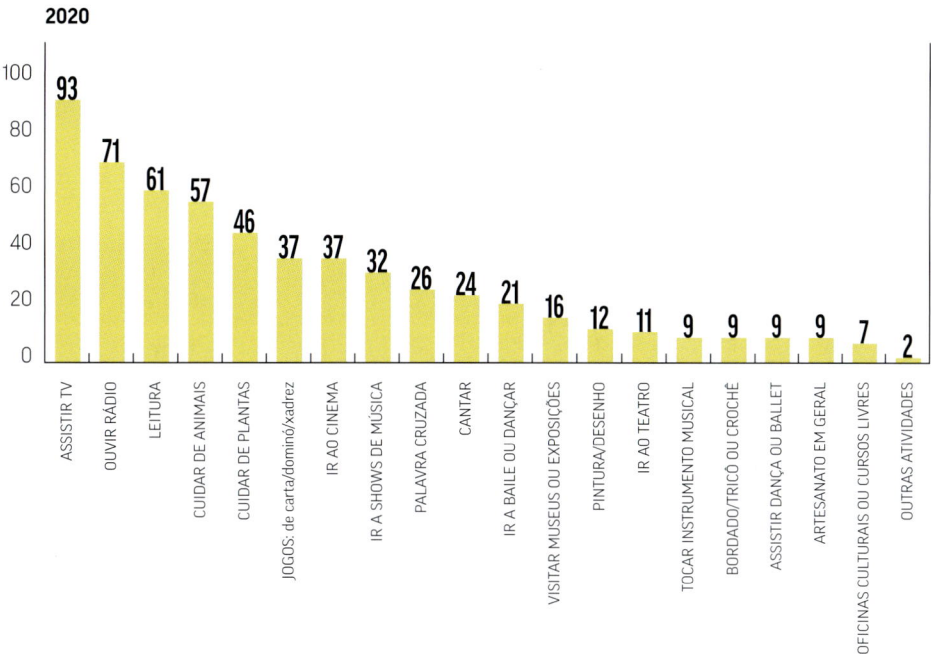

2006

Atividade	%
ASSISTIR TV	93
OUVIR RÁDIO	80
CUIDAR DE PLANTAS	63
LEITURA	52
CUIDAR DE ANIMAIS	43
CANTAR	23
JOGOS: de carta/dominó/xadrez	19
BORDADO/TRICÔ OU CROCHÊ	16
PALAVRA CRUZADA	13
IR A BAILE OU DANÇAR	12
VISITAR MUSEUS OU EXPOSIÇÕES	12
IR A SHOWS DE MÚSICA	11
IR AO CINEMA	9
ARTESANATO EM GERAL	8
TOCAR INSTRUMENTO MUSICAL	6
PINTURA/DESENHO	6
IR AO TEATRO	6
ASSISTIR DANÇA OU BALLET	5
OFICINAS CULTURAIS OU CURSOS LIVRES	2
OUTRAS ATIVIDADES	2

2020

Atividade	%
ASSISTIR TV	93
OUVIR RÁDIO	71
LEITURA	61
CUIDAR DE ANIMAIS	57
CUIDAR DE PLANTAS	46
JOGOS: de carta/dominó/xadrez	37
IR AO CINEMA	37
IR A SHOWS DE MÚSICA	32
PALAVRA CRUZADA	26
CANTAR	24
IR A BAILE OU DANÇAR	21
VISITAR MUSEUS OU EXPOSIÇÕES	16
PINTURA/DESENHO	12
IR AO TEATRO	11
TOCAR INSTRUMENTO MUSICAL	9
BORDADO/TRICÔ OU CROCHÊ	9
ASSISTIR DANÇA OU BALLET	9
ARTESANATO EM GERAL	9
OFICINAS CULTURAIS OU CURSOS LIVRES	7
OUTRAS ATIVIDADES	2

[Base] Amostra A + C (estimulada e única, em %)
[P68] Vou falar outras atividades e gostaria de saber quais o/a sr/a pratica

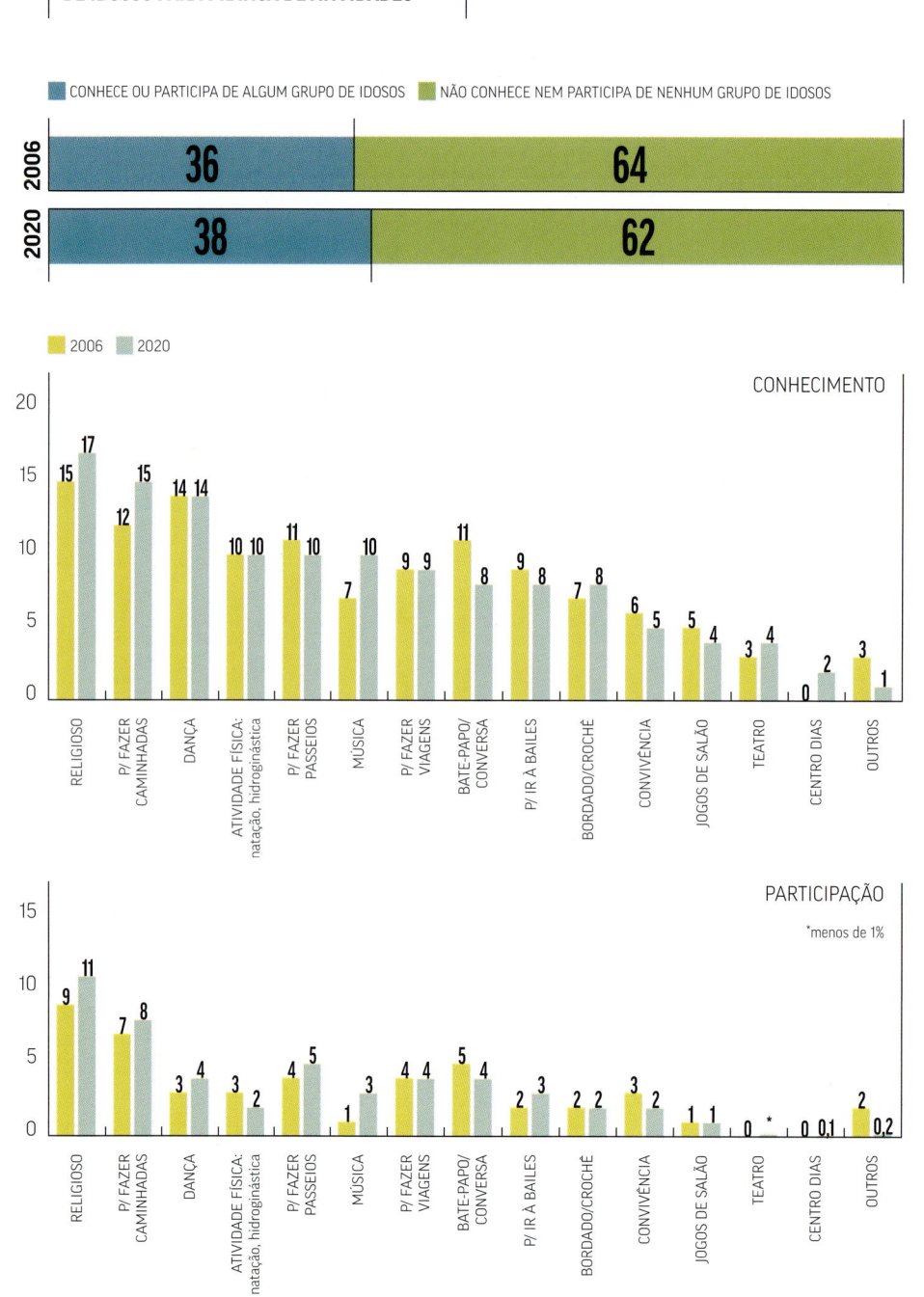

10 LAZER

CONHECIMENTO E PARTICIPAÇÃO DE GRUPOS DE IDOSOS PARA PRÁTICA DE ATIVIDADES | COMPARATIVO

■ CONHECE OU PARTICIPA DE ALGUM GRUPO DE IDOSOS ■ NÃO CONHECE NEM PARTICIPA DE NENHUM GRUPO DE IDOSOS

	Conhece ou participa	Não conhece nem participa
2006	36	64
2020	38	62

■ 2006 ■ 2020

CONHECIMENTO

Atividade	2006	2020
RELIGIOSO	15	17
P/ FAZER CAMINHADAS	12	15
DANÇA	14	14
ATIVIDADE FÍSICA: natação, hidroginástica	10	10
P/ FAZER PASSEIOS	11	10
MÚSICA	7	10
P/ FAZER VIAGENS	9	9
BATE-PAPO/ CONVERSA	11	8
P/ IR À BAILES	9	8
BORDADO/CROCHÊ	7	8
CONVIVÊNCIA	6	5
JOGOS DE SALÃO	5	4
TEATRO	3	4
CENTRO DIAS	0	2
OUTROS	3	1

PARTICIPAÇÃO

*menos de 1%

Atividade	2006	2020
RELIGIOSO	9	11
P/ FAZER CAMINHADAS	7	8
DANÇA	3	4
ATIVIDADE FÍSICA: natação, hidroginástica	3	2
P/ FAZER PASSEIOS	4	5
MÚSICA	1	3
P/ FAZER VIAGENS	4	4
BATE-PAPO/ CONVERSA	5	4
P/ IR À BAILES	2	3
BORDADO/CROCHÊ	2	2
CONVIVÊNCIA	3	2
JOGOS DE SALÃO	1	1
TEATRO	0	*
CENTRO DIAS	0	0,1
OUTROS	2	0,2

[Base] Amostra A (espontânea, em %)
[P69a] O/a sr/a conhece algum grupo que promove atividades com idosos no seu bairro ou comunidade? De qual atividade? Conhece algum outro grupo de idosos? De que? | [P69b] (Para cada grupo que conhece) O/a sr/a participa desse grupo?

10 LAZER

COMPARAÇÃO ENTRE AS POSSIBILIDADES DE LAZER ANTES E DEPOIS DE COMPLETAR 60 ANOS — COMPARATIVO RAÇA/COR

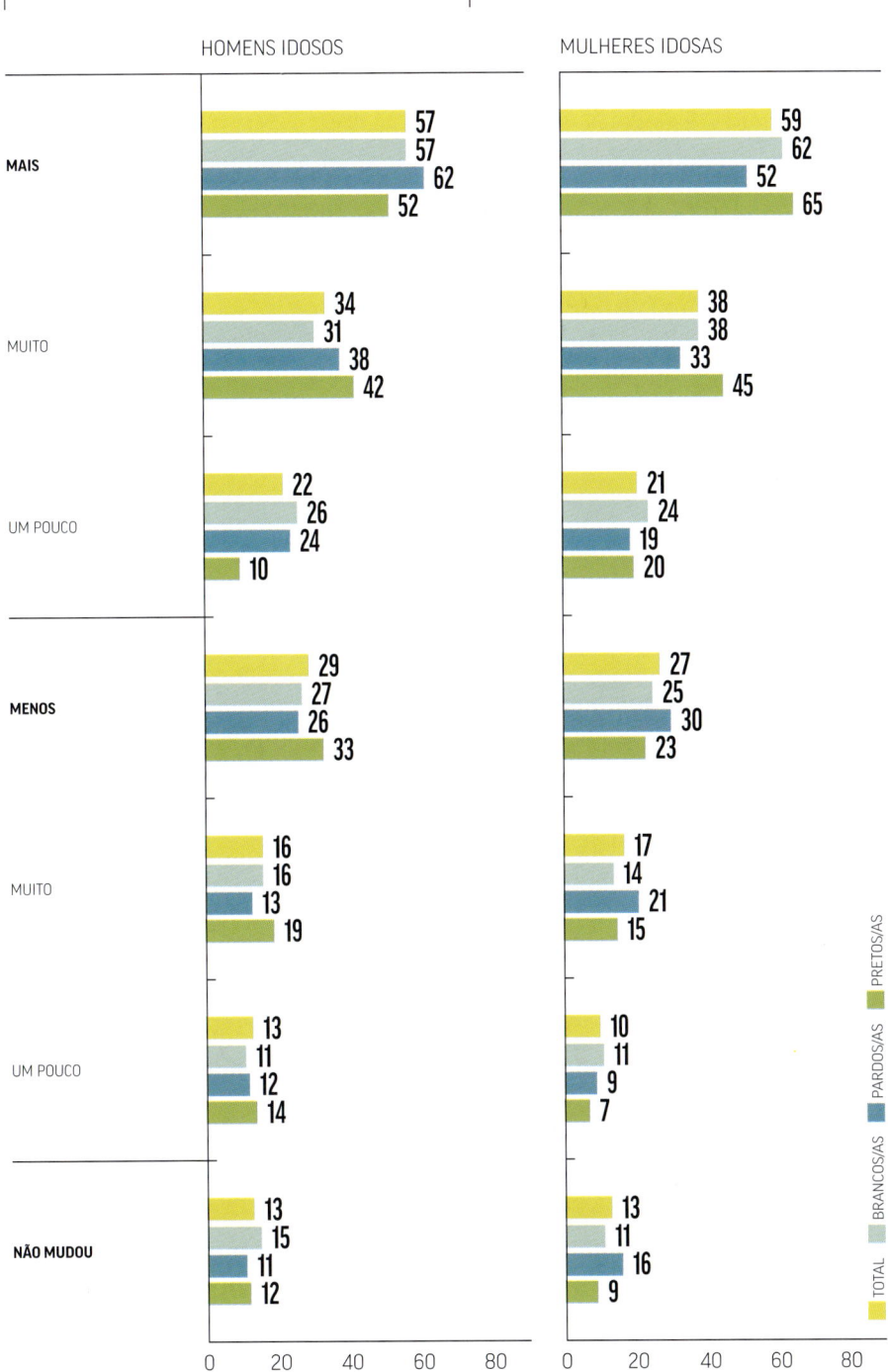

HOMENS IDOSOS

MAIS
- TOTAL: 57
- BRANCOS/AS: 57
- PARDOS/AS: 62
- PRETOS/AS: 52

MUITO
- TOTAL: 34
- BRANCOS/AS: 31
- PARDOS/AS: 38
- PRETOS/AS: 42

UM POUCO
- TOTAL: 22
- BRANCOS/AS: 26
- PARDOS/AS: 24
- PRETOS/AS: 10

MENOS
- TOTAL: 29
- BRANCOS/AS: 27
- PARDOS/AS: 26
- PRETOS/AS: 33

MUITO
- TOTAL: 16
- BRANCOS/AS: 16
- PARDOS/AS: 13
- PRETOS/AS: 19

UM POUCO
- TOTAL: 13
- BRANCOS/AS: 11
- PARDOS/AS: 12
- PRETOS/AS: 14

NÃO MUDOU
- TOTAL: 13
- BRANCOS/AS: 15
- PARDOS/AS: 11
- PRETOS/AS: 12

MULHERES IDOSAS

MAIS
- TOTAL: 59
- BRANCOS/AS: 62
- PARDOS/AS: 52
- PRETOS/AS: 65

MUITO
- TOTAL: 38
- BRANCOS/AS: 38
- PARDOS/AS: 33
- PRETOS/AS: 45

UM POUCO
- TOTAL: 21
- BRANCOS/AS: 24
- PARDOS/AS: 19
- PRETOS/AS: 20

MENOS
- TOTAL: 27
- BRANCOS/AS: 25
- PARDOS/AS: 30
- PRETOS/AS: 23

MUITO
- TOTAL: 17
- BRANCOS/AS: 14
- PARDOS/AS: 21
- PRETOS/AS: 15

UM POUCO
- TOTAL: 10
- BRANCOS/AS: 11
- PARDOS/AS: 9
- PRETOS/AS: 7

NÃO MUDOU
- TOTAL: 13
- BRANCOS/AS: 11
- PARDOS/AS: 16
- PRETOS/AS: 9

[Base] Amostra A (estimulada e única, em %)
[P70] O/a sr/a diria que hoje o/a sr/a tem menos ou mais possibilidades de lazer do que tinha antes de completar 60 anos? Muito ou um pouco(menos/ mais)?

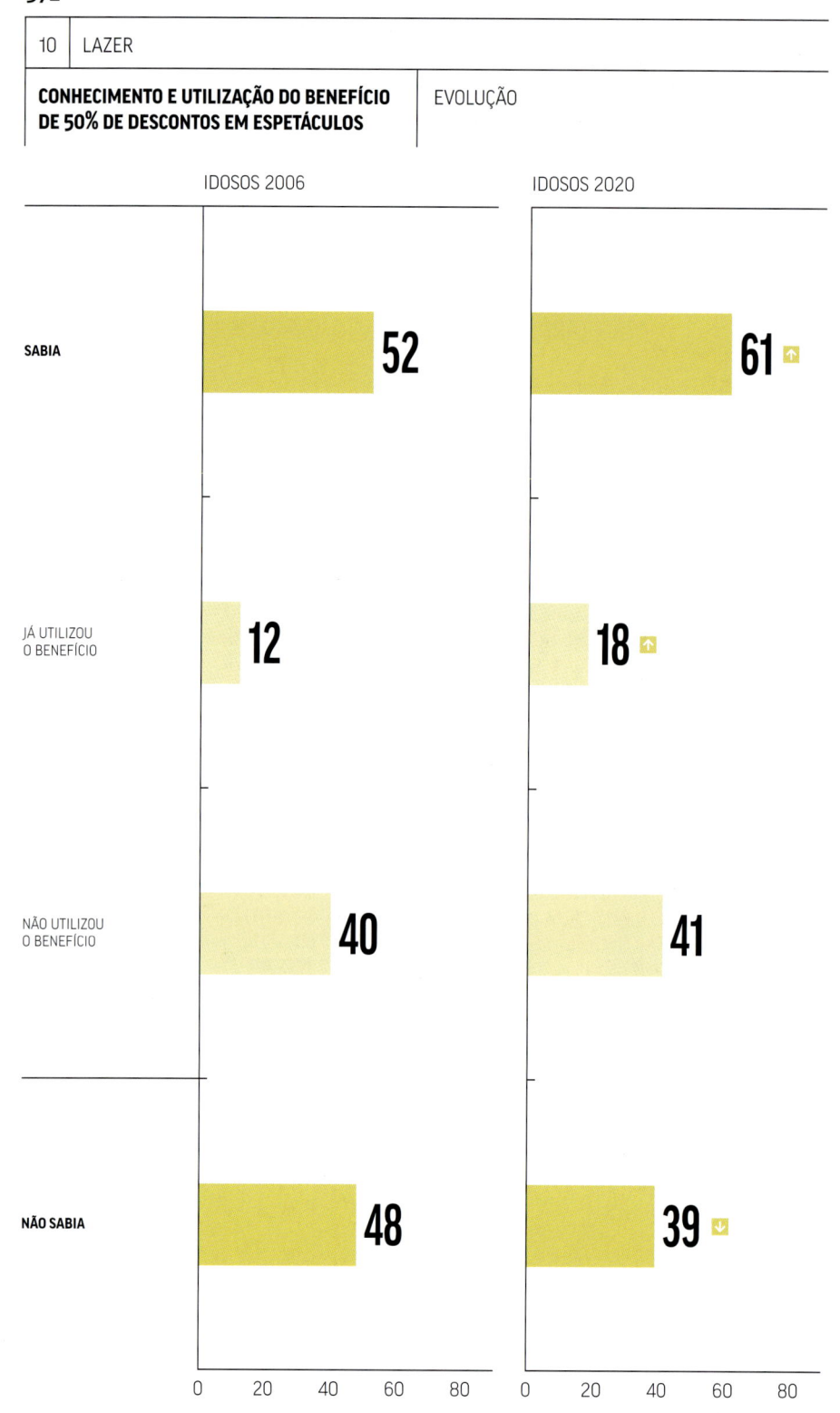

10 | LAZER

CONHECIMENTO E UTILIZAÇÃO DO BENEFÍCIO DE 50% DE DESCONTOS EM ESPETÁCULOS | EVOLUÇÃO

IDOSOS 2006

- SABIA: 52
- JÁ UTILIZOU O BENEFÍCIO: 12
- NÃO UTILIZOU O BENEFÍCIO: 40
- NÃO SABIA: 48

IDOSOS 2020

- SABIA: 61 ↑
- JÁ UTILIZOU O BENEFÍCIO: 18 ↑
- NÃO UTILIZOU O BENEFÍCIO: 41
- NÃO SABIA: 39 ↓

[Base] Amostra A (estimulada e múltipla, em %)
[P71] O/a sr/a sabia que pessoas com mais de 60 anos têm 50% de desconto em teatros, cinemas e espetáculos musicais? |
[P72] O/a sr/a já utilizou esse benefício?

10 | LAZER

CONHECIMENTO E UTILIZAÇÃO DO BENEFÍCIO DE 50% DE DESCONTOS EM ESPETÁCULOS | COMPARATIVO RAÇA/COR

HOMEM IDOSO

SABIA
- TOTAL: 64
- BRANCO/AS: 60
- PARDO/AS: 68
- PRETO/AS: 62

JÁ UTILIZOU O BENEFÍCIO
- TOTAL: 20
- BRANCO/AS: 24
- PARDO/AS: 16
- PRETO/AS: 21

NÃO UTILIZOU O BENEFÍCIO
- TOTAL: 42
- BRANCO/AS: 35
- PARDO/AS: 48
- PRETO/AS: 40

NÃO SABIA
- TOTAL: 36
- BRANCO/AS: 40
- PARDO/AS: 32
- PRETO/AS: 38

MULHER IDOSA

SABIA
- TOTAL: 59
- BRANCO/AS: 65
- PARDO/AS: 53
- PRETO/AS: 55

JÁ UTILIZOU O BENEFÍCIO
- TOTAL: 17
- BRANCO/AS: 21
- PARDO/AS: 12
- PRETO/AS: 16

NÃO UTILIZOU O BENEFÍCIO
- TOTAL: 40
- BRANCO/AS: 42
- PARDO/AS: 39
- PRETO/AS: 37

NÃO SABIA
- TOTAL: 41
- BRANCO/AS: 35
- PARDO/AS: 47
- PRETO/AS: 45

[Base] Amostra A (estimulada e múltipla, em %)
[P71] O/a sr/a sabia que pessoas com mais de 60 anos têm 50% de desconto em teatros, cinemas e espetáculos musicais? |
[P72] O/a sr/a já utilizou esse benefício?

10 LAZER

CONHECIMENTO E UTILIZAÇÃO DO BENEFÍCIO DE 50% DE DESCONTOS EM ESPETÁCULOS | COMPARATIVO RENDA

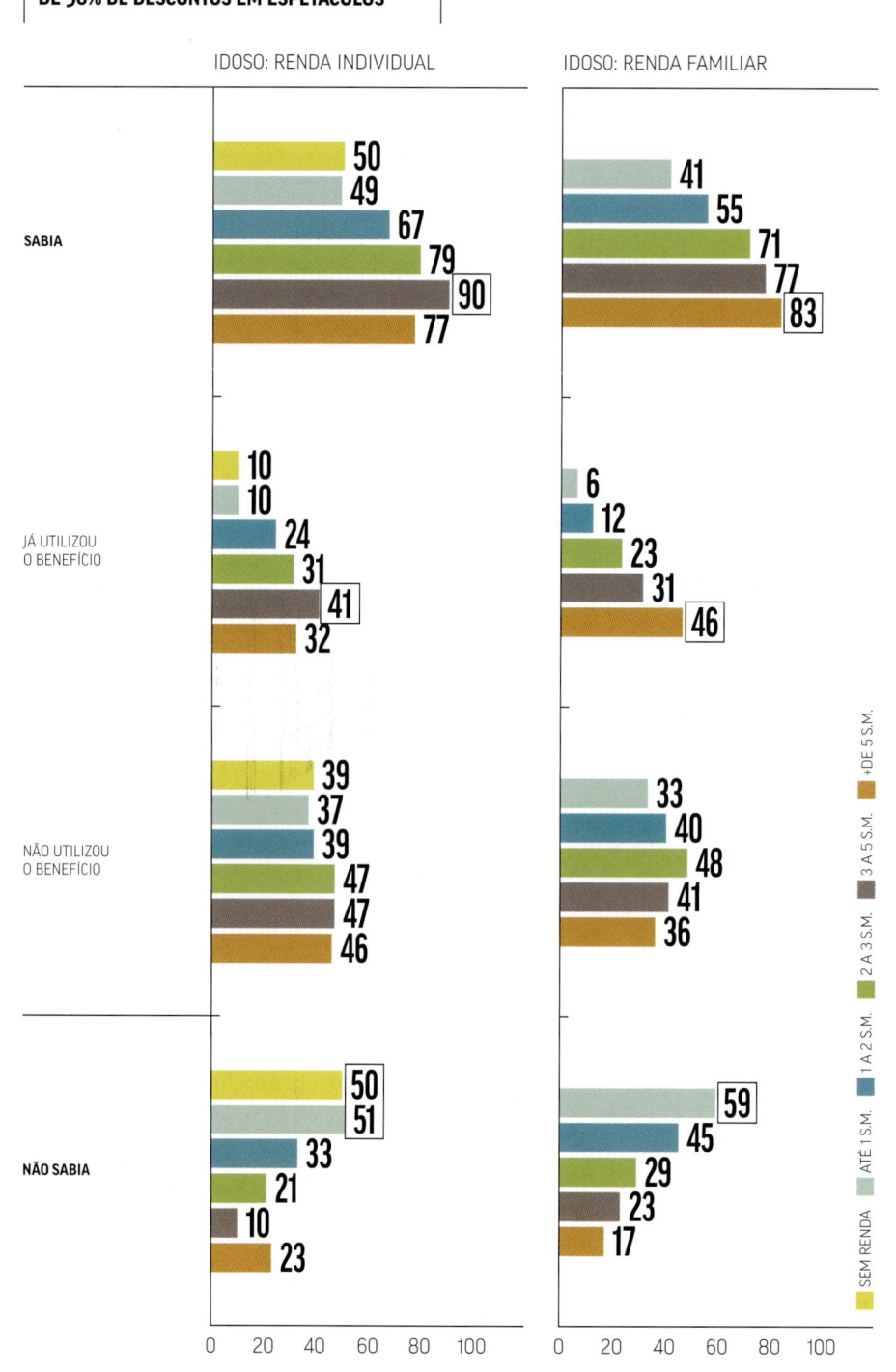

IDOSO: RENDA INDIVIDUAL

SABIA
- SEM RENDA: 50
- ATÉ 1 S.M.: 49
- 1 A 2 S.M.: 67
- 2 A 3 S.M.: 79
- 3 A 5 S.M.: 90
- +DE 5 S.M.: 77

JÁ UTILIZOU O BENEFÍCIO
- SEM RENDA: 10
- ATÉ 1 S.M.: 10
- 1 A 2 S.M.: 24
- 2 A 3 S.M.: 31
- 3 A 5 S.M.: 41
- +DE 5 S.M.: 32

NÃO UTILIZOU O BENEFÍCIO
- SEM RENDA: 39
- ATÉ 1 S.M.: 37
- 1 A 2 S.M.: 39
- 2 A 3 S.M.: 47
- 3 A 5 S.M.: 47
- +DE 5 S.M.: 46

NÃO SABIA
- SEM RENDA: 50
- ATÉ 1 S.M.: 51
- 1 A 2 S.M.: 33
- 2 A 3 S.M.: 21
- 3 A 5 S.M.: 10
- +DE 5 S.M.: 23

IDOSO: RENDA FAMILIAR

SABIA
- ATÉ 1 S.M.: 41
- 1 A 2 S.M.: 55
- 2 A 3 S.M.: 71
- 3 A 5 S.M.: 77
- +DE 5 S.M.: 83

JÁ UTILIZOU O BENEFÍCIO
- ATÉ 1 S.M.: 6
- 1 A 2 S.M.: 12
- 2 A 3 S.M.: 23
- 3 A 5 S.M.: 31
- +DE 5 S.M.: 46

NÃO UTILIZOU O BENEFÍCIO
- ATÉ 1 S.M.: 33
- 1 A 2 S.M.: 40
- 2 A 3 S.M.: 48
- 3 A 5 S.M.: 41
- +DE 5 S.M.: 36

NÃO SABIA
- ATÉ 1 S.M.: 59
- 1 A 2 S.M.: 45
- 2 A 3 S.M.: 29
- 3 A 5 S.M.: 23
- +DE 5 S.M.: 17

[Base] Amostra A (estimulada e múltipla, em %)
[P71] O/a sr/a sabia que pessoas com mais de 60 anos têm 50% de desconto em teatros, cinemas e espetáculos musicais? |
[P72] O/a sr/a já utilizou esse benefício?

10 | LAZER

CONHECIMENTO E UTILIZAÇÃO DO BENEFÍCIO DE 50% DE DESCONTOS EM ESPETÁCULOS | REGIÃO DO PAÍS

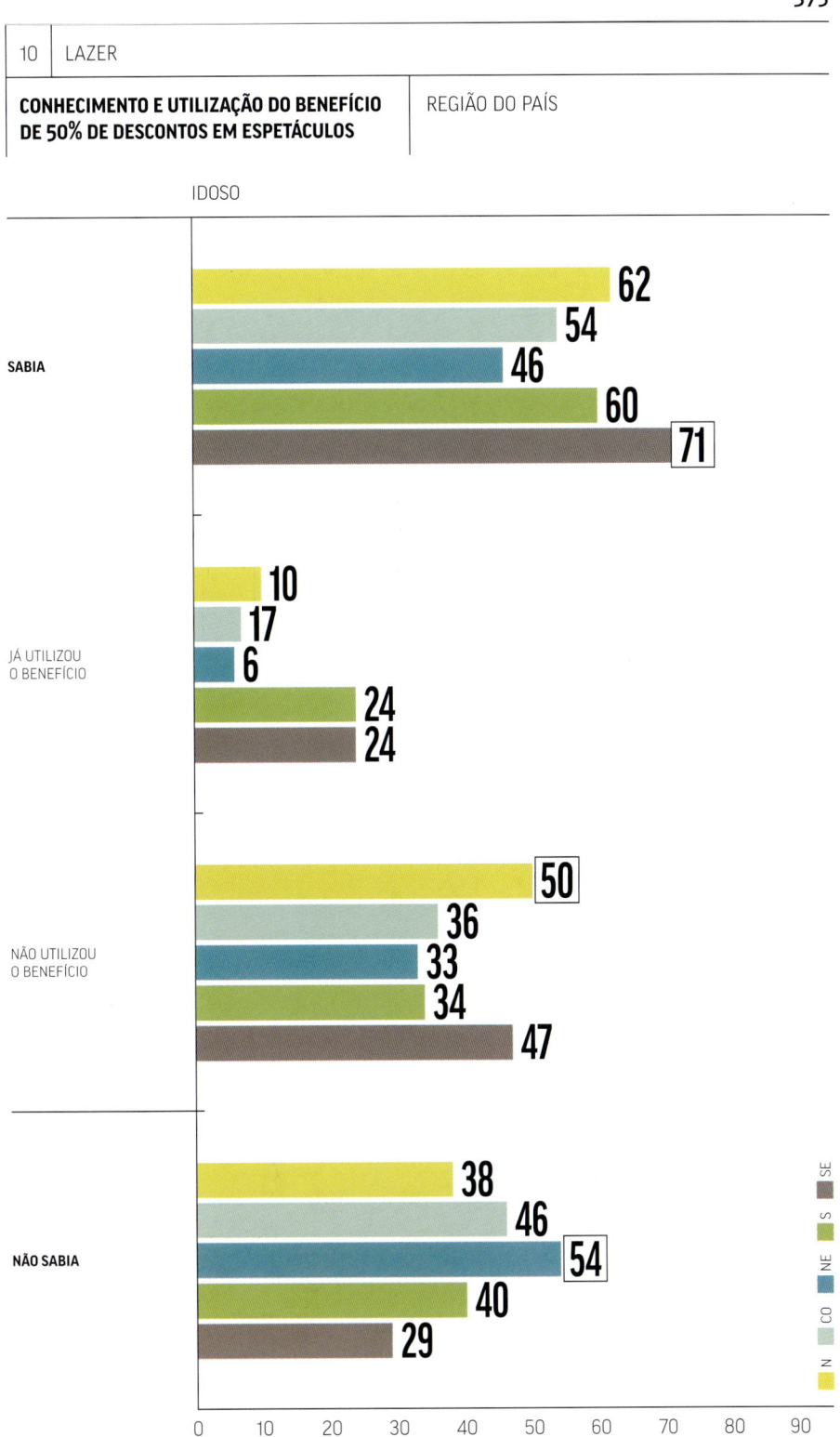

IDOSO

	N	CO	NE	S	SE
SABIA	62	54	46	60	71
JÁ UTILIZOU O BENEFÍCIO	10	17	6	24	24
NÃO UTILIZOU O BENEFÍCIO	50	36	33	34	47
NÃO SABIA	38	46	54	40	29

[Base] Amostra A (estimulada e múltipla, em %)
[P71] O/a sr/a sabia que pessoas com mais de 60 anos têm 50% de desconto em teatros, cinemas e espetáculos musicais? |
[P72] O/a sr/a já utilizou esse benefício?

10 LAZER

CONHECIMENTO E UTILIZAÇÃO DO BENEFÍCIO DE 50% DE DESCONTOS EM ESPETÁCULOS | NATUREZA DO MUNICÍPIO

IDOSO

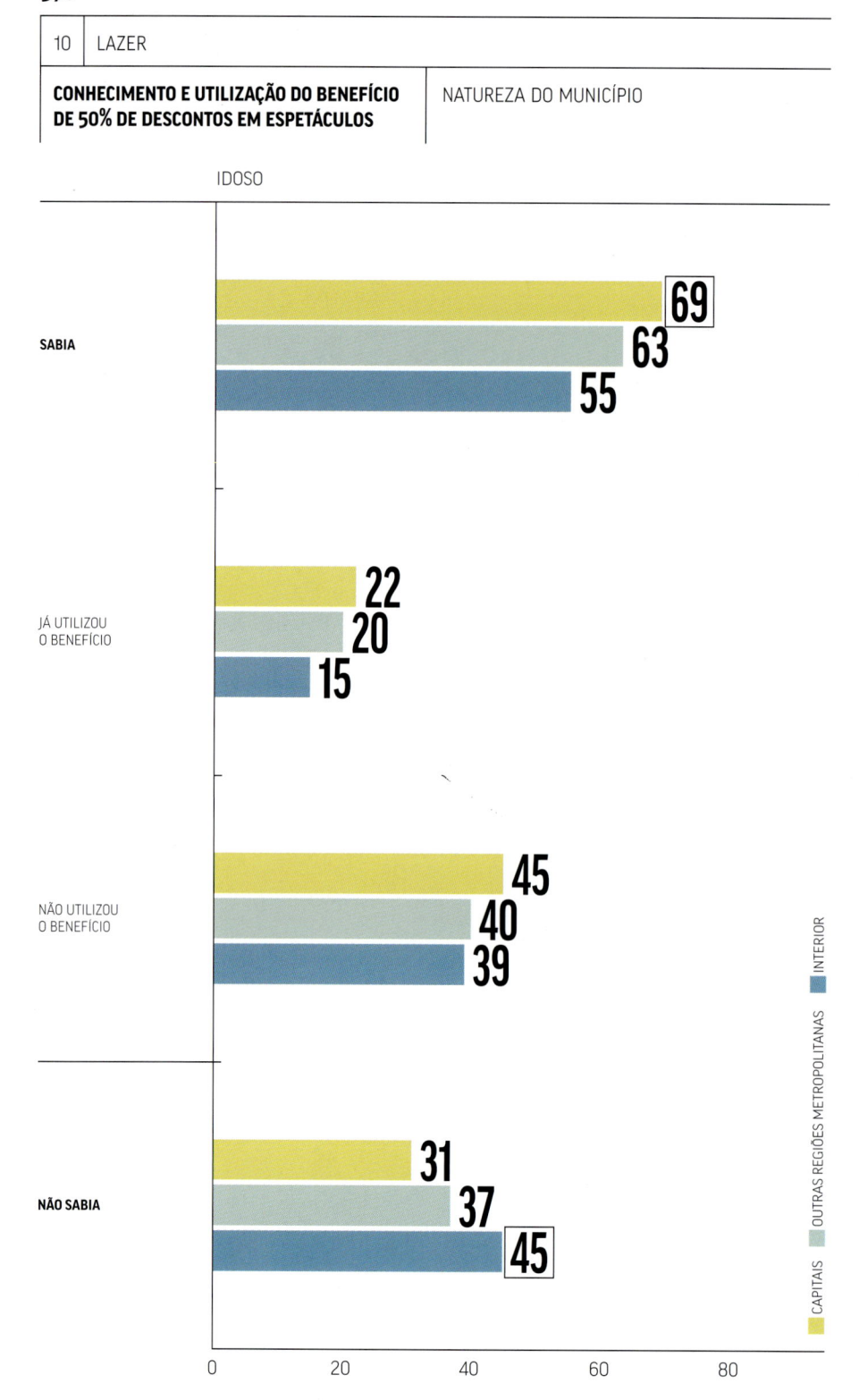

	CAPITAIS	OUTRAS REGIÕES METROPOLITANAS	INTERIOR
SABIA	69	63	55
JÁ UTILIZOU O BENEFÍCIO	22	20	15
NÃO UTILIZOU O BENEFÍCIO	45	40	39
NÃO SABIA	31	37	45

[Base] Amostra A (estimulada e múltipla, em %)
[P71] O/a sr/a sabia que pessoas com mais de 60 anos têm 50% de desconto em teatros, cinemas e espetáculos musicais? |
[P72] O/a sr/a já utilizou esse benefício?

| 11 | TRABALHO REMUNERADO E RENDA |

| **CONHECIMENTO E UTILIZAÇÃO DO EMPRÉSTIMO CONSIGNADO** | EVOLUÇÃO |

CONHECIMENTO DO EMPRÉSTIMO CONSIGNADO

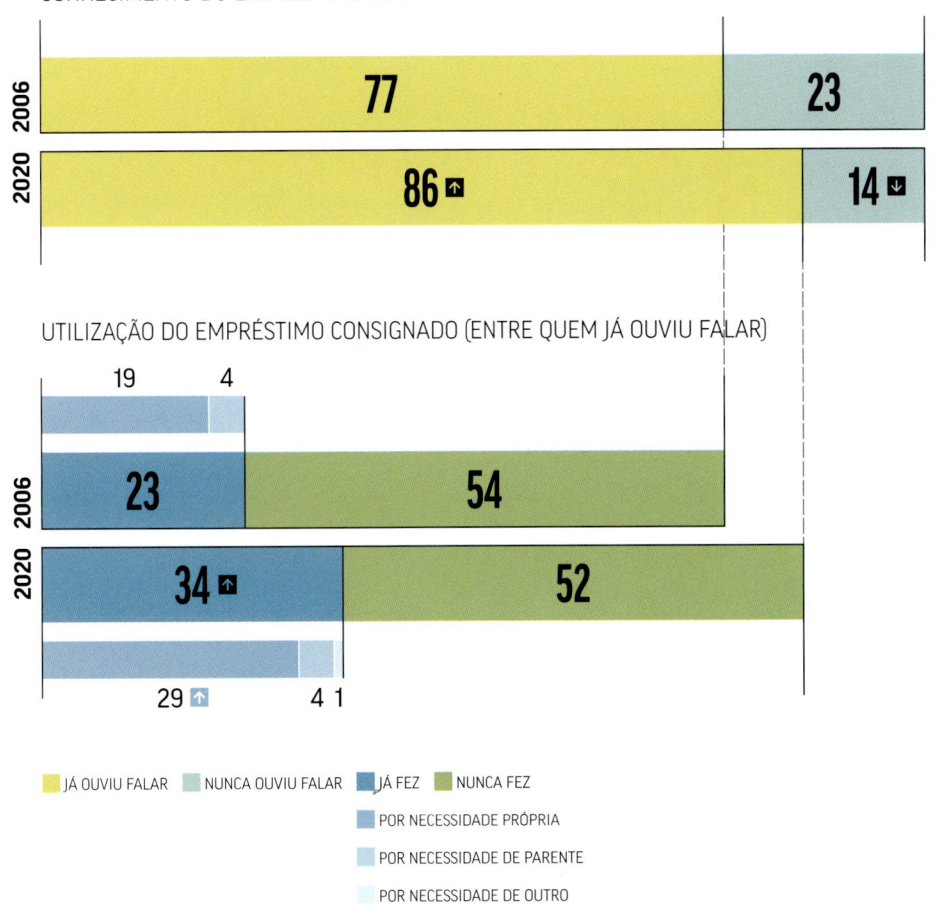

- 2006: 77 | 23
- 2020: 86 ↑ | 14 ↓

UTILIZAÇÃO DO EMPRÉSTIMO CONSIGNADO (ENTRE QUEM JÁ OUVIU FALAR)

- 2006: 19 | 4 — 23 | 54
- 2020: 34 ↑ | 52 — 29 ↑ | 4 | 1

Legenda:
- JÁ OUVIU FALAR
- NUNCA OUVIU FALAR
- JÁ FEZ
- NUNCA FEZ
- POR NECESSIDADE PRÓPRIA
- POR NECESSIDADE DE PARENTE
- POR NECESSIDADE DE OUTRO

[Base] Amostra B (estimulada e única, em %)
[P52] O/a sr/a já ouviu falar no "empréstimo consignado", um empréstimo feito em banco que depois desconta todo mês diretamente uma parte da sua aposentadoria para pagar a dívida? | [P53] O/a sr/a já fez algum empréstimo desse tipo? O/a sr/a fez esse empréstimo por uma necessidade sua, de algum parente ou de outra pessoa?

11 TRABALHO REMUNERADO E RENDA

FONTES DE RENDA | COMPARATIVO

IDOSO 2006

Fonte	%
TEM ALGUMA FONTE DE RENDA	92
APOSENTADORIA POR IDADE (PREVIDÊNCIA)	28
APOSENTADORIA POR TEMPO DE SERVIÇO (PREVIDÊNCIA)	26
TRABALHO REMUNERADO (INCLUSIVE BICOS)	15
PENSÃO POR MORTE (PREVIDÊNCIA)	16
APOSENTADORIA POR INVALIDEZ (PREVIDÊNCIA)	10
RENDA DE NEGÓCIO PRÓPRIO	3
ALUGUEL	4
BENEFÍCIO DE PRESTAÇÃO CONTINUADA – LOAS	1
BOLSA FAMÍLIA/ CESTA BÁSICA DO GOVERNO	1
AJUDA DE PARENTES/ AMIGOS EM DINHEIRO	4
PENSÃO VITALÍCIA	2
PENSÃO DE EX-MARIDO (PENSÃO ALIMENTÍCIA)	2
AJUDA DE PARENTES/ AMIGOS EM DESPESAS	3
AJUDA DE INSTITUIÇÕES BENEFICIENTES/ IGREJA	0
OUTRAS RENDAS	3
NÃO TEM NENHUMA FONTE DE RENDA	8

IDOSO 2020

Fonte	%
TEM ALGUMA FONTE DE RENDA	95
APOSENTADORIA POR IDADE (PREVIDÊNCIA)	33 ↑
APOSENTADORIA POR TEMPO DE SERVIÇO (PREVIDÊNCIA)	24
TRABALHO REMUNERADO (INCLUSIVE BICOS)	17
PENSÃO POR MORTE (PREVIDÊNCIA)	10 ↓
APOSENTADORIA POR INVALIDEZ (PREVIDÊNCIA)	7
RENDA DE NEGÓCIO PRÓPRIO	3
ALUGUEL	2
BENEFÍCIO DE PRESTAÇÃO CONTINUADA – LOAS	2
BOLSA FAMÍLIA/ CESTA BÁSICA DO GOVERNO	2
AJUDA DE PARENTES/ AMIGOS EM DINHEIRO	2
PENSÃO VITALÍCIA	1
PENSÃO DE EX-MARIDO (PENSÃO ALIMENTÍCIA)	1
AJUDA DE PARENTES/ AMIGOS EM DESPESAS	1
AJUDA DE INSTITUIÇÕES BENEFICIENTES/ IGREJA	0,1
OUTRAS RENDAS	2
NÃO TEM NENHUMA FONTE DE RENDA	5

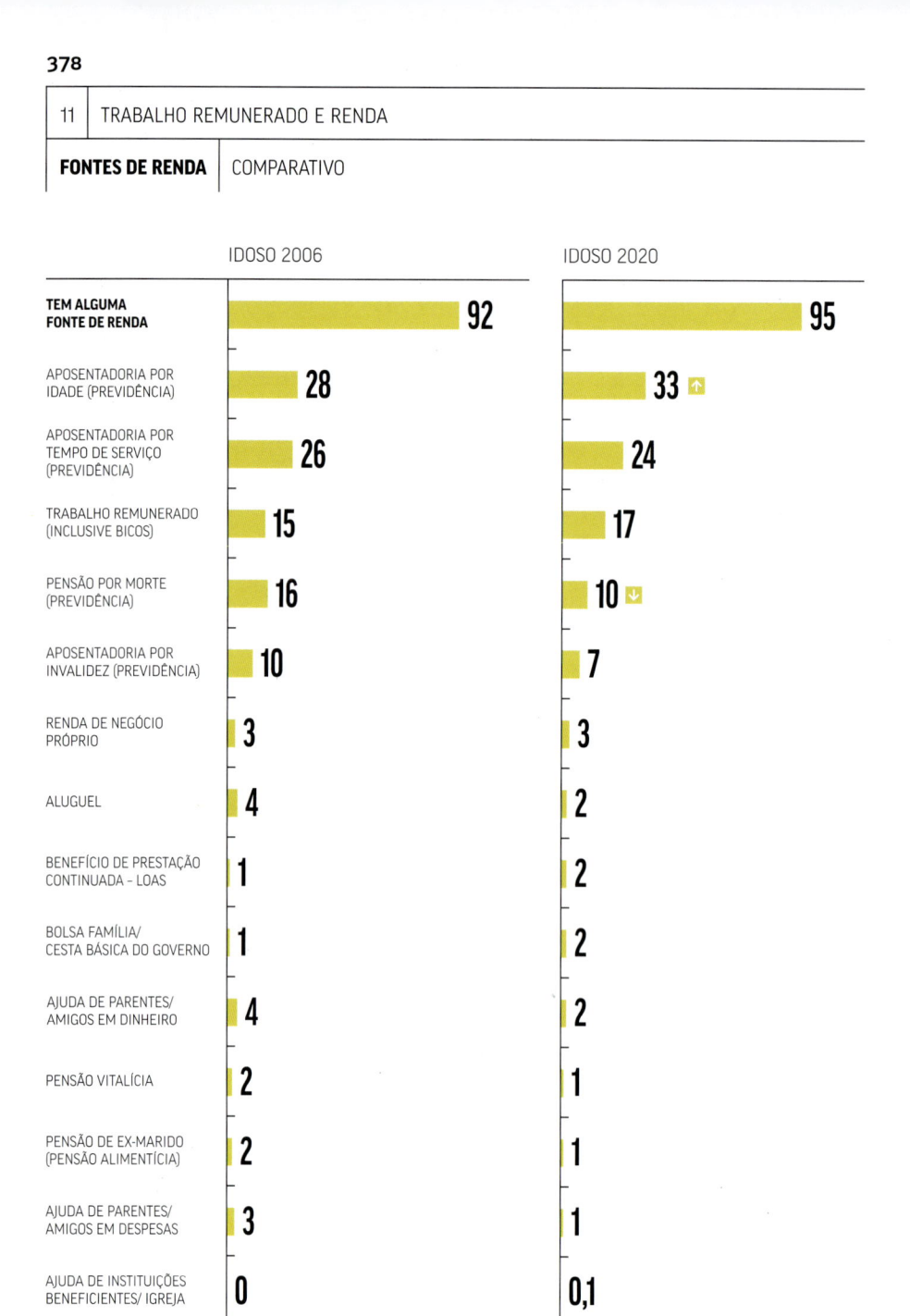

[Base] Amostras A + B (espontânea e múltipla, em %)
[P78] Falando agora de trabalho e renda, o(a) sr(a) pessoalmente, possui alguma fonte de renda ? O(A) sr(a) recebe algum salário, benefício, pensão, renda de aluguel ou outra? Quais? Mais algum?

| 11 | TRABALHO REMUNERADO E RENDA |

FONTES DE RENDA | SÍNTESE

		POPULAÇÃO IDOSA							
	TOTAL	HOMENS	60-69 ANOS	70-79 ANOS	80+ ANOS	MULHERES	60-69 ANOS	70-79 ANOS	80+ ANOS
%	100	44	26	14	5	56	30	19	7
TEM ALGUMA FONTE DE RENDA	95	98	98	99	97	92	89	97	96
Aposentadoria por idade (Previdência)	33	33	22	[46]	[56]	34	25	[47]	37
Aposentadoria por tempo de serviço (Previdência)	24	[32]	28	[40]	[32]	17	17	17	18
Trabalho remunerado (inclusive bicos)	17	[23]	[36]	7	-	12	19	5	1
Pensão por morte (Previdência)	10	1	1	2	1	[17]	13	[22]	[24]
Aposentadoria por invalidez (Previdência)	7	9	[12]	6	4	6	6	6	4
Renda de negócio próprio	3	4	6	2	2	2	2	1	1
Aluguel	2	3	3	2	3	1	1	1	2
Benefício de Prestação Continuada - LOAS	2	2	1	2	1	3	2	3	5
Bolsa Família/cesta básica do governo	2	1	1	0,4	-	3	5	0	-
Ajuda de parentes/amigos em dinheiro	2	1	1	2	1	2	3	2	0,4
Pensão vitalícia	1	0,2	0,3	0,2	-	2	2	1	[9]
Pensão de ex-marido (pensão alimentícia)	1	0,1	-	0,2	-	2	2	2	2
Ajuda de parentes/amigos em despesas (compras, pagto. de contas etc.)	1	1	1	0,2	-	1	1	1	0,4
Ajuda de instituições beneficientes/igreja	0,1	-	-	-	-	0,2	0,4	-	-
Outras rendas	2	1	1	1	2	2	2	1	2
NÃO TEM NENHUMA FONTE DE RENDA	5	1	2	1	2	8	[11]	3	4

[Base] Amostras A + B (espontânea e múltipla, em %)
[P78] Falando agora de trabalho e renda, o(a) sr(a) pessoalmente, possui alguma fonte de renda ? O(A) sr(a) recebe algum salário, benefício, pensão, renda de aluguel ou outra? Quais? Mais algum?

11 | TRABALHO REMUNERADO E RENDA

RENDA PESSOAL MENSAL

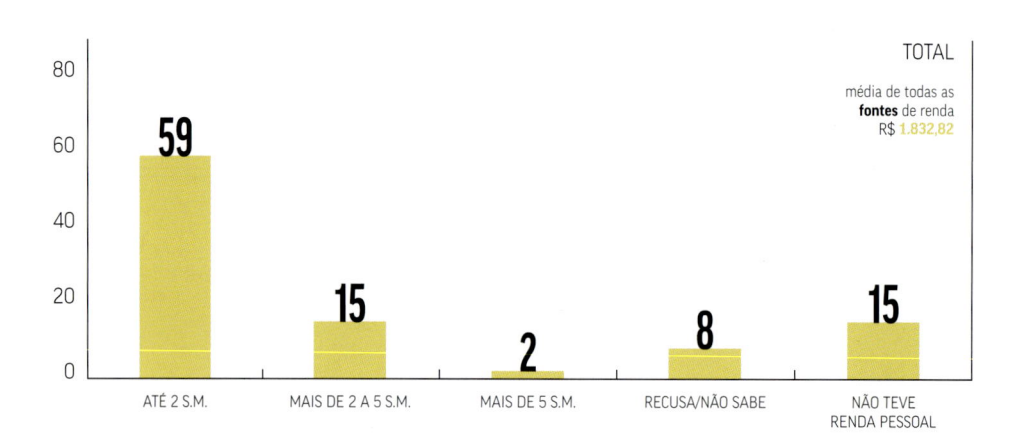

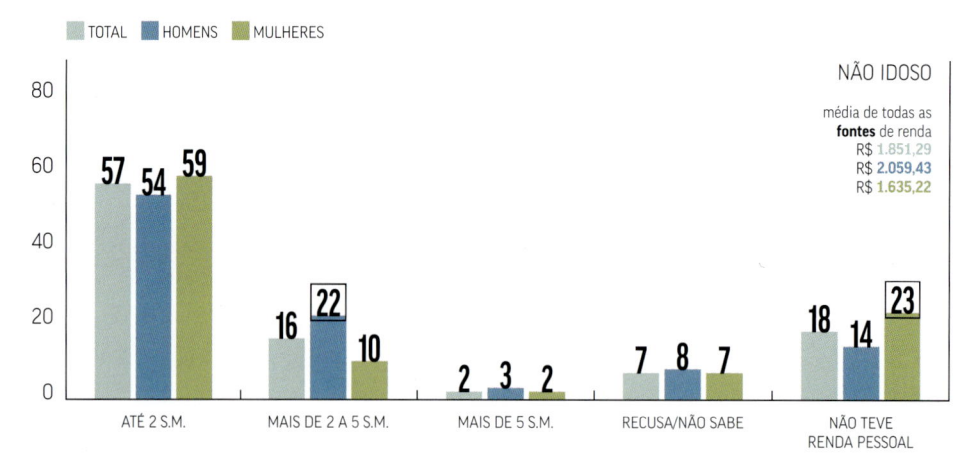

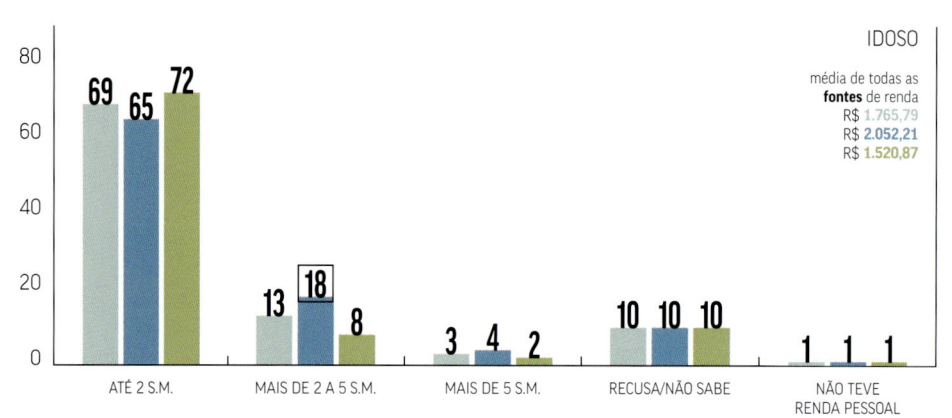

TOTAL
média de todas as **fontes** de renda
R$ 1.832,82

- ATÉ 2 S.M.: 59
- MAIS DE 2 A 5 S.M.: 15
- MAIS DE 5 S.M.: 2
- RECUSA/NÃO SABE: 8
- NÃO TEVE RENDA PESSOAL: 15

Legenda: TOTAL | HOMENS | MULHERES

NÃO IDOSO
média de todas as **fontes** de renda
R$ 1.851,29
R$ 2.059,43
R$ 1.635,22

	TOTAL	HOMENS	MULHERES
ATÉ 2 S.M.	57	54	59
MAIS DE 2 A 5 S.M.	16	22	10
MAIS DE 5 S.M.	2	3	2
RECUSA/NÃO SABE	7	8	7
NÃO TEVE RENDA PESSOAL	18	14	23

IDOSO
média de todas as **fontes** de renda
R$ 1.765,79
R$ 2.052,21
R$ 1.520,87

	TOTAL	HOMENS	MULHERES
ATÉ 2 S.M.	69	65	72
MAIS DE 2 A 5 S.M.	13	18	8
MAIS DE 5 S.M.	3	4	2
RECUSA/NÃO SABE	10	10	10
NÃO TEVE RENDA PESSOAL	1	1	1

[Base] Total da amostra (em %)
[P79] Considerando todas as suas fontes de renda, seja salário, benefícios ou outras, aproximadamente quanto foi a sua renda no mês passado?

11 | TRABALHO REMUNERADO E RENDA

RENDA PESSOAL MENSAL | COMPARATIVO RAÇA/COR

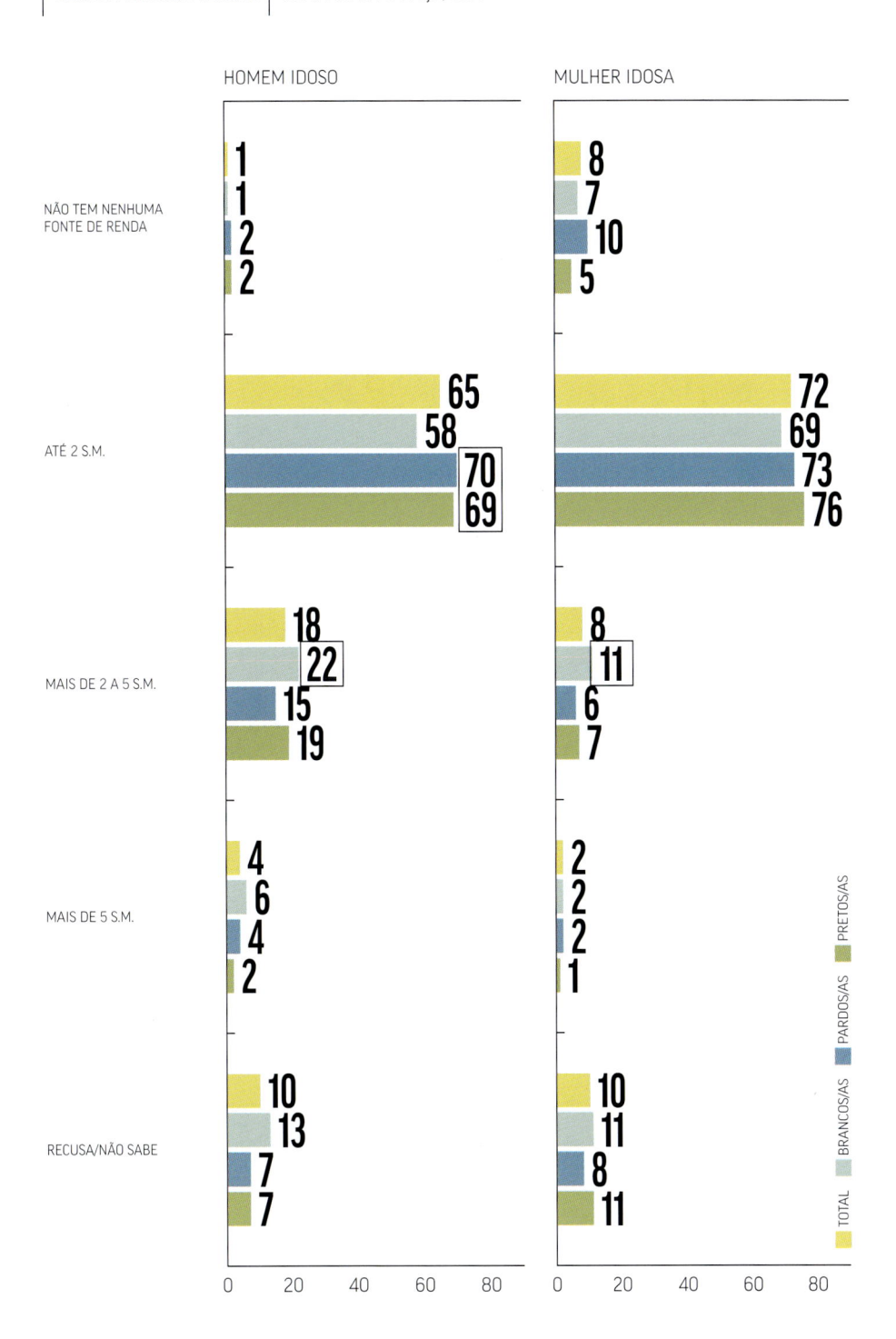

HOMEM IDOSO

NÃO TEM NENHUMA FONTE DE RENDA
- TOTAL: 1
- BRANCOS/AS: 1
- PARDOS/AS: 2
- PRETOS/AS: 2

ATÉ 2 S.M.
- TOTAL: 65
- BRANCOS/AS: 58
- PARDOS/AS: 70
- PRETOS/AS: 69

MAIS DE 2 A 5 S.M.
- TOTAL: 18
- BRANCOS/AS: 22
- PARDOS/AS: 15
- PRETOS/AS: 19

MAIS DE 5 S.M.
- TOTAL: 4
- BRANCOS/AS: 6
- PARDOS/AS: 4
- PRETOS/AS: 2

RECUSA/NÃO SABE
- TOTAL: 10
- BRANCOS/AS: 13
- PARDOS/AS: 7
- PRETOS/AS: 7

MULHER IDOSA

NÃO TEM NENHUMA FONTE DE RENDA
- TOTAL: 8
- BRANCOS/AS: 7
- PARDOS/AS: 10
- PRETOS/AS: 5

ATÉ 2 S.M.
- TOTAL: 72
- BRANCOS/AS: 69
- PARDOS/AS: 73
- PRETOS/AS: 76

MAIS DE 2 A 5 S.M.
- TOTAL: 8
- BRANCOS/AS: 11
- PARDOS/AS: 6
- PRETOS/AS: 7

MAIS DE 5 S.M.
- TOTAL: 2
- BRANCOS/AS: 2
- PARDOS/AS: 2
- PRETOS/AS: 1

RECUSA/NÃO SABE
- TOTAL: 10
- BRANCOS/AS: 11
- PARDOS/AS: 8
- PRETOS/AS: 11

[Base] Total da amostra (em %)
[P79] Considerando todas as suas fontes de renda, seja salário, benefícios ou outras, aproximadamente quanto foi a sua renda no mês passado?

| 11 | TRABALHO REMUNERADO E RENDA |

CONTROLE SOBRE O GASTO DO DINHEIRO QUE RECEBE

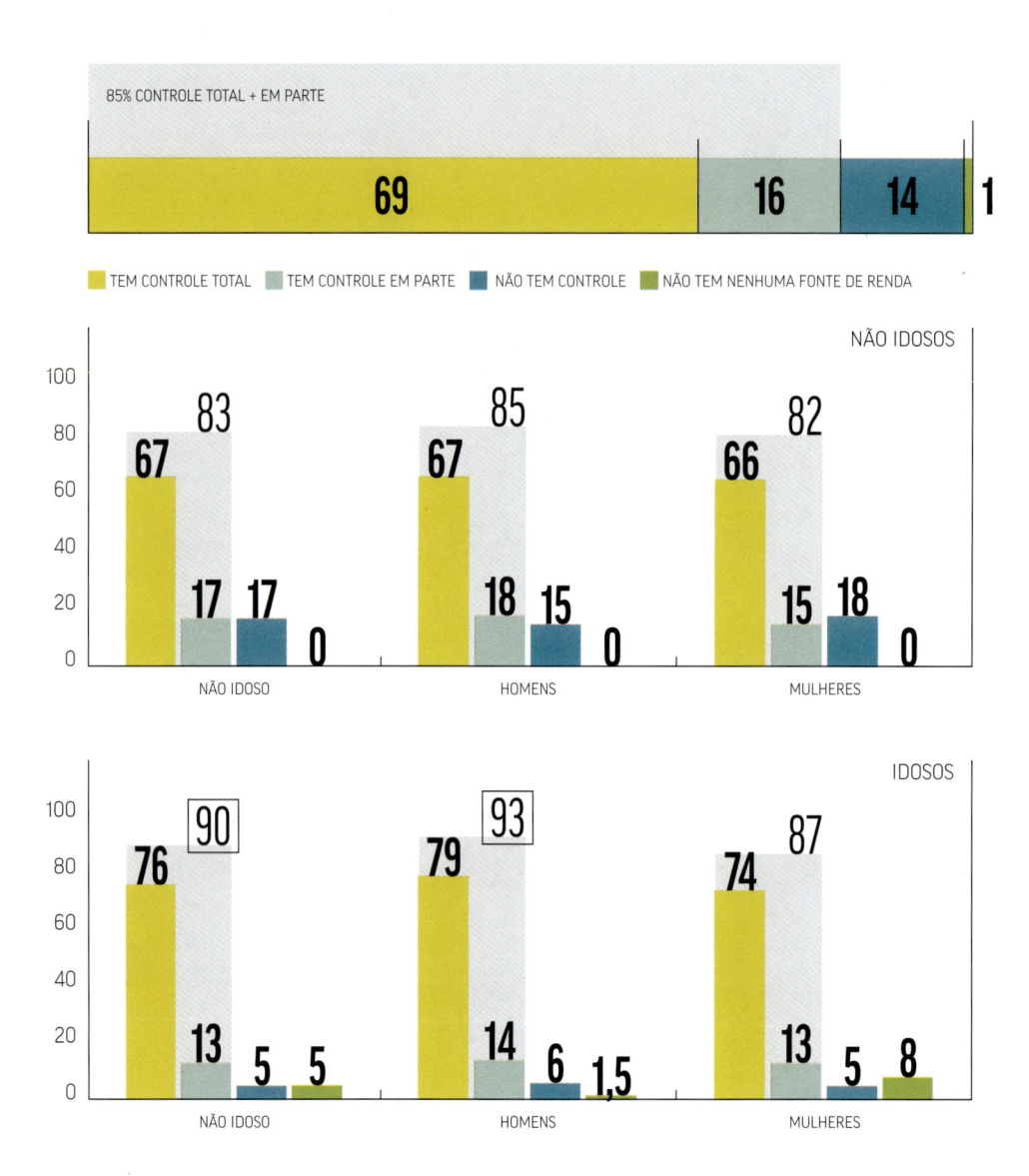

85% CONTROLE TOTAL + EM PARTE

| 69 | 16 | 14 | 1 |

- TEM CONTROLE TOTAL
- TEM CONTROLE EM PARTE
- NÃO TEM CONTROLE
- NÃO TEM NENHUMA FONTE DE RENDA

NÃO IDOSOS

	NÃO IDOSO	HOMENS	MULHERES
Tem controle total	67	67	66
Tem controle em parte	83	85	82
Não tem controle	17	18	15
Não tem nenhuma fonte de renda	17	15	18
(último)	0	0	0

IDOSOS

	NÃO IDOSO	HOMENS	MULHERES
Tem controle total	76	79	74
Tem controle em parte	90	93	87
Não tem controle	13	14	13
Não tem nenhuma fonte de renda	5	6	5
(último)	5	1,5	8

[Base] Total das amostras (estimulada e única, em %)
[P80] Considerando tudo que o/a sr/a. ganha, o/a sr/a. diria que tem controle sobre seu dinheiro? É o/a sr/a. que decide sozinho/a como gastar seu dinheiro? (se sim) Totalmente ou em parte?

12 | REFORMA DA PREVIDÊNCIA E APOSENTADORIA

GRAU DE INFORMAÇÃO EM RELAÇÃO À REFORMA DA PREVIDÊNCIA E AVALIAÇÃO

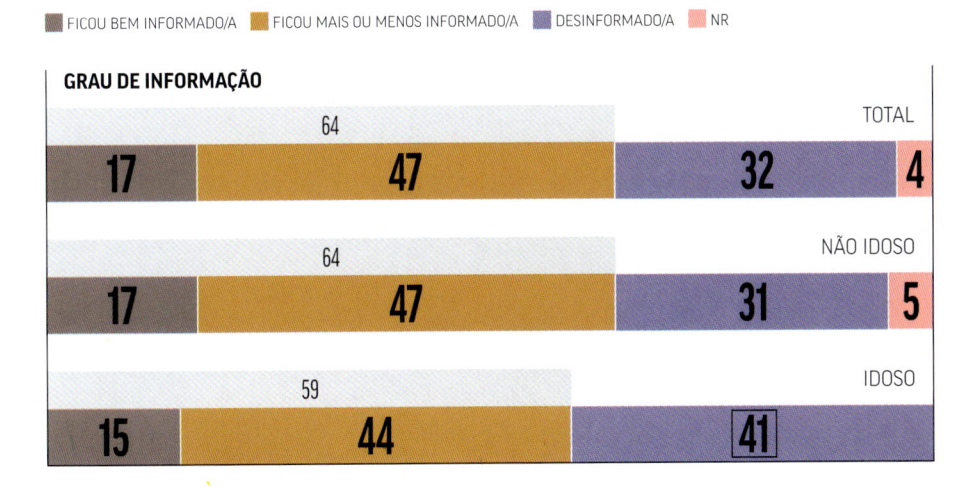

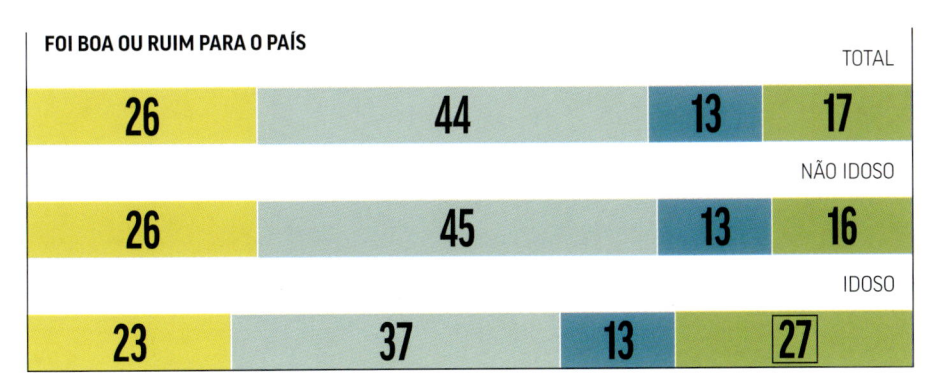

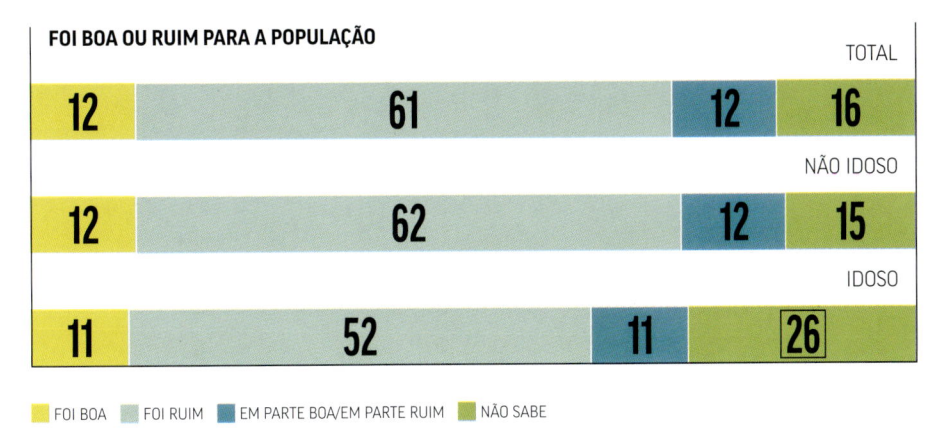

Legenda: FICOU BEM INFORMADO/A | FICOU MAIS OU MENOS INFORMADO/A | DESINFORMADO/A | NR

GRAU DE INFORMAÇÃO

	Ficou bem informado/a	Ficou mais ou menos informado/a	Desinformado/a	NR
TOTAL	17	47 (64)	32	4
NÃO IDOSO	17	47 (64)	31	5
IDOSO	15	44 (59)	**41**	—

FOI BOA OU RUIM PARA O PAÍS

	Foi boa	Foi ruim	Em parte boa/em parte ruim	Não sabe
TOTAL	26	44	13	17
NÃO IDOSO	26	45	13	16
IDOSO	23	37	13	**27**

FOI BOA OU RUIM PARA A POPULAÇÃO

	Foi boa	Foi ruim	Em parte boa/em parte ruim	Não sabe
TOTAL	12	61	12	16
NÃO IDOSO	12	62	12	15
IDOSO	11	52	11	**26**

Legenda: FOI BOA | FOI RUIM | EM PARTE BOA/EM PARTE RUIM | NÃO SABE

[Base] Amostras A + C (estimulada e única, em %)
[P73] Em relação à Reforma da Previdência que foi aprovada pelo Congresso no ano passado, o/a sr/a diria que: |
[P74a/b] Pelo que o/a sr/a sabe ou ouviu falar, a Reforma da Previdência aprovada foi boa ou ruim para o país? E foi boa ou ruim para a população que ainda não se aposentou?

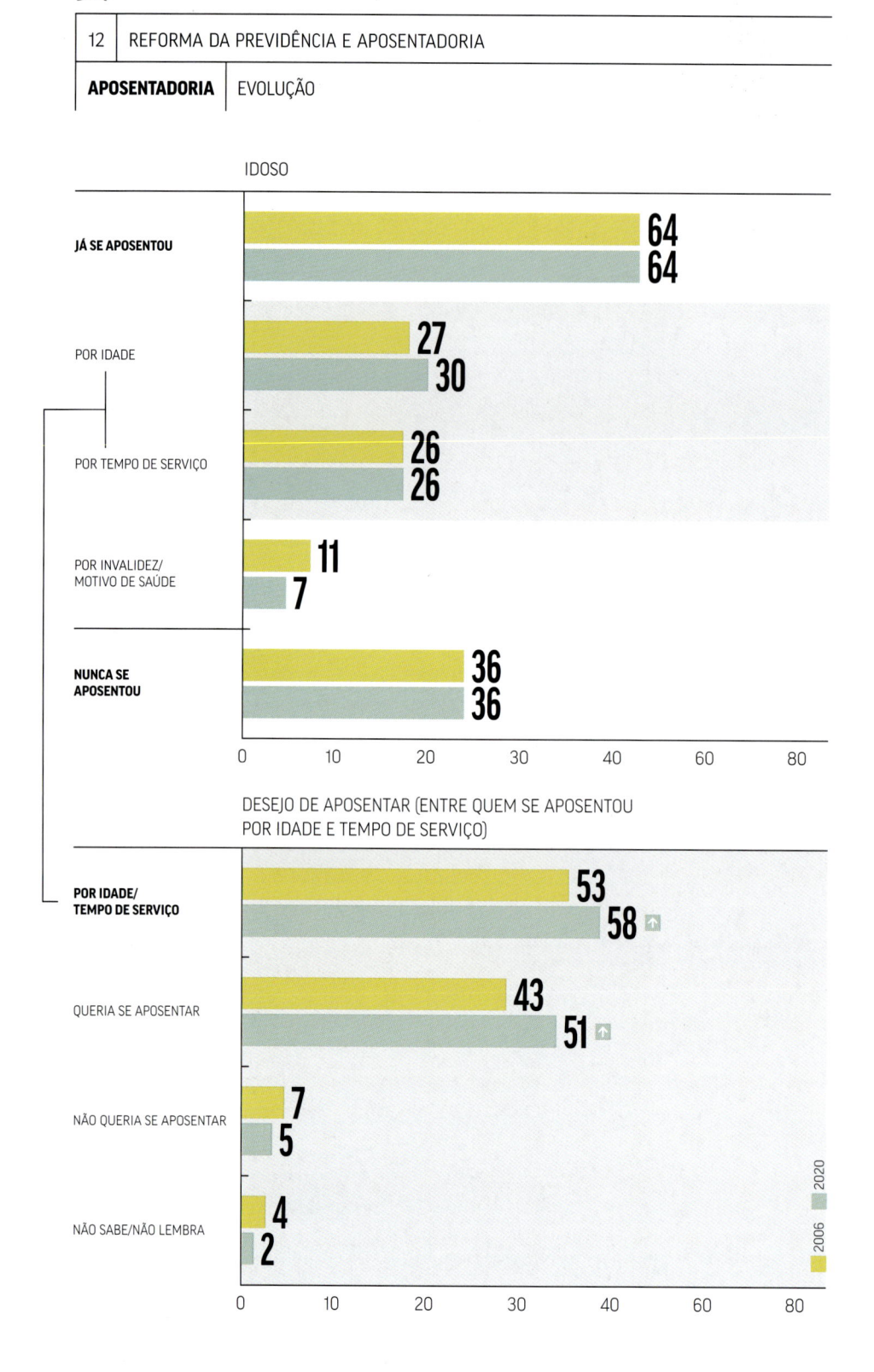

| 12 | REFORMA DA PREVIDÊNCIA E APOSENTADORIA |

APOSENTADORIA | EVOLUÇÃO

IDOSO

- JÁ SE APOSENTOU: 64 / 64
- POR IDADE: 27 / 30
- POR TEMPO DE SERVIÇO: 26 / 26
- POR INVALIDEZ/MOTIVO DE SAÚDE: 11 / 7
- NUNCA SE APOSENTOU: 36 / 36

DESEJO DE APOSENTAR (ENTRE QUEM SE APOSENTOU POR IDADE E TEMPO DE SERVIÇO)

- POR IDADE/TEMPO DE SERVIÇO: 53 / 58 ↑
- QUERIA SE APOSENTAR: 43 / 51 ↑
- NÃO QUERIA SE APOSENTAR: 7 / 5
- NÃO SABE/NÃO LEMBRA: 4 / 2

2020 / 2006

[Base] Amostras A + B (estimulada e única, em %)
[P83] No seu trabalho principal o(a) sr(a) é:...? | [P84] Ao todo, quantos anos o(a) sr(a) já trabalhou?

| 12 | REFORMA DA PREVIDÊNCIA E APOSENTADORIA |

APOSENTADORIA | COMPARAÇÃO

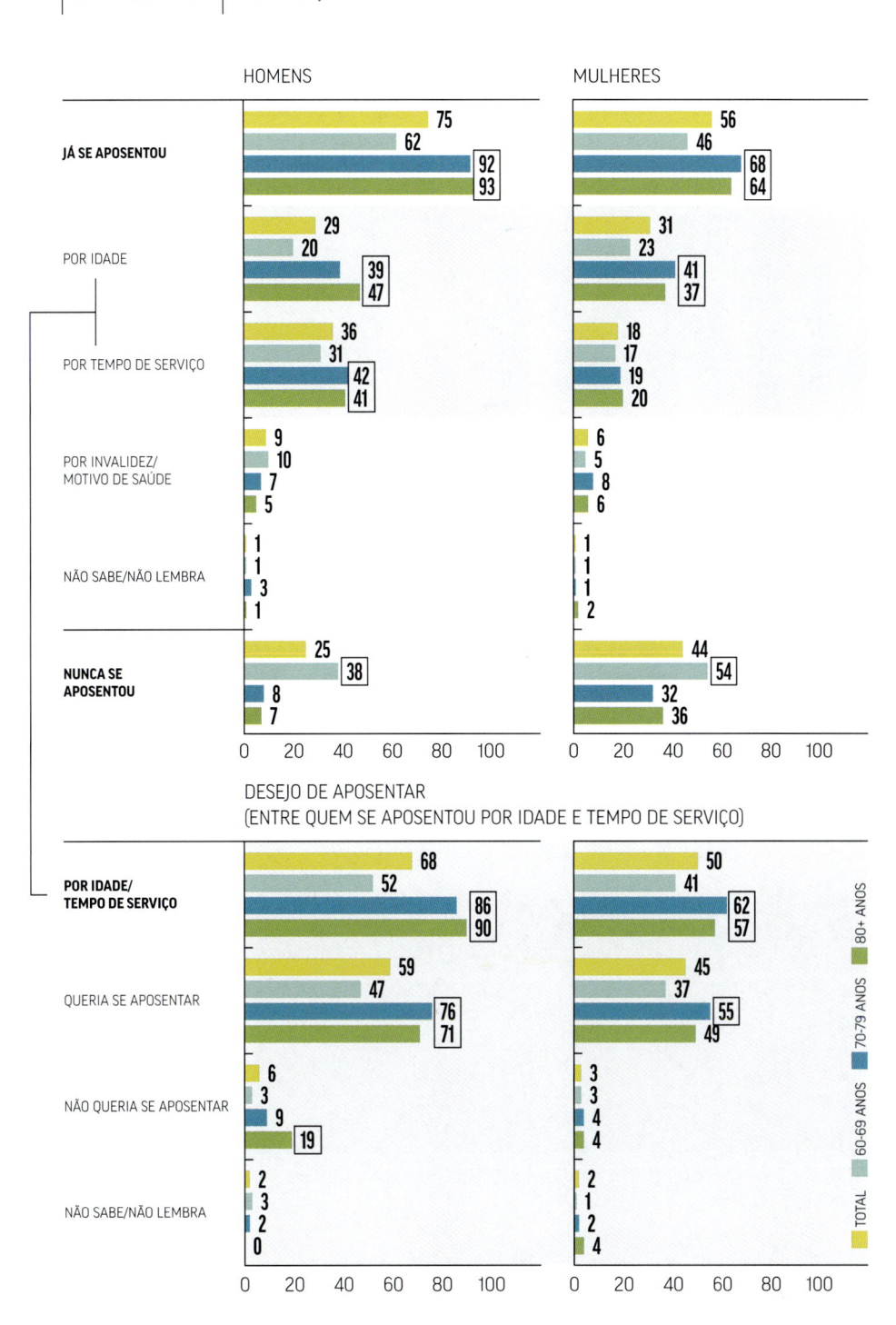

HOMENS / MULHERES

JÁ SE APOSENTOU
- Homens: 75 / 62 / 92 / 93
- Mulheres: 56 / 46 / 68 / 64

POR IDADE
- Homens: 29 / 20 / 39 / 47
- Mulheres: 31 / 23 / 41 / 37

POR TEMPO DE SERVIÇO
- Homens: 36 / 31 / 42 / 41
- Mulheres: 18 / 17 / 19 / 20

POR INVALIDEZ/MOTIVO DE SAÚDE
- Homens: 9 / 10 / 7 / 5
- Mulheres: 6 / 5 / 8 / 6

NÃO SABE/NÃO LEMBRA
- Homens: 1 / 1 / 3 / 1
- Mulheres: 1 / 1 / 1 / 2

NUNCA SE APOSENTOU
- Homens: 25 / 38 / 8 / 7
- Mulheres: 44 / 54 / 32 / 36

DESEJO DE APOSENTAR
(ENTRE QUEM SE APOSENTOU POR IDADE E TEMPO DE SERVIÇO)

POR IDADE/TEMPO DE SERVIÇO
- Homens: 68 / 52 / 86 / 90
- Mulheres: 50 / 41 / 62 / 57

QUERIA SE APOSENTAR
- Homens: 59 / 47 / 76 / 71
- Mulheres: 45 / 37 / 55 / 49

NÃO QUERIA SE APOSENTAR
- Homens: 6 / 3 / 9 / 19
- Mulheres: 3 / 3 / 4 / 4

NÃO SABE/NÃO LEMBRA
- Homens: 2 / 3 / 2 / 0
- Mulheres: 2 / 1 / 2 / 4

Legenda: TOTAL / 60-69 ANOS / 70-79 ANOS / 80+ ANOS

[Base] Amostras A + B (estimulada e única, em %)
[P85] O(A) sr(a) se aposentou por tempo de trabalho, por idade ou por motivo de saúde/invalidez? | [P86] O(A) sr(a) queria se aposentar ou não?

SOBRE AUTORAS E AUTORES

CELINA DIAS AZEVEDO (ORG.)

Doutora em Ciências Sociais e mestra em gerontologia pela Pontifícia Universidade Católica de São Paulo (PUC-SP). Especialista em Gestão de Programas Intergeracionais pela Universidade de Granada (Espanha) e em Gerontologia Social pelo Instituto Sedes Sapientiae. Editora da Revista *Longeviver*, do *Portal do Envelhecimento*.

CINTHIA LUCIA DE OLIVEIRA SIQUEIRA

Fonoaudióloga pela Universidade de São Paulo (USP), mestre em Educação e doutora em Psicologia pela Universidade Estadual de São Paulo (Unesp). Docente na Universidade Estadual do Centro Oeste (Unicentro) e professora de literatura e teatro na Universidade Aberta à Terceira Idade (Uati). Autora do livro *Envelhecimento aRtivo – a atitude estética como possibilidade de um longeviver criativo, potente e imprevisível* e *Broa Prosa – um registro de narrativas orais*.

EVERALDO PINHEIRO DA MOTA JÚNIOR

Graduado em Fisioterapia pela Universidade do Estado do Pará (Uepa). Pós-graduação na modalidade residência em Saúde da Família, pela Escola de Saúde Pública de Florianópolis (ESP) e Universidade do Estado de Santa Catarina (Udesc). Fisioterapeuta pela Secretaria Municipal de Saúde de Florianópolis (SMS/Florianópolis)

GENI NÚÑEZ

Ativista indígena guarani, psicóloga, mestre em Psicologia Social e doutoranda no Programa de Pós-graduação Interdisciplinar em Ciências Humanas da Universidade Federal de Santa Catarina (PPGICH/UFSC). É membro da Articulação Brasileira de Indígenas Psicólogos(as) (Abipsi) e coassistente da Comissão Guarani Yvyrupa. Coorganizadora da coletânea *Não monogamia LGBT+: pensamento e arte livres* e autora do e-book: *Jaxy Jatere: o saci é guarani*.

GUSTAVO ASSANO

Dramaturgista de grupos de teatro sediados em São Paulo, mestre em Filosofia e doutorando em Teoria Literária e Literatura Comparada pela Universidade de São Paulo (USP). Pesquisa o teatro produzido em São Paulo há mais de 10 anos. Desde janeiro de 2022 escreve periodicamente para o site *Outras Palavras*.

JOÃO PAULO MENEZES LIMA

Graduado em Fisioterapia pela Universidade do Estado do Pará (Uepa). Mestrando em Ensino em Saúde na Amazônia pela Universidade do Estado do Pará (Uepa). Fisioterapeuta pela Secretaria Municipal de Saúde de Belém (Sesma).

LISA VALÉRIA TORRES

Fonoaudióloga pela Pontifícia Universidade Católica de Goiás (PUC-Goiás) e docente pela mesma instituição. Mestre e Doutora em Letras e Linguística pela Universidade Federal de Goiás (UFG). Especialista em Gerontologia pelo Instituto Israelita de Ensino e Pesquisa. Coordenadora do Programa de Gerontologia Social (PGS) da PUC-Goiás. Integra a direção da iLearn 50+, juntamente com a Rede de Universidades da Terceira Idade, de Portugal. Autora do livro *Universidade Aberta à terceira idade: lugar de idoso também é na escola*.

MARCIO POCHMANN

Economista, pesquisador e político brasileiro. Professor da Universidade Estadual de Campinas (Unicamp) e da Universidade Federal do ABC (UFABC), foi presidente da Fundação Perseu Abramo de 2012 a 2020, presidente do Instituto de Pesquisa Econômica Aplicada (Ipea) de 2007 a 2012 e secretário municipal de São Paulo de 2001 a 2004. Publicou dezenas de livros sobre economia, entre eles *A década dos mitos* (Contexto, 2002) e *Latinoamericana: enciclopédia contemporânea da América Latina e do Caribe* (Boitempo, 2006).

MICHELLE FERRET

Doutora em Ciências Sociais pela Universidade Federal do Rio Grande do Norte (UFRN), jornalista e roteirista.

NAYLANA PAIXÃO

Psicóloga graduada pela Universidade Federal do Recôncavo da Bahia (UFRB). Especialista em Saúde da Pessoa Idosa (Residência Multiprofissional) pela Escola Bahiana de Medicina e Saúde Pública (EBMSP). Mestre e Doutoranda em Psicologia do Desenvolvimento pela Universidade Federal da Bahia (UFBA). Analista técnica de Psicologia na Defensoria Pública do Estado da Bahia (Núcleo do Idoso).

RACHEL MORENO

Psicóloga, pesquisadora, especialista em sexualidade humana e em meio ambiente. Atua desde 1974 pelas causas e direitos das mulheres, atualmente focando a transversalidade da questão de gênero. Desde 2006 tem também militado pela democratização da mídia, com publicações e palestras sobre a imagem da mulher na mídia e sua influência sobre o imaginário, a naturalização da violência, a imposição de modelos e valores. Representante no Conselho Nacional dos Direitos da Mulher, da Rede Mulher e Mídia.

REGIANE C. GALANTE

Gerente Adjunta do Serviço Social do Comércio (Sesc São Carlos/SP), graduada em Educação Física pela Universidade Federal de São Carlos (UFSCar). Especialista em Lazer pela Universidade Federal de Minas Gerais (UFMG), mestre em Educação pela UFSCar e doutora em Educação Física pela Universidade Estadual de Campinas (Unicamp).

SÁLVEA DE OLIVEIRA CAMPELO E PAIVA

Assistente Social e sanitarista. Doutora em Serviço Social pela Universidade Federal de Pernambuco (UFPE). Coordenadora-geral do Núcleo de Articulação e Atenção Integral à Saúde e Cidadania da Pessoa Idosa do Hospital Universitário Oswaldo Cruz da UFPE. Autora do livro intitulado *Envelhecimento, saúde e trabalho no tempo do capital*. Coordenadora-geral do Grupo de Estudos sobre o Envelhecimento Humano na Perspectiva da Totalidade Social.

SOLANGE MARIA TEIXEIRA

Docente do Programa de Pós-Graduação em Políticas Públicas (PPGPP) e da graduação em Serviço Social da Universidade Federal do Piauí (UFPI). Possui pós-doutorado em Serviço Social pela Pontifícia Universidade Católica de São Paulo (PUC-SP); doutorado em Políticas Públicas pela Universidade Federal do Maranhão (UFMA). É líder do Diretório de Pesquisa: Núcleo de Pesquisa sobre Estado e Políticas Públicas, nas linhas de Envelhecimento e Políticas Públicas; Família, Política de Assistência Social e Trabalho Social com Famílias.

TATIANA SICILIANO

Professora do Programa de Pós-Graduação em Comunicação da Pontifícia Universidade Católica do Rio de Janeiro (PPGCOM/

PUC Rio), doutora em Antropologia Social pelo Museu Nacional da Universidade Federal do Rio de Janeiro (UFRJ) e líder do Grupo de Pesquisa Narrativas da vida moderna na cultura midiática (Narfic).

TATIANE BAHIA DO VALE SILVA
Graduada em Fisioterapia pelo Centro Universitário do Pará (Cesupa). Especialista em Gerontologia (Cesupa). Mestre em Teoria e Pesquisa do Comportamento Universidade Federal do Pará (UFPA), doutora em Epidemiologia em Saúde Pública na Escola Nacional de Saúde Pública da Fundação Oswaldo Cruz (ENSP/Fiocruz). Docente na Universidade do Estado do Pará (Uepa).

TEREZA MARTINS
Assistente social, mestra em Desenvolvimento e Meio Ambiente e doutora em Serviço Social. Coordenou a Pós-Graduação em Serviço Social (Pross) da Universidade Federal de Sergipe (UFS) de 2015 a 2019. Coordena o Grupo de Estudos e Pesquisas em Trabalho, Questão Social e Movimento Social (Geteq/UFS). É professora da Graduação e Pós-Graduação em Serviço Social da UFS.

THEOPHILO RIFIOTIS
Professor titular do quadro permanente do Programa de Pós-Graduação em Antropologia Social da Universidade Federal de Santa Catarina (UFSC) e do Programa de Pós-Graduação em Antropologia Social (PPGAS) da Universidade Federal do Rio Grande do Sul (UFRGS). Lecionou na Université de Montréal e na Universidad de Buenos Aires, é pesquisador da RAIV Recherches Appliquées et Interdisciplinaires sur les Violences intimes (Université de Laval, CA). Pesquisador convidado no Centre d'Analyse et d'Intervention Sociologique da École des Hautes Études en Sciences Sociales (Cadis/Ehess) de Paris, do Centre de Recherche Interdisciplinaire sur la Violence Familiale et la Violence Faite aux Femmes (CRI-Viff) e Centre International de Criminologie Comparée (Cicc) da Université de Montréal (Montreal). Realizou pós-doutorado na Université de Montréal e na École des Hautes Études en Sciences Sociales de Paris. Coordenador do Laboratório de Estudos das Violências (Levis) e do Grupo de Pesquisa em Ciberantropologia (GrupCiber) da UFSC.

VALMIR MORATELLI

Jornalista e roteirista. Doutorando do Programa de Pós-Graduação em Comunicação (PPGCOM) da Pontifícia Universidade Católica do Rio de Janeiro (PUC-Rio), no qual pesquisa representações da velhice masculina; e integrante do Grupo de Pesquisa Narrativas da vida moderna na cultura midiática (Narfic). Autor de quatro livros e diretor do filme *Prateados – a vida em tempos de madureza* (Globoplay, 2021).

VANESSA PALOMA DE LIMA SILVA

Assistente social, professora e especialista em Psicopedagogia. Membro do Grupo de Estudos sobre o Envelhecimento Humano na Perspectiva da Totalidade Social da Universidade de Pernambuco (GEEHPTS/UPE). Docente do Projeto Escola do Estatuto do Núcleo de articulação e atenção integral à saúde e cidadania do idoso (Naisci).

VILMA BOKANY

Socióloga, possui mestrado e doutorado em Ciências Sociais pela Pontifícia Universidade Católica de São Paulo (PUC-SP), em que desenvolve pesquisas sobre o tema intolerância, preconceito e discriminação em São Paulo, e participa do Núcleo de Pesquisas Urbanas (Nepur). Compõe o Núcleo de Opinião Pública, Pesquisa e Estudos da Fundação Perseu Abramo (Noppe/FPA), desde março de 2001, e coordenou o projeto de pesquisa *Idosos no Brasil*.

FONTES	FF MORE PRO, FF GOOD PRO
PAPEL	CHAMBRIL AVENA 80G/M²
IMPRESSÃO	AR FERNANDEZ GRÁFICA LTDA.
DATA	OUTUBRO 2023

MISTO
Papel | Apoiando o manejo
florestal responsável
FSC® C178635
FSC
www.fsc.org